包头市青山区年鉴

2021

包头市青山区年鉴编纂委员会 编

方志出版社

图书在版编目（CIP）数据

包头市青山区年鉴. 2021 / 包头市青山区年鉴编纂委员会编. — 北京 : 方志出版社, 2021.11
ISBN 978-7-5144-4987-7

Ⅰ. ①包… Ⅱ. ①包… Ⅲ. ①区(城市)－包头－2021－年鉴 Ⅳ. ①Z522.64

中国版本图书馆CIP数据核字(2021)第275690号

责任编辑：何明忠
责任校对：刘玉霞
责任印制：梅中英
出 版 者：方志出版社
地　　址：北京市朝阳区潘家园东里 9 号（国家方志馆4层）
邮　　编：100021
网　　址：http://www.zgfzcb.cn
发　　行：方志出版社图书营销中心（010-67110500）
印　　刷：包头市东山华彩彩色印务有限责任公司
开　　本：889毫米×1194毫米　1/16
印　　张：23.75
字　　数：636千字
版　　次：2021年11月第1版
印　　次：2021年11月第1次印刷
定　　价：280.00元

包头市青山区年鉴编纂委员会

主　　任　　白云喜

副 主 任　　高锦明

委　　员　　李永刚　郭钰峰　李固军　杨　杰　刘俊峰

　　　　　　韩润霞　柴占东　商政亭

《包头市青山区年鉴（2021）》编纂部

主　　编　　李永刚

执行主编　　杨　杰

副 主 编　　印慧娟

编写人员　　李盼盼　贾鹏飞　樊彩明　李明瀚　图　娅

数字青山

辖区面积：279.84平方千米

年末户籍人口：37.52万人

年末常住人口：53.51万人

地区生产总值：566.41亿元

第一产业增加值同比增长：1.7%

第二产业增加值同比增长：12.3%

第三产业增加值同比下降：1.7%

三次产业结构：0.6∶37.1∶62.3

规模以上工业企业总产值：572.07亿元

规模以上工业增加值增速：16.5%

财政总收入：40.37亿元

一般公共预算收入：22.43亿元

财政总支出：33.87亿元

一般公共预算支出：28.07亿元

社会消费品零售总额：263.91亿元

进出口总额：12468万美元

专利授权数：1249件

区属中小学：37所

图书馆：1个

图书馆分馆：18个

文化馆：1个

文化馆分馆：16个

体育场（馆）：472个

医疗卫生机构：397个

每千人拥有医疗机构床位数：9.55张

城乡居民年末储蓄存款余额：1169.28亿元

城镇居民人均可支配收入：54291元

城镇居民人均消费性支出：36606元

城镇居民人均住房建筑面积：39.8平方米

人均公共绿地面积：19.99平方米

空气质量达标天数：289天

包头装备制造产业园区总收入：602亿元

包头装备制造产业园区企业数：522家

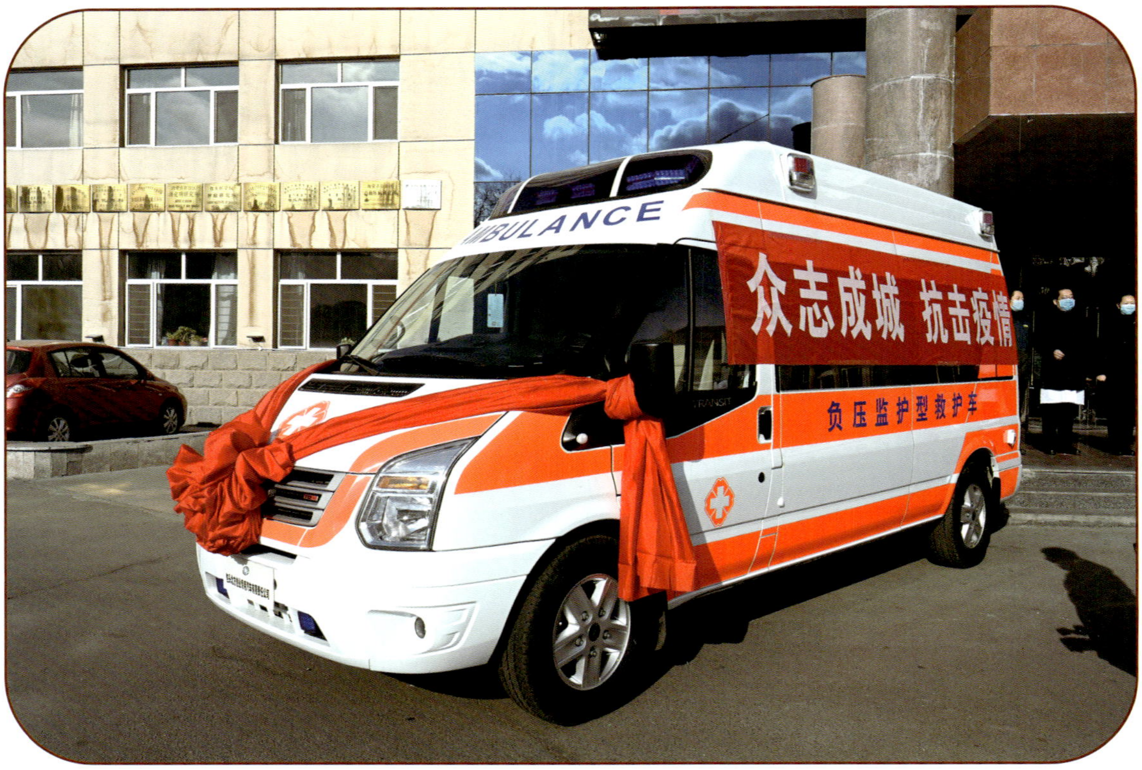

2 月 15 日，一机集团生产的负压监护型救护车交付青山区新型冠状病毒感染肺炎定点收治医疗机构——包头医学院第二附属医院使用

4 月 18 日，包头晚报第八届植树节在青山区兴胜镇笸箩铺村的“包头市义务植树基地”举办

5 月 19 日，包头市旅游惠民活动暨包头市首届文化旅游创意产品设计大赛启动现场

5 月 26 日，包头市第七次全国人口普查综合试点启动仪式现场

5 月 26 日，“非遗传承 健康生活 青山区‘面塑进校园’观摩活动”现场

7 月 16 日，市民在青山区市民大厅使用自助打照机

7 月 23 日，青山区第三十五届鹿城文化艺术节暨第十二届军工旅游文化节开幕式文艺晚会现场

9 月 12 日，青山区兴胜镇第二届农民丰收节活动现场

10 月 15 日，2020 年“骑行内蒙古 魅力大青山”山地自行车个人计时赛比赛现场

10 月 23 日，青山区开展新冠肺炎和鼠疫疫情防控演练现场

11 月 10 日，芊紫万弘 5G 直播电商创新发展论坛现场 ▶

11 月 17 日，青山区第七届中小学经典诵读大赛比赛现场 ◀

11 月 21 日，青山区首批整体装配式加装电梯在锦林花园交付使用 ▶

12 月 5 日，“中体杯”包头市第一届全民健身游泳邀请赛比赛现场

12 月 22 日，“喜迎百年颂黄河　翰墨飘香绘青山”青山区迎新年系列活动启动仪式暨沿黄九省（区）第五届“黄河颂”书画展在包头市国际会展管理中心举行

12 月 22 日，青山区离退休干部迎新联谊暨老年大学教学成果汇报演出现场

12 月 24 日，执法人员通过手机执法端“青安企信”App 开展食品安全全过程智能化监督检查

12 月 30 日，青山区新年民族音乐会现场

图片提供人：白兆刚、屈传利、王浩、冯艳春、徐琪

编辑说明

一、《包头市青山区年鉴（2021）》坚持以马克思列宁主义、毛泽东思想、邓小平理论、“三个代表”重要思想、科学发展观、习近平新时代中国特色社会主义思想为指导，坚持辩证唯物主义和历史唯物主义的立场、观点和方法，记载 2020 年度青山区行政区域内自然、政治、经济、文化和社会等领域发展情况，力求体现时代特征、地方特点、年度特色，为青山区的经济发展和社会进步服务。

二、《包头市青山区年鉴（2021）》是青山区综合性地方年鉴的第五部，记述时限为 2020 年 1 月 1 日至 2020 年 12 月 31 日。部分内容根据实际情况，时限略向前或向后延伸。书中涉及其他年份的时间均标明年份。书中的“青山”“全区”“区”均代表青山区。书中涉及的专有名词、简缩语、外文名称等均在首次出现时括注，其后出现不再注释。书中涉及的政区、组织机构、会议、文件、地名等，首次出现用全称，其后用简称。

三、《包头市青山区年鉴（2021）》采用分类编辑法，由类目、分目、条目组成框架结构的主体部分，在少数分目中设有次分目。全书设特载、大事记、青山区概况、中国共产党包头市青山区委员会、包头市青山区人民代表大会、包头市青山区人民政府、政协包头市青山区委员会、纪检监察、民主党派、人民团体、军事、法治、综合经济管理与监督、城市建设与管理、环境保护与生态建设、工业、农牧林水、交通 邮电、商贸服务业、财税 金融、科技 教育、文化 体育 旅游、医疗卫生、社会服务与管理、街道和镇、统计资料、附录共 27 个栏目，60 余万字。

四、《包头市青山区年鉴（2021）》主要数据和统计资料由青山区统计局提供，部分数据由各相关部门提供。由于统计口径等原因，相关部分的个别数据与统计资料不一致的，均以统计资料为准。

目 录

包头市青山区人民代表大会

包头市青山区人民政府

政协包头市青山区委员会

纪检监察

民主党派

人民团体

军　事

法　治

综合经济管理与监督

城市建设与管理

环境保护与生态建设

工　业

农牧林水

交通　邮电

文化 体育 旅游

医疗卫生

社会服务与管理

街道和镇

统计资料

附　录

特载

在青山区委十届七次全会暨全区经济工作会议第一次全体会议上的讲话

（2020年1月17日）

这次会议的主要任务是，以习近平新时代中国特色社会主义思想为指导，深入贯彻中共十九大，十九届二中、三中、四中全会精神，中央经济工作会议和习近平对内蒙古工作重要讲话重要指示精神，认真落实自治区党委十届十一次全会暨全区经济工作会议和市委十二届十一次全会暨全市经济工作会议精神，报告区委常委会过去一年的工作，安排部署今年的工作。

一、区委常委会过去一年的主要工作

2019年，是中华人民共和国成立70周年，也是决胜全面建成小康社会的关键一年。一年来，面对更加严峻复杂的经济形势和前所未有的压力挑战，区委常委会坚持以习近平新时代中国特色社会主义思想为指导，认真贯彻落实中央、自治区和包头市的各项决策部署，着力统一各级干部思想、认识和行动，全力破解复杂矛盾和疑难问题，团结带领全区广大党员干部群众迎难而上、顽强拼搏，排除干扰、咬牙苦干，圆满完成了全年各项目标任务，推动各项工作取得了新进步、迈上了新台阶。

（一）充分发挥区委领导核心作用，推动重大任务、重点工作全面完成

始终坚持把党的政治建设摆在首位，教育引领全区各级党组织和广大党员干部提高政治站位，树牢“四个意识”，坚定“四个自信”，坚决做到“两个维护”，党的政治领导力、思想引领力、群众组织力、社会号召力持续增强。坚决打好三大攻坚战，防范化解风险、精准脱贫、污染防治等工作取得阶段性重大成果。多次承办、接受了中央、自治区和包头市等有关方面的观摩交流、督查检查、视察调研等重大活动、重大任务，全面展示了青山区的工作成果和亮点特色。隆重庆祝新中国成立70周年，举办了一系列丰富多彩的庆祝活动，唱响主旋律、传播正能量、弘扬真善美，激发了全区各族干部群众的爱国热情和奋斗精神。

（二）持续聚焦高质量发展，全区经济稳中有进、稳中向好的态势进一步巩固

大力发展战略性新兴产业，推动新动能快速成长，经济结构、产业结构、动力结构持续优化。晶澳拉晶铸锭、无锡上机弘元新材料、杉杉负极材料生产基地等太阳能晶硅材料和新能源产业类项目陆续投产达效，新增产值50亿元，全部达产后有望成为两个新的百亿元产业。装备制造产业园区成功入选第三批国家应急产业示范基地，青山区连续两年入选全国工业百强区，位次前移21位。现代服务业发展势头良好，“六大商务区”集聚效应日趋明显，现代商贸、现代金融、现代物流、会展经济、总部经济、平台经济快速发展，线上线下融合互动。全区经济发展的质量和效益不断提升，预计地区生产总值同比增长7.5%左右，高于全市1个百分点；规模以上工业增加值增速达15%左右，高于全市3个百分点；社会消费品零售总额同比增长4.5%左右，城镇居民人均可支配收入同比增长6.3%左右，均与全市基本持平；特别是一般公共预算收入在减税降费和一次性税收减少3.2亿元的情况下，完成22.39亿元，纯增1.4亿元，同比增长6.85%。

（三）不断深化改革创新，地区发展活力进一步释放

圆满完成党政机构改革，深化镇和街道改革，稳步推进基层整合审批服务执法力量。深

化社区治理体制改革，青山区“五位一体”民主协商社区自管物业管理模式，获评“中国城市治理创新奖”入围奖，欧鹿社区被评为“全国综合减灾示范社区”。扎实开展全国社会救助综合改革试点工作，在全市率先将低保、临时救助审批权限下放到镇和社区实行一级审批办理。深化“放管服”和商事制度改革，全年累计新增各类市场主体5900多户、新增注册资本75.7亿元。加强城市基层党建工作，形成创新成果9项，其中4项列入自治区基层党建创新典型案例成果。

（四）统筹推进城乡建设，城乡环境持续优化

紧紧围绕打造全民共享的高品质城区目标，坚持建管并重和常态化、精细化管理，严厉打击、整治私搭乱建、破窗开店和城市“六乱”等现象，城区环境面貌进一步改善。加快推进国有企业“三供一业”分离维修改造，完成了首期19个老旧小区150多万平方米的改造治理任务，3.7万户居民受益。完成赵家营村供热、给排水综合管网等改造工程，解决了长期以来燃煤散烧污染严重、安全隐患突出、群众反映强烈的老大难问题。实施城区环境提档升级工程，城区各项基础设施更加完善。开展物业企业信用等级评价，285个小区实施了物业管理或准物业管理，居民生活环境明显改善。大力实施乡村振兴战略，农村集体经济实现“清零递增”，农村人居环境进一步改善。加快推进国土绿化进程，连续7年承办包头市义务植树活动。一以贯之地实施大青山南坡生态修复和矿坑危岩体治理工程，新增绿化面积300公顷，完成矿坑危岩体治理28.67公顷，建成全市生态文明教育示范基地、矿山地质恢复治理示范基地，大青山南坡已基本实现应绿尽绿，生态环境显著改善。

（五）全力保障和改善民生，群众获得感、幸福感进一步提升

持续加大民生投入力度，民生支出占到公共财政预算支出的八成以上。坚持教育优先发展战略不动摇，深化学前教育标准化、义务教育均衡化、高中教育特色化、校外教育品牌化发展，办学质量不断提升，中高考再创佳绩。千方百计发展产业、扩大就业。不断改善基层医疗卫生条件，区属医疗机构全部纳入了医联体及分级诊疗体系，获评“自治区健康促进旗（县、区）”荣誉称号。为老服务体系更加完善，新建社区（村）养老机构26所，新增“老少乐园”11个。切实抓好扶弱帮困救助工作，累计为城乡生活困难人员发放各类救助补贴5800多万元，区政府被中国红十字总会授予“中国红十字奉献奖章”。全民健身活动常态开展，青山区被评为“自治区全民健身示范区”。

（六）扎实推进民主法治建设，和谐稳定的社会局面进一步巩固

全力支持人大、政协工作，认真听取和采纳人大代表、政协委员的意见建议，积极为人大、政协发挥职能作用创造条件。不断巩固和发展最广泛的爱国统一战线，民主党派、民族宗教、党外知识分子工作得到有力加强。高质量完成了迎接中央、自治区宗教专项督导任务，先锋道街道被国家民委命名为第七批“全国民族团结进步示范单位”。深入推进“法治青山”建设，群众法治观念和地区法治水平不断提升。加大社会矛盾排查和重点信访积案化解力度，全区信访批次和人次分别下降16.9%和29.7%。保持扫黑除恶的强大攻势，社会治安秩序持续好转。紧抓食品药品安全和安全生产工作，进一步加大隐患排查和专项整治力度，全区安全形势总体稳定。重视和加强老干部工作，全面落实老干部各项待遇，陈文学获得“全国离退休干部先进个人”荣誉称号。大力推进基层群团工作体制机制和方式方法创新，“互联网+”工会工作、楼宇商圈青年工作、妇联家庭家政工作成为全市群团工作品牌，群团组织的政治性、先进性、群众性不断增强。

（七）高度重视意识形态工作，宣传思想文化建设成效显著

坚持用党的最新理论成果武装头脑，把学习贯彻习近平新时代中国特色社会主义思想作为首要政治任务，努力做到学懂弄通做实。深入学习贯彻习近平系列重要讲话精神和中共十九届四中全会精神，推动学习教育往深里走、往心里走、往实里走。落实意识形态工作责任制，充分依托各级理论学习中心组、区委党校、书记党校、青山书苑等主渠道、主阵地，深化理论学习，强化权威解读。深化媒体融合，区融媒体中心获评“自治区旗县级融媒体中心建设工作先进单位”，发起并承办了自治区首届媒体融合发展大会，《筑梦军工》等138篇原创融媒产品被“学习强国”采用、数量居全市第一，微信平台“青山人·青山事”获评“自治区十大最具影响力政务新媒体品牌”。建成新时代文明实践中心、所、站13个，志愿服务队150多支，精神文明创建活动广泛开展。文化供给更加丰富多元，包头大剧院、小剧场、东达山艺术家创作基地等公共文化服务平台的知名度、影响力不断扩大，中国首部原创儿童芭蕾舞剧《草原英雄小姐妹》成功首演。

（八）始终坚持从严管党治党，党的建设得到全面加强

扎实开展“不忘初心、牢记使命”主题教育，聚焦为群众解忧、为基层减负、为发展助力，把学习教育、调查研究、检视问题、整改落实贯穿始终，累计解决各类问题2000多件，取得阶段性成果。不断健全完善城市基层党建“区域集团”运行模式和“241”工作机制，成功承办了全市城市基层党建互联互动工作座谈会，召开了青山区首届“四方论坛”暨城市基层党建工作峰会。持续加强基层党组织建设，投入500多万元建成42个标准化党群服务中心，完成软弱涣散基层党组织整顿工作。“党建·爱心公益汇”累计帮助困难党员、群众实现“微心愿”7700多个。深入实施干部素质提升工程，公开招考引进高层次人才，干部队伍结构进一步优化。深入开展整治“四官”问题、持续净化良好政治生态年等活动，认真落实“为基层减负”要求，推动党风政风持续好转。扎实开展区委巡察工作，圆满完成年度任务。加大监督执纪问责力度，处置问题线索537件，立案113件，给予党纪、政务处分76人，组织处理26人，切实营造了风清气正的良好政治生态。

过去一年成绩的取得，是习近平新时代中国特色社会主义思想科学指引的结果，是自治区、包头市两级党委正确领导的结果，是区几大班子凝心聚力、精诚团结的结果，是辖区各企业、单位和有关方面鼎力相助、密切配合的结果，更是全区各级干部、广大群众苦干实干、奋力拼搏的结果。

在看到成绩的同时，也清醒地认识到，青山区经济社会发展仍面临不少困难和问题。一是产业转型升级任务艰巨。在“三期叠加”影响持续深化、区域分化更趋明显的形势下，青山区传统产业缺乏核心竞争力、抗风险能力差、市场占有率不高，新兴产业资源依赖性强，尚未形成关键支撑和辐射带动作用，结构调整、动能转换面临严峻挑战，贯彻新发展理念、推动高质量发展更加紧迫。二是营商环境亟待改善。在当前大多数企业生存经营极为困难、投资信心严重不足的情况下，一些监管方式还存在简单、机械、教条甚至泛化等问题，一些干部对企业和项目的服务热情有所下降，一些政策还没有得到有效落实，项目建设手续烦琐、审批时间冗长，企业融资难、融资贵等难题亟待破解，企业的获得感和政策的正向效应体现不足。三是政府债务压力巨大，财政收支矛盾更加突出。四是民生方面还有不少短板。人民群众对美好生活的多样化、多层次需求日益增长，在教育、医疗、养老、就业、食品药品安全、生态环境、公平正义等方面还有更多期待，增强群众的幸福感，提高群众对党委、政府的满

意度有许多工作要做。五是基层负担仍然比较重。会议多、文件多、督查检查多、档案资料多等问题，让基层应接不暇，疲于应付。六是部分党员干部责任意识、担当意识、服务意识不强，思维方式、思想观念、知识结构、能力素质还不适应高质量发展要求，等等。对于这些问题，我们必须高度重视，认真加以解决。

二、坚决贯彻落实党中央、自治区和包头市的决策部署，全力以赴做好2020年的各项工作

2020年是全面建成小康社会和“十三五”规划收官之年，做好今年的各项工作至关重要。深刻理解中央、自治区和包头市的各项决策部署，善于从认清形势、明辨大势中准确把握趋势、主动顺应形势是做好工作的前提。中央经济工作会议科学精辟分析了国内国际经济形势，高屋建瓴地阐释了“四个必须”的规律性认识，明确指出当前我国发展面临不少困难和挑战，但经济稳中向好、长期向好的基本趋势没有改变。强调有党的坚强领导和中国特色社会主义制度的显著优势，有改革开放以来积累的雄厚物质技术基础，有超大规模的市场优势和内需潜力，有庞大的人力资本和人才资源，这是我们有效应对风险挑战、更好推动高质量发展的底气所在、力量之源。自治区和包头市的全会暨经济工作会议，为做好工作进一步指明了方向、提供了遵循、明确了重点。要深刻领会党中央对当前形势的科学判断，准确把握自治区党委和市委的决策部署，客观、全面、辩证、积极地看待地区发展现状，坚持从全局看局部、从未来看当下，既要充分看到青山区经济社会保持良好发展态势的方面，又要清醒认识面临严峻复杂的压力与挑战，保持战略定力，增强忧患意识，科学理性把握大势，趋利避害应对挑战，坚定发展必胜信念。

做好2020年的经济工作，要以习近平新时代中国特色社会主义思想为指导，认真贯彻中共十九大，十九届二中、三中、四中全会精神，全面落实自治区党委十届十一次全会暨全区经济工作会议和市委十二届十一次全会暨全市经济工作会议精神，紧扣全面建成小康社会目标任务，坚持稳中求进工作总基调，坚持新发展理念，坚持推进现代装备制造业和现代服务业双轮驱动、两翼齐飞，坚持打造全民共享的高品质城区，全面做好“六稳”工作，统筹推进稳增长、促改革、调结构、惠民生、防风险、保稳定，确保全面建成小康社会和“十三五”圆满收官，不断增强人民群众获得感、幸福感、安全感。

根据中央、自治区和包头市经济工作会议精神，结合青山区实际，区委研究确定今年经济发展的主要预期目标是：地区生产总值增长6%左右，社会消费品零售总额增长4.5%左右，一般公共预算收入增长6%左右，城镇常住居民人均可支配收入增长6%左右，固定资产投资增长6%左右。

实现2020年目标任务，要重点抓好以下七个方面的工作：

（一）坚决贯彻新发展理念和高质量发展“两大要求”

要坚定不移贯彻新发展理念。新发展理念是引领经济高质量发展的指挥棒、红绿灯，是关系发展全局的深刻变革。坚定不移贯彻新发展理念，是党中央对全国、对各级领导干部提出的政治要求，在这个问题上，全区各级干部一定要有政治定力，不能含糊、犹疑、徘徊动摇，真正想明白、弄清楚、做到位。要紧紧扭住新发展理念推动发展，把注意力集中到解决各种不平衡、不充分的问题上来，决不能再回到简单以数量、数字论英雄的老路上去，决不能再回到以破坏环境为代价搞所谓发展的做法上去，更不能再回到粗放式发展的模式上去。

要不折不扣落实高质量发展要求。生态优先、绿色发展的导向，强调的是统筹推进生态文明建设与经济社会发展，不能片面理解为仅仅是抓生态文明建设的要求，也不能理解为某些区域是生态优先抓保护、别的区域就只强调发展是第一要务不抓生态保护。以生态优先、绿色发展为导向的高质量发展是全方位、全区域的要求，所有区域、所有领域、所有产业、所有行业都要坚持这一导向，产业发展和城镇化、乡村振兴都要把这个导向鲜明地树立起来，发展必须是绿色发展、高质量发展，一旦经济建设与生态环境保护出现矛盾，必须把生态环境保护挺在前头。全区各级领导干部要全面准确把握探索这条新路子的政治要求、实践要求，克服单打思想，防止笼统去抓，从实际出发创造性开展工作，在转方式、调结构、促创新、补短板上求突破，让生态优先、绿色发展在头脑中根植、在实践中落地。要摆脱速度情结、路径依赖，顶住压力、忍住阵痛，坚定不移转变经济发展方式，下决心把结构调过来、动能转过来、质量提上来，开辟出一片高质量发展的新天地。全区上下要深入贯彻落实巩固、增强、提升、畅通方针，紧紧围绕青山区现代装备制造业和现代服务业双轮驱动、两翼齐飞的发展思路，加快转型升级和动能转换步伐，着力构建现代化经济体系，全面提升地区核心竞争力。

要确保实现全面小康社会目标任务。到2020年全面建成小康社会，是党向人民、向历史、向世界作出的庄严承诺。如期与全国同步建成全面小康社会是今年青山区工作的头等大事，补齐全面建成小康社会短板是全区各部门、各单位的头等任务。全区上下都要突出主题，聚焦这一历史性的目标任务开展工作，抓紧对进展情况进行科学评估，对照各项定性定量指标，全面排查梳理差距和不足，分门别类列出清单、建立台账，全力以赴抓重点、补短板、强弱项，集中优势兵力打歼灭战，跑好全面建成小康社会“最后一公里”。要坚持尽力而为、量力而行，根据青山区实际完成既定目标任务，既防止松劲懈怠、降格以求，又防止算账报账、弄虚作假。对有绝对标准的底线任务，不论困难多大、压力多大都要想方设法完成，不能打折扣、拖后腿。对有相对标准的阶段性任务，要充分考虑群众实际生活状态和现实获得感，充分考虑为后续全面完成任务赢取主动，握指成拳、精准发力，尽最大努力争取最好的结果。

（二）持之以恒发展好现代装备制造业和现代服务业“两大产业”

要着力提升装备制造业发展水平。要坚持市场调节、政府引导，大力调整青山区装备制造业产能、产业、产品结构，实现升级换代。要服务好一机、北重、北奔、二〇二、包头供电局等驻区大企业，深化企地融合，巩固提升大企业在地区发展中的稳定器、压舱石作用。要坚持主导产业上规模、协作配套成体系，在延链、补链、强链、扩链上下功夫，使主导产业、优势特色产业形成完整的产业链。要坚持宁缺毋滥、质量优先，聚焦调结构、增后劲，大力引进新能源、新技术、新材料、高端装备制造项目，壮大战略性新兴产业集群。要切实抓好“三个”融合发展。牢牢抓住园区入选“第三批国家应急产业示范基地”的有利机遇，加大应急装备、专用车辆、防务装备、核技术应用等领域的技术攻关、成果转化和项目实施力度，不断提升产业发展水平。要加快网络、大数据、物联网和人工智能等技术变革，推进制造业信息化、数字化、自动化、智能化发展，努力在优势领域打造“单打冠军”“隐形冠军”。要遵循市场经济规律，扶优扶强、优胜劣汰，以亩均论英雄建立淘汰机制，清理处置低效低端用地、土地厂房闲置企业、“僵尸”企业和散乱污企业，腾笼换鸟，解决好资源闲置和效益低下等问题。

要大力发展现代服务业。坚持生活性服务业、生产性服务业和新兴服务业并重，大力发展新产业、新业态、新模式，不断满足产业转型升级需求和人民美好生活需要。要坚持消费引领、市场主导，不断培育提升“六大商务区”的集聚效应、规模效应，不断提升辐射力、吸引力。要大力支持现代商贸、现代金融、现代物流、总部经济、会展经济等特色产业的发展，优化经济结构、完善经济体系，形成多元发展、多极支撑的发展格局。要加快推进“两域一线”及周边布局，促进文化、旅游、体育、健身、休闲、康养等“幸福产业”集中集聚，逐步培育发展成为全市幸福产业中心。要支持传化物流、网络协同制造等生产性服务业不断壮大规模，提升发展质量和水平。要大力发展科技研发、服务外包、技术咨询、工程设计、柔性制造、质量控制、广告策划、知识产权服务等高端服务业态。要高度重视和大力支持新兴服务业发展。大力发展数字经济，深化互联网、大数据、人工智能与政府治理、惠民服务等深度融合，探索5G等新技术在相关领域的创新运用。

（三）始终坚持大力发展实体经济和民营经济“两个鲜明导向”

要大抓实体经济。实体经济是一个国家、一个地区经济的立身之本，是建设现代化经济体系的重要支撑。要想在未来和市场竞争中赢得主动，就必须把实体经济放在更加突出的位置抓紧抓实抓好。要把全区上下的注意力、精力集聚到大力发展实体经济上来，全面落实好大规模减税降费等各项惠企政策，算长远账、算企业发展账，全力缓解企业压力，激发企业活力，增强企业发展后劲。要千方百计帮助企业降低用地、用水、用电、用气及物流等方面的生产经营成本，切实增强微观主体活力。要推动资源要素向实体经济集聚，综合运用财政、金融、科技、服务等手段，着力解决实体经济融资难、盈利难、用工难、投资难、转型难等现实问题。要强化企业创新主体地位，完善和优化创新发展的政策、机制和环境，从物质保障、精神激励、法治环境等多个层面发力，更好让企业在创新大潮中当主力、唱主角。要始终坚持“服务也是生产力”的思想不动摇，秉持“逢山开路、遇水搭桥”的优良传统和作风，到基层、到一线、到工地，用心用情用力帮助和服务企业发展。

要大抓民营经济。推动经济高质量发展，希望在民间、活力在民营、动力在民资。要始终把支持民营企业发展作为一项重要任务，认真贯彻《中共中央、国务院关于营造更好发展环境支持民营企业改革发展的意见》，保障民营企业依法平等使用资源要素、公开公平公正参与竞争、同等受到法律保护。要正确处理好政府与企业之间的关系，下大力气解决好制约企业特别是民营企业和中小微企业发展中的痛点堵点难点问题。要构建亲清政商关系，认真落实好区级领导干部与党外代表人士联谊交友等制度，大力营造尊重企业家、关心企业家、爱护企业家的浓厚氛围。

（四）持续优化干事创业和投资兴业“两大环境”

要大力营造干事创业的政治生态环境。我们的一切难题只有在实干中才能破解，一切机遇只有在实干中才能把握，一切愿景只有在实干中才能实现。要始终坚持发展是第一要务的思想不动摇，深入践行“干在实处、走在前列”的总体要求，充分发扬全区上下团结拼搏、苦干实干的优良传统，一以贯之地强力推进经过实践证明、符合青山区发展实际的一系列思路举措，努力创造出经得起历史和实践检验的成绩。要始终坚持以实绩论英雄，充分发挥好选人用人“风向标”的作用，让那些想干事、会干事、能干成事的干部有用武之地，坚决摒弃和抵制“为了不打碗、干脆不洗碗”的为官不为现象，持续深入整治昏官、懒官、庸官、贪官等问题。要对干部特别是基层一线的干部给予更多的关心、爱护和理解，统筹落实好为基层减负工作要求和容错纠错工作机制，真正让干部有足够的时间和精力谋发展、抓落实，切实为担当干事、敢为善为的干部撑腰鼓劲、加油助力，充分激发和调动干部干事创业的积极性和主动性。

要大力营造投资兴业的营商环境。要推动

《优化营商环境条例》等政策落实到位，在准入、成本、税费、融资、基础设施、产业配套、产权保护、人力资源、公共服务、社会治理等方面综合发力，强化人无我有、人有我优的服务理念，切实营造各类市场主体公平竞争的市场环境、政策环境、法治环境。要持续深化“放管服”改革，加快整合政务服务资源，最大限度推动公共服务事项向大厅进驻、向线上迁移、向基层下沉，全力打通政务服务提速增效“最后一公里”，尽快实现“马上办、就近办、网上办、一次办”的目标，不断提升服务企业、服务群众的能力和水平。要加强诚信政府建设、提升公信力，依靠法治保障企业发展，利用行政手段帮助企业解决发展困难和问题。特别是要妥善解决涉企政策落实不到位、招商引资承诺不兑现和拖欠民营企业账款等问题，优化环保、安监、消防等执法方式，坚决避免涉企执法方式简单化，严肃整治损害企业利益等行为，切实为企业发展助力护航，让各类市场主体安心经营、放心投资、专心创业。

（五）着力破解化解政府债务和增加有效投资“两大难题”

要坚决守住不发生系统性金融风险的底线。当前全区政府债务化解任务艰巨、财政收支矛盾突出、刚性兑付压力巨大，处置不好就有可能影响大局。要按照坚定、可控、有序、适度的要求，坚持疏堵并重，稳步推进化债计划，完善落实化债举措，尽快压减债务规模，优化债务结构，降低风险等级。要盘活各类政府资产、资源，千方百计拓展化债途径，下大力气、下苦功夫争取上级化债资金支持和政策性债券支持。要形成全区“一盘棋”，充分发挥好财税、金融、住建及有关单位的协调配合作用，调动全区资源共同全力打好化解债务、防范风险攻坚战。要优化财政支出结构，牢固树立“过紧日子”的思想，严格控制和压缩一般性支出，将有限的资金用在刀刃上。要增强财政统筹保障能力，坚决做到保工资、保运转、保基本民生，坚决完成年度化债任务，坚决不出现重大刚性兑付风险问题。

要千方百计扩大有效投资。合理有效的投资既是稳定经济运行的关键抓手，又是转方式、调结构、提质量的重要支撑。要解决投资下滑、增长乏力等问题，必须把促进有效投资作为经济工作的“头号工程”来抓。在当前的经济形势下，需要我们比拼精神斗志和恒心韧劲，千方百计引投资、抓项目，尽最大努力争取最好的结果。项目不怕小，就怕少、怕质量不高，只要符合高质量发展要求和青山区发展定位，大小项目都要积极引进、一并去抓。今年青山区确定实施投资亿元以上重点项目 73 个，总投资 405 亿元，当年计划完成投资 115 亿元。要重点做好“三对接”“四落实”工作，服务好、保障好、推动好这些项目按时开工建设、如期建成投产，加快形成现实生产力。要围绕转方式、调结构选准领域和项目，特别是要聚焦补短板、强弱项、惠民生，围绕地区优势特色项目，围绕现代服务、民生建设、基础设施等补短板项目，精心谋划，扎实推动，加快落地。

（六）努力提升人民群众对地区人居环境和党委、政府的“两个满意度”

要不断提升城乡宜居环境水平。围绕“建设全民共享的高品质城区”的发展目标，按照“东进、北扩、中升级”的城区建设思路，着力优化城乡空间功能布局，实现以城带乡、城乡互补、协调发展，实现公共资源、公共产品、公共服务更加科学合理配置，让广大居民群众感受到工作、生活在青山区很幸福、很美好。城区要提升功能品质，坚持建管并重，坚持问题导向和目标导向，着力解决民生事业中各类不充分、不平衡的问题。要不断优化、完善城市基础设施建设，不断提升物业管理水平。要加快老旧小区综合治理改造步伐，积极稳妥推进棚户区改造。要以实现现代化管理为目标，推进智慧城市建设，不断提升城市管理制度化、规范化、常态化、精细化水平。城乡接合部要按照城市化的目标，加大开发改造力度。本着统筹谋划布局、分步稳妥实施的原则，注重规划引领，加快改造步伐，完善基础设施，发展相关产业。要全力打造110国道两侧、青山区西段城区副中心。要深入实施乡村振兴战略，把全面落实农村人居环境整治三年行动计划和大力发展农村特色产业作为主攻方向，大力提升农村环境面貌和集体经济发展水平。抓住“三区三线”评估调整划定机遇，加大对接协调力度，坚决避免把荒山划成耕地、把村庄划成保护区，影响镇、村长远发展。要依托大青山南坡生态环境综合治理成果，坚持“治山与富民相统一”的原则，积极探索“生态+产业”的发展模式，努力实现生态效益、经济效益、社会效益相统一。要持续改善城乡生态环境，推进国土绿化，提升城乡绿化水平。要继续狠抓大青山南坡绿化和危岩体整治、工业污染防治、“散乱污”企业治理及燃煤散烧治理等工作，坚决打好“蓝天、碧水、净土”保卫战。

要不断增强政府的公共服务和保障能力。保障和改善民生，必须突出保基本，集中力量做好普惠性、基础性、兜底性民生建设。要高质量完成脱贫攻坚任务，聚焦“两不愁三保障”目标，健全完善监测预警机制，抓紧抓实产业、就业、生态、教育、健康和社会保障等脱贫举措，决不让一个困难群众在全面小康路上掉队。要始终坚持教育优先发展战略不动摇。以内涵式发展、软实力提升为导向，大力提升办学水平，使青山区的教育早日实现既有高原之势又有高峰之巅的目标。要千方百计保障对教育的投入，合理配置教育资源，不断加强校长、教师队伍建设，加快推动教育优质均衡发展。要大力发展学前教育，按照公办和民办并举的原则，不断扩大城乡普惠性学前教育资源覆盖面。要完善社会保障体系。全面落实各项就业创业政策，突出抓好高校毕业生、农民工等重点群体就业创业工作，确保零就业家庭动态清零。推动城乡居民基本养老和医疗保险应保尽保，强化民生兜底保障，做好关键时点、困难人群的基本生活保障。高度重视和做好退役军人事务工作，切实维护妇女、儿童、老年人和残疾人等群众的合法权益。要提高人民群众健康水平。加快区属医院改造升级步伐，持续提升医疗卫生机构服务能力。加快建设多层次多样化的养老服务体系，支持社会力量发展普惠托育服务，切实解决好“一老一小”问题。深入开展爱国卫生和全民健身等活动，加强食品药品安全监管，努力提升卫生与健康水平。要不断满足群众文化需求。提升公共文化服务水平，推动基层文化惠民工程扩面、增效，充分发挥好青山区各级各类优质文化资源的优势作用，更好满足群众差异化、多样化的精神文化需求。要维护好群众切身利益，推动“半拉子工程”“烂尾楼工程”等历史遗留问题早日解决，加快推进遗留产权证办理进度，及时回应和解决群众关心关切的热点难点问题。要深入推进平安青山建设。坚持总体国家安全观，全面提升防范各类风险隐患的能力。加强和创新社会治理，完善党委领导、政府负责、民主协商、社会协同、公众参与、法治保障、科技支撑的社会治理体系。全力抓好信访工作，坚持抓早抓小，把工作做在前，把问题解决在前，把隐患消除在萌芽状态。加强应急管理能力建设，完善和落实安全生产责任制和管理制度，切实保障人民群众生命财产安全。持续深入开展扫黑除恶专项斗争，坚决打击各类违法犯罪活动，确保社会大局和谐稳定。

（七）不断加强党的全面领导，全面落实新时代党的建设总要求

要持续深化党要管党、全面从严治党，以党的政治建设为统领，着力加强党的各项建设，永葆党的先进性、战斗性、纯洁性。要坚定不移狠抓党的政治建设，切实增强“四个意识”、坚定“四个自信”，坚决做到“两个维护”。要

坚定不移狠抓党的思想建设，深入学习贯彻习近平新时代中国特色社会主义思想，真正做到学深悟透、融会贯通、真信笃行。要坚定不移狠抓基层组织建设，认真践行新时代党的组织路线，以组织力提升为重点，推动各领域党组织全面进步、全面过硬。要坚定不移狠抓干部队伍建设，抓好班子、带好队伍，持之以恒改进工作作风，不断巩固和提升青山区风清气正、干事创业的良好政治生态环境。要坚定不移狠抓党风廉政建设和反腐败工作，进一步压紧压实各级党组织从严治党主体责任，把党的政治纪律和政治规矩挺在前面，坚持抓小、抓早、抓细、抓实，注重从源头上预防和遏制腐败问题，一体推进不敢腐、不能腐、不想腐。

政府工作报告
——在青山区第十六届人民代表大会第三次会议上

（2020年4月22日）

一、2019年工作回顾

2019年，面对更加严峻的宏观形势和各类风险挑战明显上升的复杂局面，在上级党委、政府和区委的坚强领导下，在区人大、区政协的监督支持下，始终以习近平新时代中国特色社会主义思想为指导，坚持稳中求进工作总基调，深入贯彻新发展理念，统筹推进稳增长、促改革、调结构、惠民生、防风险、保稳定各项工作，地区经济社会向高质量发展迈出坚实步伐。

（一）地区经济保持平稳健康发展

2019年全年，地区生产总值增长7%；社会消费品零售总额完成440.6亿元，增长4.5%；一般公共预算收入完成22.4亿元，增长6.9%；城镇居民人均可支配收入实现53753元，增长6.2%。主要指标保持在合理区间。全力推动重点项目建设，总投资472亿元的70个亿元以上重点项目全部开复工，完成投资113.6亿元、竣工22个，开复工率、完成投资率和手续办结率均居包头市第一。其中，战略性新兴产业项目达到12个，总投资占工业项目投资的73.2%。全面推进招商引资“市长旗县区长工程”，总投资64.1亿元的18个项目签约，落地实施9个，上机弘元新材料项目实现当年签约、当年投产。外贸进出口总额达到1.9亿美元，利用外资5700万美元，完成年度目标的190%。营商环境进一步优化，建立了民营企业反馈会商机制和发展服务平台，清偿拖欠民营企业、中小企业账款5.2亿元，完成年度目标的103.3%。区工商联连续四年蝉联全国“五好”县级工商联。推行“无纸全程电子化”“企业登记视频认证”，试点政银合作免费代办登记，市民大厅税务窗口实现“一窗综合受理”。全年新登记市场主体5975户，增长24%。惠企政策全面落实，为企业申请政策39项、资金5200多万元、减免税费4.4亿元、降低用电成本6745万元、发放助保金贷款5800万元。规上工业企业实现利润4.7亿元，增长177%。规上工业增加值增速达到13.9%，高于包头市2.7个百分点，居包头市第一。

（二）产业结构调整步伐加快

传统产业加快转型升级，着力解决资源闲置和效益不高问题，清理土地厂房闲置企业15个，盘活低效低端用地68.47公顷。一机集团与徐工集团、广东海乔实现合资合作，塞北机械与重庆大江信达车辆完成混改，二〇二厂与原子高科签署同位素医药配送中心项目合作协议。北重集团上榜国家制造业单项冠军示范企业名单，一机集团、二〇二厂的4个项目被自治区认定为重大技术装备首台套和关键零部件首批次，17户企业进入自治区“专精特新”培育库。青山区连续两年入选“中国工业百强区”。战略性新兴产业集群效应初显，阿特斯、晶澳、上机弘元、杉杉负极材料等光伏晶硅材料和新能源产业类项目投产达效，新增产值50亿元。双马动力精密加工、阿尔法石墨烯对位芳纶等项目试生产。园区入选第三批国家应急产业示范基地，获评国家产业转型升级示范园区。商务区竞争力不断增强，全区服务业增加值增长5.9%。一批“首进内蒙”“首进包头”品牌入驻“六大商务区”。万达、沃尔玛、九星数码商务区零售额达到100.7亿元，增长9.1%。金融商务区税收收入近10亿元。会展中心举办展会70场，交易额近14亿元。包头大剧院演出211场，营业收入增长14.1%。新兴服务业态更加多元，注册电商企业2500多户、交易额达到2.4亿元。全区物流企业达到600余家。包头传化交投公路港日均货运吞吐量达到3000吨以上，快递园全年收寄投递快件超过1亿件。全区商务楼宇面积达到98.5万平方米，入驻企业2400余户，涵盖金融保险、教育培训、文化创意、贸易流通、服务咨询等行业。

（三）改革创新工作扎实开展

重点领域改革深入推进，按期完成全区机构改革任务，高质量实施涉改部门撤并划转、组建挂牌、人员转隶和部门“三定”等工作，构建起了科学规范、运行高效的机构职能体系。司法体制改革全面深化，街镇国库集中收付改革有序实施。规范国资管理，区属国有公司实体化运营稳步推进，内蒙古金融租赁公司筹建进入股东审核阶段。农村集体经济产权制度改革、农村土地确权整体工作基本完成。政府引导、社会参与的生态治理模式效果凸显，累计撬动社会资本16.1亿元，流转农民闲置土地660多公顷，绿化改造荒山4533.33公顷。科技创新能力不断提升，深入推进“两化融合”，新加入“万户企业登云计划”企业485户。“智慧园区”项目签约落地，垣源信息技术公司成功在内蒙古股权交易中心挂牌，西北区域淼盾应急安全云服务中心辐射范围扩大。发挥企业创新主体作用，一机集团特种车辆热管理系统等3个研发机构被认定为自治区企业研究中心。北方安全防护装备制造公司等4户企业被认定为包头市军民共建科技示范企业。全区专利达到2029件，注册商标5241件。社区治理改革继续深化，整合街镇执法力量，优化“一口式”服务系统，将医保低保、临时救助等63项审批和服务事项下放到社区，居民实现就近办事。培育打造了10个社区治理专项改革试点，富强路、幸福路等街道多项基层工作经验在民政部《社区》杂志刊载推广。成立包头市首个街道级“三社”协同创新中心和区级物业纠纷联调中心，万青路街道“五位一体”民主协商社区自管物业管理模式成功入围“中国城市治理创新奖”，自由路街道民生实事项目人大代表会商制试点工作取得实效，青山路街道“银发e点通”社区教育获评自治区终身学习品牌项目。

（四）城乡发展更趋协调

统筹推进城市双修和精细化管理，实施康乐西街道路建设等7项市政基础设施工程，完成驻区国有企业“三供一业”首期150多万平方米的维修改造，惠及居民3.7万户。青山中央公园项目一期投入使用，迎宾农贸市场完成升级改造，5000平方米的二〇二便民市场建成运营。推动通港建材城、赵家店地区等腾空地块实现出让开发，累计为近2.7万户居民解决住宅产权遗留问题，办理不动产首次登记，涉及房屋面积325万平方米。规范道路分级和精细化管理，严管严控重点路段，集中力量整治市容“六乱”现象。拆除私搭乱建、违法建设6.2万平方米，试点开展居民小区生活垃圾分类收集。全区道路机扫率达到69%，高于包头市6个百分点。统筹推进污染防治和生态修复，投资1.6亿元，完成赵家营村供热及给排水管网改造，实施了四道沙河村集中供热改造和色气湾村煤改电清洁取暖工程，全区洁净型煤替代实现全覆盖。京津风沙源治理二期、东达沟河道治理、一机北重雨污分流提标和二电厂脱硫废水系统处理改造等工程全面完成，工业废水实现达标排放。圆满完成第二次全国污染源普查、中央环保督察回头看问题整改和自治区生态环保督察各项工作，一机845线渣山治理完成平整覆土和砌石护坡。持续推进大青山南坡生态修复，投资8000万元，新增林地300公顷，栽植苗木60万株，治理危岩体28.67公顷、矿山12处，新建蓄水池22座、蓄水量达7万立方米。圆满完成市委交办的生态绿廊建设任务，建成运行森林防火智能监管系统，有效预防林地火灾发生。统筹推进脱贫攻坚和“乡村振兴”，落实精准识别动态监管机制，全区无新增困难农户、无国家扶贫标准贫困人口。坚持产业扶贫，大力推动色气湾农产品交易中心开工建设，依托装备园区企业、生态修复工程和农村合作社项目，加大农村劳动力输出和土地流转，帮助农民增收。农村集体经济实现清零递增，21 个行政村集体收入均达到 10 万元以上。编制《青山区乡村振兴战略规划》，完成基本农田划定和农用地分等定级，第三次全国国土调查工作取得阶段性成果。推进农村人居环境整治，改造户厕200座，新增水冲公厕21座，启用垃圾转运站 6 座，农村生活垃圾集中收集清运实现全覆盖。

（五）民生保障更加精准有效

坚持民生投入优先保障，全年民生支出占到公共财政预算支出的八成以上。就业创业持续扩大，发放创业担保贷款 9021 万元、就业困难人员补贴4568万元、人才住房补贴315万元，城镇新增就业 11708 人、失业人员再就业 4123 人、农牧民转移就业 4013 人，城镇登记失业率为 3.87%，全区“零就业”家庭实现动态清零。双创主题街区建设已初见规模，20 家创业园、孵化基地入驻商户 2300 多户，带动就业 7700 多人。教育实力不断提升，引进高层次教师近百名，师资力量显著提高。中考高分段学生占比包头市领先，内蒙古北方重工业集团有限公司第一中学中考均分实现包头市公办学校“八连冠”，高考本科上线率达到 91.3%，低进高出、高进优出效果显著，“学在青山”品牌建设卓有成效。民幼第五分园建成招生，中城国际、奥林幼儿园主体封顶。智慧黑板、可调节桌椅、健康照明三大护眼工程加快实施，获评自治区儿童青少年近视防控试点区。文体事业快速发展，建成综合文化服务中心、图书馆和文化馆分馆 80 个，组织庆祝新中国成立 70 周年文化活动 500 多场。全国首部原创儿童芭蕾舞剧《草原英雄小姐妹》成功首演，原创广播剧《筑梦军工》实现包头广播在国家台首播，《包头军工城访谈录》荣获包头市第九届“五个一工程奖”，乌素图地区获评自治区级历史文化街区。举办全民健身体育活动 100 多场，市体育中心接待群众 13 万人次，成为包头市唯一荣获“自治区全民健身示范区”的旗县区。“健康青山”深入实施，区属 43 家医疗单位全部纳入三级医院医疗集团建设，城市卫生长效管理考核连续七年排名包头市第一。累计打造健康主题公园等“健康细胞”94 个，荣获“自治区健康促进区”称号。实施医养康融合工程，新建“老少乐园”、社区日间照料中心和农村养老服务站 26 所，区属二级综合医疗机构与养老机构全部实现医养签约。社会保障体系更加完善，城镇养老、医疗保险缴纳人数分别增长 20% 和 7%，退休人员养老金实现“十五连涨”，统筹支付医保报销费用 4252 万元。推进全国社会救助综合改革试点区建设，发放各类救助补贴 5800 多万元。加大清理拖欠农民工工资力度，为 1962 名劳动者挽回经济损失 2700 万元。肢体残疾人康复中心建成使用，区政府被授予“中国红十字奉献奖章”。在包头市率先建成退役军人服务保障体系和家庭教育指导服务中心，群团组织阵地作用持续增强。社会大局保持稳定，深入推进“平安青山”建设，持续开展社会矛盾、涉稳隐患、公共安全隐患和突出治安问题排查化解整治等专项行动，全区刑事案件发案率下降 35.1%，治安案件受理率下降 27.8%。扫黑除恶专项斗争强力推进，累计打掉涉黑涉恶组织团伙 40 个，破获刑事案件 245 起。有效开展安全生产大检查 6850 户次，查处整治各类安全隐患 3423 项，设立了包头市首家安全服务云平台，推行“机械制造共享合作工厂”安全生产模式，全年未发生重特大安全生产事故。持续开展食品药品抽检、衣食住行领域专项整治和保健市场乱象百日整治，市场秩序、食品药品安全状况持续向好。扎实推进领导干部“开门”大接访，全区信访总量持续下降，信访工作综合考评位居包头市第一。深入推进“七五”普法，建成3个一级司法所，打造了青少年法治教育实践基地和法治文化公园，公共法律服务工作站点覆盖全部社区村。高质量完成第四次全国经济普查工作，先锋道街道荣获第七批“全国民族团结进步示范单位”称号，关工委被评为“自治区关心下一代工作先进集体”，全区各项工作都取得了新进展和新成效。

（六）政府自身建设持续加强

深入开展“不忘初心，牢记使命”主题教育，牢固树立“四个意识”，坚定“四个自信”，做到“两个维护”，坚决履行党风廉政建设“一岗双责”和意识形态工作责任制。坚持依法行政，全面实行政务公开制度和权责清单、市场准入负面清单、涉企收费清单等制度。自觉主动接受人大、政协及社会舆论监督，286件市区两级人大代表建议、政协提案全部高质量办复。有效防范化解重大风险，化解政府隐性债务6.7亿元，完成年度目标的105%。加强廉政建设，推动审计全覆盖，“三公”经费缩减30.3%，政府采购节约率达到15%，成为包头市唯一的“全国政府采购百强县”。市民大厅进一步规范，精简申请材料，压缩审批流程和时限，网上可办率达到85.2%。便民服务系统开通网络互动版块，解决群众反映问题1万余件，办结率99%，成为包头市唯一的国务院办公厅“双百”督查联系点。扎实开展“持续净化良好政治生态年”活动，政府系统作风进一步转变。

2019年，面临的风险、压力和挑战是前所未有的，但我们咬紧牙关，在逆境中求突破，在转型中谋发展，始终保持政治定力、发展定力，始终沿着正确的道路砥砺前行，以坚定的初心使命回应群众的期待。各级各方面以永不懈怠的精神状态和一往无前的奋斗姿态，尽职尽责、埋头苦干，创新思路解决了一批难事，履职尽责干成了一批实事。居民对当前生活的满意度达到97.1%，居住安全感达到98.7%。这些成绩的取得，是以习近平为核心的党中央引航定向的结果，是上级党委政府正确领导、区委科学决策的结果，是各位人大代表、政协委员履职尽责、建言献策的结果，是全区各条战线、广大干部群众团结拼搏、攻坚克难的结果。

面对农历新年以来突发的新冠肺炎疫情，坚决贯彻习近平重要指示精神，认真落实上三级决策部署，及时安排、全面动员、精准施策、群防群控，打响一场防控新冠肺炎疫情阻击战。抗疫期间，上下一心、一体联动，共担风雨、同心与共，确保了全区人民的生命安全和身体健康，维护了社会和谐稳定。

在肯定成绩的同时，清醒地认识到，全区经济社会发展还面临不少困难和问题。产业转型升级任务艰巨，战略性新兴产业仍处在培育期，新旧动能转换成效还不明显。面对政策性减收、还债还贷任务艰巨等多重压力，财政收支矛盾更加凸显。教育、医疗、养老等发展还不平衡，不能很好满足群众日益增长的需求。面对突发疫情，基础设施、物业管理等也暴露出了一些不足。

二、2020年工作安排

2020年是全面建成小康社会和“十三五”规划收官之年，我们要实现第一个百年奋斗目标，为“十四五”的高质量发展和实现第二个百年奋斗目标打好基础。政府工作的总体要求是：以习近平新时代中国特色社会主义思想为指导，认真贯彻中共十九大，十九届二中、三中、四中全会精神，全面落实自治区党委十届十一次全会暨全区经济工作会议、市委十二届十一次全会暨包头市经济工作会议和区委十届七次全会暨全区经济工作会议精神，紧扣全面建成小康社会目标任务，坚持稳中求进工作总基调，坚持新发展理念，坚持推进现代装备制造业和现代服务业双轮驱动、两翼齐飞，坚持打造全民共享的高品质城区，全面做好“六稳”工作，统筹推进稳增长、促改革、调结构、惠民生、防风险、保稳定，确保全面建成小康社会和“十三五”圆满收官，不断增强人民群众获得感、幸福感、安全感。

2020 年发展主要预期目标是：地区生产总值增长 6% 左右，固定资产投资增长 6% 左右，社会消费品零售总额增长 4.5% 左右，一般公共预算收入增长 6% 左右，城镇居民人均可支配收入增长 6% 左右。城镇登记失业率控制在 3.9% 以内。全面完成上级下达的节能减排约束性指标。

实现上述目标，不仅要积极化解地区发展中的矛盾困难，还要努力克服新冠肺炎疫情带来的不利影响。必须坚持目标不变、任务不减，继续发扬攻坚克难、敢打硬仗、善作善成的精神，统筹推进好经济社会发展。要始终认真贯彻习近平关于内蒙古工作重要讲话重要指示精神，不折不扣执行上级党委、政府的各项决策部署，坚定不移落实新发展理念，应势而动、顺势而为，切实将发展重点转移到质量和效益上来，不懈探索符合青山区实际的可持续发展、高质量发展之路。要始终保持战略定力，矢志不渝践行绿水青山就是金山银山理念，一以贯之构筑“双轮驱动、两翼齐飞”产业格局，持之以恒推动“宜居城区”建设，充分汇聚国有企业“大”和民营企业“活”的合力，抢占绿色发展先机，夯实地区发展基石。要始终践行勤政为民初心，时刻关注人民呼声、人民需求、人民期盼，紧紧抓住发展不平衡不充分的问题和短板，更加注重普惠性、基础性、兜底性民生建设，千方百计为群众排忧解难，尽心尽力为百姓谋取更多福祉，持续不断提升全民共享水平，带领全区人民齐步迈入小康社会。

（一）围绕推动经济高质量发展，聚焦重大项目建设和民营经济发展，努力提升地区综合实力

一要狠抓重点项目引进实施。2020 年全年拟实施亿元以上重点项目 73 个，总投资 406.5 亿元，当年计划完成投资 115.7 亿元。着力解决好土地报批、环评安评、施工许可等项目前期手续，确保亿元以上重点项目年内竣工 25 个以上。面对当前疫情影响，创新招商方式，大力推行网上招商、以企招商和以商招商，持续开展延链、补链、强链、扩链工作。重点在光伏产业链上引进热场、切片、组件等配套企业，新能源产业链上引进电机、电控、电池等制造企业，新材料产业链上引进芳纶纤维、玄武岩纤维、碳纤维等应用企业，力争再落地一批、投产一批，为“十四五”规划储备一批。

二要大力激发民营企业发展活力。把做强民营经济作为高质量发展的突破口，全面落实国家、自治区和包头市系列扶持政策措施，纾解企业特别是民营、小微企业困难，大力推动企业复工复产、稳产达产。坚持“服务也是生产力”的思想和“逢山开路、遇水搭桥”的作风，建立重点企业重大项目区级领导包联和派驻联络员制度，始终围绕企业需求精准服务，帮助更多企业进入电力多边交易平台、申请助保金贷款，多措并举降低企业运营成本。按期清偿民营企业和中小企业账款，坚决整治涉企执法简单化、损害企业利益等行为，着力解决企业面临的各种难题。全面深化“链长制”“群长制”，推动民营企业与驻区大企业协作配套、资源共享，提升企业竞争力。

三要深入拓展企地融合发展空间。加强与驻区大企业沟通对接，健全重点事项联席议事机制，全力推进北奔新能源电动卡车产业基地建设，推动北奔与鄂尔多斯、包钢在新能源矿用车和物流车辆、车用钢材等领域深入合作。加快推动国家应急产业示范基地建设，培育和发展工程抢险、草原森林消防、应急救援等装备产业，推动徐工大地推土机、海乔特种专用车、原子高科同位素医药配送中心等项目尽快投产达效。整合企业人才和技术资源，利用园区公共服务中心大楼打造企地融合公共服务平台，构筑“资源共享、企地共建、合作共赢”

发展新模式。

（二）围绕构建现代化产业体系，持续提升制造业和服务业水平，努力做强做优地区实体经济

一要加快推动装备制造业转型升级和集群发展。推动传统产业提质增效，建立以亩产论英雄的淘汰机制，继续做好低效用地、闲置资产盘活工作，为项目建设和产业发展留足空间，积极引入发展潜力大、科技含量高、带动能力强的好产业、大项目。加快打造智慧园区基础网络和数字平台，统筹推进110千伏输电线路、220千伏变电站建设，全力保障企业生产需求，力争早日获批国家级经济技术开发区。推动“三新一高”战略性新兴产业链往中下游延伸、价值链向中高端攀升，支持杉杉负极材料、阿尔法石墨烯对位芳纶等项目扩产拓能，推动晶澳单晶硅二期、上机弘元新材料二期等项目竣工投产，打造北方地区晶硅生产基地。推动青山“制造”向青山“智造”转变，加快实施一机、北奔、北重安防、恒达数控等智能化改造项目，不断提升企业智能化应用水平，努力在优势领域培育“专精特新”和“单项冠军”企业。

二要加快提升现代服务业组团效应和品牌影响。落实国家、自治区关于疫情期间促进商贸服务业复商复市政策，提振居民消费信心，有效释放和扩大消费需求。推动正翔三期项目加快建设进度，确保万科印象城商业综合体年内主体封顶。增强区域金融服务功能，力争平安银行包头分行入驻青山区，内蒙古金融租赁公司落成开业，大力发展普惠金融、消费金融、绿色金融，提升金融服务实体经济能力。加强现代物流信息化建设，推动包头传化交投公路港、北方风驰物流港发展供应链管理、物流总部经济等高端业态。促进电子商务加快发展，推进双创主题街区建设，不断提升猪八戒网蒙西总部园区线上线下企业入驻率，打造面向中小微企业的“互联网 +”综合服务平台。充分利用商务楼宇集聚优势，积极引进孵化一批工业设计、文化创意、现代传媒等新兴服务业态，壮大总部经济。大力发展数字经济、平台经济，探索5G、区块链等智能产业创新运用。

三要加快构建文旅和生态产业融合发展的特色优势。围绕生态、乡村、军工、会展、体育等特色资源，拉通旅游线路，构建全域旅游网络。加快实施沿山266.67公顷高标准农田项目，打造乡村生态旅游长廊。持续扩大花圪台露营区及东达山艺术区影响力，彰显乡村特色。提档升级北方兵器城、军工文化主题公园服务品质，擦亮军工招牌。不断增强会展演艺功能，培育新型展会演出类型，发展流量经济。依托市体育中心、市奥林匹克公园，着力引进国际国内大型体育赛事，建设体育休闲中心。着力推动文体与旅游加速融合，促进文体旅游、休闲度假、健身康养等“幸福产业”集中集聚发展。

（三）围绕打造北部生态安全屏障，全面加强生态修复和污染防治，努力夯实地区绿色发展底蕴

一要在推动绿色发展上久久为功。深入学习贯彻习近平生态文明思想，统筹推进生态文明建设与经济社会发展，在全区各领域、各产业、各行业都要树立生态优先、绿色发展导向。加强重点领域节能降耗和高耗能项目节能审查，推动资源循环利用，持续加强绿色园区建设。着力推动装备制造业和现代服务业向绿色制造、绿色生产、绿色消费方向发展，加快转型升级和动能转换步伐。依托良好的生态治理成果，积极探索“生态 + 产业”发展模式，把生态效益更好转化为经济效益、社会效益。

二要在推动生态修复治理上持续用力。抓住“三区三线”评估调整划定机遇，做好大青山自然保护区实验区土地性质、保护边界调整工作和保护区生态移民工程。大力推进大青山南坡绿色廊道建设，完成造林400公顷、原有林地提档升级560公顷、矿山地质环境治理200公顷，提升大青山南坡生态文明教育示范

基地影响力。有序推进榆树沟 76.67 公顷经济林、窑子沟高品质育苗基地建设，大力推广果品、草药种植，发展林下经济。加快完善市场化、多元化生态补偿机制，建立长效管护考核机制，实行最严格生态环境保护制度。

三要在推动污染防治上一抓到底。全面打好“蓝天、碧水、净土”保卫战，加大精准治污、科学治污、依法治污力度。确保完成投资 2700 多万元的永和窑村和春光五区土二楼等集中供热改造工程，开展原煤散烧、燃煤锅炉、散乱污企业专项整治，严格落实烟花爆竹禁燃禁放规定，持续开展道路和建筑工地扬尘治理，有效改善空气质量。严格落实“河长制”，加快实施二老虎沟、银匠沟等小流域综合治理工程，加强黑臭水体治理，强化水源地管理。持续推进固体废物源头减量和资源化利用，规范固危废、医疗废物管理和无害化处理。加快推进一机 845 线渣山综合治理，确保年底前完成绿化美化和新堆场建设。加大环境执法监管力度，集中力量解决好与百姓生活息息相关的油烟噪声、户外喷漆等问题，提升人居环境质量。

（四）围绕优化营商环境，深入推进重点领域改革，努力释放地区发展活力

一要持续推进“放管服”改革。加快整合政务服务资源，聚焦项目投资、工程建设和企业开办三大领域，持续推进“三减两优”工作，不断满足企业新需求。深化“一网一门一窗一次”改革，不断提高服务事项网办率，健全完善市民大厅、街镇便民服务中心、社区便民服务站等功能，实现就近能办、多点可办、少跑快办。强化“双随机、一公开”监管和“互联网+”监管，持续完善市场主体简易退出机制。大力推进企业信用信息归集共享，加强信用评价评估应用和信用修复，探索开展联合惩戒，积极推进信用青山建设。

二要继续深化重点领域改革。大力推动区属国有企业市场化运营，整合优化资源，规范管理制度，激发企业活力。加快推进四道沙河、赵家店、赵家营村的集体产权制度改革，全面开展房地一体农村宅基地登记发证。有序推进镇和街道改革，整合基层审批服务执法力量，更好保障群众需求。强化居委会独立民事责任和独立财产权，保障零星维修资金使用安全规范、精准高效。大力推行土地出让搭配代建派出所、学校、幼儿园、绿地等公共配套设施。继续推进事业单位机构和公务用车改革，激发事业单位活力和创造力。

三要不断增强科技创新能力。突出企业创新主体地位，支持北重集团国家重点实验室和二〇二厂核技术成果转化基地建设。夯实科技创新平台，引导和鼓励企业加强与知名高校、科研院所合作，加大项目研发和技术创新力度，加快解决关键核心技术“卡脖子”问题。力争全年新认定高新技术企业 10 家，科技型中小企业 5 家。确立人才引领发展的战略地位，全面推动人才公寓、住房补贴、子女入学等招才引智政策落地见效，让人才引得进、留得住、发展好。

（五）围绕提高城市治理现代化水平，统筹推动城乡协调发展，努力打造充满活力宜居宜业的人居环境

一要统筹优化城乡布局。按照“东进北扩中升级”的建设思路，精准推进“两域一线”规划编制和实施，优化提升城乡功能布局和居住品质。大力推进二〇二周边区域建设，以“退二进三”方式适应城区东部的发展，加快实施万科中央公园、碧桂园凤凰天域及青山枫景等项目，完善公共基础设施配套，打造商住休闲一体化的城市新亮点。加快推进赵家店、银匠窑等周边区域建设，确保青山客运站投入使用，推动富力熙悦居尽快开工建设，带动周边腾空地块出让开发。抓住国道 110 线北绕城改造和街景整治契机，加快周边区域建设，拉伸城市框架，形成以城带乡、产城融合、优势互补的

良好发展格局。

二要巩固提升城乡品质。大力开展城市“双修”，实施坦克路、滨河路等道路建设工程，完成科学路、繁荣道等 21 条道路的雨污分流改造。继续实施道路、公园、广场及老旧小区绿化提档升级工程，为包头市争创国家生态园林城市做贡献。全力提升城市综合承载能力，试点推进既有住宅加装电梯项目，综合改造 11 个老旧小区 55 万平方米的基础设施，实施 2.3 万平方米的既有住宅节能改造，强化对居民小区的临时维修管理。确保驻区国有企业“三供一业”二期 62 个小区 340 万平方米改造工程年内完工。加大房地产历史遗留问题治理攻坚力度，依法推动宝鑫广场、新福地等“老大难”问题加快解决，力争 60 个产权遗留项目得到解决。全面实施乡村振兴战略，协助加快国道 110 线北绕城公路建设，推动 G6 高速青山互通工程投入使用，完善乡村路网体系。全力实施青山青美田园综合体工程，推动色气湾农产品交易中心、二海壕仓储物流园等项目投入使用。依托赵家营村基础设施改造成果，强化长效管理，加快发展特色产业，打造城中村综合治理典范。

三要做精做细城乡管理。针对疫情期间暴露出的一些不足，着力强化小区基础设施、物业管理和社会服务，使居民生活的软硬环境得到双提升。全力做好小区业委会法人登记和物业提档升级工作，成立街道、社区级物业服务中心，提升物业服务标准。鼓励引导社会组织参与基层治理，提升社区居民自治水平。切实抓好农村人居环境整治三年行动收官工作，推动色气湾、顶独龙贵等 5 个村建成污水管网，当铺、四道沙河等 3 个村完成户厕、公厕改造，确保农村生活污水治理率、卫生厕所普及率达到 90% 以上。大力推进城市道路机械化清扫和生活垃圾、建筑垃圾分类和资源化利用，确保奥体三号压缩式垃圾转运站投入使用。建立解决占道经营、私搭乱建、市容“六乱”的长效管控机制，加快京东蔬菜直供进社区，升级改造锦林农贸市场。

（六）围绕全面建成小康社会，有效提升社会治理水平，努力满足群众日益增长的美好生活需求

一要坚守民生保障底线，压实为民举措。大力巩固脱贫成果，扎实做好相对困难户的动态管理、兜底保障等各项工作，对边缘易致贫户以及收入骤减、支出骤增户加强监测和帮扶，筑牢防止返贫防线。持续推进农村集体经济清零递增行动，力争全部行政村集体收入达到 20 万元以上，提高脱贫质量。持续扩大进城务工农牧民、个体工商户、灵活就业人员、新业态从业人员社会保险覆盖面，努力实现应保尽保。继续深化全国社会救助综合改革试点工作，重点关注城市困难群体，加强政策性低保救助和个性化困难帮扶，形成日常帮扶长效机制。建成 3 个街道级残疾人“温馨家园”，统筹实施城乡残疾人家庭无障碍设施改造。加大医保基金监管力度，切实维护参保人员权益。不断深化和谐劳动关系综合试验区建设，严格落实“两金三制”及“两个清零”要求，确保农民工工资按时足额支付。积极鼓励社会资本参与养老服务，建立养老机构精细化服务样本，提升养老服务品质。大力实施医养康深度融合工程，加快青山区养护院二期建设，打造 15 个左右“老少乐园”和农村养老服务站，指导各类养老服务社会组织规范运营。

二要织密公共服务网络，办好惠民实事。全面落实好民生实事项目人大代表会商制，以更加扎实有效的措施，全力以赴解决群众普遍关心的紧迫问题。把稳就业摆在更加突出位置，有针对性地开展援企、稳岗、扩就业工作，力争全年城镇新增就业 1 万人以上，失业人员再就业 3000 人以上。发放创业担保贷款 6500 万元以上，扶持创业 2000 余户，带动就业 3 万余人。力争再培育 3 ～ 5 家市级以上创业园、孵化基地。全力推动基础教育优质均衡发展，

有序实施10所学校硬件设施的维修改造，在赵家店区域配套建设九年一贯制学校。“一园一案”推进城镇小区配套幼儿园治理整改工作，进一步提高普惠性幼儿园比例和覆盖面。积极引进优质民办教育机构，继续加大校外教育品牌资源整合力度，建立一站式校外教育服务体系。不断深化教育改革，加大领航校长、卓越教师培训力度，促进教育软实力提升、实现内涵式发展。加快青山区医院门诊楼项目建设进程，推动地区医疗医药改革发展，提高全区健康体系服务能力。全面落实健康城市创建任务，着力打造亮点“健康细胞”。大力推动全民健身，确保顺利通过全国健康促进区和自治区慢性病综合防控示范区创建验收工作。健全完善公共卫生应急管理体系，加强疾病预防控制、重大疫情防控救治、重大疾病医疗保险救助、应急物资保障等工作。厚植文化底蕴，做好迎接文化部第五次文化馆评估定级工作，推动更多文化场馆向公众开放，不断满足群众多元精神文化需求。

三要构建现代化社会治理格局，打造安民环境。完善社区治理体系，探索建立“一中心、两平台、三机制、四保障”社会治理模式。推动社会治理和服务重心下移，将红十字救助审批权限等基本公共服务事项下沉社区，试点推广科学路街道“332”物业治理模式，优化升级便民服务系统和社区“两室”用房功能，把问题解决在社区、矛盾化解在社区、服务强化在社区。严格落实安全生产责任制，大力推动应急指挥信息系统及应急管理云平台建设，提升全区应急救援能力，有效防范重特大事故发生。持续开展“衣食住行”领域、特种设备、无证无照经营查处和保健市场乱象整治工作，坚决守住安全底线。深入开展“解决信访问题年”专项行动，强化初信初访初投办理质效，推动信访问题实质性解决。以风险防控和服务发展为目标，扎实推进平安青山、法治青山建设。坚持发展好新时代“枫桥经验”，加快推进基层基础和群防群治队伍建设。深入实施云眼卫士视频监控等公安智能化建设项目，全面提升防范各类风险隐患和治安防控能力水平，强化执法规范化和基层派出所标准化建设，加大社会面公共安全和治安突出问题排查整治力度，切实维护好地区社会大局和谐稳定。要紧扣扫黑除恶专项斗争决胜之年总目标，在深挖整治上见成效、在长效常治上下功夫，夺取扫黑除恶专项斗争全面胜利。

同时，要认真做好老干部、民族宗教、退役军人、妇女儿童、关心下一代等工作，推动国防动员和后备力量建设创新发展，全面启动第七次全国人口普查，为包头争创全国文明城市“六连冠”、全国双拥模范城“九连冠”、自治区双拥模范城“十连冠”添砖加瓦。

（七）围绕建设人民满意的服务型政府，持续强化忠诚担当、勤勉务实作风，努力提升政府施政水平

一要提高政治站位。坚持把党的政治建设摆在首位，把党的领导贯穿到政府工作的各方面和全过程。深入贯彻落实习近平关于内蒙古工作重要讲话重要指示精神，在思想上、政治上、行动上始终同以习近平同志为核心的党中央保持高度一致。巩固扩大“不忘初心、牢记使命”主题教育成果，牢牢把握意识形态工作主动权，扎实推进政府治理体系和治理能力现代化，确保各项工作按照区委制定的目标完成。

二要坚持依法行政。牢固树立法治思维，全面做好“七五”普法收官验收工作，不断增强办事依法、遇事找法、解决问题用法、化解矛盾靠法的自觉意识。主动接受人大法律监督、政协民主监督、社会舆论监督和监察审计监督，认真办理人大代表建议和政协提案。大力推进政务公开，努力优化营商环境，不断提高行政效能，全面提升政府公信力和执行力。

三要增强履职能力。树立崇尚实干意识，发扬“蒙古马”精神，持续治理“庸懒散”，坚决打通“中梗阻”，把精力、才智、目标锁定在

推动地区经济高质量发展和改善民生上。稳妥化解累积债务风险，积极争取各类新增债券，确保完成年度化债任务。始终把调查研究作为基本工作方法，广大干部职工要坚持深入基层、深入实际、深入群众，在学习和实践中找思路、想办法，在苦干和实干中练就担当作为的硬脊梁、铁肩膀、真本事。

四要强化廉政建设。严守政治纪律和政治规矩，认真履行全面从严治党主体责任和“一岗双责”，持之以恒纠正“四风”。加强对工程建设、政府采购等重点领域审计监督管理，严肃查处侵害群众利益的“微腐败”问题。树牢“过紧日子”思想，严控“三公”经费和一般性支出，坚决反对铺张浪费，带头倡导简约适度工作方式，把更多资金用在发展关键处和民生紧要事上。

【名词解释】

1. “一窗综合受理”：即前台综合受理、中台专业支撑、后台分类审批、窗口统一出件。

2. “万户企业登云计划”：即为促进制造企业利用互联网、大数据、云计算等新一代信息技术手段推动创新发展的能力，提高企业在新常态下的发展动能和竞争力，促进工业经济转型升级，自治区制定制造业“万户企业登云计划”。

3. “一口式”：是指建立居民事务综合受理窗口，人员实行“一岗专责”的全科制工作模式，全面承接居民申请的审批业务，建立“社区管理服务站前台综合受理，部门后台协同办理”的信息化高效运行服务模式。

4. “五位一体”：是指社区党委统筹、社区居委会组织实施、社区居民参与、业主委员会监督、社区自管物业服务中心开展物业服务的民主协商社区自管物业管理模式。

5. “三供一业”：是指供水、供电、供热（供气）和物业管理。

6. 老少乐园：是指以社区“两室”用房建设为基础，打造集社区餐饮、康复保健、未成年人保护、文体活动等功能于一体的标准化、规范化、专业化的社区家庭综合需求服务站点，为辖区居民搭建“老有所养、少有所托”平台。

7. “链长制”“群长制”：是指以政府为主导的产业链牵头负责制度，以及大型国有企业为主导的产业集群牵头负责制度，目的是破除制约企地融合发展的体制机制障碍，推动产业链条垂直整合、配套企业集聚共生。

8. “三区三线”：是指根据城镇空间、农业空间、生态空间三种类型的空间，分别对应划定的城镇开发边界、永久基本农田保护红线、生态保护红线三条控制线。

9. “三减两优”：即减环节、减材料、减时限、优流程、优服务。

10. “双随机、一公开”：即随机抽取检查对象，随机选派执法检查人员，及时公布查处结果。

11. “两域一线”：即赵家店、银匠窑、二海壕及周边区域，包头市体育中心、二〇二周边区域和国道110沿线。

12. “一中心、两平台、三机制、四保障”：即区级综治中心，智能化信息和矛盾纠纷化解调处两大平台，协调联动、网格化管理、矛盾纠纷化解调处三项机制，组织、法治、科技、社会四种保障。

13. “332”：是指“三位一体”（社区党委＋社会力量＋居民领袖）共建、“三级网络”（社区网格员＋物管员＋党员楼栋长）共治，“两个议事平台”（物业工作联席会、居民领袖议事会）共议，引入居民代表、物业公司等社会力量协助社区开展小区综合治理工作。

大事记

1 月

7 日　中共青山区第十届委员会第七次全体会议暨全区经济工作会议召开。会议主要任务是：以习近平新时代中国特色社会主义思想为指导，深入贯彻中共十九大、十九届二中、十九届三中、十九届四中全会精神、中央经济工作会议和习近平对内蒙古工作重要讲话重要指示精神，认真落实自治区党委十届十一次全会暨全区经济工作会议和市委十二届十一次全会暨全市经济工作会议精神，报告区委常委会 2019 年工作，安排部署 2020 年工作。会议讨论通过《中共青山区第十届委员会第七次全体会议公报（草案）》。

17 日　国家林业和草原局公布第一批国家森林乡村名单，包头市有 4 地上榜，分别为青山区兴胜镇王应基村、固阳县下湿壕电报局村、土默特右旗美岱召镇美岱召村、土默特右旗美岱召镇沙图沟村。

22 日　青山区出现第一例新冠肺炎确认病例密切接触者。

23 日　青山区印发《青山区防控新型冠状病毒感染肺炎疫情工作方案的通知》，成立青山区新型冠状病毒感染肺炎疫情防控指挥部（以下简称青山区疫情防控指挥部），负责统一领导和组织疫情防控工作，做出处理疫情重大决策。

是日　青山区疫情防控指挥部第一次会议召开。会议听取新型冠状病毒感染肺炎疫情防控工作情况，安排部署青山区疫情防控工作。

24 日　青山区新型冠状病毒感染肺炎防控指挥部办公室（以下简称青山区疫情防控指挥部办公室）制发《关于停止或取消公众聚集性活动的紧急通知》。

26 日　青山区疫情防控指挥部办公室印发《青山区新型冠状病毒感染肺炎疫情防控指挥部公告》。要求区属、驻区各单位对本单位人员进行排查，各公共场所经营者要求进入其场所顾客佩戴口罩，从武汉或其他疫区返回青山区的人员主动联系辖区街道（镇）、社区（村）进行登记。

是日　青山区疫情防控指挥部第二次会议召开。会议听取各部门、各单位以及各街道（镇）关于当前疫情防控工作存在问题汇报及工作建议，进一步研究部署青山区疫情防控工作。

27 日　青山区疫情防控指挥部第三次会议召开。会议传达学习 1 月 25 日中共中央政治局会议精神以及近期自治区和包头市相关会议精神，听取相关部门和各街道（镇）疫情防控工作汇报，进一步研究部署青山区疫情防控工作。

29 日　按照《关于成立青山区新型冠状病毒感染肺炎防控工作指挥部的通知》要求，青山区疫情防控指挥部下设综合协调组、人员排查组、医疗防控组、后勤保障组、联防联控和社会稳定组、宣传引导和舆情应对组 6 个专项工作组，进一步强化对地区新冠肺炎疫情防控工作的统一领导和指挥调度。

是日　青山区疫情防控指挥部办公室印发《关于规范各小区出入口体温检测点设置有关事宜的通知》，具体部署各小区出入口体温检测点设置及小区公共区域消杀工作。印发《关于对居民小区、单体楼执行封闭管理的公告》，明确自 2020 年 1 月 29 日起，各居民小区、单体楼进行封闭管理，每个小区只保留 1 ～ 2 个进出口。

30 日　青山区疫情防控指挥部印发《关于建立新型冠状病毒感染肺炎疫情防控工作责任制的通知》，明确区级领导包联街道（镇）和社区（村），街道（镇）干部、机关下派干部和后备干部包联社区（村），社区（村）干部和网格员包联重点人群工作责任制，确保责任到人、联系到户。青山区疫情防控指挥部办公室印发《关于对新型冠状病毒感染肺炎确诊病例密切接触者、疫区返回人员实施居家医学、居家隔离观察工作的通知》，对新型冠状病毒感染肺炎确诊病例密切接触者、疫区返回人员在实施居家医学观察、居家隔离观察时提出具体要求。同时，印发《青山区针对不同易感人群的工作流程规范》。

是月 北重集团在第四届国际创新创业博览会上被中华全国总工会、共青团中央授予优秀创新成果奖。

是月 包头装备制造产业园入选“第三批国家应急产业示范基地”名单。

是月 青山区融媒体中心被中共内蒙古自治区委员会宣传部授予“2019 年度旗县级融媒体中心建设先进单位”称号。

2月

1 日 青山区疫情防控指挥部第五次会议召开。会议听取各专项工作组前一阶段工作情况汇报、存在主要问题和不足汇报，以及下一步工作意见和建议，进一步安排部署青山区疫情防控工作。

2 日 青山区疫情防控指挥部办公室印发《关于进一步加强驻区企业及大中专院校疫情联防联控工作的通知》，明确指出各驻区企业及大中专院校负责本单位厂区、校区防控工作，规范做好人员信息登记、体温检测等疫情管控工作。

3 日 青山区疫情防控指挥部印发《关于进一步加强驻区企业联防联控措施的紧急通知》，明确企业要强化主体责任，制定严密应对新型冠状病毒感染肺炎疫情防控工作方案，做好疫情管控。各行业主管部门、企业、社区要建立沟通机制，定期研究疫情防控工作中出现的问题，加大督查检查力度。印发《关于做好机关企事业单位节后返程上岗人员疫情防控工作的紧急通知》，对机关、企事业单位人员返程、单位管理、社区管控等事项提出具体要求。

4 日 青山区委十届一百一十一次常委会扩大会议暨青山区应对新型冠状病毒感染肺炎疫情工作领导小组会议、青山区疫情防控指挥部第六次会议召开。会议传达学习 1 月 25 日、2 月 3 日中共中央政治局常务委员会会议精神，以及习近平重要讲话重要指示精神和自治区、包头市相关会议精神，进一步安排部署青山区疫情防控工作。

是日 青山区疫情防控指挥部印发《关于疫情防控期间加强人员管理的公告》，进一步明确包头市以外地区返包人员全部实行“社区 + 单位”双报告、双管理制度，按要求进行居家隔离观察 14 天，定时向单位和社区报告健康状况等管控措施。

5 日 青山区疫情防控指挥部第七次会议召开。会议认真贯彻落实上级指示要求和 2 月 4 日包头市疫情防控工作视频会议精神，听取相关专项工作组组长汇报工作情况，加快推进问题整改落实，进一步安排部署青山区疫情防控工作。

是日 青山区疫情防控指挥部印发《关于辖区居民小区实行封闭管理的公告》，明确从 2 月 5 日起对辖区所有居民小区每晚 22:00 至次日早晨 7:00 实行封闭管理，除生病就医、疫情防控工作需要等特殊情况外，人员与车辆一律不得进出小区（村）。青山区疫情防控指挥部办公室印发《关于疫情防控期间下派基层干部相关管理规定的通知》。

6 日 青山区疫情防控指挥部第八次会议召开。会议听取区疫情防控指挥部相关专项工作组和成员单位关于当前疫情防控工作存在问题及意见建议，进一步研究部署青山区疫情防控工作。

7 日 青山区疫情防控指挥部印发《关于进一步加强居民小区(村)出入口管控的通知》，要求各街镇社区、物业公司要在居民小区（村）出入口位置设置体温检测点，配备 2 名工作人员值守，工作人员必须全部佩戴口罩，并佩戴有“防疫执勤”字样的红袖章执勤，至少 1 名工作人员穿防护服。印发《关于进一步加强驻区机关企事业单位、各类市场主体联防联控措施的补充通知》。印发《关于调整联防联控和社会稳定组名称和组长、副组长的通知》，明确将“联防联控和社会稳定组”改名为“社会管控组”。青山区疫情防控指挥部办公室印发《关于加强物业管理区域疫情防控工作的紧急通知》。

是日 青山区疫情防控指挥部第九次会议召开。会议认真学习贯彻包头市疫情防控工作视频调度会会议精神，严格落实包头市督导组督查指导要求，进一步安排部署青山区疫情防控工作。

8日 青山区委十届一百一十二次常委会扩大会议暨青山区应对新型冠状病毒感染肺炎疫情工作领导小组会议、青山区疫情防控指挥部第十次会议召开。会议传达学习自治区应对新型冠状病毒感染肺炎疫情工作领导小组印发《关于进一步加强当前疫情防控工作的若干措施》的通知精神，听取各包联领导工作意见建议，进一步安排部署青山区疫情防控工作。

9日 青山区委十届一百一十三次常委会扩大会议暨青山区应对新型冠状病毒感染肺炎疫情工作领导小组会议、青山区疫情防控指挥部第十一次会议召开。会议传达学习贯彻自治区新型冠状病毒感染肺炎疫情工作指挥部印发的《关于进一步做好隔离医学观察工作的紧急通知》和《关于深入开展新型冠状病毒感染肺炎疫情全面排查的紧急通知》文件精神，以及包头市应对新型冠状病毒感染肺炎疫情工作领导小组第五次会议暨防控指挥部第六次会议精神，严格落实包头市第二督导组督查指导意见建议，进一步安排部署青山区疫情防控工作。

是日 青山区疫情防控指挥部办公室印发《关于启动道路交通卡口和社区进出人员利用二维码自助登记检查机制的通知》，要求各街道（镇），社区（村）统一使用包头市新型冠状病毒感染肺炎防控工作指挥部公告的道路交通卡口个人信息自助登记系统二维码和社区进出人员自助登记系统二维码。印发《关于进一步做好新型冠状病毒感染肺炎疫情防控宣传引导和舆情应对工作的通知》《关于加强我区村（社区）新型冠状病毒感染肺炎疫情重点人员管理的通知》。

是日 按照《关于调整联防联控和社会稳定组名称和组长副组长的通知》要求，将联防联控和社会稳定组更名为社会管控组。

11日 区新型冠状病毒感染肺炎防控工作领导小组会议暨防控工作指挥部会议、青山区疫情防控指挥部第十二次会议召开。会议听取相关部门疫情防控工作汇报，研究部署青山区企业复工复产疫情防控工作。

是日 青山区疫情防控指挥部第十三次会议召开。会议听取区防控指挥部相关专项工作组、成员单位以及各街道（镇）关于当前疫情防控工作存在问题汇报及工作建议，进一步研究部署青山区疫情防控工作。

12日 按照《关于增设青山区应对新型冠状病毒感染肺炎疫情工作督查问责组调整疫情防控部分区级领导包联街镇的通知》要求，增设应对新冠病毒感染肺炎疫情工作督查问责组。

13日 青山区疫情防控指挥部印发《关于进一步加强新型冠状病毒感染肺炎疫情防控工作的实施意见》，要求区属、驻区各有关单位有序做好节后返程复工防控工作，同步做好“六稳”工作，确保全面建成小康社会和“十三五”规划圆满收官。青山区疫情防控指挥部办公室印发《关于进一步推动二维码自助登记工作的紧急通知》。

是日 青山区疫情防控指挥部第十四次会议召开。会议听取相关部门疫情防控工作汇报，进一步研究部署青山区返程人员和返岗职工疫情防控工作。

14日 青山区疫情防控指挥部第十五次会议召开。会议听取防控指挥部社会管控组关于对酒店、公寓、写字楼、出租屋等重点领域的管控工作情况汇报，进一步研究部署青山区疫情防控工作。

15 日 由青山区人民政府出资，一机集团组织生产的负压监护型救护车交付青山区新型冠状病毒感染肺炎定点收治医疗机构——包头医学院第二附属医院，用于保障救护工作和疫情防控工作。

18 日 青山区疫情防控指挥部第十六次会议召开。会议传达学习包头市统筹做好疫情防控和经济社会发展工作视频会议精神，安排部署青山区疫情防控和经济社会发展工作。

19 日 青山区人民法院公开开庭审理一起暴力抗拒防疫管理工作刑事案件。青山区一名男子拒不配合防疫工作期间居民小区封闭管理要求，肆意殴打防疫工作人员，造成防疫工作人员轻微伤后果，被依法追究刑事责任。这是《关于依法惩治妨害新型冠状病毒感染肺炎疫情防控违法犯罪行为的意见》发布后，包头市首例因妨害防控管理被追究刑事责任的案件。

21 日 青山区疫情防控指挥部第十七次会议召开。会议听取相关部门疫情防控与复工复产情况汇报，进一步安排部署青山区疫情防控和经济社会发展工作。

23 日 青山区疫情防控指挥部第十八次会议召开。会议要求进一步安排部署青山区新冠肺炎疫情防控和经济社会发展工作。

是日 青山区集中隔离观察点（誉京朋酒店）入住第一位集中隔离观察人员。

27 日 青山区疫情防控指挥部第十九次会议召开。会议听取相关成员单位和各街镇新冠肺炎疫情防控工作情况汇报，进一步安排部署青山区新冠肺炎疫情防控和经济社会发展工作。

是日 青山区疫情防控指挥部办公室印发《关于进一步加强疫情防控有关工作的通知》，要求各单位继续做好人员管控，以及湖北和疫情较重国家返回包头人员摸排，不断巩固疫情防控成果。

29 日 青山区疫情防控指挥部印发《关于进一步加强境外返区人员排查管理的公告》，要求各行业监管部门、街道（镇）、企事业单位要切实履行各自职责，对辖区有关境外返区人员加强管理。

3月

4 日 一机集团研制生产的 20 台负压监护型救护车投入内蒙古自治区 12 个盟市疫情防控工作中使用。

9 日 青山区疫情防控指挥部办公室印发《关于做好新型冠状病毒感染肺炎疫情防控档案工作的指导意见》，要求各单位要以高度政治敏锐性和工作责任感，统筹做好新型冠状病毒感染肺炎疫情防控档案的收集和管理利用工作。

12 日 青山区疫情防控指挥部第二十次会议召开。会议传达学习自治区新冠肺炎疫情防控指挥部《关于印发进一步加强来内蒙古自治区外籍人员和回国中国公民新冠肺炎疫情排查管控工作若干措施的通知》《关于全区疫情防控和复工复产有关情况的通报》，进一步安排部署青山区新冠肺炎疫情防控工作。

13 日 青山区疫情防控指挥部印发《关于开展新冠肺炎疫情防控集中隔离观察场所、医院及其他人员密集场所安全专项检查的紧急通知》，要求 3 月 13—20 日，各行业主管部门根据职责分工在全区范围内立即开展安全专项检查，消除各类安全隐患，切实维护人民群众生命财政安全。

19 日 青山区疫情防控指挥部第二十一次会议召开。会议传达学习习近平在湖北省考察新冠肺炎疫情防控工作时重要讲话精神、3 月 18 日中央政治局常委会会议精神，以及自治区防控指挥部《关于落实疫情防控风险等级调整要求全面推进企业复工复产的通知》《新冠肺炎疫情期间由北京入境来我区外籍人员和回国公民转送工作实施方案》《关于将浙江等省市移出疫情防控重点地区的通知》《关于推广使用居民电子健康卡的通知》等文件精神，进一步安排部署青山区疫情防控重点工作。

是日 按照《关于增设推进复工复产工作组的通知》要求，增设复工复产工作组。

21 日 青山区选定第二个隔离观察点——锦江之星文化路店。

22 日 青山区第二个隔离观测点（锦江之星文化路店）入住第一位集中隔离观察者。

24 日 青山区医疗保障局与基本医疗保险定点医疗机构签订“两病”医疗服务补充协议，为包头市首家签订该协议地区，旨在进一步减轻包头市城乡参保居民“两病”（高血压、糖尿病）患者门诊用药经济负担。

30 日 青山区高三、初三年级正式开学复课，师生们重返校园。

是月 一机集团生产的医用口罩机实现批量试生产，3 台医用口罩机交付用户。

是月 北重集团北方股份公司与澳大利亚沃克沃思矿业有限公司签订 NTE360A 电动轮矿车采购合同，合同总金额近人民币 10 亿元。此次合同签订，标志着北重集团北方股份公司国际市场拓展取得重大突破，成功进入全球矿业高端市场，也是中国高端工程机械首次批量出口澳洲市场。

是月 内蒙古自治区教育厅公布自治区首批中小学生研学实践教育基地（营地）名单。青山区中小学生综合实践基地入选内蒙古自治区首批中小学生研学实践教育营地，为包头市唯一入选单位；青少年发展中心入选内蒙古自治区首批中小学生研学实践教育基地。

是月 在工业和信息化部公布的《关于公布新冠肺炎疫情防控重点保障企业名单的通知》中，一机集团申报的包头北方创业专用汽车公司（负压监护型救护车）入选国家首批疫情防控重点保障企业名单，标志着一机集团生产的负压监护型救护车纳入国家紧急调配疫情防控医疗物资范围。

是月 青山区通报表扬全区参与新冠肺炎疫情防控工作表现突出的集体 146 个，个人 425 名。

4月

3 日 中共青山区第十届纪律检查委员会第五次全体会议召开。会上，部门主要负责人作题为《锐意创新谋发展 忠诚履职勇作为 为决胜全面建成小康社会提供坚强保障》工作报告。会议总结 2019 年青山区党风廉政建设和反腐败工作，安排部署 2020 年青山区党风廉政建设和反腐败主要工作。

10 日 青山区范围内 39 例新冠肺炎确诊病例密切接触者全部解除隔离。

17 日 包头市 2020 年义务植树日活动在青山区大青山南坡笸箩铺村生态文明教育实践基地北侧和银匠沟小流域治理项目区举行。青山区此次参与义务植树的干部职工约 600 余名，共栽种红叶李、紫叶李、松树、果树、榆叶梅、金叶榆等树苗约 1000 株。

20—22 日 政协青山区第九届委员会第三次会议召开。会议应出席委员 174 名，实到委员 150 名，符合法定人数。会议审议通过政协青山区第九届委员会第三次会议提案审查情况报告和会议决议。

21—23 日 青山区第十六届人民代表大会第三次会议召开。会议应到代表 201 名，实到代表 189 名，符合法定人数。大会依法选举产生区人大常委会委员 5 名，依法差额票决产生青山区 2020 年民生实事项目 8 件，依法表决通过关于青山区人民政府工作报告的决议、关于青山区 2019 年国民经济和社会发展计划执行情况与 2020 年国民经济和社会发展计划的决议、关于青山区 2019 年财政预算执行情况和 2020 年财政预算的决议、关于青山区人民代表大会常务委员会工作报告的决议、关于青山区人民法院工作报告的决议及关于青山区人民检察院工作报告的决议。

23 日 青山区疫情防控指挥部第二十二次会议召开。会议传达学习 4 月 8 日中央政治局常委会会议、4 月 17 日中央政治局会议精神，以及自治区新冠肺炎疫情防控指挥部《关于做好离汉离鄂通道管控措施接触后疫情风险管控工作的通知》《关于加大黑龙江省进入我区人员工作力度的紧急通知》文件精神，听取相关部门疫情防控工作汇报，进一步研究部署青山区疫情防控工作。

25 日 青山区青福镇建成包头市首个农村人口信息智能数据库并投入使用。该数据库可实现对青福镇 6 个村 2743 户、7561 人的信息全方位查询、比对，为政府精准施政和农村脱贫攻坚提供更为便捷、全面的信息支撑。

29 日 在内蒙古自治区、包头市举行推进高质量发展重大项目建设动员大会同时，青山区在包头装备制造产业园区同步举行推进高质量发展重大项目建设动员大会。会上，集中开工项目共 12 个。

是月 内蒙古自治区红十字会向一机集团采购负压监护型救护车 1 台，作为医疗物资捐献给蒙古国乌兰巴托市。

是月 青山区富强路街道富达路社区“恳谈汇民意，协商解难题”、幸福路街道幸福社区“‘1+3+N’协商议事解民忧”、万青路街道春光社区“民主协商社区自管物业模式，破冰老旧小区物管难题”、自由路街道文昌社区“百兴小区的蝶变成功实践”、先锋道街道哈达社区“您来吐槽，我来办”5 家社区案例成功入选内蒙古自治区优秀社区协商案例名单。

5月

7 日 经包头市新冠肺炎疫情防控工作指挥部评估达标后，青山区继初中、高中学生返校复课后，各小学四、五、六年级 1.3 万余名学生复课。

是日 《人民日报》头版刊发《人人都行动 家园更美好——全国地级以上文明城市深入开展爱国卫生运动掠影》一文。其中提到全国多个文明城市多措并举整治城市环境卫生，为市民提供宜居的生活环境，涉及青山区兴胜镇。

12 日 青山区将居民基本医疗保险个人停保、居民基本医疗保险参保人员基本信息修改、外埠就医备案、居民慢性病申报、职工医保卡个人账户一次性返还、职工医疗保险关系转移 6 项业务下放到街道（镇）社区服务站，通过“一口式窗口”服务平台，实现就近能办、多点可办、少跑快办，是内蒙古自治区首家将医保审批服务延伸到街道（镇）社区的地区。

13 日 “青山市民大厅”微信公众号蒙文版正式开通上线。定期发布与群众生活息息相关的蒙文版政策法规和民生信息。

15 日 全国妇联举办“最美我的家 抗疫‘家’力量”全国抗疫最美家庭云发布活动。活动揭晓全国抗疫最美家庭 660 户，其中，内蒙古自治区有 15 户家庭上榜，涉及青山区 1 户，为郑贵有家庭。

19 日 由中共包头市委宣传部、包头市文化旅游广电局、青山区人民政府、包头文化旅游发展集团主办的包头市旅游惠民活动暨包头市首届文化旅游创意产品设计大赛启动。旨在推进文化旅游融合协调发展，促进文化旅游产品开发创新，弘扬优秀传统文化，推动文化旅游产业高质量发展，满足人民群众文化旅游消费需求。

25 日 经包头市新冠肺炎疫情防控工作指挥部评估达标后，青山区继初中、高中，小学四、五、六年级学生返校复课后，各小学二、三年级 9600 余名学生复课。

26 日 青山区举办“民族团结一家亲”艺术作品展暨青山区第十二个民族政策宣传月系列活动。此次展览有羊皮画等非遗艺术品、蒙汉文书法创作、绘画创作等 16 类 100 余件传统手工艺品，通过线上“抖音”直播和线下实地参观的形式同步开展。

26 日 包头市第七次全国人口普查综合试点启动仪式在青山区举行。青山区是包头市唯一第七次全国人口普查城区试点旗（县、区）。

30 日 青山区集中隔离观察人员全部清空。

是月 包头市青山区鹿客电商众创空间被科技部确定为 2020 年度国家备案众创空间，纳入国家级科技企业孵化器管理体系，享受相应税收优惠政策。

6月

2 日 经包头市新冠肺炎疫情防控工作指挥部评估达标后，青山区继初中、高中，小学二、三、四、五、六年级学生返校复课后，各小学一年级 6200 余名学生复课。

10 日 青山区首家残疾人辅助性就业基地——青山区蓝丝带联盟残疾人辅助性就业基地成立。

12 日 青山区融媒体中心获得 2019 年全国区县融媒体中心优秀案例奖，成为内蒙古自治区区县融媒体中心唯一获此殊荣的单位。

是日 青山区举行公共文化服务体系建设项目——“文化发展传承培训工程”及“文化精品创作工程”启动仪式。旨在推进青山区公共文化服务体系建设，推动文化传承与发展，推出文化精品创作，传承全区优秀文化艺术、非遗民俗、军工精神。

15 日 青山区疫情防控指挥部第二十三次会议召开。会议听取相关成员单位和各街镇新冠肺炎疫情防控工作情况汇报，进一步安排部署青山区应对新冠肺炎疫情防控工作。

23 日 青山区举行包头军工文化广场落成暨军工文化主题公园一期项目竣工仪式。广场位于兵工路中段，东起奇峰道，西至呼得木林大街，东西长约 843 米，占地面积约 11.3 万平方米。广场文化景观设计为“军工人（军工人物）、军工事（发展历程）、军工魂（军工精神）”三个部分。增设军工题材城市雕塑及景观文化小品，采用石材浮雕、钢板雕刻、旧机器设备展示、《军工礼赞》篆刻印章、景观廊架等形式，展示与一机集团、北重集团、中核北方生产生活相关人物、事件、发展历程等军工文化元素。增设强国强军、国防教育、军事科普等景观小品以及社会主义核心价值观、新时代文明实践等内容，一并打造为包头市国防教育基地和青山区新时代文明实践广场。

25—27 日 2020 年青山区东达山“荷·和·风雅”网络艺术节采取网络直播和线上艺术展示的方式进行，展示一批新冠疫情期间创作的取材一线的作品。包括面塑、剪纸等特色民俗文化展品，以及诗歌、绘画等文艺作品。共开展艺术门类 12 个，网上直播活动 17 场。

30 日 包头市首个高技能人才企业职工技能提升培训班在北奔重汽举办。标志着包头市职业技能提升行动全面开展，在充分发挥大企业主体作用基础上，有力促进工学一体、校企深度融合，为有效解决就业结构性矛盾探索新渠道。

是月 青山区 3 家企业被认定为内蒙古自治区级绿色工厂，分别为包头天盛重工有限公司、弘元新材料（包头）有限公司、包头晶澳太阳能科技有限公司。

7月

9 日 青山区召开全区干部大会，宣布中共内蒙古自治区委员会（以下简称内蒙古自治区党委）、中共包头市委员会（以下简称包头市委）关于调整中共包头市青山区委员会（以下简称青山区委）主要领导的任免决定。内蒙古自治区党委、包头市委决定，胡荣任中共青山区委书记，提名免去青山区人民政府（以下简称区人民政府）区长职务。

16—20 日 “爱在包头，约惠鹿城”2020 年包头市百日万店亿元折扣消费季系列活动之一，“2020 年包头第七届国际汽车展览会”在包头国际会展中心举办。该届展会室内外展览面积近 35730 平方米，参展企业 56 家，累计成交额达 6.46 亿元，销售车辆 3720 台，人流量约 8.06 万人次。

19 日 兴胜镇“花开盛夏”文艺作品展暨兴胜镇文联入驻东达山艺术区启动仪式在东达山艺术区举行。

23 日 青山区第三十五届鹿城文化艺术节暨第十二届军工旅游文化节开幕式文艺晚会在奥林匹克公园举办。

30 日 第四届“中国创翼”创业创新大赛内蒙古赛区选拔赛暨第五届“创业包头杯”创业创新大赛包头初赛“1+5”系列活动总结展示表彰会在包头市体育中心举行。青山区 27 个创业创新参赛项目获奖。

是月 青山区发放首批农村土地承包经营权证 700 多户，旨在保障农民的土地所有权、经营权和其他各项权利，强化对农民土地承包经营权的物权保护。

8月

8 日 “追梦新时代，健康赢未来”青山区 2020 年全民健身日活动暨第七届广场舞大赛和自行车慢骑趣味运动会在包头市体育中心举行。

是日 青山区首批既有住宅加装电梯项目签约仪式在富强路街道锦林花园党群服务中心举办。此批共安装电梯 16 部。

11 日 区委常委会（扩大）会议召开。会上宣布内蒙古自治区党委、包头市委决定，白云喜提名为区人民政府区长候选人。

13 日 青山区十六届人大常委会第二十五次会议召开。会议表决任命：白云喜为区人民政府副区长并代理区长职务，任海昕为区人民政府副区长，会议依法任命区人民法院人民陪审员 10 名。

28 日 区人民政府与浙江万弘品牌管理有限公司举行内蒙古（万弘）5G 直播电商基地（产业园）项目合作签约仪式。双方围绕当地优特产品资源及相关产业链，通过引入数字化的高效率新商业、新零售模式，赋能当地企业，带动相关产业链转型升级，将对地区电商产业发展、集聚创业人才、实现乡村振兴具有重要意义。

31 日 青山区举行国有企业退休人员社会化管理首批 88 家企业签约仪式。明确退休人员服务、党员服务、资产管理、人事档案管理等 4 项移交工作具体内容，确保移交工作落到实处。

9月

10—14 日 2020 年第十届包头国际车展暨装备制造业博览会在包头国际会展中心举行。展出面积 6 万平方米，涉及国内外汽车品牌 70 余家，包括燃油汽车、新能源汽车、特种车、房车以及摩托车五大种类。接待观众近 10 万人次，现场销售及签订订单量 3783 台，意向成交额达人民币 7 亿元。

12 日 “兴胜丰年庆　田园嘉年华”青山区兴胜镇第二届农民丰收节分别在兴胜镇西边墙村等 3 个村落同步举办。开展“野餐在村头”“减压音乐季”“嗨玩青大线”“迷你艺术节”“赶集西边墙”五大主题活动。

17 日 内蒙古自治区、兵器工业集团首家北方职业技能等级评价指导中心内蒙古分中心正式落户一机集团。北方职业技能等级评价指导中心内蒙古分中心的成立对发挥兵器工业集团技术、人才优势，培养具有工匠精神、创新素养的技能人才，助力内蒙古自治区、包头市经济社会高质量发展具有重要意义。

是日 第四届中国医学人文大会在北京召开，包头医学院第二附属医院副院长布赫获得全国第四届“白求恩式好医生”称号，是内蒙古自治区中医界唯一获此殊荣的医生。

17—21 日 2020 年包头秋季房地产展示交易会在包头国际会展中心举办。展销会汇集万科、保利、中海等 23 家参展企业，展出内容涵盖高端楼盘、二手房置业、金牌物业管家等，接待观众近 5 万人次，签约率达 20%，约 1182 套房，成交金额约 11.82 亿元。

28 日 内蒙古第一机械制造（集团）有限公司第一中学举办建校六十周年庆典暨第四十七届运动会开幕式。

是日 青山区幸福路步行街献血屋入选“中国输血协会 2020 年全国最美献血点”，是内蒙古自治区唯一获此荣誉的献血点。

10 月

15 日 总投资 5 亿元的高性能碳纤维及相关产品生产项目落户包头装备制造产业园区新规划区。该项目主要从事高性能碳纤维及相关产品研发、生产和销售，服务于航空航天、国防军工、光伏新能源等领域，对完善弘元新材料（包头）有限公司、晶澳太阳能科技股份有限公司等光伏企业产业链，降低企业生产成本，提高青山区配套率具有重要意义。该项目 2021 年 1 月建成试运行。

16 日 工业和信息化部公示《第五批绿色制造名单》，晶澳科技包头基地（包头晶澳太阳能科技有限公司）入选国家级绿色工厂。

16 日 21 时 44 分 在内蒙古自治区包头市九原区后营子乡宏庆德村附近（北纬 40.67°，东经 110.01°）发生 3.8 级地震，震源深度 22 千米，包头市昆都仑区、青山区、东河区、石拐区、九原区普遍有感。

23 日 2020 年是中国人民志愿军抗美援朝出国作战 70 周年。户籍在青山区的抗美援朝老战士齐植瑾、姜益民获得“中国人民志愿军抗美援朝出国作战 70 周年”纪念章。截至 2020 年年底，青山区共为 100 位参加过抗美援朝出国作战人员发放“中国人民志愿军抗美援朝出国作战 70 周年”纪念章。

是日 青山区新冠肺炎和鼠疫疫情防控演练在一机集团体育馆举行。旨在贯彻落实包头市关于疫情防控工作重要会议精神，打赢秋冬季疫情防控攻坚战，维护良好态势，增强秋冬季疫情防控意识，提升应急处置能力和预警能力。

25 日 “当‘燃’爱包头——砥砺奋进，弘扬工业文化美术展”在万科公园五号销售中心举办。此次美术展展期 15 天，展出汇集包头、呼和浩特、沈阳、太原等多地艺术家创作的 100 余幅反映包头工业文化、军工精神的国画、油画、水彩画、版画等作品。

27—28 日 在自治区民族团结进步创建“互观互学”会议上，青山区获得“全区第六批民族团结进步示范区示范单位”称号，是包头市唯一获此称号的旗（县、区）。截至 2020 年年底，青山区创建全国民族团结进步示范单位 1 个、自治区级示范单位 2 个、市级示范单位 158 个。

28 日 在 2020 年度中国汽车工业科学技术奖颁奖典礼上，北重集团与北京航空航天大学、北京踏歌智行科技有限公司、北京经纬恒润科技有限公司共同申报的“路车智能融合感知与协同控制关键技术及应用”项目获得技术发明奖一等奖。

10 月 30 日至 11 月 1 日 第二届 2020 年“我们结婚吧”包头婚博会在包头市国际会展中心举行。展会面积 5832 平方米，展位搭建 79 个。同比首届婚博会，展位面积扩大 17%，商家数量增加 23%。成交订单量 372 单，交易额 310 万元。

31 日 中国图书馆学会“书香城市（区县级）”发现活动授牌仪式在浙江省宁波市举行，青山区获“书香城市”称号，是此次获奖名单中唯一来自西北地区的城区。

11月

10日 内蒙古芊紫万弘 5G 直播电商基地正式启动。该基地是区人民政府引进项目，由杭州万弘集团打造，位于青山区呼得木林新天地二区，占地面积 1300 平方米，配备 10 余个先进直播间及培训中心，拥有专业直播电商运营团队，将打造为内蒙古最大、功能最全、业务最强的直播产业园，对地区电商产业发展、集聚创业人才、实现乡村振兴具有重要意义。

是日 弘元新材料（包头）有限公司二期单晶项目正式投产。该项目总投资 28 亿元，建筑面积约 11 万平方米，主要建设单晶厂房、机加厂房及配套设施，安装晶炉 792 台。项目于 2020 年 7 月开工建设，9 月相关设备进厂，11 月安装调试单晶炉。

20日 青山区营商环境文章《打通服务“梗阻”当好“全天候保姆”》在《内蒙古日报》头版刊发。

21日 青山区首批一标段 5 部整体装配式加装电梯在锦林花园正式交付使用。作为既有住宅加装电梯工作首批试点区，青山区安装体量属包头市最多（包头市首批既有住宅加装电梯 40 部安装指标中，16 部在青山区），承担着为包头市乃至自治区探索经验模式的重要任务。

是日 《人民日报》刊登第六届全国文明城市、文明村镇、文明单位和第二届全国文明家庭、文明校园及新一届全国未成年人思想道德建设工作先进名单。青山区兴胜镇东达沟村被评为第六届全国文明村镇，青山区教育局被评为全国未成年人思想道德建设工作先进单位。

24日 全国劳动模范和先进工作者表彰大会在北京人民大会堂举行。自治区共有 61 人被授予全国劳动模范和先进工作者荣誉称号。其中，青山区获全国劳动模范 2 人，分别为北重集团科学技术委员会委员、研究员级高级工程师雷丙旺，一机集团总经理、党委副书记、研究员级高级工程师魏晋忠；先进工作者 1 人，为包头市第四医院党委书记、主任医师贾春梅（女）。

25日 内蒙古自治区科学技术协会公布“2020—2022 年内蒙古自治区科普教育”单位名单。包头市科技少年宫、内蒙古一机集团基础教育中心第五子弟小学和内蒙古一机集团基础教育中心第七子弟小学获得“自治区科普示范教育学校”称号；包头师范学院、包头师范学院音乐学院和包头北方赛特检测科技有限责任公司获得“自治区科普教育基地”称号；北方兵器城获得“自治区科普教育基地公共场所”称号。

27日 以“文润人心、创聚民力、产业升级、融合发展”为主题的包头市首届文化旅游创意产品设计大赛颁奖典礼暨文旅融合作品展在包头国际会展中心举行。大赛收到全国 17 个省（市、自治区）708 件参赛作品，最终评选出金奖 1 名、银奖 2 名、铜奖 3 名、优秀奖 5 名、入围奖 50 名。

是月 工信部正式公布第五批绿色制造名单，包头晶澳太阳能科技有限公司获得“国家级绿色工厂”称号。

12月

3日 “互联网 · 无人律所”综合服务一体机在青山区市民大厅投入使用。该一体机运用律兜法律服务体系，涵盖“文书合同”“企业创业”“土地房产”“合同欠款”“劳动维权”等 9 个领域，通过线下实体智能终端搭建起互联网法律服务平台。群众凭借身份证登录系统，可从全国 4.5 万余名知名律师中匹配出合适律师，免费提供一对一、面对面远程视频服务。

是日 中核北方重水堆核燃料元件厂附件制造 QC 小组实践成果“提高厚隔离块切断冲头使用寿命”获得第 45 届国际质量管理小组大会

最高奖项——铂金奖。

3—8 日 2020 年第七届人保财险冬季汽车展览会在包头国际会展管理中心举办，接待参观人数 2.3 万余人，累计销售及订单车辆 1023 台，累计成交额 1.59 亿元。

7 日 阿特斯 3 吉瓦单晶项目（二期）成功试生产点火。该项目总投资 8.8 亿元，建设单晶方棒车间 2.85 万平方米，规划 220 台单晶炉，主要生产单晶硅棒产品。单晶炉设备完成安装 150 台。

8 日 2020 年中国新产业峰会在包头市开幕。在峰会期间举行的招商引资项目集中签约仪式上，49 个项目签约落地包头市，协议总投资 676 亿元。其中，青山区与南京高精传动设备制造集团有限公司等 7 家企业签订合作协议，涉及新能源、新材料、装备制造、金融等产业，协议投资金额达 65 亿元。部分项目对完善包头装备制造产业园区产业链、填补环保固废处理领域空白具有重要意义。

17 日 青山区消费纠纷人民调解委员会成立，是包头市成立的首家消费纠纷人民调解委员会，标志着青山区消费纠纷调解工作正式步入法治化轨道。

20 日 北奔重汽在前瞻 2021 年中国物流·商用车高端论坛暨中国物流商用车影响力年度颁奖盛典上，获得 2020 年度新能源优胜奖。

22 日 在自治区双拥模范城（旗县、市区）命名大会上，青山区被命名为“双拥模范城（旗县、市区）”，并代表包头市受表彰的 5 个旗（县、区）参会领奖。

30 日 包头市人民政府、青山区人民政府与晶澳太阳能科技股份有限公司签订晶澳包头基地（三期）20 吉瓦拉晶和切片项目框架协议。根据协议，晶澳太阳能科技股份有限公司建设包头基地（三期）20 吉瓦拉晶和切片项目。该项目将进一步发挥包头当地资源优势，提升晶澳大尺寸硅片生产能力，加强晶澳垂直一体化产能优势，更好地满足全球客户对高效优质光伏产品的需求。

是月 内蒙古一机股份特种车辆轻量化技术研究开发中心获批省部级企业研究开发中心。

是月 区人民政府获得“2019—2020 年国家级节约型公共机构示范单位”称号。

（印慧娟　整理）

青山区概况

【地理位置】

青山区位于内蒙古自治区西部、包头市中部、大青山南麓及土默川平原西北部，地理坐标为北纬 40° 39′，东经 109° 55′。东南与九原区相邻，南与稀土高新技术产业开发区接壤，西与昆都仑区相连，北与固阳县毗邻，东北与石拐区为邻。

【自然环境】

青山区属中温带大陆性半干旱季风气候，四季分明而不均匀，冬春受西伯利亚寒流控制，夏秋受东南季风影响，大抵春暖迟、夏热短、秋凉早、冬寒长，风多雨少，日照时间较长，昼夜温差较大，气候干燥多风，水面蒸发量较大。2020 年，青山区年平均气温偏低，平均气温 7.3℃，比多年平均气温低 0.5℃，比 2019 年低 0.4℃；初霜日出现在 10 月 16 日，比多年平均日期推迟 18 天；年降水量正常，降水量 312.5 毫米，比多年平均降水量少 2.4 毫米，比 2019 年多 22.4 毫米，年内日最大降水量为 36.7毫米，出现在7月30日；年日照时数偏多，日照时数 3167.5 小时，比多年平均日照时数多 288.5 小时，比 2019 年同期多 100.2 小时。主要天气气候事件有大风、沙尘、寒潮、暴雨、洪涝、冰雹、干旱和霜冻等。

【建置沿革】

青山区在中华人民共和国成立之前，没有整体单独设置过县（旗、区）及以上行政建置。从考察有关史迹、史料得知，在中国历史上，历朝历代，这里一直是中华民族生存发展之地，是汉族和北方游牧民族或交替占据，或友好来往，相互交融，并肩携手发展之地。

中华人民共和国成立后，内蒙古自治区于 1954 年废除旗县并存、蒙汉分治制度。今青山区境蒙古族也划属包头市管辖。1953 年，内蒙古第一机械制造厂、内蒙古第二机械制造总厂（以下简称内蒙古一机厂、内蒙古二机厂）在区境选址、定点。1954 年，全区陆续开始大规模建设。1955 年，中共包头市委、包头市人民政府根据工业建设需要组建新市区（包括今青山区、昆都仑区）工作组，成立新市区办事处。1956 年 8 月，包头市人民委员会决定撤销新市区办事处，分别成立以内蒙古一机厂、二机厂厂区和住宅区为主的青山区，以包钢厂区和住宅区为主的昆都仑区。在其未完成选举以前，先成立包头市人民委员会青山区办事处、包头市人民委员会昆都仑区办事处。同年8月18日，新市区办事处正式退出历史舞台，青山区办事处正式成立，办公处设在公忽洞村。11 月，青山区人民代表大会召开，选举产生了青山区领导班子，县级青山区人民委员会（后相继改称青山区革命委员会、人民政府）正式成立，隶属于包头市。办公处位于文化路与呼得木林大街交汇处西北角。2005 年 1 月，青山区人民政府办公处迁至建设路 189 号。截至 2020 年 12 月，其隶属关系未发生变化。

【行政区划】

青山区建区以来，行政区划曾数次变更。截至 2020 年年底，东南与九原区相邻，南与稀

2020 年青山区行政区划情况表

表 1

街道、镇	面积（平方千米）	所辖社区、村
富强路街道 （辖 6 个社区）	4.12	富源社区 富达社区 富润社区 富饶社区 丰产社区 锦林社区

续表1

街道、镇	面积（平方千米）	所辖社区、村
幸福路街道（辖 4 个社区）	2.14	阳光社区 繁荣社区 幸福社区 赛音社区
自由路街道（辖 7 个社区）	2.82	光明社区 学院社区 互助社区 文昌社区 民主社区 欧鹿社区 光辉社区
万青路街道（辖 8 个社区）	11	振华社区 青云社区 新型社区 春光社区 育才社区 五一社区 草原社区 富南社区
科学路街道（辖 8 个社区）	3.11	康乐社区 迎宾一社区 迎宾二社区 纺织社区 雅园社区 望园社区 迎春社区 正翔社区
先锋道街道（辖 4 个社区）	5.95	北嘉社区 光荣社区 青园社区 哈达社区
青山路街道（辖 7 个社区）	6.26	自一社区 青五社区 民一社区 朝阳社区 都兰社区 六合成社区 北新社区

续表1

街道、镇	面积（平方千米）	所辖社区、村
乌素图街道 （辖3个社区）	16.04	长征社区 利民社区 建华社区
青福镇 （辖7个社区、6个行政村 ）	42.85	保利社区 青东社区 万郡社区 赛汗社区 青北社区 银海社区 铭峰社区 昌福村 赵家营村 赵家店村 银匠窑村 二海壕村 色气湾村
兴胜镇 （辖2个社区、15个行政村）	185.55	松石社区 中城社区 四道沙河村 永和窑子村 王应基村 羊山窑子村 顶独龙贵村 后营子村 王老大村 宏庆德村 西边墙村 沙尔庆村 兴胜窑子村 东达沟村 当铺村 笸箩铺村 二相公村

土高新技术产业开发区接壤，西与昆都仑区相连，北与固阳县毗邻，东北与石拐区为邻。行政区域面积279.84平方千米。与相邻区县边界为：东从原九原区与固阳县界线与包固公路分界点起，沿包固公路向南至后营子村南界止；南从包固公路与后营子村南界交会点起，向西沿后营子村南界、三道沙河村北界、三道沙河（青山区与九原区原界）向南至建设路，沿建设路

向西经友谊大街至民族东路止；西沿民族东路向北，经甲尔坝、新城、前口子、边墙壕村东界至原九原区与固阳县界线止；北以原九原区与固阳县界线为界。

2020年，青山区辖8个街道办事处、2个镇，56个社区居委会，49个社区管理服务站和21个行政村。

【人口 民族】

2020年，青山区有户籍人口37.52万人、13.48万户。其中，男性18.45万人，女性19.07万人，男女比例为96.8∶100。出生落户人口2951人，死亡注销人口1790人，省外迁入人口1043人，迁往省外人口2189人，人口自然增长率为3.1‰。流动暂住寄住人口（市外及市内旗县流入）12.15万人。2020年，青山区年末常住总户数22.15万户，常住总人口53.51万人。其中，女性26.94万人，男性26.57万人；按城乡划分，城镇人口51.6万人，农村人口1.91万人，城镇化率达96.4%。

青山区有37个民族。其中，人口在1万人以上的有汉族、蒙古族；人口在1000人以上的有回族、满族；人口在100人以上的有朝鲜族、达斡尔族；人口在100人以下的有藏族、维吾尔族、彝族、壮族、布依族、侗族、白族、哈尼族、傣族、黎族、傈僳族、畲族、拉祜族、东乡族、纳西族、柯尔克孜族、土家族、仫佬族、羌族、锡伯族、乌孜别克族、俄罗斯族、鄂温克族、裕固族等。

【区域经济】

2020年，青山区实现地区生产总值566.41亿元，同比增长3.2%。规模以上工业增加值增速达到16.5%。固定资产投资同比增长5.5%。社会消费品零售总额完成263.91亿元，同比下降4.3%。城镇居民人均可支配收入实现54291元，同比增长1%。一般公共预算收入完成22.43亿元，同比增长0.19%。其中，税收收入完成18.52亿元，非税收入完成3.91亿元。一般公共预算支出累计完成28.07亿元，同比增长9.56%。其中，一般公共服务、国防和公共安全支出4.76亿元，教育、科学技术、文化旅游体育与传媒、卫生健康支出9.02亿元，社会保障和就业支出3.06亿元，节能环保、城乡社区支出和其他重点项目支出8.63亿元，地方政府债券付息支出2.6亿元。

【农业】

2020年，青山区有耕地面积3067公顷。其中，水地600公顷、旱地2467公顷。农作物播种总面积360公顷，总产量0.32万吨。其中，玉米播种面积273公顷，产量0.14万吨；马铃薯播种面积7公顷，产量0.02万吨；蔬菜播种面积53公顷，产量0.15万吨；向日葵播种面积27公顷，产量0.01万吨。建成温室1290栋，占地面积167公顷。农业机械总动力3724千瓦。其中，柴油发动机动力3610千瓦，电动机动力114千瓦。拖拉机保有量116台。其中，大中型35台、小型81台。农业机械化率大幅提升，机播率、机耕率均达到100%，机收率达85%以上。

【畜牧业】

2020年，青山区有鸡养殖小区2个，肉羊集中育肥区2个，奶牛养殖小区1个，屠宰企业4家，动物诊疗机构19家，兽药经营企业2家。截至2020年年底，鸡存栏42万只，羊存栏7.5万只，牛存栏0.15万头。产出鸡肉627吨，羊肉1084吨，牛肉73吨，猪肉1810吨，鸡蛋5300吨，牛奶6060吨。全年免疫鸡80.2万只，羊12.7万只，牛0.3万头，免疫密度达100%。

【林业】

2020年，青山区投资1.8亿元，在大青山南坡绿化生态修复工程带新栽植各类苗木66.6万株，占地面积400公顷；采取在已绿化地块补植补栽、零星地块见缝插绿等措施，对原有林地提档升级560公顷；采取爆破、平整、加固、覆土、覆绿等措施，完成矿山环境治理区域面积200公顷，并对采矿旧址周边的渣堆、边坡、矿坑等分别进行治理。通过持续增绿，青山区森林面积达到4985.26公顷，林地保有量达到 13716.6 公顷，森林覆盖率达 17.85%。

【工业】

2020 年，新型冠状病毒肺炎疫情对工业经济造成较大冲击，随着疫情防控和经济社会发展各项政策措施的逐步落实，工业经济各项指标均呈现“V”形反转走势。截至 2020 年年底，青山区 46 户规模以上工业企业累计完成工业产值 572.07 亿元，同比增长 11.5%，规模以上工业增加值增速达 16.5%，较一季度提升 12.7 个百分点，高于包头市 5.5 个百分点，位居包头市市五区第一。

驻区大企业支撑作用凸显，地区增长贡献率超 60%。7 户中央内蒙古自治区企业完成产值 445.2 亿元，同比增长 9.2%，占全区规模以上工业产值比重为 77.8%，充分体现出压舱石作用，拉动规模以上工业经济增长 7.3 个百分点，贡献率达 63.5%。行业发展亮点突出，超六成实现正增长。全区 15 个大类行业中，非金属矿物制品业，黑色金属冶炼和压延加工业，汽车制造业，电力、热力生产和供应业，其他制造业，专用设备制造业，金属制品业，橡胶和塑料制品业，有色金属冶炼和压延加工业 9 个行业产值实现正增长，行业增长面达 60%，比前三季度提高 14 个百分点。其中，非金属矿物制品业在弘元新材料（包头）有限公司、内蒙古杉杉科技有限公司投产上限带动下，产值同比增长 245%；龙头北奔重型汽车集团有限公司年销量突破 1.3 万台，拉动 20 余户规模以上配套企业同步加速发展，汽车制造业实现产值同比增长 32%。新动能持续壮大，经济活力不断增强。以光伏产业为代表的一批新兴产业项目投资大、见效快，相继达产达效后充分体现出对工业经济显著拉动作用。包头晶澳太阳能科技有限公司、包头阿特斯阳光能源科技有限公司、内蒙古杉杉科技有限公司、弘元新材料（包头）有限公司 4 户企业累计新增产值 38 亿元，拉动规模以上工业经济增长 7.4 个百分点。战略新兴产业产值同比增长 18%，全区民营工业产值同比增长 137%。工业用电量大幅增长，产品产量全面上升。全区规模以上工业用电量 21.87 亿千瓦时，同比增长 35.8%。主要工业产品产量普遍增长。其中，粗钢产量同比增长 29.9%，钢材同比增长 15.1%，改装汽车同比增长 15.1%，汽车同比增长 42.9%，液体乳同比增长 25.8%，无缝钢管同比增长 32.6%。企业提质增效成果显著，亏损面大幅下降。规模以上工业企业产销率达 98.3%，同比提高 0.38 个百分点。46 户规模以上工业企业实现利润总额 18.8 亿元，同比翻番，亏损面较 2020 年年初下降 35.2 个百分点，质量效益持续改善。其中，35 户盈利企业利润总额达 23.4 亿元，同比增长 77.4%；11 户亏损企业亏损额为 4.6 亿元，同比下降 39.4%；资产负债率同比下降 14.6 个百分点。

【园区建设】

包头装备制造产业园区（以下简称园区）是按照自治区、包头市两级党委、政府发展装备制造业的战略部署，于 2006 年建设的新型特色产业园区。园区总规划面积 45 平方千米。截至 2020 年年底，已入驻企业 522 家，总投资 633 亿元。经过多年的发展，园区已形成重车装备、新能源装备、应急装备、综采装备、机电装备、工程机械装备六大传统优势特色产业。在巩固和壮大优势特色产业的同时，全面推动传统装备制造业升级换代、动能转换和新动能成长，初步形成新材料、新能源、新技术、高端装备制造四大战略性新兴产业基地。园区先后被命名为“国家包头装备制造高新技术产业化基地”“国家新型工业化产业示范基地”“国家绿色园区”“国家应急产业示范基地”。2020 年，园区获“国家产业转型升级示范园区”“内蒙古自治区和谐劳动关系工业园区”称号，重点工作受到内蒙古自治区工业和信息化厅通报表扬，2020 年度考核成绩居包头市第一。2020 年，园区工业总产值实现 602 亿元，同比增长 3.6%；税收收入实现 16.87 亿元，同比增长 9.75%。

【城乡建设】

2020 年，青山区推进城区东部规划建设，中央公园二期、万科印象城、碧桂园凤凰天域等项目加快实施，新的体育休闲和高端商住消费集聚区已显雏形。扎实开展城市“双修”工作，完成 20 条道路、雨污水管线改造工程和 68 个“三供一业”小区、老旧小区综合改造任务，率先在包头市实现既有住宅加装电梯交付使用。结合创城及整改提升，有力推进城区管理制度化、常态化、精细化，加强与驻区大企业在社区环境秩序管理维护等方面共建共治，用原创性办法破解“老大难”问题，坚决消除大街小巷“两重天”、交通秩序“闯抢堵”、集贸市场“脏乱差”、老旧小区“杂乱破”等顽疾，城区环境面貌得到明显改观。累计清理小广告 11 万处，拆除各类违建 4.8 万平方米，施划停车位 1.5 万个。大力实施乡村振兴战略，21 个村集体年收入均达到 20 万元以上，圆满完成农村人居环境“三清一改”任务，“厕所革命”完成率达到 96% 以上，居包头市第一、内蒙古自治区第三。

【环境保护】

2020 年，青山区污染治理成效明显，在包头市率先完成中央环保督察及“回头看”和自治区环保督察反馈问题的全部整改。持续推进高污染燃料禁燃区建设扩面提标，城乡清洁取暖改造取得新成效，“煤改气”“煤改电”完成 1183 户、37.3 万平方米，生活服务业商户集中供热改造 654 户、4.9 万平方米，减排二氧化硫、氮氧化物 460 多吨。深入开展“散乱污”、黑臭水体等专项整治，28 家“散乱污”企业全部清理取缔，全区工业废水实现达标排放。加快推进“无废城市”建设试点任务，按时完成一机 845 线渣山综合治理工程。持续实施大青山南坡矿山环境治理和生态修复工程，栽植各类苗木 66.6 万株。大力倡导绿色低碳生产生活方式，青山区人民政府获“国家级节约型公共机构示范单位”称号。

【交通】

2020 年，青山区城区道路总长度 317.85 千米，道路面积 638.11 万平方米，人行便道面积 236.97 万平方米，人均拥有道路面积 18.3 平方米，污水管线和雨水管线总长度共计约 531.8 千米（含国道 110 线），路灯 11651 盏，消除无亮化设施街巷，城区道路路灯亮化率达 98% 以上。农村公路长度 95.96 千米。其中，县道 1 条，长度 15.48 千米；乡道 22 条，总长度 64.74 千米；村道 12 条，总长度 8.39 千米；国有林场道路 1 条，长度 7.35 千米。

【商贸服务业】

2020 年，青山区社会消费品零售总额完成 263.91 亿元，同比下降 4.3%；引进国内资金 33.6 亿元；进出口总额完成 12468 万美元。其中，自营进出口总额完成 6828 万美元，同比增长38.8%。全区各大商场举办各类消费促进活动 200 余场，引进 7 个“首进内蒙”“首进包头”品牌，各项措施带动商场客流和营业收入显著提升，“六大商务区”各大商场零售额恢复至新型冠状病毒肺炎疫情发生前的 90% 以上。包头传化交投公路港物流有限公司、内蒙古北方风驰物流港有限公司开展物流供应链、金融服务等业态服务，物流信息化建设稳步推进。内蒙古瑞洁物业服务有限公司等 6 户家政企业开展商务部家政信用平台“人证合一”信用认证工作，信用体系不断完善。猪八戒网蒙西（包头）总部园区入驻企业 37 家，集聚态势明显。引进芊紫万弘直播基地，带动电商直播专业化、规模化发展。同利家电、佳通二手车探索直播销售模式，传统商业转型效果凸显。投资 3000 万元的原锦林农贸市场改造为望隆购物广场步行街，成为包头市最新型标准化农贸市场。

【旅游业】

截至 2020 年年底，青山区有国际国内旅行社 36 家。其中，国际旅行社 10 家，国内旅行社26家。有限额以上住宿餐饮企业43家。其中，五星级酒店1家，四星级酒店2家，三星级酒店2家，乡村接待点2家。有旅游景区2个，为AAAA级旅游景区北方兵器城和AA级旅游景区包头轻工职业技术学院。其中，北方兵器城2020年全年接待游客10.62万人次，收入196.66万元。2020年，北方兵器城的文旅信息服务站建成，吴运铎纪念馆升级改造工程完工。青山区文旅信息服务站启动仪式暨非遗进景区活动、青山区第十二届军工旅游文艺晚会、青山区第十二届社区合唱艺术节、文创非遗进景区等活动在北方兵器城举办。包头市首届文旅创意产品设计大赛在包头国际会展管理中心举办，历时155天评选出入围奖50名、优秀奖5名、铜奖3名、银奖2名、金奖1名。青山区社区艺术节、农牧民文艺会演、东达山艺术节等活动在东达山艺术区举办，汇集山西、陕西、山东及内蒙古自治区等地区近200多个非遗项目和传承人齐聚东达山艺术区进行展示和艺术交流，线上线下观看互动体验人数达30多万人次。端午节期间，举办东达山网络艺术节，组织11个民俗非遗展示项目在新华网、抖音等线上网络直播，并在线下同步展示，网络观看人数达22万人次。

【金融　保险】

2020年，青山区金融机构各项存款余额（不包括外币）1890.94亿元，同比增长14.24%；城乡居民储蓄存款余额1169.28亿元，同比增长14.26%。各项贷款余额（不包括外币）1396.95亿元，同比增长11.12%。保险机构业务收入47.86亿元，同比下降2.1%。其中，财产保险业务收入8.52亿元，同比增长3.7%；人寿保险业务收入39.34亿元，同比下降3.3%。保险机构保险业务支出8.19亿元，同比下降4.5%。其中，财产保险业务支出4.26亿元，同比增长5%；人寿保险支出3.93亿元，同比下降13%。

【科技】

2020年，青山区采取多种方式方法，深入挖掘优势科技项目，搭建科技创新平台。2020年年初，利用“钉钉”“腾讯会议”等线上平台，组织企业参加高新技术企业申报线上培训课程5场。完成3批次国家级高新技术企业组织申报工作。其中，认定为国家级高新技术企业12家，全区高新技术企业总数达到42家。包头北方嘉瑞防务科技有限公司等6家企业被认定为2020年度国家级科技型中小企业，推荐内蒙古路易精普检测科技有限公司等4家企业申报包头市科技“小巨人”企业，推荐包头市国安科技有限公司等4家企业申报包头市创新引领型民营企业。进一步规范全区众创空间认定管理工作，青山区鹿客电商众创空间获批2020年度国家备案众创空间，青山区优创众创空间拟确定为内蒙古自治区众创空间。包头师范学院众创空间、包头轻工职业技术学院众创空间在内蒙古自治区科技企业孵化器绩效考核和众创空间绩效考核中均被评为“优秀众创空间”。围绕产业优势，坚持高端引领，全年培养和引进“草原英才”专项人才7人。指导企业用足用好科技政策，全年实施重大产学研项目19项。启动内蒙古自治区高新技术产业开发区创建工作，打造中电光谷科创中心、高新技术协同创新服务中心、装备工业技术创新中心和质量检验检测技术创新中心4个地区性平台。全区有科技特派员4人，注册率100%。2020年，为20户企业33个项目争取科技政策资金1741万元。

【教育】

2020年，青山区有区属中小学37所。其中，小学21所，初级中学8所，普通高中5所，完全中学1所，九年一贯制学校2所。有少年宫、青少年发展中心、特教学校各1个。共有教职工4367人（青山区教育系统内职工数），中小学生53839人（含民办学校在校生）。有各级各类幼儿园76所，共有教职工2061人，在园幼儿 13106 人。获得“全国未成年人思想道德建设工作先进单位”“全国‘新时代好少年’主题教育读书活动‘美好生活，劳动创造’先进集体”“国家义务教育质量监测实施县级优秀组织单位”“自治区教育系统先进集体”等国家级、自治区级称号。

【文化】

2020 年，青山区有综合文化服务中心 70 个、文化馆分馆 16 个、图书馆分馆 18 个 。全年举办大型文化活动 20 余场。组织“草原综合服务轻骑兵”小分队开展“文化进万家”“到人民中间去”综合文化服务活动。推出《爱在身旁》《赞美你青山》《筑梦军工》《在一起》《德润春天》等原创歌曲。

【体育】

2020 年，青山区有各类体育场（馆）472 个。其中，篮球房馆 13 个，乒乓球房馆、武术房馆、网球房馆各 1 个，健身房馆 28 个，棋牌房馆 21 个，羽毛球房馆 5 个，台球房馆 14 个，田径场 9 个，小运动场 33 个，室内网球场馆 2 个，室外网球场 28 片，篮球场 174 片，排球场 34 片，室外门球场 6 片，体育馆 2 个，游泳馆 6 个，排球房馆 2 个，乒乓球场地 30 片，各类足球场 38 个，羽毛球场 22 片，体育场 2 个。另有户外健身路径 235 套。体育场地完好率和开放率达 100%。

【医疗卫生】

2020 年，青山区有医疗卫生机构 397 个。其中，医院 23 个（市属公立医院 7 家、区属公立医院 2 家、市级及以上审批私立医院 10 家、区级审批私立医院 4 家），社区卫生服务中心（站）40 个，卫生院（室）60 个，门诊部 51 个，诊所、卫生所 216 个，医务室 1 个，急救中心（站）2 个，妇幼保健院（所）2 个，疾病预防控制中心 2 个。实有床位 5055 张。有卫生技术人员 6704 人。其中，执业医师 2466 人，助理医师 124 人，技师 264 人，注册护士 3168 人，药剂人员 331 人，其他卫生技术人员 351 人。加强家庭医生团队建设，积极开展线上家庭医生签约服务。截至 2020 年年底，青山区常住居民家庭医生签约率达 37.5%，续约率达 70.2%，重点人群签约率达 79.3%。全区各医疗卫生机构共建立城乡居民电子健康档案约 45.28 万份，建档率达 87.1%。

【社会保障】

2020 年，青山区持续完善社会保障体系，推动城乡居民基本养老和医疗保险应保尽保，累计为城乡生活困难人员发放各类救助补贴 1.1 亿元，建成残疾人“温馨家园”8 个。积极落实国企退休人员社会化管理工作，接收企业退休人员 55216 人。提升基层医疗服务水平，青山区医院门诊大楼综合改造项目顺利实施，疾病预防控制和卫生应急能力全面加强，青山区获“内蒙古自治区慢性病综合防控示范区”称号。坚持科学防治、精准施策，全力打好新型冠状病毒肺炎疫情防控阻击战。完善丰富“一老一小”服务供给，二〇二综合养护院二期项目开工建设，新建老年人口身体评估中心和“老少乐园”12 个，农村养老服务站实现全覆盖。扎实做好退役军人事务，青山区获得内蒙古自治区双拥模范城（旗县、市区）“十连冠”。大力发展文体事业，青山区获“全国书香城区”称号。

【人民生活】

2020 年，青山区财政用于民生方面的支出占比达七成以上。全面推行民生实事项目人大代表票决制，8 项民生实事项目顺利实施。坚持把稳就业放在突出位置，全年新增就业 11512 人。坚持教育优先发展战略，全面促进各学段教育均衡优质发展。全区公办和民办普惠园幼儿占比达 92.4%，九年义务教育巩固率达 109.9%，中高考再创佳绩，内蒙古北方重工业集团有限公司第一中学获得包头市中考“十连冠”，包头市第四中学王子语取得包头市高考文科第一名。

（有关单位供稿　印慧娟整理）

中国共产党
包头市青山区委员会

重要会议

1 月 7 日 中共青山区第十届委员会第七次全体会议暨全区经济工作会议召开。会议的主要任务是：以习近平新时代中国特色社会主义思想为指导，深入贯彻中共十九大、十九届二中、十九届三中、十九届四中全会精神，中央经济工作会议和习近平对内蒙古工作重要讲话重要指示精神，认真落实内蒙古自治区党委十届十一次全会暨自治区经济工作会议和包头市委十二届十一次全会暨包头市经济工作会议精神，报告青山区委常委会 2019 年工作，安排部署 2020 年工作。

4 月 3 日 中共青山区第十届纪律检查委员会第五次全体会议召开。会议的主要任务是：以习近平新时代中国特色社会主义思想为指导，深入学习贯彻中共十九大、十九届二中、十九届三中、十九届四中全会和中央纪委、内蒙古自治区纪委、包头市纪委全会精神，回顾总结 2019 年全区党风廉政建设和反腐败工作，研究部署 2020 年全面从严治党工作。

4 月 7 日 青山区 2020 年组织、宣传、统战、政法、信访工作会议召开。会议的主要任务是：以习近平新时代中国特色社会主义思想为指导，深入学习贯彻中央、内蒙古自治区、包头市相关会议精神，对全区 2019 年组织、宣传、统战、政法、信访工作进行总结，并安排部署 2020 年工作。

8 月 11 日 2020 年青山区办公室主任联席会议暨为基层减负专项工作机制第一次会议召开。会上，听取部分专项工作机制成员单位以及部分街镇、社区关于减负工作情况汇报，并进行工作安排部署。

8 月 13 日 中共青山区委全面依法治区委员会第二次会议召开。会议传达学习中央、内蒙古自治区、包头市相关会议精神，并部署安排工作。

是日 青山区政法队伍素质提升专项行动领导小组会议召开。会议传达学习习近平关于加强政法队伍建设的重要指示精神和包头市政法队伍素质提升专项行动动员会议精神，审议通过《青山区政法队伍素质提升专项行动方案》，安排部署全区政法队伍素质提升专项行动工作任务。

10 月 15 日 青山区委议军会议暨国防动员委员会会议召开。会议的主要任务是：深入贯彻落实中共十九大、十九届四中全会精神和习近平强军思想，集中分析全区党管武装和国防动员工作形势，专题研究青山区武装和国防动员工作建设发展的关键性问题，进一步落实中共中央、内蒙古自治区党委、包头市委要求，推进强军兴武，推动青山区党管武装工作落地落实。

10 月 16 日 青山区干部大会召开。会议的主要任务是：认真传达学习贯彻包头市委主要负责人关于经济发展、营商环境、招商引资、招才引智和项目建设等方面的重要讲话、批示和指示精神，深刻领会其精神实质和丰富内涵，主动对标对表知优劣、见差距、明不足，切实增强抓好青山区各项工作的责任感和紧迫感。

10 月 30 日 青山区委常委会（扩大）会议暨大干 60 天奋力冲刺完成全年目标任务推进会召开。会上，传达学习包头市委主要负责人在包头市委常委会（扩大）会议上的重要讲话精神和包头市委、市人民政府印发的《关于提振各级干部干事创业精气神的实施意见》精神，通报全区招商引资专项行动方案以及推动全产业链招商实现产业集群发展六大行动方案，安排部署重点工作、重点任务。

11 月 28 日 青山区文明城市创建整改提升动员大会召开。会议传达包头市文明创建整改提升动员大会精神，通报创城整改提升工作推进情况并对相关工作进行安排部署。

12 月 24 日 青山区警示教育大会召开。会议就四类 11 起违纪违法典型案例直接点人点事、剖析讲评，观看警示教育片《扫黑除恶之打伞破网》。

重要决策

2020 年，青山区委召开常委会会议 34 次，做出一系列决策部署。（见表 2）

2020 年中共包头市青山区委常委会会议重要决策部署一览表

表 2

会议名称	会议日期	决策内容
区委十届一百零八次常委会会议	1月6日	传达学习内蒙古自治区党委十届十一次全会暨全区经济工作会议和市委十二届十一次全会暨全市经济工作会议精神；研究《中国共产党包头市青山区第十届委员会第七次全体会议暨全区经济工作会议安排方案》；听取青山区 2020 年主要经济指标预期及拟实施重点项目、储备项目情况汇报；研究《关于开展2020年度春节特困救助、慰问工作的方案》
区委十届一百零九次常委会会议	1月27日	传达学习习近平关于坚决打赢疫情防控阻击战的重要指示精神和 1 月 25 日中共中央政治局常务委员会会议精神，以及自治区和包头市的相关会议精神，听取相关部门和街镇疫情防控工作情况汇报，对疫情防控工作进行再研究、再部署、再落实
区委十届一百一十次常委会会议	1月29日	研究部署青山区疫情防控工作
区委十届一百一十一次常委会会议	2月4日	传达学习1月25日、2月3日中共中央政治局常务委员会会议精神，习近平重要讲话重要指示精神和自治区、包头市相关会议精神，安排部署青山区疫情防控工作
区委十届一百一十二次常委会会议	2月8日	传达学习自治区应对新型冠状病毒感染肺炎疫情工作领导小组印发《关于进一步加强当前疫情防控工作的若干措施》的通知精神，听取各包联领导工作意见建议，安排部署青山区疫情防控工作
区委十届一百一十三次常委会会议	2月9日	传达学习贯彻自治区新型冠状病毒感染肺炎疫情工作指挥部印发的《关于进一步做好隔离医学观察工作的紧急通知》（内防指电〔2020〕3 号）和《关于深入开展新型冠状病毒感染肺炎疫情全面排查的紧急通知》（内防指电〔2020〕4 号）文件精神，以及包头市应对新型冠状病毒感染肺炎疫情工作领导小组第五次会议暨防控指挥部第六次会议精神，严格落实包头市应对新型冠状病毒感染肺炎疫情工作第二督导组提出的督查指导意见建议，安排部署青山区疫情防控工作
区委十届一百一十四次常委会会议	3月5日	传达学习 2 月 19 日中央政治局常委会会议精神，习近平就关心爱护参与疫情防控工作的医务人员做出的重要指示精神，习近平在统筹推进新冠肺炎疫情防控和经济社会发展工作部署会议上的重要讲话精神，3 月 2 日习近平在北京考察新冠肺炎防控科研攻关工作时的重要讲话重要指示精神，2 月 26 日和 3 月 4 日中央政治局常委会会议精神，以及 2 月 23 日自治区党委书记在自治区部署会议上的讲话精神；听取青山区疫情防控指挥部工作情况汇报，安排部署疫情防控和经济社会发展工作；听取全区脱贫攻坚工作情况汇报，安排部署工作；听取全区政府债务化解工作情况和 2020 年第一季度财政收入预计完成情况汇报，安排部署工作；研究《青山区 2020 年污染防治攻坚战行动方案》，听取全区生态环境保护工作情况汇报，安排部署工作；研究《中共青山区委理论学习中心组学习制度（修订）》《青山区党委（党组）理论学习中心组学习质量检测考评办法（试行）》《2020 年全区党委（党组）理论学习中心组学习安排》；研究干部人事有关事宜

续表2

会议名称	会议日期	决策内容
区委十届一百一十五次常委会会议	3月31日	传达学习 3 月 27 日中央政治局会议精神，内蒙古自治区党委常委会暨自治区应对新冠肺炎疫情工作领导小组会议精神，3 月 18 日自治区党委书记在自治区煤炭资源领域违规违法问题专项整治工作专题座谈会上的讲话精神和 3 月 20 日内蒙古自治区党委常委会扩大会议精神，以及 3 月 30 日自治区关于落实中央脱贫攻坚专项巡视“回头看”和脱贫攻坚成效考核反馈意见整改部署会精神；研究《青山区专项工作督查组管理办法（试行）》；传达中央、自治区、包头市纪委全会精神，研究区纪委全会有关事宜；研究 2020 年组织、宣传、统战、政法、信访工作会议相关事宜
区委十届一百一十六次常委会会议	4月10日	传达学习 4 月 8 日中央政治局常委会会议精神；研究区“两会”有关事宜；研究《青山区煤炭资源领域违规违法问题专项整治工作领导小组》《青山区人防系统腐败问题专项治理调查整顿工作领导小组》《关于成立青山区社会主义学校领导班子成员的建议名单》；研究干部人事有关事宜
区委十届一百一十七次常委会会议	4月17日	研究《青山区关于自治区生态环境保护督察反馈意见的整改方案》《青山区党务公开工作实施方案（试行）》
区委十届一百一十八次常委会会议	4月30日	传达学习近期中央政治局常委会会议和习近平重要讲话精神；研究《青山区 2020 年全面深化改革重点任务及分工方案》
区委十届一百一十九次常委会会议	5月8日	研究干部人事有关事宜
区委十届一百二十次常委会会议	5月20日	研究干部人事有关事宜
区委十届一百二十一次常委会会议	5月29日	研究干部人事有关事宜
区委十届一百二十二次常委会会议	6月3日	传达学习近期中央政治局常委会会议精神和习近平在参加十三届全国人大三次会议内蒙古代表团审议时的重要讲话精神；研究《青山区扶持壮大村集体经济实施方案》；研究干部人事有关事宜
区委十届一百二十三次常委会会议	6月9日	研究《2020 年青山区农村人居环境整治方案》《2019 年度青山区科级领导班子和领导干部综合考评结果》《青山区 2020 年度科级领导班子和领导干部考评指标》
区委十届一百二十四次常委会会议	6月9日	专题研究纪检监察有关工作
区委十届一百二十五次常委会会议	7月3日	研究干部人事有关事宜；研究《青山区“最强党支部”建设实施方案》
区委十届一百二十六次常委会会议	7月10日	传达学习 6 月 29 日习近平在中央政治局第二十一次集体学习时的重要讲话精神，传达学习习近平对禁毒工作的重要指示精神，听取青山区禁毒工作汇报，研究部署工作；听取青山区争创全国文明城市“六连冠”工作情况汇报；研究《关于调整青山区创建全国文明城市指挥部组成人员的方案》《关于进一步健全创建全国文明城市区领导包片督查常态化工作制度的方案》《包头军工文化主题公园项目建设方案》
区委十届一百二十七次常委会会议	7月15日	研究干部挂职有关事宜

续表2

会议名称	会议日期	决策内容
区委十届一百二十八次常委会会议	8月5日	传达学习习近平在企业家座谈会上的讲话和7月30日中央政治局会议精神，以及包头市委十二届十二次全会精神；传达学习习近平关于食品安全重要讲话、重要指示批示精神及中共中央办公厅、国务院办公厅印发的《地方党政领导干部食品安全责任制规定》，听取全区食品药品安全工作情况汇报，安排部署2020年下半年工作，研究《青山区区级党政领导干部食品安全工作责任》；研究将青山区应急管理局党组改设党委的意见；研究挂职干部有关事宜
区委十届一百二十九次常委会会议	8月7日	专题研究拟晋升三级调研员考察人选
区委十届一百三十次常委会会议	8月7日	专题研究拟晋升三级调研员人选
区委十届一百三十一次常委会会议	8月18日	传达学习全市重大项目建设暨优化营商环境观摩推进会会议精神；听取2020年上半年全区经济运行工作情况汇报，安排部署2020年下半年工作；听取2020年上半年从严治党、党风廉政建设和反腐败工作汇报，安排部署2020年下半年工作；听取2020年上半年全区组织(党的建设、干部人事、公务员管理、机构编制、老干部)工作汇报，安排部署2020年下半年工作；听取2020年上半年全区宣传思想（意识形态、网络舆情、“扫黄打非”）工作汇报，安排部署2020年下半年工作；听取2020年上半年全区统战（民主党派、民族、宗教、非公经济、侨务）工作汇报，安排部署2020年下半年工作；听取2020年上半年全区政法、反恐工作汇报，安排部署2020年下半年工作；听取2020年上半年全区污染防治工作汇报，安排部署2020年下半年工作；听取2020年上半年全区安全生产工作汇报，安排部署2020年下半年工作；研究干部人事有关事宜；研究地企（院校）互派干部挂职有关事宜
区委十届一百三十二次常委会会议	9月8日	传达学习中央第七次西藏工作座谈会、纪念中国人民抗日战争暨世界反法西斯战争胜利75周年座谈会、全国抗击新冠肺炎疫情表彰大会和8月31日中央政治局会议精神，以及习近平关于制止餐饮浪费行为的重要指示精神和国家统计局印发的《防范和惩治统计造假弄虚作假重要文件选编》；研究《青山区庆祝第36个教师节活动方案》《青山区教育系统先进集体和先进个人名单》；研究青山区社区工作者职业化体系套改工作有关事宜；研究干部人事有关事宜
区委十届一百三十三次常委会会议	9月18日	研究干部人事有关事宜；研究《青山区残疾人联合会改革方案》《关于推进市域社会治理现代化建设更高水平平安青山实施方案》《青山区分解包头市市域社会治理现代化试点工作指引、目标任务清单》《推进市域社会治理现代化暨平安青山建设工作领导小组成员、职责及工作制度》；研究清理调整规范区委议事协调机构有关事宜
区委十届一百三十四次常委会会议	10月16日	研究干部人事有关事宜；研究关于引进高层次人才确定人选的意见；研究纪检监察有关工作，集中传达学习中央政治局会议，习近平在深圳经济特区建立40周年庆祝大会、中央党校（国家行政学院）中青年干部培训班开班式、中央政治局第二十三次集体学习时、第三次中央新疆工作座谈会、教育文化卫生体育领导专家代表座谈会、科学家座谈会、基层代表座谈会等会议上的重要讲话，对“十四五”规划编制工作网上意见征求活动、供销合作社工作、新时代民营经济统战工作作出的重要指示，以及中共中央办公厅印发的《关于加强新时代民营经济统战工作的意见》《关于巩固深化“不忘初心、牢记使命”

续表2

会议名称	会议日期	决策内容
区委十届一百三十四次常委会会议	10月16日	主题教育成果的意见》等文件和中央第八巡视组巡视内蒙古自治区工作动员会议精神，安排部署青山区贯彻落实工作
区委十届一百三十五次常委会会议	11月6日	传达学习习近平在中央全面深化改革委员会第十六次会议、中央政治局第二十四次集体学习、纪念中国人民志愿军抗美援朝出国作战 70 周年大会、参观“铭记伟大胜利捍卫和平正义——纪念中国人民志愿军抗美援朝出国作战 70 周年主题展览”、参加第七次全国人口普查登记时的重要讲话和对推进农村土地制度改革、做好农村承包地管理和脱贫攻坚工作的重要指示精神，传达学习中共十九届五中全会、10 月 22 日中央政治局常委会会议、全国双拥模范城（县）命名暨双拥模范和个人表彰大会，以及内蒙古自治区党委常委会加强和改进民族工作专题民主生活会、自治区党委书记对全区开好专题民主生活会的批示精神，安排部署青山区贯彻落实工作；传达学习上三级扫黑除恶专项斗争推进会精神，听取全区扫黑除恶专项斗争“六清”行动工作开展情况汇报，研究部署相关工作；研究《青山区深入开展全产业链招商引资工作专项行动方案》；研究 2017 年引进高层次人才轮岗有关事宜；研究区委常委会加强和改进民族工作专题民主生活会对照检查材料
区委十届一百三十六次常委会会议	11月20日	传达学习贯彻习近平在浦东开发开放 30 周年庆祝大会、全面推动长江经济带发展座谈会、中央全面依法治国工作会议上的重要讲话和对平安中国建设、做好关心下一代工作作出的重要指示精神；研究《青山区深入优化营商环境的若干措施》；听取中央第八巡视组移交信访事项办理及全区集中治理重复信访、化解信访积案专项工作进展情况汇报；听取青山区全面依法治区和平安青山建设工作汇报，研究部署相关工作；听取青山区关心下一代工作汇报，研究部署相关工作；传达学习《市委办公室印发的〈关于当前我市意识形态领域情况的通报〉》，通报青山区意识形态领域情况；研究青山区 2020 年意识形态、网络意识形态领域分析研判报告；研究《关于取消会展公司过渡性租车平台方案》；研究干部职务职级晋升有关事宜
区委十届一百三十七次常委会会议	12月7日	传达学习习近平在全国劳动模范和先进工作者表彰大会、中央政治局第二十五次集体学习时的重要讲话，以及 11 月 30 日中央政治局会议和 12 月 3 日中央政治局常务委员会会议精神；研究《青山区村（社区）党组织和第十一届村（居）委员会换届选举工作方案》；研究“十三五”规划指标调整有关事宜；研究《青山区政法机关优化营商环境保障服务全区经济高质量发展实施方案》《青山区组织工作服务营商环境推动招商引资八项举措》《青山区关于对不担当不作为领导干部认定和组织处理办法（试行）》《中共十九届五中全会精神学习宣传工作方案》
区委十届一百三十八次常委会会议	12月12日	专题研究拟晋升三级调研员考察人选
区委十届一百三十九次常委会会议	12月12日	专题研究拟晋升三级调研员人选
区委十届一百四十次常委会会议	12月20日	传达学习中央经济工作会议和 12 月 11 日中央政治局会议，以及习近平在中央政治局第二十六次集体学习时的重要讲话精神，研究《青山区深化事业单位改革试点实施方案》《青山区面积未达标党群服务中心奖补资金的分配意见》；研究干部人事有关事宜；研究青山区第十六届人民代表大会代表人选和推荐补选包头市第十五届人民代表大会代表人选的有关事宜

续表2

会议名称	会议日期	决策内容
区委十届一百四十一次常委会会议	12月28日	专题研究拟晋升一级和二级调研员考察人选
区委十届一百四十二次常委会会议	12月30日	传达学习中央政治局民主生活会和内蒙古自治区党委十届十三次全会暨全区经济工作会议精神；听取人大、政府、政协、法院、检察院党组工作汇报，听取党校、群团（总工会、团委、妇联、残联、红十字会、文联、工商联、科协）工作汇报；听取2020年从严治党、党风廉政建设和反腐败工作汇报，安排部署工作；听取2020年食品药品安全工作汇报，安排部署工作；听取2020年环境保护工作汇报，安排部署工作；听取2020年安全生产工作汇报，安排部署工作；听取2020年组织工作汇报，安排部署工作；听取2020年民族团结进步创建工作汇报，安排部署工作；听取2020年基础教育工作汇报，安排部署工作；研究《青山区构建网络综合治理体系实施方案》《关于新形势下推进网络评论员队伍建设实施方案》；研究对2019年机构改革新组建的区委议事协调机构进行调整的意见

综合管理

【概况】

中共包头市青山区委员会办公室（以下简称区委办公室）成立于1956年12月，是青山区委职能部门，机构规格为正科级。2020年，内设综合一股、综合二股、事务股、秘书一股、秘书二股、区委督查室、信息股、改革股。核定行政编制9名，核定副县级领导职数1名，核定科级领导职数6名（1正，5副）。有所属事业单位2个，分别为相当于副科级事业单位的青山区党史工作办公室和相当于股级事业单位的政策和改革研究中心，共核定事业编制13名。区委保密机要局归口区委办公室管理，机构规格为正科级。

【保密机要工作】

2020年，区委办公室严密防范各类失泄密事件发生，重点对全区22家保密要害部门、部位开展进驻式保密检查。不断加强保密法制教育和文化宣传力度，向全区各部门单位发放自主编印的保密常识须知宣传折页2000余份。切实抓好涉密人员和涉密载体管理，对青山区12家重点涉密单位的115名涉密人员开展涉密岗位确定、涉密人员分类确定和保密审查工作培训。统筹做好青山区定密和政府信息公开保密审查工作的指导和管理。切实提升密码通信服务保障能力，严格执行24小时机要值班制度，全年办理各类电报500余份，保障视频会议170次，确保党政机关指示政令安全畅通。认真做好公文处理工作，全年签收、呈传、办理各类文件2000余份，并严格按照档案管理有关规定做好各类档案的收集、整理和归档工作。青山区作为内蒙古自治区整治形式主义为基层减负检测样本旗县区，每月对全区上三级收文情况进行监测统计。安排做好法定节假日和重大敏感时期的政务值班工作，严格落实领导带班值班制度和日报告制度，确保全区各项工作正常有序运转。

【信息调研】

2020年，区委办公室编发《区四大班子领导每日公务活动安排》38期，《工作交流》30期，《决策参阅》8期。向上级党委信息调研部门报送信息约900条，采用120条，在包头市排名第三。7—9月，选派区委办公室工作人员参与包头市委信息部门调训工作，学习好经验、好做法。

【文稿服务】

2020 年，紧紧围绕全区重点工作、中心工作，区委办公室充分发挥以文辅政、参谋助手作用。加强日常资料积累，提高知识储备水平，强化与区属各职能部门之间的联系，及时掌握全区各方面工作情况，为撰写高质量综合文稿积累素材，力求综合文稿符合地区实际、指导全区工作，全年起草完成各类综合文稿 230 多篇 160 多万字。

【督查工作】

区委办公室严格按照 2020 年年初制定的青山区 2020 年督查检查考核计划执行，确保各项工作任务做到真督实查，落实落细、一督到底。统筹抓好全区督促检查工作，办理网民留言 326 条（件），回复率、办结率均为 100%。下发督查通知 96 件，编印督查刊物 100 期，上报各类信息 30 余条，被上级采编 20 余篇，在 2020 年包头市督查工作中排名第一。其中，对新冠肺炎疫情防控“复工复产”、贯彻落实习近平重要讲话、中央八项规定、环保督查、人居环境整治、“三供一业”改造、信访移交案件和全区重点项目建设等进行全程推动落实，先后实地督查 120 余次，相关困难和问题得到有效解决。对包头市委、青山区委负责人批示指示等交办事项进行全程推动落实，追踪办结完成 100 余项，接受上级督查检查考核调研 200 余次。

【公文制发】

严格按照中央八项规定的有关要求，加强发文统筹管理，提前谋划，增强发文计划性，避免多头发文、重复发文，精简发文数量。进一步明确精简文件的标准和尺度，着力提高文件质量，完善发文负面清单。2020 年全年制发青山区委文件 10 件、区委办公室文件 30 件、报告文件 37 件、便签文件 67 件，四类文件发文数量比 2019 年减少。严格执行中央、自治区和包头市有关规定，围绕工作重点，完善工作举措，加大对党内法规工作的领导和推进力度，全力抓好党内法规制度建设工作。向包头市委办公室进行规范性文件报备 6 次，全部通过审核。深入贯彻落实《中国共产党党务公开条例（试行）》，围绕工作重点，完善工作举措，形成“1+9”党务公开制度体系，编制包含九大类 67 项具体内容的党务公开三级目录，实施季通报和抽查审核制度。

【改革工作】

按照包头市 2020 年全面深化改革工作要点，进一步细化完善青山区 2020 年全面深化改革重点任务及分工方案，确定具体改革任务 72 项。其中，由青山区实施先行先试的特色改革工作有 10 项。组织召开青山区委全面深化改革委员会会议和改革工作推进会共 16 次，统筹谋划、协调调度、督促指导，推动各项改革任务落实落地。围绕社区网格化党建体系、物业管理体制、干部人事制度、政务服务智慧化、便捷化建设以及建立“一中心、两平台、三机制、四保障”社会治理模式等重点改革事项开展自主督查和联合督查共 10 次，按月推动、部署各项改革工作，研究解决改革任务实施过程中存在的困难和问题。先行先试的特色改革工作中，7 项改革任务均已完成 2020 年年度目标，剩余 3 项改革任务等待顶层设计中。取得改革成果 75 件，形成改革经验类材料 25 篇，其中生态文明建设制度改革、红色物业工作模式、无障碍改造服务模式等 8 篇改革信息被包头市委改革刊物采用刊发、予以推广。

（杨浩　供稿）

组织工作

【概况】

中共包头市青山区委员会组织部（以下简称区委组织部）成立于 1956 年，是青山区委职能部门，机构规格为正科级。2020 年，内设办公室、组织室、干部室、党员教育管理室、公务员管理室 5 个股室。核定行政编制 12 名，核定科级领导职数 6 名（2 正，4 副），工勤编 1 名。

有所属相当于副科级事业单位 2 个，分别为参照《中华人民共和国公务员法》管理的党员电教信息中心，核定参照《中华人民共和国公务员法》管理事业编制 2 名；青山区人才工作中心，核定事业编制 12 名。

2020 年，区委组织部以习近平新时代中国特色社会主义思想为指导，全面践行新时代党的建设总要求和党的组织路线，树牢“四个意识”，坚定“四个自信”，坚决做到“两个维护”，坚持和加强党的全面领导，坚持党要管党，全面从严治党，坚持稳中求进总基调，围绕中心、服务大局，抓紧抓实组织体系、党员队伍、干部队伍、人才队伍建设，完成各项工作任务。

【党的基层组织建设】

城市基层党建工作方面，研究制定网格党建标准化建设、社区服务积分制管理办法，修订“三项清单”管理办法等文件，进一步完善城市基层党建互联互动制度体系。组织召开青山区第二届“四方论坛”暨城市基层党建工作峰会，会上，200 多家单位企业互联互动，凝聚共识。通过“三项清单”“微实事”形成党建项目 445 个，党建服务民生水平不断提高。实施“地企共培”项目，全领域互派 30 名干部进行挂职。统筹推进“最强党支部”建设，打造区级“最强党支部”102 个，创建“最强党支部”示范点 18 个，党组织规范化建设逐步成形。开展党群服务中心办公用房腾退工作，全区 70 个社区（村）党群服务中心共腾退办公面积 2304.34 平方米，压缩率达 95% 以上，群众活动场所大幅扩展。农村党建工作方面，完善《关于村级党群服务中心建设管理使用的指导意见》，升级打造村级党群服务中心 21 个。成功申报东达沟村为重点扶持村集体经济项目，争取上级专项扶持配套资金 125 万元。“两新”组织党建工作方面，制定“红色物业”系列工作方案，下拨专项资金 39 万元，打造物业党群服务中心 7 个。投入 24 万元，打造内蒙古河北商会党群服务中心等 6 个党群活动阵地。兴业集团党委获自治区级非公企业“双强六好”党组织称号，雷锋车队党支部获自治区“六个好”社会组织党组织称号。

【党员教育管理】

2020 年，区委组织部聚焦提振党员干事创业精气神，“全链条”模式推进党员教育管理工作。全年发展党员 192 名，结合新冠肺炎疫情防控工作，制订《激励关爱新冠肺炎疫情防控一线工作人员的具体意见》，储备入党积极分子 154 名、优秀发展对象 68 名。集中排查农村发展党员中的四类违规违纪问题，认定处理 4 人，其中 1 人党内除名、3 人不予承认党员身份，为农村“两委”换届奠定基础。举办党务工作者培训班、党支部书记轮训班等 9 期，累计培训 1400 余人。使用党建直通车举办线上培训班 27 期，累计培训 7098 人次。持续加大帮扶救助力度，发挥“党建 · 爱心公益汇”平台优势，新冠肺炎疫情期间筹集资金 10.58 万元和价值 9.07 万元防疫物资。启动第二期“腾讯 99 公益日”“金秋助学”“大小学生手拉手”筑梦成长计划、小微众筹等活动，共筹款资金 50 余万元。引进公益基金会 4 家，共汇集资金、物资 92 万元。形成品牌项目 20 余个，累计帮扶救助困难党员、群众 10 万余人次。

【公务员管理】

2020 年，区委组织部开展公务员职务职级并行工作。坚持应套尽套原则，在套转人员、套转职级、年限计算、退休政策等方面严审干部档案，全面完成全区公务员及参照《中华人民共和国公务员法》管理人员的职级套转工作，做到职级套转依据充分、标准一致。建立职数使用情况和公务员职级晋升测算台账，定期梳理、动态管理，做到底数清、情况明，确保晋升工作压茬推进。着眼优化干部队伍年龄结构，通盘考虑职数使用情况，为主动申请提前退休的干部办理职级晋升，先后为三批次共 40 名申请提前退休的干部和 9 名干部办理职级晋升。突出激励导向，注重德才表现、工作实绩、年度考核等情况，统筹调配一级主任科员、三级主任科员各 15 个名额，为在职干部解决职级晋升问题。多措并举夯实公务员工作基础，做好公务员信息采集工作，充分利用公务员信息库，实时更新个人基本信息、学历履历信息、职务职级信息、家庭成员信息、考核奖惩信息、列编情况等信息，严格做到与干部档案信息一致。结合定期奖励方式，对做出突出贡献和年度考核优秀的公务员进行嘉奖，事迹突出的推荐上报“自治区满意公务员和公务员集体”称号。严格履行管档职责，全面审核全区公务员及参照《中华人民共和国公务员法》管理人员的人事档案。建立首字母排序档案分类归档方式，做到纸质档案快速检索定位。持续高效推进档案分类整理和数字化扫描工作，完成 1144 本档案资料补充和数字化扫描工作，实现干部档案管理现代化、规范化。从严从实加强公务员跟踪管理，严把进人环节，对进入公务员队伍的人员坚持“凡进必审”，对进入途径、身份来源、编制使用、职级确定等关键环节层层把关，严格落实各项进人计划不走样，做到执行政策不放松，有档案问题不进人。有序开展 2020 年公务员和事业单位人员招录资格审查工作，对资格条件、学习经历、工作经历等重要信息逐项审核，共招录公务员 22 名，党群系统事业人员 7 名。强化平时考核抓手，指导各部门单位完成前三季度一般干部平时考核工作，掌握公务员的德、能、勤、绩、廉、学综合表现。将平时考核结果作为年度考核重要依据，按照规定比例和要求，完成全区科级及以下公务员、参照《中华人民共和国公务员法》管理人员以及党群系统事业单位人员 2019 年度考核工作。

【人才队伍建设】

2020 年，区委组织部牢固树立人才引领发展理念，积极落实党管人才原则，优化环境，深化改革，改进服务，切实提升人才工作水平。组织实施第六批高层次人才引进工作，面向全国“双一流”建设高校及部分海外高校引进优秀大学毕业生 30 名，扩充优化党政人才队伍。通过开展学习教育、参与人口普查和创城志愿活动，进一步锤炼高层次人才的作风和党性意识。持续做好“鹿城英才”申报工作，全年青山区入选个人 5 名。组织全区各人才单位结合各领域工作实际，积极开展“专家服务基层”活动。建立青山区籍域外人才信息库，打造定向沟通机制，挖掘潜在人才资源。

【干部队伍建设】

2020 年，区委组织部出台《青山区组织工作服务营商环境推动招商引资八项举措》《青山区 2020 年招商引资奖励性指标考核细则》等制度，激励干部投身招商引资、优化营商环境一线开展工作。牵头修订科级班子和科级干部年度考评办法，优化考评内容和分值设置，以考评“指挥棒”助力全区各项工作高质量发展。着力做好干部选任工作。严格执行《党政领导干部选拔任用工作条例》《党委（党组）讨论决定干部任免事项守则》等政策法规，全面落实干部选任全程纪实制度，从严规范分析研判和动议、民主推荐、考察、讨论决定、任职等环节工作。按照“凡提四必”和“两项审核”要求，牢牢把紧干部“政治关”“实绩观”，将考察政治素质、衡量担当作为贯穿选任流程始终。注重从招商引资、脱贫攻坚等急难险重任务中，从街道（镇）、社区等基层一线中，甄别发现有担当、有作为、有斗争精神的干部，为青山区委选人用人提供参考依据。全年提交区委常委会研究任免干部 4 批 51 人次。按照《干部教育培训工作条例》《2018—2022 年全国干部教育培训规划》，稳步推进干部素质提升工程，制订青山区 2020 年度干部教育培训计划，对干部培训的指导思想、主要任务、总体目标和培训原则、培训方式方法及相应保障措施进行全面详细梳理和规定，并将干部学习教育和年度考核结合起来，加大以考促学力度。全年组织举办学习贯彻中共十九届四中、五中全会精神专题培训班、科干班、高层次人才党性教育班等主体班次 6 期，累计培训干部 800 余人次，干部综合素质不断提升。严格按照中央《干部选拔任用工作监督检查和责任追究办法》，持续加大干部监督管理力度，有序开展领导干部经济责任审计，对区人社局、区卫健委、区妇联及内蒙古北方重工业集团有限公司第二中学的 4 名干部进行任中经济责任审计，对职务调整的 18 名干部进行出入境管理权限变更。分领域、分层级对 10 个街道（镇）及 6 家涉机构改革机关单位的科级领导班子运行情况和领导干部队伍建设情况进行专项调研，切实把日常监督落到实处。

（都仁　供稿）

宣传工作

【概况】

中共包头市青山区委员会宣传部（以下简称区委宣传部）成立于 1956 年，是青山区委职能部门，机构规格为正科级。加挂中共包头市青山区委员会对外宣传领导小组办公室、包头市青山区人民政府新闻办公室、包头市青山区新闻出版版权局牌子，保留包头市青山区精神文明建设委员会办公室牌子。2020 年，内设办公室、文明办、宣传室、新闻出版和文化改革室 4 个股室。核定行政编制 7 名，核定科级领导职数 4 名（1 正，3 副）。有所属事业单位 2 个，分别为相当于副科级事业单位的青山区委讲师团和相当于股级事业单位的青山区互联网舆情信息中心，共核定事业编制 7 名。

2020 年，区委宣传部认真贯彻落实上级党委和青山区委关于宣传思想文化工作决策部署和指示精神，紧扣决胜全面建成小康社会、决战脱贫攻坚主基调，统筹兼顾抓重点、结合实际抓特点、求实创新出亮点，推动宣传思想文化工作进一步做实做强，为统筹做好新冠疫情防控和经济社会发展工作坚定主心骨、汇聚正能量、振奋精气神，为全面建设社会主义现代化新征程提供坚强思想保障和强大精神动力。

【意识形态工作责任制】

严格落实意识形态、网络意识形态工作责任制，将其纳入党的建设和政权建设的重要内容，纳入区属各单位考核工作的重要指标。2020 年全年提请区委常委会研究部署意识形态相关工作 5 次，并将意识形态工作内容写入区委十届七次全会报告、年度工作安排、领导班子成员述职报告、民主生活会报告中。指导区内各党（工）委、党组落实“四种责任”，及时针对分管领域意识形态状况形成分析研判报告。配合区委巡察办对意识形态工作进行巡察监督，参与巡察区属单位 61 家。全年区委理论学习中心组安排学习网络意识形态相关内容 2 次，完成 1 次。区委常委会研究部署网络意识形态相关工作 3 次，坚持每半年分析研判网络意识形态工作，通报全区意识形态及网络意识形态领域情况。对区委网络安全和信息化委员会人员进行了调整，办公室设在宣传部。指导区内各党（工）委、党组落实“四种责任”，及时针对分管领域网络意识形态状况形成分析研判报告。构建起区委统一领导、党政分工负责，社会力量积极参与的网络意识形态工作格局。

【理论学习】

2020 年，区委宣传部以习近平新时代中国特色社会主义思想为指导，以深入学习宣传贯彻中共十九大、十九届二中、十九届三中、十九届四中全会精神为主线，进一步加强理论学习中心组学习，制订《青山区中心组学习质量监测考评办法（试行）》《党委（党组）理论学习中心组学习巡听旁听实施细则（试行）》，修订《青山区委理论学习中心组学习制度》并严格执行，不断提升中心组学习质量。全年组织召开区委理论学习中心组集体学习会 18 次。其中，以学习习近平新时代中国特色社会主义思想为主线，围绕习近平在十九届中央纪委四次全会上的重要讲话精神、内蒙古自治区“两会”

精神等内容进行自学、领导领学 4 次；围绕习近平关于扶贫工作的重要论述、全国“两会”精神、关于以人民为中心的发展思想等内容进行专题学习研讨 5 次；深入学习习近平关于推进新冠肺炎疫情防控工作系列重要讲话精神 2 次；组织区委理论学习中心组全体成员观看《抗疫斗争中的意识形态工作》视频讲座，进行网络直播学习 1 次；邀请包头市委党校哲学社会学教研室讲师、内蒙古自治区反邪教协会秘书长、全国人大常委会法制工作委员会民法室副主任、自治区《习近平谈治国理政（第三卷）》宣讲小分队成员、包头市中共十九届五中全会精神宣讲团成员、包头师范学院马克思主义学院教授等专家学者围绕《中华人民共和国民法典》、《深刻学习总体国家安全观核心要义，全面践行总体国家安全观》、《深刻学习新时代反邪教工作与国家安全》、《习近平谈治国理政（第三卷）》、中共十九届五中全会精神等内容组织专题辅导讲座 6 次。及时为区委理论学习中心组成员发放《〈生态优先 绿色发展〉——习近平生态文明思想导读》、《习近平总书记关于内蒙古工作重要讲话重要指示精神读本》、《习近平总书记关于脱贫攻坚重要讲话汇编》、《青山区扶贫工作应知应会》活页、《中华人民共和国民法典》、《习近平谈治国理政（第三卷）》、《党的十九届五中全会〈建议〉学习辅导百问》、《中共中央关于制定国民经济和社会发展第十四个五年规划和二〇三五年远景目标的建议》辅导读本等学习资料。以汇集报纸、杂志、书籍内经典文章为主要内容，全年编发《学习专刊》45 期（总第 365 期）。全区各级领导干部撰写调研报告和体会文章 300 余篇。创新理论学习载体，做好“学习强国”学习平台学用推广工作，制订《青山区“学习强国”考评办法（试行）》，以月刊形式通报各单位“学习强国”平台学用情况，并定期在青山区理论学习工作群发布全区各部门、各单位学习情况排名，积极营造“比学赶超”学习氛围。全年在“学习强国”学习平台累计发稿 181 篇。其中，内蒙古分平台 149 篇，全国主平台 32 篇。稿件以视频类高质量稿件为主。

推进学习讲堂、新时代讲习团建设，重新梳理统计基层“学习讲堂”。截至 2020 年年底，青山区共有“学习讲堂”80 所。利用青山区线上“学习讲堂”学习时间灵活、学习方式便捷优势，及时将第一手理论学习资料、宣讲资料发到全区各理论学习工作群。要求各部门利用“包头理论圈”做好学习宣讲传播活动，及时将“包头理论圈”宣讲信息转发至青山区理论圈，同时要求各部门积极转发至本部门理论圈。与区委党校共同成立“草原学习轻骑兵”宣讲团，深入机关、企业、学校、社区、农村开展习近平关于扶贫工作重要论述、习近平关于内蒙古工作重要讲话重要指示精神等主题宣讲。全区各基层“学习讲堂”通过领导讲学、老党员宣讲团宣讲等方式，扎实开展丰富多彩的学习宣讲活动。围绕习近平新时代中国特色社会主义思想，以“脱贫攻坚”、“生态文明”、全国“两会”、《习近平谈治国理政（第三卷）》、中共十九届五中全会精神等内容为主题，青山区驻楼单位共享“学习讲堂”开展宣讲 32 场，青山区各类基层“学习讲堂”开展宣讲活动 800 余场。

开展读书节系列活动，下发《青山区关于报送第九届鹿城读书节活动项目的通知》，组织全区各单位向中共包头市委宣传部报送活动项目 100 多个。在全区范围内以“一本书的旅行计划”拉开“鸿雁悦读计划”序幕。5 月 25 日，在自由路街道学院社区启动青山区“鸿雁悦读计划”。6 月 1 日，光荣道小学和新华书店开展校园“鸿雁悦读计划”活动，“鸿雁悦读计划”在全区范围内全面启动。价值 10 万元的书籍在青山区 4 个社区、2 个村落地，惠及 10 万余人。

【媒体宣传】

2020 年，青山区在《人民日报》、新华网等央级主流媒体发布宣传报道 150 余篇。其中，

《战“疫”中“留守”儿童的一封信》在《科技日报》登载，《为你加油 为她（他）守护》《战“疫”夫妻》《包头市青山区：“小草莓”打开村民致富路》《军工精神的传承效应》在新华网发布，《内蒙古包头市青山区兴胜镇：农艺特派员 助农套种增收》在《中国县域经济报》登载，《内蒙古包头：企业复工复产忙》在新华客户端社发布，《人人都行动 家园更美好》在《人民日报》登载，《从炸山采石到艺术乡村的蝶变》在《农民日报》登载。《内蒙古日报》等自治区级媒体发布宣传报道600余篇，市级媒体发布宣传报道近4000篇，电视台发布宣传报道245条，电台发布宣传报道近700条，43篇原创融媒体作品登上“学习强国”平台。

青山区级平台包括“青山人青山事”微信、微博、抖音、视频号、今日头条、西瓜视频、新华号、央视频，青山区门户网站部分栏目及“巍巍青山”客户端共发布宣传报道7500余篇，2020年全年线上总阅读量达到3000万余人次，原创漫画类作品43篇，原创音频类作品38个。

【互联网信息】

规范对政务网站、政务新媒体的内容管理，加强对政务互联网群组的常态化管理，对1978家属地网站基础数据进行清查登记动态管理。推进网络社会工作，广泛动员自媒体联盟成员单位加强行业自律参与网络治理。调研走访属地互联网企业，指导开展互联网企业党建工作，推荐猪八戒网互联网党建工作优秀案例。统筹开展各类专项治理。联合区公安、教育、新闻出版、文化等部门组织开展2020年“清朗”未成年人暑期网络环境专项整治行动、网络恶意营销账号专项整治行动、网络信息内容生态治理等系列专项行动，持续净化网络环境。畅通互联网违法和不良信息举报受理渠道，积极处置网民举报；加强网络安全工作。联合工信和公安网安部门对属地网站进行抽样检查和专项整治，排查涉黄涉赌等违法违规网站、空壳网站和“僵尸”网站62个。组织开展2020年青山区国家网络安全宣传周活动，宣传网络安全基本知识，倡导绿色、文明、安全上网，常态化推进网络安全宣传，规范网上传播秩序，打造清朗网络空间。树立网络公益项目典范，推选的青山区“党建·爱心公益汇”项目被评为中央网信办网络公益年度创新项目。

【社会面宣传】

丰富创建手段载体，依托市属新闻媒体县级融媒体中心、各类新媒体专题专栏，发布各类相关宣传稿件。在“青山人青山事”微信公众号开设“创城进行时”专题，发布《汇聚创城合办、浇灌文明之花》《扮好城市“啄木鸟”，志愿者在行动》和《让人间烟火与城市文明并行》等点击率极高的精品文章，发放创城应知应会手册、宣传物品，提升群众知晓率、支持率。发放各类宣传资料5万余份，制作各类公益广告展板（KT板）5000余块、宣传海报3万余张、“文明餐桌”桌牌1万个。在城区主次干道、建筑工地围挡等重要点位张贴公益广告140余处。各街镇社区（村）设置“讲文明、树新风”“文明健康、有你有我”等公益广告1000余处5000余条。在《包头日报》、《包头晚报》、包头广播电视台等各大市级媒体平台发布创城宣传报道30余篇。线上新媒体平台“青山人青山事”微信公众平台开设“创城进行时”“文明有礼 文明有你”两个专栏，共计发布宣传报道26条，“巍巍青山”客户端发布宣传报道40条。

【新闻出版】

2020年，出台《青山区书店复工营业规范》，指导受新冠肺炎疫情影响的商户复工复产。对全区39家书店进行年检，换发新版“出版物经营许可证”。受理审批新开书店5家，截至2020年年底，全区有书店44家。面向全社会开展版权登记服务，全年登记音乐、美术、雕塑、模型、产品设计图五大类45件作品，位居包头市前列。围绕“4·26”知识产权宣传周开展“2020年青山区‘绿书签行动’暨版权宣传周”活动，通过线上有奖竞答形式，吸引800多位网民参与、转发。

2020年“知识产权宣传周”系列活动现场（区委宣传部　供图）

【电影管理】

2020年，开展青山区电影放映单位“电影放映经营许可证”换新工作。变更包头华联影院经营管理有限公司法人。组织青山区7家影院提交新冠疫情防控方案、应急预案、复工申请等材料，详细检查疫情防控情况，有序推进影院复工复产。配合上级部门在青山区21个行政村放映公益影片264场，观影人数1.33万人次。在4个公园广场放映点放映421场，观影人数2.52万人次，丰富群众电影文化需求。与区委组织部等部门共同开展青山区“党建·爱心公益汇”项目“童眼看世界——公益大篷车”活动。

【文化体制改革和文化产业发展】

召开区委全面深化改革委员会文化体制改革专项小组2020年重点任务及分工部署会，建立文化体制改革重点任务台账。开展2020年内蒙古自治区重点文化产业项目申报工作，加快文化产业项目建设进度，发挥重点文化产业项目的引领示范和支撑带动作用，全面提升文化产业竞争力，进一步推动青山区文化产业高质量发展。组织青山区有资金需求的重点文化产业企业单位，登录内蒙古融资服务平台开设的“自治区金融助力打赢疫情防控阻击战政金企对接活动”专栏在线对接。组织青山区重点文化企业共计10家参加内蒙古文化产业（线上）博览交易会，参加了云论坛、云推介、云演出、云带货、云畅游、云宣传等活动。积极引进包头市易阅文化传媒有限责任公司及相关公司进驻青山区。协助文化企业打造城市文明IP项目，促进相关产业供给侧结构性改革和城市品质提档升级。

【扫黄打非】

组织召开2020年度青山区“扫黄打非”工作部署会，制定并下发《青山区2020年“扫黄打非”工作要点》和《青山区深入推进“扫黄打非”进基层的实施方案》，研究部署“护苗”“固边”“秋风”“净网”“清源”五大专项行动。出台《青山区2020年“扫黄打非”工作行动方案》《关于开展春季“挖源”“破网”行动的通知》《关于开展夏季“断链”打击行动的通知》《关于开展“扫黄打非·正道”和“扫黄打非·新风”集中行动的通知》等文件，组织区委统战部（宗教事务局）、区教育局、区市场监督管理局、区文化市场综合执法大队深入校园、宗教场所、出版企业、复制印刷企业、电子商城、游商摊点、集（夜）市等场所进行专项检查。2020年全年出动执法人员80余人次，收缴侵权盗版图书23册，责令下架不能提供供货渠道的图书、音像光盘60余本（盘）。12月，经网络巡查发现属地内1家网站存在盗播网络视频现象，由包头市文化市场综合行政执法局青山分局立案调查。在10个街道（镇）设立“扫黄打非”基层站点，重点打造先锋道街道哈达社区、青福镇万郡社区“扫黄打非”进基层点位。联合区教育局开展“扫黄打非”进校园工作，将青山区教育实践基地打造为“关爱未成年人健康成长，青山区护苗净土宣传教育基地”，成为青山区中小学生学习抵制、鉴别不良有害信息的重要场所。

（刘兆峰　袁琨　供稿）

精神文明建设

【概况】

青山区精神文明建设委员会办公室（以下简称区文明办）于1996年9月正式划归区委宣传部。2002年，根据《关于全区党政机构改革工作的实施意见》（青党发〔2002〕9号），区委宣传部同时挂青山区精神文明建设委员会办公室牌子。

2020年，青山区始终坚持社会主义核心价值体系建设主线，着力在深化公民思想道德建设内涵上下功夫，突出抓好文明城市创建常态化、学雷锋志愿服务、新时代文明实践中心所（站）建设、文明村镇创建、未成年人思想道德建设。深入开展先进典型评选表彰和学习宣传活动等重点工作，各项工作取得新进展。

【全国文明城市创建常态化】

2020年，召开创建全国文明城市常态化工作推进会26次，制定下发《青山区文明城市创建整改行动方案》和《青山区文明城市创建整改行动责任清单》，成立区文明城市创建整改提升行动领导小组，下设专项工作组11个。启动四大班子县级领导包联街道（镇）、分管领导包区域、纪检部门抓督导工作机制，区人民政府结合创城整改提升工作任务，制定《青山区城市精细化管理专项整治实施方案》并加以落实。推动整改工作在短时间内落地见效。丰富创建手段载体，加大创建宣传力度，营造良好宣传氛围。

【先进典型引领思想道德建设】

2020年，积极开展典型评选推报工作。结合新冠肺炎疫情，联合区妇联开展“抗击疫情”最美文明家庭评选活动，刘景彬等20个家庭获得“抗击疫情”最美文明家庭称号，韩玉珍等9户家庭获得“第二届包头市文明家庭”称号。充分做好礼遇道德模范工作，节日期间慰问道德模范、身边好人、文明家庭和美德少年14人，发放慰问金共计2万元。积极发挥陈文学、戎鹏强、刘嗣东、李淑玲等身边先进典型榜样引领作用，引导居民自觉遵守社会公德、严守职业道德、弘扬家庭美德、提升个人品德。

【学雷锋志愿服务建设】

2020年，区文明办在全区开展评选新时代文明实践战“疫”优秀志愿服务者和志愿服务组织活动。评选出新时代文明实践战“疫”优秀志愿服务集体23个，优秀志愿者146名。2019年度包头市级“四个优秀”评选活动中，尼富海等2人获得“2019年度包头市优秀志愿者”称号，包头市青山区雷锋车队志愿者协会等2支志愿者组织获得“2019年度包头市优秀志愿组织”称号，青山区困境儿童关爱帮扶志愿服务项目获得“2019年度包头市优秀志愿服务项目”称号，万青路街道新型社区等2个社区获得“2019年度包头市优秀志愿服务社区”称号。全年组织开展各类志愿服务主题活动357场。

青山区文艺志愿服务活动现场（区文明办　供图）

【新时代文明实践中心所（站）建设】

2020年，召开青山区群众性文明内蒙古建设“十大行动”工作部署会，明确职责任务。将群众性文明内蒙古建设“十大行动”同新时代文明实践中心建设、群众性精神文明创建活动同步推进，发挥整体协同效应。建立文明内蒙古“十大行动”微信工作群，把“十大行动”细化为52项具体任务，对辖区有关成员单位工作推进落实情况开展半月调度，动态掌握工作进展，全程跟踪问效。同时，对所调度的工作任务实行台账式管理，精准精细推进文明内蒙古“十大行动”工作任务落在基层、落到实处。

【文明村镇创建】

2020年，着力推进“千村示范、万村行动”工作，下大力气建设美丽乡村，循序扩大文明创建的覆盖面，持续推动农村精神文明创建水平不断提升，促进文明城市创建提质扩容。促进文明村镇提质增量。兴胜镇东达沟村获得“第六届全国文明村镇”称号，兴胜镇东达沟村、青福镇银匠窑村获得“第六届自治区文明村镇”称号。营造乡风文明浓厚氛围。利用村镇主要出入口、文化礼堂、文化广场、墙面墙体、院门两侧等位置，以乡村宣传栏、生活日用品为载体，通过“青福镇人民政府”“兴胜镇”微信公众号，加大社会主义核心价值观、村规民约等宣传教育，营造乡村“氛围美”。

【未成年人思想道德建设】

2020年，青山区未成年人思想道德建设暨小手拉大手助力文明内蒙古建设工作会召开。进一步深化文明校园创建，广泛开展践行社会主义核心价值观、“我的中国梦”、“系好人生第一粒扣子”等系列主题教育实践活动。着力在坚定理想信念、厚植爱国主义情怀、加强品德修养、增长知识见识、培养奋斗精神、增强综合素质上下功夫。区教育局获得“全国未成年人思想道德建设工作先进单位”称号，获得包头市级“十佳新时代好少年”1人、“美德少年”3人。

（王欢庆　供稿）

融媒体工作

【概况】

包头市青山区融媒体中心（以下简称区融媒体中心）成立于2019年，是青山区委直属事业单位，归口区委宣传部管理，机构规格为正科级。2020年，核定事业编制14名，核定科级领导职数3名（1正，2副）。

2020年，区融媒体中心被自治区党委宣传部授予“旗县级融媒体中心建设先进单位”称号。原创扫黑除恶专项斗争漫画视频《二狗子的十大罪恶》获得全国旗县融媒体中心优秀案例奖，获得2019年度自治区旗县级融媒体中心作品评比三等奖。“学习强国”平台授予全国100家融媒体中心直报资格，区融媒体中心成为包头市唯一获此殊荣的融媒体中心。“青山人青山事”新华号入选全国最具影响力县级融媒榜，区融媒体中心是包头市唯一入选单位。

【重要活动】

2020年6月　采取抖音直播以及新华网平台直播“双直播”的形式对东达山“荷·和·风雅”网络艺术节开展12个门类17场直播，有22万余人次观看，9万余人次点赞。同月，针对扫黑除恶主题，策划原创人物“二狗子”，并制作多个融媒产品，其中《二狗子的十大罪恶》被包头市、内蒙古自治区各大主流媒体广泛转载。10月，自治区旗县级融媒体运营服务中心验收指导工作组对青山区融媒体中心采集部、编辑部、视频部以及各功能区建设情况进行验收，并详细了解区融媒体中心新闻报道的策、采、编、发、评全流程。同月，“亮丽北疆锦绣中华——‘大学生眼中的内蒙古’主题系列采访活动”在青山区启动，采访活动为期3天，采访团通过实地采访青少年发展中心、东达山艺术小镇、包头装备制造产业园区、北奔重汽、弘元新材料（包头）有限公司、包头军工文化广场、“三供一业”改造试点、都兰社区、包头大剧院等地，切身感受青山区的经济、文化以及人民生活的发展变化。11月，对内蒙古芊紫万弘5G直播电商基地启动仪式进行抖音直播。同月，参加2020年（第五届）新华网内蒙古融合发展大会，会上，区融媒体中心记者白兆刚获得“新华网特约摄影师”称号。同月，“巍巍青山”客户端完成从黄河云到草原云转端，并开始推广工作。12 月，通过“巍巍青山”客户端对青山区新年民族音乐会进行现场直播，1.8 万人同步在线观看。

加强阵地建设，深耕品牌经营，继续拓展宣传平台，全方位开拓传播渠道，着力实现大领域贯通，巩固壮大主流舆论阵地。“青山人青山事”微信公众号开设专栏“走进青山”，全景式推介青山区经济、社会、人文等发展情况，开设专栏“青山访谈”，邀请各行业、各领域、各部门相关人员走进直播间，对企业、老百姓关注的话题进行访谈，发出权威声音，开设“青山时讯播报”，以视频新闻的形式对地区新闻进行播报。

（张晓萌　供稿）

统战工作

【概况】

中共包头市青山区委员会统一战线工作部（以下简称区委统战部）成立于 1960 年，是青山区委职能部门，机构规格为正科级。2020 年，内设办公室、民主党派工作股、党外事务工作股、民族宗教工作股 4 个股室。核定行政编制 7 名，核定科级领导职数 3 名（1 正，2 副）。有所属事业单位 2 个，分别为相当于正科级参照《中华人民共和国公务员法》管理的事业单位青山区工商业联合会，核定参照《中华人民共和国公务员法》管理的事业编制 2 名；相当于股级事业单位的青山区宗教事务中心，核定事业编制 1 名。

【民主党派调查研究】

2020 年，各民主党派紧紧围绕全区关注的重点、热点、难点问题深入开展调查研究，充分发挥党外人士人才荟萃、智力密集、联系广泛的优势，形成专题调研报告 9 篇，为青山区委、区人民政府科学决策提供参考。召开青山区 2020 年度统一战线重点课题调研成果汇报会，并经青山区委常委会研究进行任务分解，推动调研成果落实。

【民主党派参政议政】

青山区委在重要会议召开及其他重大活动举办前期注重邀请各民主党派召开座谈会，征求对青山区经济社会发展的意见和建议，凝聚党派人士的智慧和力量，调动一切积极因素，助推地区发展。组织各民主党派代表人士召开全区经济运行情况和重大项目重点工作情况通报暨座谈交流会。9 月，组织民主党派代表人士参加以“弘扬爱国奋斗精神 建功立业新时代”为主题的“迎国庆，知政情”现场观摩交流会，为民主党派开展调研和参政议政创造良好条件。

【民主党派社会服务】

2020 年，各民主党派基层委员会发挥各自成员优势，开展送文化、送医疗、送法律、送项目活动。中国国民党革命委员会包头市青山区总支委员会党员梁宝东向乌拉特前旗疫情防控指挥部捐赠 20 万元用于抗击新冠肺炎疫情。中国民主同盟包头市青山区总支委员会组织盟员参加“地下综合管廊建设对包头市经济建设的积极作用”的调研活动。中国民主建国会包头市青山区总支委员会与自由路街道学院社区共同开展“迎新春、进社区、送温暖、关爱贫困孤寡老人”公益活动。中国民主促进会包头市青山区总支委员会在抗击新冠肺炎疫情过程中主动伸出援手，以现金捐赠、微信转账等不同形式捐款共计 1.2 万元。中国农工民主党包头市青山区总支委员会不断丰富社会服务内容，拓宽社会服务渠道，先后赴固阳县、土右旗等地开展义诊等活动 10 余次。九三学社包头市青山区基层委员会联合包钢基委会和青工委一组与包头市产品质量计量检测所共同举办“结对共建”科学讲座活动。青山基委会社员去固阳县开展 2020 年度教育扶贫工作。

【民主党派经费划拨】

2020 年，向全区 6 个民主党派基层组织拨付建设经费共计 7.2 万元，为各民主党派参政议政、履行职能提供资金保障。走访慰问各民主党派生活困难成员，累计发放慰问金 2.4 万元。

【党外干部培养与使用】

2020 年，对青山区党外优秀人才储备库实行动态管理，着力建设一支素质优良、结构合理、代表性强的党外干部队伍。配合组织部门做好党外干部的培养、选拔和使用工作。有党外副县级干部 3 名，其中人大配备党外副主任 1 名、政协配备党外副主席 2 名。党外科级干部 20 名，占全区科级干部 4%。其中，正科级领导职务干部 4 名，副科级领导职务干部 14 名，正科级非领导职务干部 1 名，副科级非领导职务干部 1 名。

【党外知识分子联谊会】

2020 年，党外知识分子联谊会以发挥优势作用为目标，创新思路举措，加强党外知识分子联谊会建设，定期组织集体学习、座谈交流，担当地区发展的智库联盟。密切与党外知识分子的联系交流，建立区委统战部与党外知识分子谈心交流制度，通过谈心交心，沟通思想，增进理解，优化党外知识分子成长环境，进一步加强新时代党外知识分子思想政治工作。充分发挥党外知识分子人才荟萃、智力密集的优势，为助力青山区委、区人民政府打赢新冠肺炎疫情防控阻击战贡献自身力量，13 名理事向区红十字会、街道、社区捐款捐物共计 4.2 万元。组织开展全国“两会”精神等各类学习活动。“八一”建军节期间，组织党外知识分子成立“同心 · 医疗服务团”，深入包头武警教导队开展“疲劳性损伤的防治”健康知识宣讲活动。9 月，组织青山区党外知识分子等 20 余人参加以“弘扬爱国奋斗精神，建功立业新时代”为主题的“迎国庆，知政情”现场观摩交流会。

【新的社会阶层人士联谊会】

2020 年，新的社会阶层人士联谊会中的 10 名理事深入乌素图街道长征社区开展“心连心”迎新送暖进社区活动，看望慰问 10 户困难群众，捐赠价值 5000 余元的米、面、油等慰问品。新冠肺炎疫情防控期间，16 名理事向区红十字会、街道、社区捐款捐物共计 5.8 万元。理事中的新媒体从业人员运用新媒体等平台加强正面报道，及时宣传党委、政府有关防控举措，弘扬正能量。组织参加以“弘扬爱国奋斗精神，建功立业新时代”为主题的“迎国庆，知政情”现场观摩交流会。律师专门委员会理事深入万青路街道振华社区详细解读《中华人民共和国民法典》。联谊会秘书长撰写的《青山区新社会阶层统战工作调研报告》获得包头市委统战部优秀课题二等奖。

【民族政策法规宣传】

2020 年 5 月，区委统战部举办包头市“民族团结一家亲”艺术作品展暨青山区第十二个民族政策宣传月活动，采取线上手机抖音直播和线下实地参观的形式，弘扬民族优秀文化。7 月，开展青山区第十二个民族蒙古语文法制宣传周暨《中华人民共和国民法典》集中宣传活动。9 月，围绕“民族团结助力脱贫攻坚，各族人民携手共进小康”主题，在青山区第三十七个民族团结进步活动月暨兴胜镇第二届农民丰收节期间，开展民族政策宣传。10 月，召开青山区深化少数民族流动人口管理服务推进会。确定工作目标，明确工作任务，印发《青山区深入推进少数民族流动人口管理服务工作实施方案》。在青山区市民大厅设立青山区少数民族流动人口服务站，在 10 个街道（镇）均设立 1 个少数民族流动人口管理服务试点社区，印制《青山区少数民族流动人口服务指南》汇编。“一周两月”期间（4 月为民族政策宣传月、7 月第一周为民族宗教蒙古语文法制宣传周、9 月为民族团结进步活动月），组织全区各部门单位开展“互联网 +”民族政策宣传、“民族政策知识有奖答题”等你来挑战、民族团结抗疫先锋“身边的榜样”及民族政策专题讲座等多种形式的宣传教育活动，营造浓厚的民族团结进步社会氛围。

【民族团结进步创建】

2020 年，以铸牢中华民族共同体意识为主线，以民族团结进步创建“八进”为载体，积极开展创建全国、自治区、包头市民族团结进步示范区、示范单位活动。青山区被授予“自治区民族团结进步示范区”称号。按时完成中央对各地区贯彻落实习近平关于民族工作重要讲话、指示、批示精神和中共中央关于民族工作重大决策部署情况开展调研检查进行的自查自检各项工作，对全区 50 多家单位的民族工作开展情况进行梳理规范，为青山区创建全国民族团结进步示范区奠定基础。

【少数民族服务】

2020 年，落实民族助理员补助政策，为 70 名社区(村)民族助理员共发放补助 12.6 万元。积极探索城市民族工作进社区、进学校新模式，着力打造城市民族工作示范社区自由路街道光辉爱里——少数民族服务基地和城市民族示范学校三星小学文化传承教育基地——石榴籽厅。积极争取包头市级少数民族发展资金，科学规划，突出重点，与青山区经济发展规划和民族工作相结合，及时补充项目，动态管理区级少数民族发展资金项目库，按照《青山区民族事务委员会少数民族发展资金项目报备实施管理工作流程（试行）》进行管理监督。10 月，召开青山区少数民族发展资金项目评审论证会，对 6 个申报项目进行评审论证。其中，新申报项目 4 个，储备项目 2 个。2020 年年内完成项目 3 个，及时跟进运行项目，开展进度月报和监督检查。通过实施少数民族发展资金项目，切实发挥项目经济社会效益，扎实推进民族团结。

【依法管理宗教事务】

2020 年，坚持不断巩固深化中央宗教工作督查成果，长期抓好中央宗教工作督查“回头看”反馈意见的整改落实，认真落实宗教三级网络两级责任制，联合区委组织部、区委党校组织全区党务工作者开展宗教知识培训。采取积极有效措施，引导青山区宗教界做好新冠疫情防控工作。引导宗教界加强法治建设，始终坚持国家宗教政策。认真落实自治区“全区宗教法规学习年”“教风建设年”及《内蒙古自治区宗教事务条例》学习宣传活动。指导宗教场所加强自身建设，推进制度化、规范化管理。定期组织应急、住建、消防、街镇等部门开展安全大检查活动，及时排查风险隐患，确保宗教场所安全。持续整治宗教领域重点难点问题，完成青山区防范治理专项工作。

【宗教引领和关爱工作】

2020 年，定期对宗教场所进行走访，帮助宗教场所解决遇到的问题和困难。为基督教东堂协调安置卫生间 1 个，帮助新贤城基督教堂协调解决煤改电事宜，协调区住建局为青云念佛堂粉刷围墙外立面。为困难教职人员申请市级宗教专项困难补贴 1.2 万元。为 4 个宗教场所共发放慰问经费 3.3 万元。

【侨务工作】

2020 年 6 月，与区委宣传部、区民族事务委员会共同承办“民族团结一家亲”艺术作品展暨青山区第十二个民族政策宣传月系列活动。9 月，开展侨务法律法规政策宣传活动，发放宣传资料 1000 余册。12 月，与包头市归国华侨联合会共同为“侨胞之家”都兰社区、富润社区、赛音社区捐赠图书。

（杨懿鑫　裴俣龙　供稿）

机构编制管理

【概况】

中共青山区委员会机构编制委员会办公室（以下简称区委编办）成立于 2002 年，其前身是青山区机构编制委员会办公室，是中共青山区委员会机构编制委员会常设办事机构，是青山区委职能部门，机构规格为正科级。2020 年，内设业务股、综合股 2 个股室。核定行政编制 5 名，核定科级领导职数 3 名(1 正,2 副)。有所属相当于股级参照《中华人民共和国公务员法》管理的事业单位青山区编办电子政务中心，核定参照《中华人民共和国公务员法》管理的事业编制 6 名。

2020 年，区委编办积极履行机构编制工作职能，大力推进党政机构改革、街道和镇改革、综合行政执法改革和事业单位改革，强化服务保障，完成各项工作任务。

【党政机构改革】

2020 年，推进党政机构改革，开展改革调研评估工作。与上级同步，印发区纪委、区委组织部、区委巡察办、区人民政府办公室等部门“三定”规定。通过单位自查、实地调研等方式深入重点部门对党政机构改革成效进行调研评估，为区教育局增核行政编制，为区住建局等部门所属 17 个事业单位调整人员结构。

【街镇改革与推进基层整合审批服务执法力量】

2020 年，推进街道和镇机构改革，进一步强化基层服务能力。在机构设置、职能配置和体制机制等方面破题发力,优化整合街道（镇）各类机构，推动下沉行政权力事项 61 项并制定权责清单。改革后，全区 10 个街道（镇）共设置党政机构 52 个、事业单位 14 个。

【综合行政执法改革】

2020 年，全面梳理综合执法队伍，通过统计上报、实地走访，全面了解各领域综合执法现状，系统掌握相关部门执法人员、执法职责、执法层级、案件数量等细节。对涉及改革的执法机构和人员再次进行全面梳理和甄别，做到摸清底数。

【事业单位改革】

2020 年，事业单位改革进程中始终立足青山区实际，就机构职能履行、人员编制情况等内容深入重点涉改部门进行座谈交流，实时向全区涉改部门传达最新政策口径。在充分调研论证基础上，出台青山区《深化事业单位改革试点实施方案》。该方案既在优化重组事业单位方面有较大突破，又充分体现改革精神和青山特色。此次事业单位改革存在政策口径随时变化，改革推动不确定性因素增加的特点。随包头市编制委员会审议方案情况调整工作节奏，及时召开动员部署会及改革工作培训会，对全区改革工作进行安排部署，并对改革涉及的编制、人社、财政、档案、保密、审计等相关业务工作进行全面培训，推动各部门、单位抓好各项改革任务具体落实，确保改革工作顺利推进。

【事业单位登记管理】

2020 年，办理登记相关业务 228 项，全区 177 家事业单位法人 2019 年度报告公示率达 100%。与机构改革工作同步，完成区融媒体中心等 14 家事业单位设立、变更、注销登记等工作。同时，对乌素图街道党群服务中心、区文物管理所等 5 家单位进行随机抽查并公示结果。注册中文域名 230 家，与网站挂标实现“两个全覆盖”。

【机构编制管理】

2020 年，召开区委编委会议 4 次，区委编办主任办公会议 13 次，审议研究议题 30 余项，调整编制 300 余次。通过调整部分督查组人员列编单位，解决 17 名科级干部长期“人编分离”问题。重新分配全区中小学教职工专项编制，确保编制资源实现效益最大化。

【机构编制监督检查】

2020 年，配合十届区委第八轮巡察对区委宣传部、区教育局及所属 20 个事业单位机构编制事项进行专项检查并提出整改建议。结合领导干部经济责任审计工作对机构编制管理情况一并进行监督。推动区委组织部、区委编办、区财政局和区人社局四部门信息共享平台建设，完成机构编制实名制系统与公务员管理系统信息比对。

（王龑 供稿）

巡察工作

【概况】

青山区委巡察工作领导小组（以下简称领导小组）成立于 2017 年。领导小组成员包括：区委常委、纪委书记、监察委员会主任（任组长），区委常委、区委组织部部长（任副组长），区纪委副书记、监察委员会副主任，区委组织部副部长，区委巡察办主任。领导小组设青山区委巡察工作领导小组办公室（以下简称区委巡察办）和区委第一巡察组、第二巡察组、第三巡察组。区委巡察办是青山区委职能部门，机构规格为正科级。2020 年，内设秘书室、综合室、督查室、巡察数据管理中心。核定行政编制 19 名，核定科级领导职数 9 名（4 正，5 副）。

2020 年，区委巡察办开展十届青山区委第八轮、第九轮两轮次巡察工作，优化营商环境专项巡察工作，“不忘初心、牢记使命”主题教育中群众反映问题持续整改情况专项巡察和十届青山区委第六轮、第七轮巡察整改验收工作。全年对 25 个单位、2 所学校、8 个社区、6 个村党组织进行巡察监督，对 20 家已巡察部门单位党组织和扫黑除恶专项斗争专项巡察涉及的有关单位党组织巡察整改情况进行验收和督查，实现十届青山区委任期巡察全覆盖和村居巡察全覆盖，着力推动巡察工作成为强化基层治理的牢固政治保障。

【巡察工作开展】

2020 年，区委巡察机构持续深化政治巡察工作，稳步实现巡察全覆盖。4—5 月，采取压茬启动、统筹推进的方式组织开展十届青山区委第八轮巡察工作，对 5 家单位党组织开展常规巡察，对优化营商环境领域相关的 11 家单位党组织和 6 个村党组织开展专项巡察。9 月，组织开展十届青山区委第九轮巡察工作，对 2 个单位、2 所学校、8 个社区开展常规（延伸）巡察，对 5 个单位开展“不忘初心、牢记使命”主题教育中群众反映问题持续整改情况专项巡察，对 2 个单位开展巡察“回头看”。巡察期间，区委各巡察组聚焦基层贯彻落实中共的路线方针政策和中共中央决策部署情况，聚焦群众身边腐败问题和不正之风，聚焦基层党组织领导班子和干部队伍建设等方面内容开展监督检查。

推动巡察整改落实。5 月，对十届青山区委第六轮、第七轮巡察的 20 家单位和扫黑除恶专项斗争专项巡察涉及的有关单位党组织开展巡察整改验收工作。经考核，第六轮巡察整改率达 83%，第七轮巡察整改率达 85%。11 月，启动对青山区 11 个单位的优化营商环境、服务企业等领域巡察整改情况的市区联动督查，督促相关单位全力以赴抓发展，全力打造一流营商环境。

【巡察信息化平台建设】

2020 年，区委巡察办稳步推进巡视巡察数据管理系统等 5 项应用系统的常规应用，累计完成 1098 卷 8097 件电子档案资料的录入和纸质档案资料的整理归档，完成 1 ～ 8 轮巡察数据的单机版录入及内网版的审核上传。构建巡察聚焦民生领域云计算数据平台，实现与区人民政府各电子政务网络的联通共享，将便民服务系统、低保系统、一站式业务受理系统等各部门的便民服务平台整合纳入巡察监督视野，强化巡察对民生领域的关注聚焦。在十届青山区委第九轮的巡察中，巡察组依托数据平台，第一时间了解民生诉求，发现私搭乱建等两类民生问题，督促相关单位立行立改，整改立竿见效。

（刘兆峰　供稿）

老干部工作

【概况】

中共包头市青山区委员会老干部局（以下简称区委老干部局）成立于 1986 年，是青山区委职能部门，机构规格为正科级。2020 年，内设办公室和待遇股。核定行政编制 6 名，核定科级领导职数 2 名（1 正，1 副）。有所属相当于股级参照《中华人民共和国公务员法》管理的事业单位老干部活动中心，核定参照《中华人民共和国公务员法》管理事业编制 5 名。

2020 年，区委老干部局管辖范围和服务对象包括全区离休干部，全区曾担任过县级实职的退休领导干部。截至 2020 年年底，区委老干部局服务离退休老干部 63 人，其中离休干部 36 人、退休干部 27 人。坚持弘扬尊老敬老爱老光荣传统，围绕建党 99 周年和决战脱贫攻坚主题，组织离退休干部开展系列活动，强化离退休干部思想政治建设和党组织建设。认真贯彻精准服务理念，加强老干部活动中心和老年大学阵地建设，不断提升老干部工作质量和水平。

【落实老干部政治待遇】

2020 年，区委老干部局充分发挥延安精神研究会、老年体协、关工委等社团组织作用，采取主题宣讲、集中观看视频、编印“大字版”学习资料、订阅杂志报纸、微信推送、参观调研、集中研讨等多种形式，组织老干部持续深入学习习近平新时代中国特色社会主义思想精神。召开全区重要会议前征求老干部意见，并邀请老干部代表参会，全年征求老干部意见 18 条。推进离退休干部党组织建设，加强与社区沟通联络，确保离退休干部在社区过好组织生活。利用“青山人青山事”等微信平台，组织离退休干部开展向先进典型学习活动。与自由路街道党工委联合举办主题书画笔会活动。组织离退休干部参观赛汉塔拉公园并开展中国共产党党史知识竞答。开展“我看美丽青山新变化”主题参观调研，组织离退休干部代表参观花圪台国际露营区、榆树沟项目区以及福合当村温室大棚和红色记忆馆。

【落实老干部生活待遇】

2020年，区委老干部局精准发力，用心用情落实落细老干部工作各项生活待遇。加强与区财政局、卫健委、人社局等部门沟通协调，确保离休干部离休费按时足额发放，医药费按规定实报实销。做好特殊困难离休干部帮扶工作，切实解决老干部实际困难。坚持“五必访”制度，认真填写“走访日志”，及时了解老干部思想动态和身体状况。坚持重大节日和传统节日走访慰问制度。其中，春节期间慰问75人，共发放慰问金32万元；中秋节、“九九”老年节等节日，为老干部送上节日慰问品。新冠肺炎疫情防控期间，向老干部微信推送倡议书，并送去口罩等防疫物资。举办“银龄嘉年华，共绘夕阳美”离退休干部联谊会暨老年大学教学成果汇报演出活动。

【发挥老干部作用】

新冠肺炎疫情防控期间，43名离退休干部共计捐款9万余元，其中离休干部崔云捐款7万元。围绕抗击新冠疫情主题，老干部及老年大学学员创作诗歌、随笔、绘画等文学艺术作品100余幅（首）。南方发生洪灾之际，离休干部赵梅交纳1000元特殊党费。在离退休干部基层党组织建设示范点开展“为社区党建献计献策”“为社区发展建言”“社区民情调查”等活动，充分发挥离退休老干部、老党员的重要作用，在党员先进性教育、公民道德建设、关心教育下一代等方面做出积极贡献。

【老年大学】

新冠肺炎疫情防控期间，老年大学采取分流人员，设置隔离室，宣传疫情防控知识，出示健康码，遵守防疫制度，为学员准备口罩、消毒液等措施，确保学员安全。9月1日，秋季学期顺利开学复课。对声乐教室进行隔音降噪处理，将电钢琴升级为钢琴，为老年大学师生提供更加优质的授课环境。将老年教育向社区延伸，开办北嘉社区、锦林社区、欧鹿社区3个社区教学点。截至2020年年底，老年大学成立分校2个，开设专业19个，有教学班72个，教学内容从文体娱乐向文化类拓展，增设英语、文学诗歌鉴赏等专业。

（菅娜　张译丹　供稿）

党校工作

【概况】

中共包头市青山区委员会党校（以下简称区委党校）成立于1959年，是青山区委所属事业单位，机构规格为正科级，实行一个机构挂三块牌子（中共包头市青山区委员会党校、包头市青山区行政学校、包头市青山区社会主义学校）。2020年，内设办公室、教务室、培训室3个部室。核定事业编制12名，核定科级领导职数2名（1正，1副）。

2020年，区委党校坚持以习近平新时代中国特色社会主义思想为指引，全面贯彻落实《中国共产党党校（行政学院）工作条例》，聚焦主业抓落实，推动各项工作取得新成效，为加强青山区高素质干部队伍建设发挥重要作用，为服务青山区高质量发展贡献党校智慧力量。

【干部培训】

2020年，区委党校将习近平新时代中国特色社会主义思想和中共十九届四中、五中全会精神作为全年学习培训主线。坚持新冠肺炎疫情防控与干部教育培训两手抓、两不误，采用“2+X”（组织部 + 党校 + 部门）培训模式和“1+N”（“1”即习近平新时代中国特色社会主义思想，“N”即党章党规党纪等党的理论和党性教育课程）课程模式举办中共十九届四中、五中全会精神专题轮训班、发展对象培训班、党务工作者培训班、固定培养人培训班、党支部书记轮训班等主体班培训16期，共培训学员2039人；通过党建直通车平台开展线上培训10期，共培训党员干部666人；主动对接各部门单位开展专题培训19期，共培训学员3000余人，覆盖全区科级领导干部和各级党组织书记。积极拓宽培训领域，成立青山区社会主义学校，举办统一战线各界代表人士培训班1期。推进学风建设，采取“线上 + 线下”（学员管理系统 + 选派班主任跟班）管理方式，保证出勤率，完成培训任务。

【教学改革】

2020年，区委党校聚焦主业主课主责，提升办学核心竞争力，选配专管教学工作的教务长，补齐教学科研短板。要求教师自我加压、自我充电，开展教研活动48次，试讲通过24个专题课并及时充实进教学课题库，提高教师自讲率。注重课堂教学、现场教学、实践教学“三结合”，创新“1+1”（区委党校教师理论教学 + 相关部门实践教学）教学模式，推进“课堂 + 现场”教学，开辟军工文化广场现场教学点，开发“传承兵工精神”“弘扬蒙古马精神”等现场教学课，增强教学感染力、吸引力和实效性。全年现场教学点共接待参观学习66场，开展现场教学42场，共培训党员1340人次。音乐党课《义勇军进行曲》被推介为自治区“北疆党课进行时”党员教育精品课。打造优质师资队伍，采取内部挖潜力的办法，建立教师激励机制，实施年轻教师培养计划，激发教师积极性和创造性，2名教师在包头市党校系统教学交流中做精品课展示。采取“引进来”的办法，建立复合型师资库，并动态更新管理，形成老、中、青结构合理，专、兼职优势互补，适应培训需求的师资队伍。截至2020年年底，师资库教师达到130人。

【理论宣讲】

2020年，区委党校坚持以质量求效益，重点破解理论宣讲深入难、接受难、持续难的问题，推动基层理论宣讲常态化。校班子成员带队深入街道（镇）、社区面对面了解党课需求，全体教师按需定制宣讲专题，扎实开展“党课六进”（进机关、进农村、进学校、进企业、进社区、进部队）宣讲，全年走进32家单位开展“党课六进”宣讲95场次，共培训党员、群众2900余人，超额完成全区脱贫攻坚、全国

“两会”精神、《习近平谈治国理政（第三卷）》和中共十九届四中、五中全会等宣讲工作目标任务。8 名教师配合区委宣传部、北部区域集团党工委录制线上党课 14 期次，并首次组织全国“两会”精神专题讲座线上直播，更快、更便捷推动党的理论政策“飞入寻常百姓家”。安排骨干教师精心开发民族工作、民族理论政策专题课，在主体班设置“民族理论政策教育”单元，20 多次进基层开展党的民族理论政策宣讲活动，充分发挥区委党校宣传重要阵地作用。

【科研咨政】

2020 年，区委党校申报自治区党校系统课题 2 个。其中，“齐抓共管、源头治理 形成控制黑恶势力的综合长效机制——包头市青山区扫黑除恶工作情况”在自治区党校系统调研课题结项；“包头市加快融入呼包鄂榆乌协同发展的思考”参加呼包鄂榆乌党校系统论坛论文交流。发挥贴近基层、贴近实际、贴近群众优势，围绕青山区委中心工作，紧密结合教学实际，首次增设“兵工精神”“基层社会治理”等校内课题，形成调研报告 4 篇并转化为课程进入课堂。围绕习近平法治思想、《习近平谈治国理政（第三卷）》、全国“两会”精神、“蒙古马精神”等主题，编发《熔炉》6 期，为党员干部学习理论、拓宽思路提供参考并展现党校形象。

（区委党校　供稿）

包头市青山区人民代表大会

【概况】

青山区人民代表大会常务委员会（以下简称区人大常委会）成立于1956年，机构规格为正县级。2020年，内设办公室、选举任免代表联络工作委员会、城乡建设环境资源（农牧业）工作委员会、民族法制（教科文卫）工作委员会、财经预算工作委员会。核定行政编制16名，核定县级领导职数5名（1正，4副），核定正科级领导职数7名。

【青山区第十六届人民代表大会第三次会议】

2020年4月21—23日，青山区第十六届人民代表大会第三次会议召开。会议应到代表201名，实到代表189名，符合法定人数。大会依法选举产生区人大常委会委员5名，依法差额票决产生青山区2020年民生实事项目8件，依法表决通过关于青山区人民政府工作报告的决议、关于青山区2019年国民经济和社会发展计划执行情况与2020年国民经济和社会发展计划的决议、关于青山区2019年财政预算执行情况和2020年财政预算的决议、关于青山区人民代表大会常务委员会工作报告的决议、关于青山区人民法院工作报告的决议及关于青山区人民检察院工作报告的决议。

【人大常委会会议】

2020年，区人大常委会召开常委会会议10次。（见表3）

2020年青山区人民代表大会常务委员会会议情况表

表3

会议名称	会议日期	会议内容
区十六届人大常委会第二十次会议	1月21日	1. 听取和审议人事免职事项的报告（免职1人）； 2. 听取和审议区人大常委会关于接受三世宏、苗建兴辞去包头市第十五届人民代表大会代表职务请求的议案及青山区人大常委会关于接受王世宏、苗建兴辞去包头市第十五届人民代表大会代表职务请求的决议（草案）； 3. 听取和审议青山区第十六届人大常委会第二十次会议补选市人大代表办法（草案）； 4. 听取和审议区人大常委会主任会议关于提名补选李军等5人为包头市第十五届人民代表大会代表的议案
区十六届人大常委会第二十一次会议	4月8日	听取和审议关于提请接受王琨辞去包头市第十五届人民代表大会代表职务的议案及青山区第十六届人民代表大会常务委员会关于接受王琨辞去包头市第十五届人民代表大会代表职务的决议（草案）
区十六届人大常委会第二十二次会议	4月17日	1. 听取和审议区人民政府关于2020年民生实事候选项目情况的报告； 2. 听取和审议2020年民生实事候选项目票决制办法（草案）； 3. 听取和审议关于接受淡海峰、冯文娜、吴沈默3人辞去青山区第十六届人民代表大会常务委员会委员职务请求的报告（草案）； 4. 听取和审议关于补选的区十六届人大代表的代表资格审查报告； 5. 听取和审议关于召开区十六届人大三次会议的决定（草案）； 6. 听取和审议区人大常委会工作报告（草案）； 7. 听取和审议决定区十六届人大三次会议有关事项
区十六届人大常委会第二十三次会议	5月28日	1. 听取和审议区人大常委会2020年工作要点（草案）； 2. 听取和审议人事免职事项的报告（免职1人）
区十六届人大常委会第二十四次会议	6月24日	1. 听取关于对区人民政府贯彻《中华人民共和国传染病防治法》实施情况的执法检查报告； 2. 听取和审议区人大常委会关于许可包头市公安局对区十六届人民代表大会代表王某厚采取强制措施的决定（草案）；

续表 3

会议名称	会议日期	会议内容
区十六届人大常委会第二十四次会议	6月24日	3. 听取和审议区人大常委会关于许可包头市公安局交通管理支队青山区大队对区十六届人民代表大会代表王某厚采取强制措施的决定（草案）； 4. 听取和审议人事任职事项的报告
区十六届人大常委会第二十五次会议	8月13日	1. 听取和审议青山区人民检察院关于国家司法救助工作情况的报告； 2. 听取和审议人事任免职事项的报告
区十六届人大常委会第二十六次会议	9月27日	1. 听取和审议区人民政府关于青山区 2020 年上半年国民经济和社会发展计划执行情况及下半年工作安排意见的报告； 2. 听取和审议区人民政府关于 2019 年度本级预算执行和其他财政收支情况的审计工作报告； 3. 听取和审议区人民政府关于青山区 2020 年上半年预算执行情况和下半年财政工作安排意见的报告； 4. 听取和审议区人民政府关于 2019 年区财政收支决算的报告；审查和批准 2019 年区本级决算草案； 5. 听取和审议区人民政府关于申请将 2020 年新增债券资金和特别国债资金列入区财政年度预算的报告
区十六届人大常委会第二十七次会议	11月5日	1. 听取和审议关于青山区十六届人大三次会议代表建议办理情况的报告； 2. 听取和审议青山区人民法院扫黑除恶专项斗争工作情况的报告； 3. 听取和审议法官、检察官履职评议工作有关报告； 4. 听取和审议区人民政府关于巩固脱贫攻坚成果建立稳定脱贫长效机制情况的报告； 5. 听取和审议区人民政府医疗卫生机构疫情防控落实情况的报告； 6. 听取和审议区人民政府关于 2019 年度环境状况和环境保护目标完成情况的报告； 7. 听取和审议区人大常委会关于接受李瑞强辞去包头市第十五届人民代表大会代表职务请求的报告及青山区人大常委会关于接受李瑞强辞去包头市第十五届人民代表大会代表职务请求的决议（草案）； 8. 听取和审议区人大常委会关于接受王某厚辞去青山区第十六届人民代表大会代表职务请求的报告及青山区人大常委会关于接受王某厚辞去青山区第十六届人民代表大会代表职务请求的决议（草案）； 9. 听取和审议人事任免职事项的报告
区十六届人大常委会第二十八次会议	12月18日	1. 听取和审议区人民政府关于调整“十三五”规划部分指标的报告； 2. 听取和审议区人民政府关于2020年民生实事项目完成情况的报告； 3. 听取和审议区人民政府关于提请批准调整“新建北重实验小学综合楼项目”实施期限的报告
区十六届人大常委会第二十九次会议	12月31日	听取和审议区人民政府关于 2020 年财政预算调整方案的报告

【人大常委会主任会议】

2020 年，区人大常委会召开主任会议 10 次。（见表 4）

2020年青山区人民代表大会常务委员会主任会议情况表

表4

会议名称	会议日期	会议内容
区十六届人大常委会第二十三次主任会议	1月21日	1. 确定青山区第十六届人大常委会第二十次会议的时间和议题； 2. 听取和审议人事免职事项的报告； 3. 听取和审议区人大常委会关于接受王世宏、苗建兴辞去包头市第十五届人民代表大会代表职务请求的议案及青山区人大常委会关于接受王世宏、苗建兴辞去包头市第十五届人民代表大会代表职务请求的决议（草案）； 4. 听取和审议青山区第十六届人大常委会第二十次会议补选市人大代表办法（草案）； 5. 听取和审议区人大常委会主任会议关于提名补选李军等5人为包头市第十五届人民代表大会代表的议案
区十六届人大常委会第二十四次主任会议	4月8日	1. 确定青山区第十六届人大常委会第二十一次会议的时间和议题； 2. 听取和审议关于提请接受王琨辞去包头市第十五届人民代表大会代表职务的议案及青山区第十六届人民代表大会常务委员会关于接受王琨辞去包头市第十五届人民代表大会代表职务的决议（草案）
区十六届人大常委会第二十五次主任会议	4月17日	1. 确定区十六届人大常委会第二十二次会议召开的时间和议题； 2. 听取和审议区人民政府关于2020年民生实事候选项目情况的报告； 3. 听取和审议2020年民生实事候选项目票决制办法（草案）； 4. 听取和审议关于接受淡海峰、冯文娜、吴沈默3人辞去青山区第十六届人民代表大会常务委员会委员职务请求的报告（草案）； 5. 听取和审议关于补选的区十六届人大代表的代表资格审查报告； 6. 听取和审议关于召开区十六届人大三次会议的决定（草案）； 7. 听取和审议区人大常委会工作报告（草案）
区十六届人大常委会第二十六次主任会议	5月28日	1. 确定青山区第十六届人大常委会第二十三次会议的时间和议题； 2. 听取和审议区人大常委会2020年工作要点（草案）； 3. 听取和审议区人大常委会关于2020年青山区民生实事项目监督工作实施方案（草案）； 4. 听取和审议区人大常委会对部分法官、检察官开展履职评议的工作方案（草案）； 5. 听取和审议人事免职事项的报告； 6. 书面审议青山区人民法院关于落实区人大常委会对白砚峰等3名法官履职评议意见的整改报告和青山区人民检察院关于落实区人大常委会对王艳伟等3位检察官履职评议意见的整改报告
区十六届人大常委会第二十七次主任会议	6月24日	1. 确定青山区第十六届人大常委会第二十四次会议的时间和议题； 2. 听取关于对区人民政府贯彻《中华人民共和国传染病防治法》实施情况的报告； 3. 听取和审议区人大常委会关于许可包头市公安局对区十六届人大代表王某厚采取强制措施的决定（草案）； 4. 听取和审议区人大常委会关于许可包头市公安局交通管理支队青山区大队对区十六届人大代表王某厚采取强制措施的决定（草案）； 5. 听取和审议人事任职事项的报告
区十六届人大常委会第二十八次主任会议	8月13日	1. 确定青山区第十六届人大常委会第二十五次会议的时间和议题； 2. 听取和审议青山区人民检察院关于国家司法救助工作情况的报告； 3. 听取和审议人事任免职事项的报告

续表 4

会议名称	会议日期	会议内容
区十六届人大常委会第二十九次主任会议	9月25日	1. 确定青山区第十六届人大常委会第二十六次会议的时间和议题； 2. 听取和审议区人民政府关于青山区 2020 年上半年国民经济和社会发展计划执行情况及下半年工作安排意见的报告； 3. 听取和审议区人民政府关于 2019 年度本级预算执行和其他财政收支情况的审计工作报告； 4. 听取和审议区人民政府关于青山区 2020 年上半年预算执行情况和下半年财政工作安排意见的报告； 5. 听取和审议区人民政府关于 2019 年区财政收支决算的报告；审查和批准 2019 年区本级决算草案； 6. 听取和审议区人民政府关于申请将 2020 年新增债券资金和特别国债资金列入区财政年度预算的报告
区十六届人大常委会第三十次主任会议	11月4日	1. 确定青山区第十六届人大常委会第二十七次会议的时间和议题； 2. 听取和审议关于青山区十六届人大三次会议代表建议办理情况的报告； 3. 听取和审议青山区人民法院扫黑除恶专项斗争工作情况的报告； 4. 听取和审议法官、检察官履职评议工作有关情况说明； 5. 听取和审议区人民政府关于巩固脱贫攻坚成果建立稳定脱贫长效机制情况的报告； 6. 听取和审议区人民政府医疗卫生机构疫情防控落实情况的报告； 7. 听取和审议区人民政府关于 2019 年度环境状况和环境保护目标完成情况的报告； 8. 听取和审议区人大常委会关于接受李瑞强辞去包头市第十五届人民代表大会代表职务请求的报告及青山区人大常委会关于接受李瑞强辞去包头市第十五届人民代表大会代表职务请求的决议（草案）； 9. 听取和审议区人大常委会关于接受王某厚辞去青山区第十六届人民代表大会代表职务请求的报告及青山区人大常委会关于接受王某厚辞去青山区第十六届人民代表大会代表职务请求的决议（草案）； 10. 听取和审议人事任免职事项的报告
区十六届人大常委会第三十一次主任会议	12月18日	1. 确定青山区第十六届人大常委会第二十八次会议的时间和议题； 2. 听取和审议区人民政府关于调整“十三五”规划部分指标的报告； 3. 听取和审议区人民政府关于 2020 年民生实事项目完成情况的报告； 4. 听取和审议区人民政府关于提请批准调整“新建北重实验小学综合楼项目”实施期限的报告
区十六届人大常委会第三十二次主任会议	12月31日	1. 确定青山区第十六届人大常委会第二十九次会议的时间和议题； 2. 听取和审议区人民政府关于 2020 年财政预算调整方案的报告

【财政预决算审查监督】

2020 年 4 月，区人大常委会听取和审议《青山区人民政府关于 2019 年国民经济和社会发展计划执行情况与2020年计划草案的报告》《青山区人民政府 2019 年预算执行情况与 2020 年预算（草案）的报告》。7 月，听取和审议《青山区人民政府关于企业国有资产管理情况的报告》。8 月，听取和审议《青山区人民政府关于2020 年上半年国民经济和社会发展计划执行情况与下半年工作安排意见的报告》《区人民政府关于 2020 年上半年财政预算执行情况与下半年工作安排意见的报告》。9 月，审查和批准《2019 年区本级决算的报告》，听取和审议《青山区人民政府 2019 年财政预算执行情况和其他财政收支的审计工作报告》。建议相关部门要切实抓好实体经济发展，加快传统产业转型升级，培育壮大战略性新型产业，全面落实好中央、自治区、包头市相关决策部署，进一步压减一般性支出，着力调整优化支出结构，提升财政资金配置效率，改进预算编制工作，强化支出预算与支出政策的有效衔接。

【城市建设管理监督】

2020 年 5 月，区人大常委会对区物业管理情况进行调研。7 月，对青山区农村人居环境整治情况进行调研。8 月，对青山区 2019 年度环境状况和环境保护目标完成情况进行调研。10 月，对青山区巩固脱贫攻坚成果并建立稳定脱贫长效机制情况进行调研。建议相关部门加大物业管理相关政策法规的宣传，提高物业服务意识和居民对物业管理的商品认识，实现维权意识和责任意识有机统一。对于生态文明建设要坚持源头防控，明确职责，加强执法力度，进一步提升固废减量化、资源化、无害化处理能力和水平。持续落实脱贫攻坚有关政策，压紧压实攻坚责任。

【专项工作调研】

2020 年，区人大常委会对青山区政府落实规范性文件备案审查相关工作进行调研。10 月，对青山区医疗卫生机构新冠肺炎疫情防控落实情况进行调研。12 月，对《青山区国民经济和社会发展第十四个五年规划》草案进行初审，对《青山区国民经济和社会发展第十三个五年规划》和全面建成小康社会目标完成情况进行专项调研。

【依法行政监督】

2020 年 5 月，区人大常委会对青山区贯彻实施《中华人民共和国传染病防治法》情况进行执法检查，对青山区贯彻实施《中华人民共和国野生动物保护法》和《内蒙古自治区实施野生动物保护办法》情况进行调研。9 月，对青山区贯彻实施《中华人民共和国土壤污染防治法》情况进行调研。建议相关部门进一步完善传染病防控体系和工作机制，做好重点传染病和重点人群的防控工作，加大传染病防治工作的保障力度。加强野生动物保护法的宣传，落实属地管理责任，加大对食用野味饭店、野生动物驯养繁殖基地等重点部门的监管力度，支持社会公益组织及民间力量救助野生动物，创新工作方式，提高保护水平。加强土壤保护法律法规的宣传和学习，扶持企业开展固废综合利用技术改造，加强执法力度，依法保护土壤环境安全。

【司法公正监督】

2020 年 6 月，对青山区人民检察院司法救助工作进行调研；8 月，对青山区扫黑除恶工作情况进行调研。建议：检察机关要对国家司法救助的政策法规开展多种形式的宣传和引导，同时要在内部强化控申与侦监、公诉等部门之间的工作联动和协作，多方面着手，最大限度保障当事人切身利益；加强与纪检监察、检察、公安机关等相关部门的配合联动，依法从严惩处涉黑涉恶犯罪，始终保持对黑恶势力的高压态势。

【司法履职评议】

2020 年，按照包头市人大常委会的统一安排部署，对“法检两院”部分法官、检察官开展履职评议。区人大常委会组成履职评议工作组，在符合被评议对象的法官、检察官名单中，采取分组随机抽取的方式确定被评议的法官、检察官共 12 名，集中查阅被评议法官、检察官 2018—2020 年上半年承办或者审批的案件 301 件 351 册，观看部分案件的庭审录像，并对被评议人员进行民主测评。本着实事求是、客观公正的原则，形成相关工作报告和评议意见。

【人大代表履职】

2020 年，区人大常委会建成标准化、规范化“人大代表之家”23 个，其中五星级 11 个、四星级 6 个，实现在全区街道（镇）、社区（村）的全覆盖和各级人大代表进家全覆盖。建立区人大常委会领导分片联系街道（镇）人大和代表之家工作制度，常委会组成人员联系代表、代表联系民情信息员、代表接待选民制度，细化、量化人大常委会联系代表、代表联系群众工作要求。每月15日、每年8月，为代表联系走访选民主题活动日和活动月。开展“访民情、解民忧、办实事”“实施乡村振兴战略，打赢脱贫攻坚战，人大代表在行动”“巩固全国文明城市成果，提升城市管理水平，人大代表在行动”等代表主题活动。各街道（镇）结合各自实际和特点组织开展“人大代表助力招商引资”“我为发展献一计”“人大代表金秋助学”等富有特色和成效的代表主题活动。在认真总结试点工作经验基础上，从2020年开始，青山区在区镇（街道）两级人大全面推行民生实事项目人大代表票决制和会商制工作。在区第十六届人民代表大会第三次会议上，经人大代表票决，区人民政府共实施民生实事8项，项目总投资6.7亿元。8个街道和2个镇经人大代表会商和票决，共确定实施民生实事64项，项目总投资1.3亿元。为助推民生实事项目实施，各级人大组织代表全过程监督，听取项目进展情况和完成情况报告，确保民生实事项目真正落地。2020年8月，区人大常委会主任集体视察民生实事项目实施情况。

【人大代表建议督办】

青山区十六届人大三次会议期间，人大代表提出议案建议93件，内容主要涉及经济建设、社区建设、城市管理、教科文卫医、民生、交通等方面，经大会研究均作建议处理。会后，区人大常委会及时将建议转交区人民政府办理，并加大跟踪督办力度。选择其中部分重点建议由区人大常委会组成人员领衔督办，主任会议和常委会会议先后听取办理情况的工作报告，要求进一步加强代表建议办理工作督促检查力度，建立一套行之有效的交办、承办、督办及协调、调度工作制度，切实提高建议解决率和代表满意率。在区人大常委会监督推动和区人民政府及各职能部门共同努力下，93件建议全部在规定期限内办理完毕，办复率100%，办结率81.8%，人民群众反映的热点难点问题得到解决。

【信访督办】

2020年，区人大常委会坚持把信访工作作为密切联系群众、倾听群众诉求、加强监督的重要渠道，发挥职能优势，进一步规范信访受理、交办、反馈和督办工作。2020年全年，共接待群众上访30多人（次），收到市人大常委会转办信访件8件，内容涉及拆迁、劳资等方面问题，转办率和答复率均达到100%，切实做到事事有回音、件件有落实，积极维护人民群众切身利益，有效化解社会矛盾。

（王超　供稿）

包头市青山区
人民政府

重要会议

8 月 18 日 青山区第七次全国人口普查领导小组第二次全体会议召开。会议提出要求：提高政治站位，深刻认识人口普查工作的重大意义；抓紧抓实抓细，做好人口普查的各项准备工作；精心组织部署，推动人口普查工作高质量完成。

9 月 1 日 青山区信访工作会议召开。会议提出要求：提高认识，增强做好信访工作的意识和能力；完善制度，着力解决信访突出问题；以人为本，切实维护好群众切身利益。

12 月 11 日 青山区新冠肺炎疫情防控工作会召开。会议提出要求：高度重视常态化疫情防控工作；抓好各项重点工作；压紧压实防控责任。

重要决策

2020 年，区人民政府召开常务会 17 次，做出系列重要决策部署。（见表 5）

2020 年青山区人民政府常务会议重要决策部署一览表

表 5

会议名称	会议日期	决策内容
2020年青山区人民政府第一次常务会议	1月10日	研究 2020 年《政府工作报告（讨论稿）》、《关于青山区 2019 年财政预算执行情况和 2020 年财政预算草案的报告》、青山区 2020 年拟实施民生实事项目、《关于青山区 2019 年国民经济和社会发展计划执行情况与 2020 年国民经济和社会发展计划（草案）的报告》等有关事宜
2020年青山区人民政府第二次常务会议	2月20日	研究补充社区空缺网格员方案、老旧小区综合改造治理三期有关事宜
2020年青山区人民政府第三次常务会议	3月7日	研究 2020 年拟实施城建重点项目、2019 年化债资金往来情况、《青山区 2020 年污染防治攻坚战行动计划》、《关于对重点企业重大项目实行区级领导包联和派驻联络员制度的工作方案》、《青山区大青山国家级自然保护区生态移民规划（2020—2025 年）》、申报青山区 2020 年新增专项债券项目等有关事宜
2020年青山区人民政府第四次常务会议	4月11日	研究《青山区“十四五”规划编制工作方案及规划目录清单》、《青山区关于自治区生态环境保护督查反馈意见的整改方案》、拨付项目高质量发展资金、建设公共安全三类视频监控暨“云眼卫士”、2020 年全区教育系统各类项目资金安排、景观示范街创建工程项目、外聘政府法律顾问、区属国有企业公车改革、区属国有公司出资参与设立资产管理公司、护林防火禁牧工作、兴胜镇高标准农田建设项目、村道绿化项目后期养护、内蒙古众力工程机械整机与零部件再制造中心项目、应急培训教育基地项目等有关事宜
2020年青山区人民政府第五次常务会议	4月23日	研究青山区第十六届人民代表大会第三次会议和政协青山区第九届委员会第三次会议上人大代表、政协委员对政府工作及《政府工作报告》提出的意见建议，《关于大青山国家级自然保护区优化调整预案编制的意见》，《包头装备制造产业园区新规划区基础设施建设项目》等有关事宜
2020年青山区人民政府第六次常务会议	5月20日	研究聘请专业服务机构编制青山区相关应急预案、签订建设应急物资储备项目合作协议、《2020 年青山区农村人居环境整治方案》、笸箩铺和榆树沟项目区产业发展补充协议．使用 2019 年植被恢复项目资金等有关事宜

续表5

会议名称	会议日期	决策内容
2020年青山区人民政府第七次常务会议	6月5日	研究干部调整、青山区养护院二期建设、青山区国有企业退休人员社会化管理、青山区食品安全工作、《青山区 2020 年义务教育阶段学校招生工作实施意见》、为北奔重汽申请资金支持等有关事宜
2020年青山区人民政府第八次常务会议	6月24日	研究区长、副区长分工，聘请青山区法律顾问团队及成立青山区法律援助专家库，支付法律顾问诉讼案件费用，2020 年度住宅新建项目工程，青山区燃煤散烧综合整治工作方案，青山区住宅小区物业管理及补贴资金配发，嘉盛房地产公司拆迁民主路 4 号街坊遗留问题工作方案等有关事宜
2020年青山区人民政府第九次常务会议	7月11日	研究修改补充《青山区中小学教育教学质量考核评价奖励办法（试行）》、包头市青山区哈达道小学扩建征地、盘活华锐风电科技有限公司低效用地、奥林匹克体育中心建设消防站、锦林农贸市场项目投资改造建设及运营等有关事宜
2020年青山区人民政府第十次常务会议	8月12日	研究区长、副区长人事调整有关事宜
2020年青山区人民政府第十一次常务会议	8月28日	研究干部人事调整，调整区长、副区长党组成员分工，《青山区 2020 年粪污资源化利用整区推进项目实施方案》，青山区 2020 年文化活动专项经费使用，《青山区 2020 年公开招聘教师实施方案》，中城国际配套幼儿园回购，包头装备制造产业园区智慧园区项目建设，包头装备制造产业园区 2020 年基础设施建设计划，解决青山区客运站项目遗留问题，青山区政务服务“一窗式”综合受理改革实施方案，熔喷布、口罩生产基地项目等有关事宜
2020年青山区人民政府第十二次常务会议	9月8日	研究青山区生活垃圾分类收集试点工作实施方案、青山区 2020 年教育系统先进集体和先进个人表彰工作方案、拨付盘活华锐风电科技有限公司土地转让资金、拨付项目高质量发展资金、青山区一机置业四道沙河西侧地块、建立社区工作者职业化薪酬体系等有关事宜
2020年青山区人民政府第十三次常务会议	9月25日	研究干部人事调整、全区“三供一业”工程 10% 资金的确定和使用、为包头晶澳太阳能科技有限公司 3GW 拉晶铸锭切片项目申请第二批高质量发展专项资金、京晶光电项目处置协议、碳纤维投资协议及补充协议、市民大厅改造方案等有关事宜
2020年青山区人民政府第十四次常务会议	10月28日	研究干部人事调整、《青山区招商引资专项行动方案》、申报 2021 年新增债券项目、青山区申报 2021 年老旧小区综合治理改造项目资金、委托内蒙古旭宸能源有限公司运营新源光热供热项目有关事宜、包头装备制造产业园区新规划区标准化厂房建设项目、湖南省鑫源新材料股份有限公司 500 吨碳/碳复合材料生产基地项目、包头市青山区哈达道小学扩建教学楼、青山区配套幼儿园治理、新建内蒙古北方重工业集团有限公司第一中学恒大分校和北重六小恒大分校、青山区《教育系统引进高层次和紧缺急需人才实施方案》、青福派出所项目建设等有关事宜
2020年青山区人民政府第十五次常务会议	11月9日	研究《青山区深入优化营商环境的若干措施》、《青山区市容环境卫生和公共秩序综合整治专项行动实施方案》、《青山区突发公共卫生事件应急预案》、青山区文化馆搬迁、《青山区应急储备粮管理办法》及青山区应急储备粮采购计划、《世纪路北延征拆补偿方案》、取消会展公司过渡性租车平台等有关事宜

续表5

会议名称	会议日期	决策内容
2020年青山区人民政府第十六次常务会议	11月28日	研究“十三五”规划指标完成情况及调整建议、为高性能铝合金材料项目和孚韦应急防护装备项目提供资金支持、包头装备制造产业园区新规划区清源路（科技园西路—世纪路）道路工程建设等有关事宜
2020年青山区人民政府第十七次常务会议	12月28日	研究《包头市第十三届鹿城元宵文化节青山区文化活动方案》、产权遗留项目签订三方协议、内蒙古欣悦机械有限公司汽车配件生产线项目投资合作协议、大为铝合金传动轴焊丝项目投资合作协议等有关事宜，听取青山区食品药品安全工作情况汇报

综合政务

【概况】

青山区人民政府办公室（以下简称区人民政府办公室）成立于1956年，是区人民政府职能部门，机构规格为正科级。2020年，内设秘书股、综合股、督查股、信息股、事务股、机要股、总值班室、效能股、修志股9个股室。核定行政编制13名，核定科级领导职数5名（1正，4副）。有所属事业单位2个，分别为相当于副科级事业单位的青山区志史办公室和相当于股级事业单位的青山区效能中心，共核定事业编制17名。

2020年，区人民政府办公室紧紧围绕青山区委、区人民政府中心工作，充分发挥参谋助手、综合协调、督促检查、保障服务职能作用。干部队伍管理更加制度化、规范化，制定《财务管理制度》等2项制度，修订《机关党组工作规则》《意识形态工作制度》等3项制度，汇编印发内部管理、党风廉政、政务工作三大类28项制度。打造高素质干部队伍，选派2人次到内蒙古自治区政府办公厅、包头市政府办公室调训，6人次参加业务培训。充分发挥先锋模范作用，第一时间将全办人员悉数编入区疫情防控指挥部，全面参与综合协调、人员排查、后勤保障、联防联控和社会稳定等新冠肺炎疫情防控工作。全年组织开展新冠肺炎疫情防控、全国文明城市创建、爱心公益、帮扶慰问等共建联建活动18次。对照青山区委第二巡察组反馈的六个方面18个问题，高质量完成反馈问题整改，通过验收。加强意识形态阵地建设，建立健全信息公开审批和应急处置制度，强化网络意识形态管理和舆情监管。

【综合协调】

2020年，区人民政府办公室精心办文、细心办会。起草完成政府工作报告、各类工作总结等综合文字材料200余篇。签收处理各级各类文件、传真3761件，办复率100%。严格落实公章、印信使用制度，制发各类文件1203件，发文量比2019年精简4%。高质量组织参观、调研、电视电话等各类会议、活动80余次，未出现任何失误。严格控制会议数量，提高会议实效，会议数量比2019年精简80%，精文减会工作成效明显。

【督查督办】

2020年，区人民政府办公室强化督查检查，围绕全区亿元以上重点项目、“三供一业”改造、全国文明城市创建等重点工作，下发督查通知37件，编发督查通报21期、督查专报65期。在规定时限内完成175件区政协提案、93件区人大建议办理答复，办复率100%，满意率99.7%。受理市人民政府热线5320条、区人民政府热线954条、市长信箱264条、区长信箱100条、人民网地方领导留言板103条、24小时警局440条，均在规定时限内全部办结。

【便民服务】

2020年，区人民政府办公室强化效能建设，持续优化便民服务系统。全年受理问题10297条，办结率99%。开展执法下沉工作214件，彻底解决一大批底店扰民及店外经营等影响居民生活的问题。联合青山交管大队、青山公安分局、各街道（镇）清理长期停放在小区内的报废机动车70余辆。拓宽问题收集渠道，联合万青路街道在其微信公众号内设置民生互动端口，受理解决居民诉求48条。

【政务信息】

2020年，区人民政府办公室编发《政务信息（普刊）》11期、《政务信息（专刊）》9期。向包头市人民政府办公室、内蒙古自治区人民政府办公厅共上报信息557条。其中，包头市人民政府办公室采用179条，内蒙古自治区人民政府办公厅采用46条，2篇专报信息得到内蒙古自治区政府副主席批示。在包头市信息考核中排名第一。

（商政亭　供稿）

政协包头市
青山区委员会

【概况】

中国人民政治协商会议包头市青山区委员会（以下简称区政协）成立于1984年，是依据《中国人民政治协商会议章程》设立的地方委员会，是实现中国共产党领导的多党合作和政治协商制度的重要机构。2020年，内设办公室、提案文史委员会、经济委员会、社法事业委员会。核定行政编制10名，核定县级领导职数5名（1正，4副），核定科级领导职数5名（4正，1副）。

政协青山区第九届委员会设主席1名，副主席4名，常委32名，委员173名。委员分布于22个界别。其中，中国共产党3名，民主党派24名，工商联29名，经济企业28名，科学技术5名，教育9名，文化艺术体育8名，工会4名，共青团2名，妇女6名，台胞台属1名，宗教5名，少数民族3名，社会福利11名，农林牧水3名，特邀32名。

2020年，区政协常委会深入学习贯彻中共十九大和十九届二中、三中、四中、五中全会精神，深入学习贯彻习近平关于内蒙古工作重要讲话精神，团结带领全区各族干部群众，坚持以生态优先、绿色发展为导向，统筹推进稳增长、促改革、调结构、惠民生、防风险、保稳定各项工作，深入推进人民政协协商民主，充分发挥委员主体作用，履职为民，扎实工作，完成各项工作任务。

【区政协九届三次会议】

2020年4月20—22日，区政协九届三次会议召开。大会应出席委员174人，实际出席150人，符合法定人数。会议审议通过区政协主席所做的常委会工作报告和副主席所做的提案工作报告，通过区政协九届三次会议提案审查情况报告和会议决议。

【政协常委会会议与主席会议】

2020年，区政协召开全委会会议1次，常委会会议4次（见表6），专题议政性主席扩大会议2次，主席会议12次。

2020年政协青山区委员会常委会会议情况表

表6

会议名称	会议日期	内容
区政协九届十一次常委会会议	4月10日	会议审议通过关于召开区政协九届三次会议的决定及工作方案；审议通过《政协青山区第九届委员会常务委员会工作报告》（草案）、《政协青山区第九届委员会常务委员会关于九届二次会议以来提案工作情况的报告》（草案）；审议通过区政协2019年度民主评议工作情况报告及研究青山区政协2020年度民主评议工作安排；审议通过《青山区2020年度政协协商计划》（草案）、《政协青山区第九届委员会常务委员会2020年工作要点》（草案）；审议通过《关于在全体委员中开展专题调研的通知》；审议关于调整九届区政协提案审查委员会委员的决定（草案）；会议审议通过其他事项
区政协九届十二次常委会会议	4月21日	听取各组讨论情况的汇报；审议区政协九届三次会议决议（草案）
区政协九届十三次常委会会议	4月22日	听取各组讨论情况的汇报；审议通过区政协九届三次会议提案审查情况的报告（草案）；审议通过区政办九届三次会议决议（草案）
区政协九届十四次常委会会议	7月30日	听取区政府关于青山区2020年度上半年经济社会运行情况及青山区“十四五”规划编制工作进展情况的通报

【提案办理】

2020 年，区政协收到提案 205 件，经审查立案 199 件，占提案总数的 97%。立案提案中，党派团体提案 15 件，委员个人提案 142 件，联名提案 42 件。转政协包头市委员会 16 件，区委办公室办理 9 件，区人民政府办理 174 件。立案提案从内容上看，经济建设方面 53 件，占 26.6%；社会管理方面 90 件，占 45.2%；教科文卫体方面 56 件，占 28.1%。从办理情况看，已经解决或基本解决的提案 145 件，占 72.86%；因项目规划时间问题正在解决或列入计划逐步解决的提案 38 件，占 19.1%；因政策限制或其他因素暂时不能解决的提案 16 件，占 8.04%。大多数意见和建议得到认真采纳并落实体现到青山区委、区人民政府相关决策和部门工作中，为推动青山区各项事业发展发挥积极作用。对列入计划逐步解决的提案，区政协开展提案办理“回头看”，推动提案办理落实。

【政协委员进社区】

2020 年，面对复杂严峻的新冠肺炎疫情防控形势，区政协认真贯彻习近平关于坚持打赢疫情防控阻击战的重要讲话指示精神，全面落实中央部署和包头市委、青山区委工作要求，动员组织广大政协委员参与新冠肺炎疫情防控工作。各界政协委员积极响应号召，发挥各自专业和资源优势，带头做疫情防控的宣传者、防控知识的讲解员、维护稳定的协调人，力所能及地为防控疫情工作捐款捐物，提供技术设备支持，购买医疗及消毒物资等，以实际行动为抗击疫情贡献力量。据不完全统计，区政协委员捐款、捐物累计金额超过 50 万元。

2020 年，区政协继续加强委员履职档案管理，进一步提升委员服务水平。统筹安排区政协负责人走访委员，了解情况，征求意见，调动委员参加政协工作积极性、主动性、创造性。

【委员走访月】

为更好地联系群众，了解委员企业现状，增进沟通交流，区政协将每年 3 月定为“委员走访月”。受新冠肺炎疫情影响，走访委员安排在 2020 年 5 月，区政协走访包头市民族歌舞剧院合唱团团长、包头市信捷工程有限责任公司总经理、内蒙古凯建楼宇设备有限公司总经理、包头市大柱子（王傻子）食品有限责任公司董事长、内蒙古启安消防工程有限公司包头分公司总经理、包头市塞北机械设备股份有限公司董事长、内蒙古欧蒙电力设备制造安装有限公司职工、包头市大成机电设备有限责任公司职工、内蒙古海拓创新企业管理咨询有限公司职工等委员。通过走访，进一步深入了解委员企业防疫、复工复产和委员们学习、工作、生活情况，听取委员们的履职情况及对政协工作的意见和建议，也对委员们遇到的困难给予及时上报和协调解决。

【民主评议】

2020年，区政协对区医疗保障局、区应急管理局、自由路街道及乌素图街道4个部门分4个阶段进行民主评议，敦促被评议单位改进工作作风，提高工作效能。向青山区委、区人民政府报送《青山区政协关于2020年度民主评议政府部门工作情况的报告》，4个部门得分均在90分以上，总体评议结果均为满意。

（石磊　供稿）

纪检监察

【概况】

中共包头市青山区纪律检查委员会（以下简称区纪委）成立于1979年，机构规格为正科级，青山区监察委员会（以下简称区监委）成立于2017年11月，区纪委与区监委合署办公。2020年，内设办公室、组织部（干部监督室）、宣传部、党风政风监督室、信访室、案件监督管理室、第一纪检监察室、第二纪检监察室、第三纪检监察室、第四纪检监察室、案件审理室、干部监督管理室12个科室。核定行政编制50名，核定副县级领导职数1名，核定科级领导职数18名（2正，16副）。有所属相当于副科级事业单位的包头市青山区纪委监委信息网络技术中心，核定事业编制18名。

2020年，全区各级纪检监察组织坚持以习近平新时代中国特色社会主义思想为指导，深入贯彻落实中共十九大和十九届二中、三中、四中、五中全会精神，坚持稳中求进工作总基调，全区党风廉政建设和反腐败工作取得新成效新进展。突出强化政治监督，紧紧围绕增强“四个意识”、坚定“四个自信”、做到“两个维护”，加强对习近平重要讲话重要指示批示精神、中共中央重大决策部署贯彻落实情况的监督检查。坚定不移惩贪治腐，一体推进不敢腐、不能腐、不想腐，立案数、处分数创新高。大力整治群众身边腐败和不正之风，扶贫领域腐败和作风问题专项治理、扫黑除恶专项斗争攻坚战、民生领域腐败问题专项整治、基层“微腐败”清扫取得明显成效，群众利益得到有效维护。推进智慧反腐体系建设，以“实用、高效、互联互通”为原则，建成微模块数据中心、数字化实战指挥中心、数据分析监督中心，全面推动监督执纪执法向智能化、高效化迈进。深入整治作风顽疾，严肃查处违反中央八项规定精神问题，综合运用“四种形态”，激励干部担当作为，政治生态持续向好。深入开展“精准监督年”活动，建成青山区“三务公开+”再监督平台，有效提升日常监督的针对性和精准性。稳步推进纪检监察体制改革，健全完善监督体系。全力加强街镇纪检监察工作规范化建设，基层基础建设得到实质性加强。采取“在线学习+集中学习+以案代训”的模式开展全员培训，全年线上学习、集中学习共1378人次，参与上级纪委监委培训及审查调查工作49人次。选拔第三批“百千万人才工程”人员，其中，1名干部被推荐为纪检监察执纪尖兵，8名干部被推荐为纪检监察合格人员，1名干部被推荐为全自治区首批100名优秀纪检监察干部。完善纪检监察干部廉政档案库，实现实时更新、动态分析。严防“灯下黑”，处置纪检监察干部相关问题线索6件，立案1件。积极宣传青山区党风廉政建设亮点工作，全年在各类媒体刊发稿件672篇，其中中央级媒体采用169篇、自治区级媒体采用199篇。

【区纪委十届五次会议】

2020年4月3日，中国共产党包头市青山区第十届纪律检查委员会第五次全体会议召开。出席会议的有区纪委委员11人，列席131人。会议主要任务是：以习近平新时代中国特色社会主义思想为指导，深入贯彻中共十九大和十九届二中、三中、四中全会精神，贯彻落实中国共产党第十九届纪律检查委员会第四次全体会议、中国共产党内蒙古自治区第十届纪律检查委员会第六次全体会议和中国共产党包头市纪律检查委员会第五次全体会议精神，总结回顾2019年全区纪检监察工作，研究部署2020年主要任务，审议通过区纪委书记代表区纪委常委会所做的《锐意创新谋发展 忠诚履职勇作为 为决胜全面建成小康社会提供坚强保障》工作报告。

【制度建设】

2020年，区纪委监委制定《青山区纪委监委机关监督执纪监察专题会议工作制度》，进一步规范问题线索分办、监督执纪问责、监督调查处置等工作。制定《关于办理非青山辖区的问题线索及案件的通报制度》，实现跨辖区部门

（单位）问题线索处置、案件审理查办等情况的信息共享。制定《街道（镇）纪（工）委（监察办公室）问题线索管理和处置办法》，有效提高街道（镇）纪（工）委问题线索处置速度和精准度。制定《青山区纪委监委安全员管理制度》《青山区纪委监委专案开案培训制度》《青山区纪委监委纪检监察室借调人员管理办法》，进一步提高审查调查工作实效和安全工作专业化能力。

【纪检监察体制改革】

2020 年，区纪委监委严格执行约谈工作相关规定，对 10 名副科级以上领导干部进行约谈。组织召开反腐败协调小组工作会议，健全完善区纪委监委与组织、政法、审计等部门问题线索移送机制，全年双向移送线索 244 件。加强街道（镇）纪检监察工作规范化建设，配齐配强专职、兼职、辅助纪检监察干部 90 名。建立联系指导机制，加大派驻（出）机构审查调查工作力度，全年派驻纪检监察组、街道（镇）纪（工）委立案 50 件，比 2019 年增长 63.3%，实现线索处置、立案双破零，查办案件线索数量、质量双提升。

【政治监督】

2020 年，区纪委监委深入学习习近平新时代中国特色社会主义思想，特别是中共十九届四中、五中全会精神，强化纪委常委会和理论中心组带动示范作用，专题学习习近平重要讲话和重要指示批示精神以及上级纪委监委重要会议精神 17 次，积极引导纪检监察干部坚决践行“两个维护”。建立三清单、一台账、一档案，通过建好、用好监督底单，着力强化政治监督。加强对新冠肺炎疫情防控、统编教材、创城工作、优化营商环境等重大政治任务的监督检查，进一步严明政治纪律和政治规矩，全年开展实地检查 6300 余次，发现问题 392 个，党纪处分 1 人，组织处理 6 人。完善全区 7170 名党员干部廉政档案，加强对青山区委选人用人的监督，累计回复党风廉政意见 29 次 6040 人。印发《青山区纪委监委服务保障优化营商环境的十二条措施》，深入开展优化营商环境“大走访、大排查、送温暖、促发展”活动，实地走访部门单位 21 家，通过召开座谈会、查阅资料、发放调查问卷等方式，发现问题 15 个，征集意见建议 13 条。

【强化“两个责任”落实】

2020 年，区纪委监委印发《2020 年青山区落实党风廉政建设“两个责任”目标责任书》，明确青山区委每名班子成员抓好党风廉政建设的责任内容和目标要求。向青山区委班子成员发出《2020 年落实党风廉政建设主体责任提醒函》10 份，不断调整和优化“提醒”内容，在严把“定制 + 要求 + 落实”基础上，增设班子成员主体责任清单、廉政风险防控排查清单，每半年向区纪委监委反馈提醒事项完成情况。通过紧紧盯住“关键少数”，不断推动主体责任落实。11 月，青山区被中共中央纪律检查委员会（以下简称中央纪委）、中共内蒙古自治区纪律检查委员会（以下简称自治区纪委）确定为包头市唯一开展同级监督的试点地区。

【违纪违法案件查处】

2020年，区纪委监委立案123件，处分147人。其中，党纪处分118人（党内警告56人，党内严重警告36人，撤销党内职务2人，留党察看2人，开除党籍22人），政务处分44人（警告处分5人，记过10人，记大过9人，降级11人，撤职2人，开除7人），有15人受双重处分。完成留置任务6人次，移送检察机关17人，收缴违纪违法所得1200余万元。

【专项治理】

2020 年，在扶贫领域腐败和作风问题方面，区纪委监委印发《青山区脱贫攻坚精准监督工作实施方案》，督促区扶贫办列出主体责任任务 10 项，区纪委监委列出监督任务 18 项，形成“清单 + 台账”精准监督工作底单。对中央脱贫攻坚“回头看”、中央第八巡视组反馈问题进行整改，向相关部门下达整改通知书 2 份。全年处置扶贫领域腐败和作风问题线索 1 件，立案 1 件，给予党纪政务处分 1 人。在扫黑除恶专项斗争工作方面，印发《青山区扫黑除恶专项斗争精准监督工作实施方案》，对《自治区扫黑除恶专项斗争督导“回头看”反馈问题整改工作方案》中涉及的 7 项整改任务进行整改。全年受理涉黑涉恶腐败和“保护伞”问题线索 31 件，立案 24 件，党纪政务处分 57 人，组织处理 3 人，移送司法机关 6 人。在“三务”公开（党务公开、村务公开、财务公开）方面，建成“三务公开 +”再监督平台。7 月 20 日，承接中共内蒙古自治区纪律检查委员会、内蒙古自治区监察委员会（以下简称自治区纪委监委）“三务”公开再监督、基层“微腐败”大清扫工作现场观摩会观摩任务，接待各盟市（旗县）纪委各级领导 14 批次。对平台中数据更新不及时、上传内容不规范的 3 家单位进行通报批评。全年受理“三务”公开问题线索 28 件，立案 4 人，给予党纪政务处分 3 人。在煤炭资源领域违规违法问题专项治理方面，督促全区各级党委（党工委）、党组对 2000 年（含 2000 年）以后在职和退休的所有公职人员以及长期聘用人员开展全面自查摸排工作。出台《煤炭领域违规违法问题专项整治精准监督工作实施方案》，列出 7 项涉煤腐败问题监督责任，全面梳理排查公职人员涉煤腐败问题。全年受理中共包头市纪律检查委员会、包头市监察委员会（以下简称市纪委监委）指定的涉煤地区问题线索 14 件，立案 8 人，给予党政纪处分 7 人。在形式主义、官僚主义整治方面，印发《青山区 2020 年集中整治形式主义、官僚主义工作实施方案》，将贯彻落实中央部署、履职尽责、联系群众服务群众、为基层减负 4 个方面作为重点整治内容。全年受理形式主义、官僚主义问题线索 103 件，立案 51 件，给予党纪政务处分 57 人，组织处理 9 人，通报曝光 1 起 4 人。在人防系统腐败问题专项治理方面，重新调整青山区人防系统腐败问题专项治理调查整顿工作领导小组成员，印发《青山区人防系统腐败专项整治精准监督工作实施方案》，督促区人防办梳理人防工作职责 10 项，区纪委监委建立监督清单 13 项。对区人防办 2013—2020 年收支账目进行排查，发现 1 件问题线索并进行立案查处。全年受理人防领域问题线索 2 件，立案 2 人，给予党纪政务处分 1 人。在民生领域专项整治方面，印发《关于对民生领域重点工作开展监督检查的通知》，重点对教育、医疗、食品药品安全、民政救助、农村基础设施建设 5 个领域工作开展情况进行检查。实地走访部门单位 20 个，查看相关账目 11 册，谈话了解 17 人，发现问题 26 个，下达监督检查建议书 2 份。全年受理民生领域腐败问题线索 83 件，立案 27 件，给予党纪处分 40 人，组织处理 3 人。在厉行节约反对餐饮浪费专项工作方面，印发《深入开展厉行节约反对餐饮浪费监督检查工作方案》，紧盯党政机关和国有企事业单位食堂等重点场所，围绕食堂运营、标语设置、公务接待等重点环节，开展明察暗访工作，全区范围内 34 家食堂共开展 14 批次监督检查工作，提出整改建议 2 项。在落实食品安全责任制方面，印发《关于对党政领导干部落实食品安全责任制情况开展精准监督的通知》，组织全区纪检监察组织对 29 个食品安全责任制成员单位开展集中监督检查，派出检查人员 36 人，发现各类问题 23 个，下发问题整改通知书 6 份。

【落实中央八项规定精神】

在元旦、春节、中秋节、国庆等重要时间节点，围绕“节日期间工作作风”“公车私用”“违规发放津贴补贴或福利、公款吃喝”等易发多发问题，在辖区内开展明察暗访 29 轮（次），查阅各类明细账目、凭证 321 册，谈话了解情况 29 人，下发整改通知书 4 份。对公务用车加油卡违规非油消费问题开展专项整治，对 25 家部门单位共计 30.04 万元违规非油消费资金进行追缴。督促各相关部门提醒谈话 85 人，通报批评 58 人，建立健全公车使用制度 49 个。2020 年全年处置违反中央八项规定精神相关问题线索 10 件，立案 9 件，给予党纪政务处分 11 人，通报曝光 2 人。

【监督执纪“四种形态”运用情况】

2020年，区纪委监委精准运用监督执纪“四种形态”（第一种形态：经常开展批评与自我批评、约谈函询，让“红红脸、出出汗”成为常态；第二种形态：党纪轻处分、组织调整成为违纪处理的大多数；第三种形态：党纪重处分、重大职务调整成为少数；第四种形态：严重违纪涉嫌违法立案审查的成为极少数）437人次，比2019年增长48.6%。其中，第一种形态处理280人次，占比64.1%；第二种形态处理116人次，占比26.5%；第三种形态处理21人次，占比4.8%；第四种形态处理20人次，占比4.6%。

【净化基层政治生态】

2020 年，区纪委监委坚决打好净化基层政治生态四个“组合拳”。依托“三务公开 +”再监督平台，累计录入“三务”公开、“两个责任”等相关数据 23911 条，下发监督建议书 174 份、整改通知书 155 份。主动聚焦基层矛盾化解，下访 130 批次 280 人次，接待反映人 228 人次，排查信访问题 47 件次，解决问题 40 件次。坚决惩治群众身边腐败和作风问题，立案查处乡科级以下干部 98 人。有序推进 2019 年度“清风干部”评定工作，评定出“清风干部”1864 名、“清风干部标兵”35 名、“清风示范岗”20 个、“清风示范村（社区）”10 个。认真落实《自治区纪委监委关于激励担当作为的实施意见》，严厉打击诬告陷害、恶意举报等行为，为 4 名受到不实举报的干部澄清正名。坚持严管厚爱相结合，准确把握“三个区分开来”重要内涵，认真落实容错纠错机制，对 5 名党员干部有关问题予以容错纠错，免予党纪处分。

【基层“微腐败”大清扫行动】

2020 年，区纪委监委扎实开展基层“微腐败”大清扫行动，办结自治区纪委监委、包头市纪委监委两轮交办信访件共 73 件，立案 16 件，党纪政务处分 14 人，移送司法机关 2 人，化解信访矛盾31个，挽回经济损失819.5万元，反馈满意率达 83.6%。

【派驻纪检监察组】

2020 年 6 月 17 日，区纪委监委增设驻青山公安分局纪检监察组，将青山公安分局纳入派驻监督范围。截至 2020 年年底，共设置派驻纪检监察组 8 个，其中 7 个综合派驻、1 个单独派驻，将全区 48 家单位纳入监督范围。

【大案要案查处】

2020 年，区纪委监委综合运用多种调查措施，依法查处高新区检察院原检察官李某耀受贿案、土右旗公安局刑侦大队原副大队长贾某峰受贿案、包头市第四医院米某新挪用公款案等重大案件，在侦办职务犯罪类、行贿受贿类案件方面取得重大突破，严明党纪国法、净化基层政治生态。

（王蓉　供稿）

民主党派

中国国民党革命委员会包头市青山区总支委员会

【概况】

1988年，中国国民党革命委员会包头市第一届委员会第一次全体党员大会召开，会上成立青山区支部。2009年，中国国民党革命委员会包头市青山区总支委员会成立（以下简称民革青山区委员会），下设青山一支部、青山二支部2个支部。2020年，发展民革新党员4名，均为大学以上文化程度。截至2020年年底，共有民革党员83名。其中，青山一支部48人，青山二支部35人。有全国政协委员1名，内蒙古政协常委1名，市政协常委1名，市政协委员3名，区人大代表1名，区政协委员7名。

民革党员张斌获“全国法律援助先进个人”称号，张莉获“内蒙古优秀辅导教师”称号。

【参政议政】

2020年，民革青山区委员会提交提案40余件，反映社情民意10条，报送调研报告3篇。多件提案被市委统战部和区政协采纳并列入重点提案。其中，民革党员金羽在包头市政协会议上作《推动我市文旅产业提档升级实现高质量发展》专题汇报。民革党员张剑茹在包头市青山区统一战线重点课题调研成果汇报暨征求“十四五”规划意见建议会上作《关于提升乡村宜居环境水平的建议》专题汇报。

【社会工作】

2020年，民革党员傅民作词的《故乡芬芳》被“学习强国”采稿。王元乐参加中法低碳生态示范产业园项目招商引资活动，中国社会福利基金会绿色健康活动，与傅民共同参加包头市联想科技城项目招商引资活动。抗击新冠肺炎疫情期间，梁宝东向乌拉特前旗疫情防控指挥部捐赠20万元。刘春雷编制大型抗疫题材话剧《赛汗塔拉的星空》。张新宇在发热门诊和隔离病房工作期间参与会诊100余次。马铃参与疫情防控检查组，检查药品经营单位90余户，将检查中发现的将违法线索交由属地市场监管局立案处理，有效维护抗疫期间市场经济秩序。马静免费为10余名退役军人、现役军人及军属提供法律咨询服务。刘若杨参与录制的诗歌《一封到武汉才能打开的信》《春天的脚步》在包头广播电视台文艺广播播出，参与录制《我们和死神的速度谁更快？》《送瘟神》。

中国民主同盟包头市青山区总支委员会

【概况】

中国民主同盟包头市青山区总支委员会（以下简称民盟青山总支）成立于1994年，下设包头师范学院支部、青东支部、文化艺术支部3个支部。2020年，发展新盟员7名。截至2020年年底，共有盟员169人，平均年龄49岁，大学以上文化程度占98%。其中，有包头市人大代表1名，青山区人大代表3名，包头市政协委员2名，青山区政协委员7名。

2020年，民盟青山总支被中国民主同盟包头市委员会（以下简称民盟包头市委会）评为“盟务工作先进集体”“社会服务工作先进集体”“组织工作先进集体”。盟员王大中被中国民主同盟内蒙古自治区委员会评为“社会服务工作先进个人”“反映社情民意信息工作先进个人”。盟员张建新、庞立东、任建钢、朱伟剑、赵捷、王大中、孙炜、任志燕、李金霞、孙艳红、韩雪梅、吴玉霞被民盟包头市委会评为“盟务工作先进个人”；张领弟、李锐、孙炜、陈林丽被评为“抗击新冠肺炎疫情先进个人”。盟员刘柯的作品获得中共包头市委宣传部颁发的“包头市第十一届文艺振兴优秀作品奖”，个人被包头市文学艺术界联合会评为“疫情防控主题文艺作品推送先进个人”，作品入选“内蒙古2020打赢脱贫攻坚战”主题美术作品展。邢美玲被包头市教育局评为“市级教学能手”。

【参政议政】

在包头市、青山区“两会”期间，盟员提交党派集体提案 5 件，提交个人建议、提案共 30 件，涉及医疗、食品安全、道路交通管理、教育、物业管理等多个领域。向民盟包头市委会、青山区政协反映社情民意 18 条，完成区委统战部安排调研课题 1 篇。

【社会工作】

抗击新型冠状病毒肺炎疫情期间，组织盟员捐款，10 多名盟员参加单位、社区志愿者工作，为抗击疫情贡献力量。组织盟员开展“地下综合管廊建设对包头市经济建设的积极作用”调研活动。开展庆祝教师节活动，为教师们送上节日祝福。

中国民主建国会包头市青山区总支委员会

【概况】

1983 年，民主建国会包头市支部成立。同年，设立青山小组。2001 年，中国民主建国会包头市青山区总支委员会（以下简称民建青山总支）成立，下设青山一支部、青山二支部、青山三支部 3 个支部。2020 年，发展新会员 2 名。截至2020年年底，共有会员130 名。其中，有包头市政协委员 5 名，青山区人大代表 1 名，青山区政协委员 7 名。

在中国民主建国会成立 75 周年、中国民主建国会内蒙古自治区委员会（以下简称民建内蒙古区委）成立 30 周年纪念大会上，民建青山总支被民建内蒙古区委评为“先进基层组织”；会员李来平、何山虹、赵佳、赵辉、赵橹、彭秀芝被评为“优秀会员”；石志刚、张志国、杨金宝、崔海军被评为“脱贫攻坚先进个人”。在中国民主建国会成立 75 周年纪念会暨中国民主建国会包头市委员会（以下简称民建包头市委会）先进表彰大会上，民建青山总支被民建包头市委员会评为“先进基层组织”“社会服务工作先进集体”；30 名会员分别获得“优秀会员”“新闻宣传工作先进个人”“参政议政工作先进个人”“社会服务工作先进个人”“抗疫先进人员”称号。

【参政议政】

在包头市、青山区“两会”期间，所属包头市、青山区两级政协委员共提交提案 18 件，向青山区政协提交党派集体提案 4 件，向民主建国市委会提交集体提案 2 件，向包头市、青山区政协反映社情民意 7 条，向民建包头市委会、区委统战部提交调研报告 2 篇。选派会员参加青山区 2020 年度民主党派、工商联、无党派人士重点课题调研成果汇报会暨听取“十四五”规划意见建议座谈会，会上做“关于推进我市乡村产业振兴的对策建议”调研课题报告。参加青山区委十届七次全会暨全区经济工作会议第一次全体会议上的讲话稿征求意见会。参加青山区 2020 年度上半年政党协商通报会。参加青山区委征求意见测评会。

【社会工作】

2020 年，联合自由路街道学院社区共同开展“迎新春、进社区、送温暖、关爱贫困孤寡老人”公益活动。抗击新型冠状病毒肺炎疫情期间，有 8 名会员在抗疫一线参加志愿工作。并组织会员捐款，共捐款 19850 元。联合青山路街道民主社区共同开展“歌颂党恩，喜迎七一”庆祝建党 99 周年为社区捐赠便民物品活动，捐赠物品价值 4700 元。开展民族语言授课学校使用统编教材政策宣传活动。开展“情满重阳，德润人心”关爱老会员共话重阳节活动。

中国民主促进会包头市青山区总支委员会

【概况】

中国民主促进会包头市青山区总支委员会（以下简称民进青山总支）成立于 1996 年 12 月，下设包头师范学院支部、青山一支部、青山二支部、青山三支部、北重三中支部5个支部。2020年，发展新会员4名，均为大学以上文化程度。截至2020年年底，共有会员153名。其中，有包头市人大代表1名，包头市政协委员5名，青山区政协委员7名，青山区人大代表1名。

【参政议政】

在青山区“两会”期间，民进青山总支中担任区政协委员的会员提交提案15件，提交党派提案1件。向中国民主促进会包头市委员会、区委统战部反映社情民意8条。针对《政府工作报告》《政协青山区委员会常务委员会工作报告》2个重要报告，组织会员进行专题协商，提出意见建议7条。

【社会工作】

抗击新冠肺炎疫情期间，民进青山总支各支部会员捐款共计1.2万元。会员郎丽、王海明、赵强、马献礼等人积极加入社区疫情防控队伍，担当志愿者，负责小区出入口登记、测量体温等工作。这些会员的先进事迹在中国民主促进会内蒙古自治区委员会官方网站上做详细报道。11月20日，青山一支部、二支部在包头市图书馆多功能厅举办以“热爱生活、奉献社会”为主题的读书会活动。此次读书会活动旨在进一步激发会员们读书热情，提升阅读品位，拓宽知识视野，营造重视学习，热爱读书，促进工作良好氛围。

中国农工民主党包头市青山区总支委员会

【概况】

中国农工民主党包头市青山区总支委员会（以下简称农工党青山总支）成立于1997年，下设青山一支部、青山二支部、青山三支部、青山四支部、青山五支部、青山六支部6个支部。2020年，新发展农工党员4名，其中有高、中级职称2人。截至2020年年底，共有农工党员216名。其中，有包头市人大代表1名，包头市政协委员5名，青山区人大代表3名，青山区政协委员5名（含常委1名）。12月12日，农工党青山总支、各支部委员会换届大会召开。将一批有较强组织领导能力和参政议政能力、群众基础良好的骨干力量纳入总支及各支部委员会领导班子，为总支及各支部委员会履行职能、发挥参政党作用打下坚实基础。

2020年，农工党青山区总支第二支部委员会、农工党青山区总支第五支部委员会被中国农工民主党内蒙古自治区委员会（以下简称农工党内蒙区委）评为“优秀基层组织”。农工党青山区总支第一支部委员会、农工党青山区总支第二支部委员会被农工党包头市委评为“优秀基层组织”。党员闫志虹被中国农工民主党（以下简称农工党）评为“抗击新冠肺炎疫情先进个人”“抗击新冠肺炎疫情全国三八红旗手”，被农工党内蒙区委评为“突出贡献农工党党员”“抗疫先锋”。布赫巴雅尔、李淑宏、张丽被农工党内蒙区委评为“抗疫先锋”；贺玉玺、孟宪梅、王海燕、闫志虹被评为“优秀党员”；高晓凤、缪兴全被评为“参政议政先进个人”；高文伟、王军被评为“社会服务先进个人”；白静、董晓宏被评为“组织建设先进个人”；季称心、王玉平被评为“宣传思想先进个人”；于国华、吕玉环、贾嘉被评为“党史和理论研究先进个人”。贺玉玺被包头市政协评为“2020年度优秀政协委员”。

【参政议政】

包头市“两会”召开前夕，农工党员中的人大代表、政协委员围绕经济社会发展重点工作及群众普遍关心难点问题深入调查研究，为提出高质量议案、建议和提案打好基础。农工党员中的政协委员向包头市政协、农工党包头市委报送提案13件，其中3件由农工党包头市委作为集体提案报包头市政协。农工党青山总支向农工党包头市委反映社情民意 3 条，报送调研报告 1 篇。青山区“两会”召开期间，提交个人提案 5 件，提交党派集体提案立案 2 件。农工党员中的政协委员参与社会调研活动 3 次，完成区委统战部安排的重点课题调研活动 1 次。

2020 年，组织各支部主委、副主委及骨干党员参加中国农工民主党包头市委员会（以下简称农工党包头市委）召开的全委（扩大）会、庆祝中国农工民主党成立 90 周年座谈会等会议，传达学习全国“两会”、习近平关于民族工作重要论述等重要讲话精神。选派 2 名农工党员参加 2020 年度包头市各民主党派骨干代表人士培训班，14 名农工党员参加“不忘合作初心，继续携手前进”庆祝中国农工民主党建党 90 周年主题教育培训班，15 名农工党员参加青山区政协、区委统战部举办的学习培训活动。

【社会工作】

抗击新冠肺炎疫情期间，医卫界农工党员积极参与抗疫工作，始终坚守岗位。1 名农工党员参加援鄂医疗队，3 名农工党员深入隔离病房参与救治，14 名农工党员担任各级抗疫专家组成员或参与院内会诊，2 名农工党员参与流调、消杀等工作，2 名农工党员赴白塔机场参与分流转运工作，10 余名农工党员在行政执法、社区防控等岗位参与抗疫工作，未到抗疫一线党员通过手机 App、微信等平台开展在线义诊，向包头市红十字会捐款共计 3.5 万元，为抗击疫情贡献力量。各支部委员会积极发挥优势，不断丰富社会服务内容、拓宽社会服务渠道，先后赴固阳县、土默特右旗等地开展义诊等活动 10 余次，进一步增强基层组织凝聚力和向心力。组织党员参加由农工党、包头市政协主办的美术摄影作品征集、征文活动，其中 1 幅摄影作品入选农工党庆祝中国农工民主党成立 90 周年暨第二届“美丽中国”美术摄影作品展。

九三学社
包头市青山区基层委员会

【概况】

1984 年，九三学社包头市委员会筹备组成立。同年，设立九三学社包头市委员会青山区支部。1987 年，九三学社包头市青山区支社成立。2007 年，九三学社包头市青山区基层委员会（以下简称九三学社青山基委会）成立，下设青山一支社、青山二支社、青山三支社 3 个支社。2020 年，发展新社员 8 名。截至 2020 年年底，共有社员 97 人，平均年龄 53 岁，其中具有中、高级职称 81 人。有包头市政协委员 2 名，青山区人大代表 2 名，青山区政协委员 6 名。

2020 年，社员张钢龄被包头市卫生健康委员会评为“鹿城英才”。社员李凯荣被九三学社中央委员会评为“湖北抗疫一线优秀社员”。社员籍庆余获得包头医学院颁发的 2020 年度第二届教学技能大赛二等奖。

【参政议政】

2020 年，九三学社青山基委会始终坚持围绕中心，服务大局，充分调动社员积极性，发挥界别优势，深入调研，反映实情，努力提高参政议政水平和能力。全年完成调研报告 4 篇，撰写社情民意及参政信息 12 篇，其中 4 篇社情民意信息被市政协采纳。

【社会工作】

抗击新型冠状病毒肺炎疫情期间，有 45 名社员捐款，为抗击疫情贡献力量。联合九三学社包钢基委会、九三学社青年工作委员会一组、包头市产品质量计量检测所共同举办“结对共建”科学讲座活动。青山一支社、青山二支社分别到包头市体育中心、包头市机动车检测行业协会开展调研活动。青山二支社到先锋路街道青园社区卫生服务站、包头市第四医院开展义诊活动。社员刘兰霞、马妙芳、郭凌、白小平、王晓敏参加区委统战部组织的2020年度党外代表人士培训班。刘兰霞参加青山区上半年经济运行情况和重大项目重点工作情况政党协商通报会。卜泉宝带领社员到固阳县开展2020年度教育扶贫工作。

（王大中　供稿）

人民团体

青山区总工会

【概况】

青山区总工会（以下简称区总工会）成立于1956年，是青山区委和包头市总工会双重管理的群众团体。2020年，内设办公室，核定行政编制3名。有所属股级事业单位困难职工帮扶中心，核定事业编制4名。

2020年，区总工会以“绝对忠诚党的事业、竭诚服务职工群众”为方针，以建设成为党政放心、职工满意的群众组织为目标，做好“党政的发言人”“基层的领头人”“职工的娘家人”。截至2020年年底，共有基层工会组织1206家。其中，单独基层工会1093家，联合基层工会113家。抗击新冠肺炎疫情期间，争取上级资金22万元，拨付本级资金75万元，发放补给食品46400箱。助力企业复工复产，推进全额返还工会经费工作，共返费1166.35万元，覆盖企业3100多家。

【职工合法权益维护】

2020年，区总工会推进厂务公开管理工作，以内容求深、范围求宽、方法求新为原则，逐步健全运行机制，不断提高公开层次和质量。以“上代下”“上参下”方式在企业中推进集体协商工作，举办工资集体协商“春季要约行动”。按季度定期召开协调劳动关系三方工作会议，在全区形成“党政重视、工会主抓，多方参与、合力推进”的工资集体协商工作格局，切实维护职工权益。全年新签、续签集体合同157份，覆盖企业179家。创建区域集体协商示范点3个，申报和谐劳动关系单位34家。推进法律诉调工作。设立劳动争议调解工作室，出台《关于劳动争议诉调对接工作规定（试行）》，受理法院委托案件43件，其中完成调解24件。提供法律咨询30余次，覆盖农牧民工200余名。

【职工劳动和技能竞赛】

2020年，区总工会举办基层工会干部培训班4期，覆盖基层小微企业工会主席、干事400余名。联合举办青山区2020年职业病防治工作、职业卫生健康培训班。举办、参加职业技能竞赛10余场，其中，在内蒙古自治区第二届烘焙技能大赛（A类赛事）上，青山区选手获得第二名。组织全区270家企业开展“安康杯”竞赛活动，获得包头市“安康杯”竞赛优胜单位2个、优胜班组3个，区总工会获“包头市安康杯竞赛优秀组织单位”称号。创新开展建会工作，采取“八资料、e窗口、实演练”工作方法，开设线上、线下办事入口4个。全年新建工会63家，驻区企业形成“在家就建会、建会享普惠’工作局面，竭诚服务辖区企业职工。

【困难职工帮扶】

2020年，区总工会严卡救助慰问工作前、中、后三个环节。救助前，100%入户走访困难职工，与困难职工签订“救助承诺书”。救助中，主动接受派驻纪检组全程指导、监督，使帮扶工作更加规范高效、精准有序。救助后，及时整理归档困难职工档案，电话回访率达100%。出台《青山区总工会困难职工数据库管理实施细则》，实现区本级困难职工档案动态管理。在做好精准帮扶前提下，通过“四送慰问”帮助困难职工、一线职工、“八大员”（货车驾驶员、快递员、护工护理员、家政服务员、商场信息员、网约送餐员、房产中介员、保安员）等群体3031人次，共发放慰问金92.6万元。“两节慰问”期间，帮助困难劳模、职工32人，共发放慰问金12.05万元。慰问各行各业一线职工6210人次，共发放价值103万元的慰问品。

【劳模评选及服务管理】

2020年，区总工会成功申报自治区级劳模5名，包头市五一劳动奖章、包头工匠等市级荣誉6名，创建市级劳模创新工作室2个，市级女职工休息室1个。慰问劳模600余人，为劳模发放体检卡、家庭服务券、慰问品等。组织劳模、工匠植建近千平方米“劳模林”。为各级劳模、工会工作者举办文艺慰问演出、参观活动5场。

【“互联网+”工会】

2020年，区总工会依托“青山区总工会”微信公众号、“工会党建云”App等5个学习软件组织广大职工开展学习。网评员、文明传播志愿者队伍完备，客户端完成率达246%。全年报包头市总工会“影视歌图”作品57件。区总工会获“全市信息工作先进单位”称号。全年线上累计开展业务类活动30次，主题教育类活动5次，节日类活动8次。组织“乐音唱响新时代”等公益演出及参观活动6场，覆盖职工750多人。“青山区总工会”微信公众号在包头市排名前三、自治区（118个）排名前十一，获“全市最具影响力新媒体平台”称号。

（张岩　供稿）

共青团青山区委员会

【概况】

中国共产主义青年团青山区委员会（以下简称团区委）成立于1956年，是青山区委所属群众团体，机构规格为正科级。2020年，团区委内设办公室，核定行政编制3名，核定科级领导职数2名（1正，1副），有干部职工10人。

2020年，团区委深入贯彻落实习近平关于青年工作重要思想及关于青少年和共青团工作指示批示精神，团结带领全区广大团员青年完成各项工作任务。

【青少年思想道德建设】

2020年，团区委开设“青年大学习”网上主题团课。重点推进内蒙古一机集团第一中学青年马克思主义培养工程。以“学习讲堂”、视频宣讲等形式，组织全区各级团组织、团干部开展《如何做好新时代青年工作》《坚持党的领导是共青团的政治灵魂》等理论文章专题学习，观看《夺冠》《八佰》等爱国主义电影。重点学习习近平给援鄂“90后”的回信、“五四”寄语新时代青年、在十三届全国人大三次会议内蒙古代表团重要讲话及中国少年先锋队第八次代表大会、中共十九届五中全会等会议精神。组织青年讲师团开展“聚焦2020年全国两会——学习习近平参加内蒙古代表团审议重要讲话精神”“党的十九届五中全会解读”等线上、线下宣讲学习活动。利用官方微信公众号、微博网络宣传阵地，制作青年志愿者支援抗疫一线专题记录、抗疫《手势舞》、《春暖花开》、团团与少先队员一起过“六一”、“12355”助力高考阳光行等近30条原创视频作品，“青山团团”微信公众号入驻抖音平台，吸引近6000人关注。“五四”青年节期间，举办以“时代使命，青春担当——我的青春战‘疫’故事”为主题的云直播主题团队日活动。“青山团团”微信公众号入驻微信“视频号”，邀请青年代表拍摄《向不文明行为说不》系列连载公益小短片，进一步拓宽新媒体宣传途径。

【基层组织建设】

2020年，团区委完成《2020年青山区共青团工作要点》任务，不断深化基层团组织规范化建设，制定《青山区基层团组织规范化建设工作实施方案》《青山区学校团组织规范化建设工作实施方案》《青山区区域青年工作共建委员会细则》《青山区街道区域化团建联席会议制度》。印发《青山区乡镇实体化“大团委”建设工作实施方案》，加大团员“推优入党”工作力度。

不断夯实团基层阵地建设，全区建立“青年爱里”13个，以凝聚、服务团员青年为主要工作内容。进一步探索“团干部+社工+青年志愿者”基层工作模式，2020年全区有20名“大学生西部计划志愿者”下沉各基层团组织，为基层团组织注入新鲜血液。严格规范团员发展与管理，召开全区共青团团务知识工作培训会，落实发展团员调控和管理工作相关要求。按照团费收缴使用管理规定，单独设立专人负责团费管理，分设会计、出纳，确保团费收缴使用管理工作严肃规范。严格落实团干部配备，及时跟进团干部调整工作，做好“智慧团建”组织信息管理工作。

【青少年权益保护】

2020 年，团区委制定《青山区青年联席会议制度》，召开青年联席会议第一次全体会议，审议出台《青山区青年工作联席会议议事规则》《青山区关于贯彻落实〈内蒙古自治区中长期青年发展规划（2018—2025 年）实施方案〉的分工方案》等文件。召开青山区“共青团与人大代表、政协委员面对面”分享交流座谈会。联合“党建 • 爱心公益汇”开展“公益大篷车 • 童眼看世界”活动。举办“向阳花公益计划”活动 3 场，受益儿童达 300 余人次。

12 月 12 日，“公益大篷车 • 童眼看世界”活动现场（团区委　供图）

【青年志愿服务】

2020 年，团区委向全区青年发出抗疫志愿者招募令，共招募抗疫青年志愿者 153 名，积极参与疫情防控工作。开展“美丽乡村我行动”助力脱贫百日攻坚专项志愿服务活动，成立青山区助力脱贫攻坚青年志愿者大队。开展“保护母亲河 • 争当‘河小青’”植树活动。启动“青春你我，活力乒乓”、“启”明星培育养成课程、“小蚂蚁”公益集市、“邻里之光”等青少年公益项目进社区活动，已入驻 4 个社区，服务近千名青少年。开展法制宣传教育、禁毒宣传、青少年反邪教宣传、“12355”助考服务和网络安全教育等活动，为青少年健康成长保驾护航。集中 50 天开展“创城——少先队员在行动”、“青春搭把手，共创文明城”规范共享单车停放等主题活动，号召全区青少年积极主动参与创建文明城市，贡献青春力量。

【青年就业创业】

2020 年，团区委开展青年就业创业活动 5 场。与包头中公教育合作开设“2020 防疫助考公益课程”公考线上培训课程。联合包头市三社联动治理创新示范基地举办基层项目人员专场招聘会，现场达成就业意向 11 人。

【青年品牌活动】

2020 年，团区委开展“青山楼宇有个圈”品牌活动 12 场。其中，联合区总工会等部门及驻区大企业共同举办第四届“甜蜜鹿城，青春有约”青年交友联谊会，吸引近千名青年参加现场活动，近 5 万人次开展线上互动，累计实现点亮“微心愿”788 个，总价值 7.2 万元，既解决了青年的实际需求，又促进了“婚博会”展会交易，达到统筹资源和服务企业“双丰收”目的。

（冯依雯　供稿）

青山区妇女联合会

【概况】

1956 年，青山区妇女筹备委员会成立。1962 年，青山区第一次妇女代表大会召开，青山区妇女联合会（以下简称区妇联）成立，是青山区委所属群众团体，机构规格为正科级。2020 年，区妇联内设办公室，核定行政编制 3 名，核定科级领导职数 2 名（1 正，1 副）。

2020 年，区妇联加强妇女思想政治教育，实施妇女儿童发展规划，维护妇女儿童合法权益，慰问关爱一线妇女职工、贫困儿童、留守儿童、单亲儿童，加强巾帼建功工作，推树行业典型示范，推选各级优秀先进代表，并在青山区家庭教育指导服务中心开设特设课程，进一步提升女性素质，完成“两纲”及妇联干部培训工作，各项工作取得进步。

【扶贫巾帼行动】

抗击新冠肺炎疫情期间，区妇联整合社会组织力量，为万青路街道和科学路街道捐赠价值约 7000 元的大帐篷 4 个、睡袋 5 个，为 10 个街道（镇）共捐赠“抗疫温暖爱心包”100 个，为内蒙古第一机械集团有限公司、内蒙古北方重工业集团有限公司、区卫健委、区市场监管局、雷锋车队等一线抗疫女职工们捐赠“暖心日用品包”160 个。深入结对共建社区，为困难群众发放米、面、油等救助物资，为街道（镇）及永盛成家政公司捐赠《中国妇女报》《中国妇女》杂志。2020 年全年共开展慰问 15 次，捐赠慰问物品 300 余份，总价值近 3 万元。在创建文明城市期间，帮助结对社区发放宣传单 2000 余份，清理社区单元楼内小广告 500 余次。2020 年年底，组织企业为青云社区贫困家庭捐赠价值 1 万余元的米、面、油等物资。开展“博爱一日捐，温暖千万家”活动。将接收到的救助物资及时发放给在册登记的困难留守儿童、孤残儿童、单亲家庭等。

【文明家庭创建】

2020 年，开展“最美家庭”创建及“好家风、好家训”巡讲活动。将“最美家庭、最美军人家庭、文明家庭、平安家庭、家风故事进校园”等活动作为培育践行社会主义核心价值观重要方式，并以此为契机，进一步加大宣传力度，改革创新各类典型选树形式，提高社会化选树比例，体现广泛性和代表性，营造妇女干事创业良好氛围。区妇联推送的桑宏宇家庭被推选为 2020 年内蒙古自治区“最美五好文明家庭”。

【妇女维权】

2020 年，区妇联举办《中华人民共和国民法典》之婚姻家庭编学习，强化妇女维权意识，增强妇女学法、懂法、守法、用法能力，有效保护妇女自身合法权益。在全区范围内开展“关于防范中小学生个人危机事件”工作，加强与公、检、法、司等部门协同联动，重点在家庭暴力告诫、发布人身安全保护令、预防性侵女童等方面建立妇女儿童权益保护机制。发挥法规政策性别平等评估机制作用，促进男女平等基本国策真正落实到社会发展各个领域。发挥妇联组织优势，聚焦就业性别歧视、留守儿童保护、困境儿童保障、性侵未成年人等重点问题，逐步完善关爱服务、发现报告、联防联动、舆情应对、工作督查等制度。

【儿童工作】

截至 2020 年年底，按照“分类建设、分批完成、引进资源、打造亮点”原则，青山区建成三级（市、区、社区）儿童之家 53 所，各项服务活动有序开展，基本满足辖区内儿童校前、校外服务需求。其中，2020 年申报包头市青少年发展中心（中青未来儿童之家）、都兰社区儿童之家为市级示范儿童之家。积极筹措将青山区图书馆、包头市体育中心打造成为示范儿童之家，为孩子们提供更好的娱乐服务环境。2020 年年底，开展慰问活动，将 10 份“把爱带回家知识书包”发放给各街道（镇），让更多儿童受益。

【“两纲”工作】

2020 年，为“两纲”工作达标终期验收年。《青山区妇女发展规划实施细则（2011—2020 年）》涉及 7 个领域 62 项主要目标，其中 55 项达到终期监测目标，达标率 88.7%。未完成指标主要涉及妇女参与决策管理任务目标。《青山区儿童发展规划实施细则（2011—2020 年）》涉及 5 个领域 51 项主要目标，已全部达标，达标率 100%。

【女干部培养】

2020 年，区妇联组织机关女干部、女执委、基层妇女干部开展学习，进一步提升女干部战略思维素养和管理能力。开办公益性家庭成长学习班、女性素质提升班，树立新时代女性终身学习理念，塑造良好个人形象。推广“执委联系妇女”制度，充分发挥妇女在社会生活和家庭生活中的独特作用。

（闫嘉琦　供稿）

青山区科学技术协会

【概况】

2020 年，青山区科学技术协会（以下简称区科协）全面落实《全民科学素质行动计划纲要》要求，积极开展各类科普活动，加强基层科普服务能力建设，推动科普资源共建共享，不断拓展科普服务领域和人群，共创建 25 个社区、校园、农村科普 e 站，逐步构建线上线下相结合的科普信息化服务阵地。分层次推动科普人才队伍建设，“科普中国”App 注册总数居包头市第一。牵头组建包头市青山区科技志愿服务队，首批队员有 300 人，深入农村、社区、学校、机关、企业开展形式多样的基层科普传播活动，获“自治区科普队伍建设优秀组织单位”称号。有 10 家企事业单位被国家、自治区认定为“科普教育基地”，8 所学校被认定为“自治区科技教育示范学校”，11 所中小学校及教育机构被评为首批“包头市青少年科技教育示范学校”，推进青山区科普工作向社会化、常态化及规范化发展。以“党建 + 科普志愿服务”为依托，开展主题讲座，青山区保利社区、光辉社区率先成立社区科技志愿服务队，并与知名社团合作打造特色志愿服务项目。

【活动开展】

4 月 24 日，在第 35 届内蒙古自治区青少年科技创新大赛上，青山区有 5 个项目获一等奖，4 个项目获二等奖。其中，在青少年科技创新成果竞赛中，内蒙古北方重工业集团有限公司第三中学的“基于 CNN 的互联网谣言识别平台”等 3 个项目获一等奖；在青少年科学影像展评中，内蒙古北方重工业集团有限公司第三中学的“光学现象探究系列——光的偏振”等 2 个项目获一等奖，内蒙古第一机械制造（集团）有限公司第一中学的“教室加湿器”等 4 个项目获二等奖。5 月 19 日，区科协邀请内蒙古自治区草莓工程中心主任、包头市果研所高级农艺师汪海霞到羊山窑村实地指导农户种植草莓。经过现场交流与实地指导，农户充分掌握了选苗、延长草莓种植期等技术，从而达到增产增收目的。5 月 24 日，青山区保利社区将志愿服务与新时代文明实践中心建设相融合，启动 2020 年党建微实事“寻找最美的你”志愿者项目活动。作为自治区级科普示范基地，青山区保利社区率先成立社区科技志愿服务队，与糖果俱乐部等知名社团合作打造特色志愿服务项目。项目以党建为主，将志愿服务与社区党建工作紧密结合，建立志愿服务项目库、人才库，多渠道挖掘各方面志愿服务典型，评选出一批优秀的志愿服务队、志愿者、爱心企业等，起到引领带动作用，推动社区治理工作良好开展。5 月 24 日，第四个全国科技工作者日到来之际，青山区举行科技志愿服务队授旗仪式。仪式上，包头市青山区科技志愿服务队代表及 7 支保利社区特色志愿服务队接受授旗，包头市青山区科技志愿服务队代表宣读倡议书，号召广大科技工作者争当科技志愿服务活动排头兵，争做科技志愿服务精神践行者，努力开创科技志愿服务活动新局面。5 月 27 日，组织包头装备制造产业园区内的企业召开复工复产政策宣传会，下发各类宣传资料 100 余份。会上，针对已复工企业开展应急技能、科普讲座，并解读稳就业、促创业等相关政策。7 月，印制《科技无处不在》《认识星空》宣传手册 3000 余册，并免费向群众发放，从而达到提升广大群众运用科学知识解决实际问题的能力，进一步推动青山区全民科学素质工作再上新台阶。8 月 3 日，2020 年内蒙古自治区“百名专家走进盟市旗县科普传播行”包头站活动启动仪式在包头市青少年发展中心举行。青山区有200余名青少年、城镇劳动者、机关工作人员参加了此次活动。启动仪式上，青山区24个科普中国e站优秀单位接受授牌。启动仪式后，5名资深科普专家深入青山区社区和农村，围绕医学保健、农牧业实用技术等方面内容，面向城镇劳动者、农牧民、机关工作人员等人群，开展科普报告、现场指导和义诊等活动共计7场，并在活动实施过程中以直播形式实现信息化传输，打造主题性、全民性、群众性科普活动。12月，第一批包头市青少年科技教育示范学校名单在包头市科学技术协会网站公示，青山区多所学校获此殊荣，其中包括：内蒙古一机集团基础教育中心第一子弟小学、内蒙古北方重工业集团有限公司第三中学等9所中小学，包头市科技少年宫、包头市青少年发展中心2家教育机构。

新时代文明实践心理健康知识科技志愿服务活动现场（区科协　供图）

（杨帆　供稿）

青山区工商业联合会

【概况】

青山区工商业联合会（以下简称区工商联）成立于1994年，为区委统战部所属相当于正科级参照《中华人民共和国公务员法》管理的事业单位。2020年，核定事业编制2名。区工商联第四届四次执委会选举产生执委184人。

2020年，区工商联与赤峰市元宝山区工商联签订友好工商联协议，双方就非公有制经济发展、工商联工作、商会和行业协会组织建设等情况开展深入交流。按照坚持标准、确保质量、突出重点、优化结构的原则，区工商联积极吸收非公有制经济人士入会，不断完善组织数据库、青山区工商联第四届四次执委会数据库、直属会员数据库，健全履职综合评价机制，加强队伍建设，充分发挥工商联统战性、经济性、民间性的优势，促进全区非公有制经济健康发展。

【政治学习】

2020年，区工商联与区人事劳动和社会保障局、区总工会联合召开构建和谐劳动关系动员部署会，针对和谐单位申报、组建工会、集体合同审查签订等内容为青山区大型企业进行解读。召集包头万达广场商业管理有限公司、包头市青山区北京华联、包头中城奥特莱斯置业有限公司商管负责人座谈，共商构建和谐劳动关系“区域性”“行业性”组织。根据企业类别、地域类别、是否成立工会等情况，制作任务表和进度表，做好企业备注梳理工作，形成一企一案，督促企业按时完成工作任务，为完成和谐劳动关系考核任务打牢坚实基础。开展“不忘创业初心，接力改革伟业”主题理想信念教育实践活动，进一步增强工商联民营经济人士凝聚力。紧扣非公有制经济健康发展和非公经济人士健康成长主题，坚持新冠肺炎疫情防控和经济发展两手抓，多形式助力，实现疫情防控和经济发展双胜利。开展“学精神、送政策、渡难关、促发展”主题服务行动，通过微信、网站、新媒体等网络平台深入开展理想信念教育活动，特别针对年轻一代民营企业家进行教育引导。组织企业负责人学习领会习近平在全国经济座谈会上的讲话精神和防控疫情阻击战重要讲话精神，努力破解新冠肺炎疫情带来的种种困难和挑战，鼓舞斗志，为非公经济发展带来机遇。

【参政议政】

2020 年，围绕民营经济发展、构建和谐社会等专题调研，将调研触角延伸到经济和社会发展多个领域，确保调研课题有分量、提出建议有质量，为青山区委、区人民政府提供有效决策参考。全年共提交人大代表建议、意见 12 件，政协委员提案 58 件。

【服务民企】

2020 年，区工商联发挥“店小二”精神，送政策到企业，为企业进一步升级创新提供政策指导。建立非公有制企业诉求台账，为企业排忧解难。以全员服务企业为契机，通过宣传、走访、摸底、动员，详细了解各非公有制企业基本情况，尤其是对企业经营发展状况、党组织建设情况进行详细摸排。积极引导企业负责人、出资人支持党建工作，落实非公有制企业党员“一方隶属、多重管理”制度。巩固组建成果，加强新建党组织各项工作指导力度，“扶上马”后继续“送一程”，帮助建立健全规章制度，制订工作计划，不定期对新建党组织工作情况进行回访指导。

【商会发展】

2020 年，区工商联举行内蒙古河北商会党群服务中心揭牌仪式。仪式上，组织工商联会员企业新入党党员开展入党宣誓活动。仪式后，组织企业新入党党员参观内蒙古河北商会党群服务中心、包头温州商会党群服务中心、江苏商会党群服务中心，各党组织负责人交流商会党建工作经验和做法。

【公益事业】

2020 年，新冠肺炎疫情防控阻击战打响后，区工商联迅速发出倡议，号召各商会、民营企业守好自身“责任田”的同时，献爱心、担责任，取得广大非公有制企业人士积极响应和大力支持。区工商联会员企业捐款捐物累计 118.99 万元。精准发力，打通复工复产“通途路”。及时响应落实上级关于新冠肺炎疫情防控和复工复产决策部署，认真组织谋划，有序有力服务企业复工复产。及时宣传最新惠企政策，区工商联将中央、自治区、包头市相关文件和政策信息汇编成册，通过执委微信群等渠道，传达给会员企业。深入实地走访企业，开展调研摸底，帮助企业解决复工和生产运营中出现的困难和问题。

（王馨冉　供稿）

军事

人民武装

【概况】

青山区人民武装部（以下简称区人武部）成立于 1959 年。2020 年，区人武部为正团级单位，设军事科、政治工作科和保障科 3 个科室。

2020 年，按照“维护核心讲政治、立足长远打基础、围绕主业抓落实、开拓创新谋发展、强化管理保安全”工作总思路，区人武部着力在“抓首位、抓主业、抓基础、抓融合、抓安全、抓保障”上下功夫，年度各项工作稳步推进。

【思想政治建设】

区人武部始终把思想政治建设摆在首位，2020 年，重点学习中共十九大精神、习近平新时代中国特色社会主义思想和习近平强军思想，跟进学习中共十九届五中全会精神，通过开展“学创新理论、谈心得体会、理工作思路”活动，着力在真学真信真用上下功夫。在学习方法上，坚持上级“规定动作”和本级“自选动作”相结合，采取领导带头、人人分工、集中授课的方式推动落实，提高人员参与度和学习实效性。在学习落实上，采取月计划、周落实方式，持续深化军委主席负责制和“不忘初心、牢记使命”“传承红色基因、担当强军重任”主题教育，紧跟形势任务开展疫情防控、“亮丽北疆党旗红”、《军队基层建设纲要》学习月、中国人民志愿军入朝作战 70 周年纪念和《中国共产党军队党的建设条例》学习月等教育活动，组织参加烈士纪念日、哀悼抗击新冠肺炎疫情斗争牺牲烈士和逝世同胞活动 、爱国主义观影等实践活动，做到干部职工认识统一、步调一致。认真学习习近平在第十九届中央纪律检查委员会第四次全体会议上的讲话和各级纪检监察工作会议精神，进一步统一思想，形成共识。全国“两会”召开期间，强调政治纪律，统一思想，凝聚共识，确保不发生政治性问题。以违规违纪通报为重点开展警示教育，将容易发生的违规违纪问题拉单列表，立起执纪执法标准，2020 年全年未发生违规违纪问题。注重开展帮带活动，认真摸排干部职工思想，严密组织政治考核，做到大家心里想什么清楚、领导需要做什么清楚、各个阶段抓什么清楚，切实把经常性工作抓好。同时，组织开展安全保密、驾驶员警示等专题教育，深入开展大讨论、大交流，确保干部职工思想稳定。

【战备训练】

2020 年，区人武部聚焦实战落实战备工作。围绕专项任务，立足管用、能用、实用，修订完善各类方案。重要时期，组织民兵应急备勤。根据军分区年度训练计划和月训练任务推进表，结合自身实际，扎实组织基础体能训练和基本指挥技能等训练，积极参加上级组织的情况处置演练并加强推演训练，进一步提高干部体能、技能和处置情况能力。结合任务落实民兵训练。坚持实战实训、按纲施训、从严治训，狠抓民兵训练和演练。全年组织民兵训练、演练 10 余次，进一步提高执行任务能力。

民兵实弹射击训练现场（区人武部　供图）

【国防动员】

2020 年，区人武部调整完善民兵队伍建设类型，编实应急、专业、特殊三类基干民兵队伍。紧跟专项任务要求，针对地区实际，调整民兵应急分队，组建装备保障、工程抢修、交通运输等专业分队和特殊分队，优化战时支援保障和平时应急处突力量配置。及时调整完善国防动员潜力调查领导小组，建立健全专业办公室联络对接、任务协调、合署办公等工作机制，适时组织业务培训。注重抓专职人民武装干部（以下简称专武干部）队伍作风和能力素质，在包头军分区考核中，青山区基层武装部建设获得第一名。组织专武干部参加包头军分区业务培训，获得总分第二名，3 名学员获得“优秀学员”称号。结合新冠疫情实际，把常态防控要求贯穿征兵工作全程，通过“两微一端”、现场造势、登门宣讲等方式开展线上线下宣传。扎实开展廉洁征兵教育，认真组织岗前培训，严密组织体格检查、政治考核、役前训练和集体定兵等环节，顺利完成新兵征集任务，“五率”（报名率、上站率、合格率、择优率、退兵率）考评在包头市持续保持前列。

【双拥共建】

以双拥“创城”活动为牵引，区人武部积极参与脱贫攻坚、精神文明建设等工作。走访慰问部分退伍军人、军烈属、“五保户”和贫困户。在新冠疫情防控关键期，投入资金购置防疫用品，捐赠给包联兴胜镇卫生服务中心，走访慰问抗疫一线军人家属。投入资金，用于结对帮扶兴胜镇兴胜窑村卫生室建设。青山区委、区人民政府在维护军人军属合法权益、安置服务退役军人、随军家属就业和子女入学等方面持续解难，军政军民团结基础更加扎实，被内蒙古自治区人民政府评为“双拥模范区”。

【安全管理】

区人武部坚持把安全工作作为关系全局大事来抓，牢固树立安全发展理念，确保部队安全稳定。充分利用集中学习、警示教育日、党日活动等时机，积极开展《军队安全管理条例》《军队保密条例》和网络安全等相关知识学习。紧密结合季节转换、日常任务，重点加强防意外伤害、防车辆事故、防食物中毒和防水、火、电灾害事故自救互救训练，掌握规避事故方法，提高安防意识和技能水平。制定《安全管理目标》并签订《安全责任状》，坚持每月 1 次安全大检查、每季 1 次安全形势分析，值班干部每天对车辆、涉密场所进行不少于两次巡查、督查。

（段英　供稿）

人民防空

【概况】

青山区人民防空办公室（以下简称区人防办）成立于 1997 年，为区住房和城乡建设局内设股室。2020 年，认真贯彻落实《中华人民共和国人民防空法》，坚持“长期战备、重点建设、平战结合”方针，以人防政策和法律法规为依据，狠抓落实，科学管理，与时俱进，人防战备工作得到全面发展。

【人防设备安全】

2020 年，区人防办加强对人防工程开发利用和消防安全监督检查工作，消除事故隐患，杜绝发生安全事故。按照市人防办通信科要求，开展春季安全生产大检查，新装人防警报器，加大全区警报器日常维护和维修力度，确保警报器覆盖率、鸣响率达 100%。组建青山区人防指挥通信站和应急保障服务站。雨季到来之前，排查全区公共口部，制定防汛预案。

（李嘉琪　供稿）

法治

政法委及综治

【概况】

中共青山区委政法委员会（以下简称区委政法委）成立于1984年，是青山区委职能部门，机构规格为正科级。2020年，内设办公室、综治督导室、维稳督导室、反邪教协调室4个科室。核定行政编制7名，核定科级领导职数4名（2正，2副）。包头市青山区反邪教协会成立于2008年，核定事业编制2名。青山区法学会办公室成立于2010年，核定事业编制4名，由区委政法委代管。

2020年4月9日，青山区委组织、宣传、统战、政法、信访工作会议召开。会议全面总结2019年工作，安排部署2020年工作。充分发挥政法部门和各相关单位在平安创建、维护地区稳定与“法治青山”建设工作中的积极作用。

【司法体制改革】

2020年，加强现代化诉讼服务体系建设。开通并推行网上立案服务，实现当事人坐在家中就可立案，为当事人节约诉讼成本。开通跨域立案服务，深化案件“当场立、自助立、网上立、就近立”改革，严格落实立案登记制改革要求，普遍推行跨域立案服务。拓展公证参与人民法院司法辅助事务，为解决“送达难”问题，有效缓解“案多人少”矛盾，进一步深化多元化纠纷解决机制改革，推动社会资源合理配置和高效利用。深入推进行政执法公示制度、执法全过程记录制度和重大执法决定法制改革3项制度深入落实。印发《青山区关于全面推行行政执法公示制度的通知》，在区人民政府门户网站公示“青山区行政执法公示信息平台”，并按要求录入“自治区法治政府建设智能化一体平台”信息。依法充分使用认罪认罚从宽制度，发挥员额检察官主导能力和作用，利用考核激励机制和测评分析机制，稳步推进认罪认罚工作常态化、规范化、精细化。

【维稳安保工作】

2020年，区委政法委严格落实政治安全形势分析研判制度，做好重点人群教育工作。开展依法取缔和打击“精神传销”专项行动。成立推进国家统编教材使用工作专班，落实“四位一体”稳控机制，确保统编教材使用工作顺利实施。注重舆情工作，牢牢掌握政法领域工作主动权，全区未发生重大政治事件。加快推进房地产领域历史遗留问题、金融领域重点群体矛盾和涉法涉诉信访案件处置化解工作。严格遵循“三到位一处理”原则，完成全国“两会”、国庆、中共十九届五中全会等重要节点安保维稳工作。协调联动政法及各职能单位织牢织密新冠疫情防控网络。快侦、快诉、快审、快判包头市首例妨碍疫情防控工作案件。全年集中排查化解涉疫情矛盾纠纷147件，全部调处成功，最大限度降低疫情带来的负面影响。

【矛盾纠纷隐患排查化解】

2020年，区委政法委不断完善重大决策社会稳定风险评估工作流程及制度，各责任部门按职责分工制定具体有效实施办法，有效减少社会矛盾。进一步充实社区调解委员会人员，在每个社区选聘1名法律工作者担当调解员，形成覆盖全区的人民调解组织网络。组建专业性、行业性人民调解组织，及时化解各领域、行业中矛盾纠纷。截至2020年年底，全区共有各类调委会166个，调解员579人。全年受理调解2225件，调解成功2183件，调解成功率达到98%。

【涉法涉诉信访案件办理】

2020年，全面梳理、分析研判中央移交涉法涉诉信访事项，集中化解重复信访和信访积案，统筹解决审核标准不统一等问题。完善矛盾化解机制，畅通并规范群众诉求表达渠道，切实解决群众合理诉求。对进展滞后的信访事项实行跟踪督办，开展案件评查，从源头上确保案件精准高效办理。严格落实信访问题攻坚年各项任务要求，2020 年中央第八巡视组共交办涉法涉诉信访案件六批 151 件，化解 56 件，办结 95 件。进一步推动重点领域、重点群体社会不稳定风险隐患和信访积案攻坚，加快推进房地产领域历史遗留问题和涉法涉诉信访案件处置化解。

【重大不稳定隐患排查】

2020 年，印发《关于进一步加强全区重大不稳定问题报送工作的通知》。针对政治安全领域、政府化债、房地产开发、征地拆迁、环境保护、涉法涉诉、新冠疫情防控、拖欠农民工工资、出租车行业、村（社区）“两委”换届、非法集资涉众型经济犯罪引发的经济发展领域等方面矛盾和问题，排查梳理重大不稳定问题 29 项，严格落实矛盾隐患化解机制，建立台账，实行分级分类稳控，最大限度把隐患问题解决在萌芽状态，确保矛盾不上交、不激化。

【综治基层基础建设】

2020 年，自由路街道、科学路街道、先锋道街道、乌素图街道 4 个街镇级综治中心建成并投入使用。其中，在科学路街道辖区内建成包头市首家非公有制经济综治中心——正翔国际商圈楼宇综治中心。培养壮大平安志愿者、社区网格员、楼栋长等多种形式群防群治队伍。组建由综治员 + 民警 + 执法队员 + 物业 + 单元楼栋长 + 志愿巡逻队员组成的网格综治小组 529 个。坚持专群结合、依靠群众的方针，将离退休党员、热心居民纳入“小红帽”等义务巡逻队，佩戴明显标识每日进行传销、邪教及安全隐患排查巡逻，积极参与政策法律宣传、矛盾纠纷调解等志愿服务活动。截至 2020 年年底，全区组建“小红帽”等治安巡逻队 139 支，共有队员 962 名。

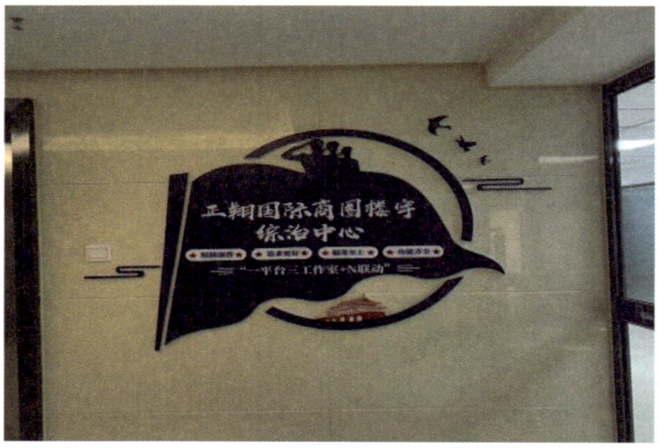

包头市首家非公有制经济综治中心——正翔国际商圈楼宇综治中心（区委政法委　供图）

【社会治安管控】

截至 2020 年年底，青山区公安机关累计打掉涉黑组织及恶势力集团（团伙）15 个，破获刑事案件 223 起，抓获犯罪嫌疑人 345 人。区检察院受理涉黑恶案件 23 件、163 人，提起公诉 20 件、163 人。区法院受理涉黑恶案件 19 件、160 人，一审宣判 19 件、160 人。2020 年，全区刑事案件发案数和“两抢一盗”发案数较扫黑除恶专项斗争前分别同比下降 23.12% 和 67.56%，社会治安秩序持续好转。完成中央督导组交办的 276 条线索，“12337”智能化举报平台涉及青山区的 29 条线索核查。青山区网上通缉涉黑恶人员全部到案，涉黑恶案件全部审结。深入开展重点行业领域“行业清源”专项整治行动，有效整治行业领域乱象。

2020 年，全区立刑事案件 1380 起，破获刑事案件 541 起，破案率约 39.2%，同比上升 4.4%。受理治安案件 2977 起，查处治安案件 2158 起，查处率约 72.5%，同比上升 10.2%。打击处理各类违法犯罪人员 1973 人，其中刑事强制措施 599 人，治安处理 1374 人。

2020 年，全区立电信网络诈骗案件 291 起，同比下降 26.4%；损失金额 843 万元，同比下降 58.4%。破案 232 起，较 2019 年增加 199 起。抓获犯罪嫌疑人 71 人，同比上升 115.2%。

【公共安全领域监管】

2020 年，开展道路交通领域“春季”整治行动，道路交通事故“减量控大”“百日整治”行动，“一盔一带”安全守护行动，“安全生产大检查”，低速电动车专项整治，“僵尸车”专项治理及“猎鹰 2020”系列行动，强力打击重点违法行为，有效预防和控制重特大交通事故势头。2020年全年查处饮酒驾驶机动车325起，涉嫌醉酒驾驶机动车 226 起，其他案件共计447起。

开展消防安全专项整治三年行动及冬春火灾防控工作，对全区商业综合体、高层建筑、生产易燃易爆危险品的企业等20类场所开展全面隐患摸底，整改消除一批火灾隐患。2020 年全年，检查单位 1011 家，督促整改火灾隐患765 处，责令“三停”（停产停业、停止使用、停止施工）单位 7 家，挂牌督办重大火灾隐患单位2家，共罚款44.33万元。

制定《2020 年青山区中小学幼儿园“护校安园”工作方案》，多方联动开展护校安园活动。强化一键式视频监控联网报警系统联网运用，扎实推进学校、幼儿园“三见警”（见警察、见警灯、见警车）工作。在全区范围内组织实施由公安民警、学校教师、学校保安、学生家长志愿者四方联动的“四位一体、联动护学”校园周边交通安全管理模式，受到包头市教育局和包头市公安局交警支队好评。

【特殊人群服务管理】

2020 年，不断完善严重精神障碍患者基础信息库和动态检测网络，建立救治救助专项资金和强制医疗绿色通道。为机关事业单位工作人员、辖区居民及严重精神障碍患者家属开展心理健康知识讲座，同时在线上开展“弘扬抗疫精神，护佑心理健康”、心理健康素养十条等科普宣传活动。

健全完善吸毒人员强制戒毒、隔离戒毒、自愿戒毒、社区康复相互衔接机制。将“社区戒毒、社区康复人员”纳入区域化社会治理网，实现对吸毒人员动态管控、分类处置，最大限度防止漏管失控。

完善社区矫正与刑释解教人员安置帮教工作机制。利用司法智能终端（JiPad）、内蒙古公共法律服务一体化平台及“正行通”App 生物信息签到功能，对社区矫正对象进行全面监管及实时定位。采取不定期抽查的方式，共计抽查10个司法所社区矫正对象159人次，被抽查对象全部按要求报到。全年累计接收入矫179 人，解除社区矫正人员 121 人。截至 2020年年底，有在册人员175人，其中缓刑172人，暂予监外执行2人，管制1人，以危害公共安全、破坏经济秩序、侵犯公民人身权利犯罪居多。

（区委政法委　供稿）

法治政府建设

【法治政府建设示范区创建】

2020 年，青山区扎实开展法治政府建设示范区创建活动。召开区委全面依法治区委员会第二次会议，会议全面总结全区法治政府建设主要举措和取得的重要成效，并审议通过《区委全面依法治区委员会协调小组工作细则》。2020 年 11 月，青山区被自治区党委全面依法治区委员会办公室授予“全区法治政府建设示范旗县（市、区）”称号。

【依法行政工作】

2020年，认真落实行政机关负责人出庭应诉制度，转接和新增行政诉讼案件共17件，其中12件在2020年年内审结，区人民政府均胜诉。行政复议申请案件8件，100%依法审结。全面做好法律顾问工作。制定《青山区法律顾问管理办法》，招聘法律顾问团队4个为全区各单位提供法律服务。进一步加大规范性文件监督管理工作力度，做到“有件必备、有备必审、有错必究”，报备率、及时率、规范率均达到100%。向市人民政府、区人大常委会备案规范性文件1件。建立清理规范性文件长效机制，开展优化营商环境规范性文件和煤炭资源专项规范性文件清理工作。

【行政执法监督】

2020 年，严格履行行政执法公示、执法全过程记录、重大执法决定法制审核“执法三项制度”，把贯彻落实《内蒙古自治区行政执法公示执法全过程记录重大执法决定法制审核办法》纳入全区法治政府建设考核体系和绩效考核目标。建立青山区本级行政执法信息公开平台——法治政府建设智能化一体平台，并在区人民政府门户网站上线运行。进一步强化执法监督力度。组织开展 2020 年新增行政执法人员资格认证网上培训和实名制备案工作，28 人通过行政执法资格考试。积极推进街道（镇）综合执法改革工作，为青福镇、兴胜镇发放一体化平台账号，完善执法主体和执法人员信息。

（云慧智　供稿）

公　安

包头市公安局青山区公安分局

【概况】

包头市公安局青山区公安分局（以下简称青山公安分局）成立于 1956 年，是包头市公安局的派出机构，机构规格为正科级。2020 年，内设情报指挥中心（办公室）、督察法制大队（执法办案管理中心）、政治安全保卫大队（境外非政府组织管理办公室）、治安管理大队、刑事侦查大队（青山区禁毒委员会办公室）、警务支援大队、反恐怖和特巡警大队、警务保障室、政治工作办公室、森林公安大队、青山区看守所 11 个机构，下辖 11 个派出所。核定政法专项编制 468 名，核定副县级领导职数 1 名，核定科级领导职数 27 名（1 正，26 副），有在岗民警 441 人，警务辅助人员 342 人。

2020 年，青福派出所被内蒙古自治区公安厅授予集体二等功。

【国家安全】

2020 年，青山公安分局以开展公安政保战略支撑点建设工作为契机，积极开展维护国家政治安全稳定工作。有力维护青山区社会和谐稳定。

青山公安分局稳步推进反恐怖各项工作，对涉恐涉暴物品进行清查、整治，对重点防范目标单位进行备案、指导，维护青山区经济社会安全稳定。全年组织开展大型反恐宣传活动 1 次，中小型反恐宣传活动 26 次，利用 LED 屏幕、微信公众号等形式发布反恐宣传信息 25 条，组织开展大型反恐演练 1 次，组织基层派出所开展反恐演练 14 次，督促指导一级重点防范目标单位 20 家建立反恐应急预案、4 家建立应急预案，督促指导二级重点防范目标单位 1 家建立反恐应急预案、4 家建立应急预案。

【维护社会稳定】

2020 年，青山公安分局完成警卫任务 6 次，高等级勤务任务 8 次，共出动警力 1376 人次，车辆 412 台次，完成重要节点、时期的社会面维护稳定工作，确保矛盾排查化解工作取得实效。青山公安分局派出所与区司法所建立共防共建共治协作机制，充分化解辖区内矛盾纠纷，切实做到矛盾不上交、平安不出事。

【扫黑除恶】

2020 年，青山公安分局破获涉恶类案件 45 起，抓获涉恶类犯罪嫌疑人 62 人。接收各级转办线索 61 条，实际核查 58 条，已办结 45 条，核查中 13 条。冻结涉恶类案件资金 1824.8 万元，查封房产 14 套，扣押涉案机动车 56 台。

【打击刑事犯罪】

2020 年，青山公安分局破获各类刑事案件 513 起，包含命案 3 起，破案数量同比上升 71.57%。刑事打击处理 530 人，打击处理人数比 2019 年上升 35.9%。

2020 年 11 月 26 日，破获公安部交办的王某非法制造枪支案，缴获枪支 1 支。12 月 1 日，破获 11 月 30 日发生在青山区迎宾小区的蒙面持刀抢劫案，抓获犯罪嫌疑人武某。从柬埔寨劝返1名被公安部列为“猎狐”逃犯的犯罪嫌疑人。

【打击经济犯罪】

2020年，青山公安分局破获经侦案件25起（其中积案20起），抓获犯罪嫌疑人54人。其中，刑拘46人，取保6人，监视居住2人。移送起诉22案51人，涉案金额约787.7万元。

【禁毒工作】

2020年，青山公安分局抓获涉毒违法犯罪人员145人。其中，刑事拘留10人，强制隔离戒毒62人，行政拘留并处社区戒毒9人，行政拘留64人。收缴各类毒品21.91克。

以公安部禁种铲毒专项行动为依托，在全区范围内开展禁种铲毒和禁毒踏查工作，把毒品原植物种植现象斩断在萌芽之中。按照社区戒毒社区康复工作“8·31”工程要求，建立吸毒人员动态管控机制，在3个街道设立“绿洲家园”社区戒毒社区康复工作站，实现对吸毒人员的动态管控，帮助吸毒人员戒除毒品，重返社会，最大限度防止吸毒人员，尤其是社区戒毒、社区康复人员漏管失控。

【破获电信网络诈骗案】

2020年，青山公安分局破获电信网络诈骗案232起。其中，自主侦破36起，串并破案128起，外地带破案件68起。抓获犯罪嫌疑人71人，抓获人数比2019年上升115.2%。

2020年5月20日，青山公安分局主动出击，派出多路侦查员到广东省深圳市、浙江省杭州市同时进行收网，破获郭某被网络诈骗案，抓获犯罪嫌疑人13名，扣押涉案电脑25台、涉案银行卡80余张，冻结涉案资金310余万元。

【治安管理】

2020年，按照新冠肺炎疫情防控工作有关要求，青山公安分局对所有群众聚集性场所进行统一关停，取消春节期间的街头群众娱乐表演、灯火晚会、社火等活动。封控各类场所168家，督促指导22处公寓实施出入人员轨迹数据上传、扫描工作。承担护送转运所有从中高风险地区到青山区人员至隔离点的任务，共护送转运近300人次。组织开展危爆物品安全大检查、公务用枪安全检查和烟花爆竹专项整治工作。收缴各类枪支4支，子弹2294发，管制刀具18把。打击黄赌违法犯罪行为，从根源上消除社会毒瘤。查处涉黄涉赌行政案件98起，行政处罚101人，罚款20.28万元。查处涉黄涉赌刑事案件5起，打击处理人员22人。与青山区劳动监察部门联系，打击拒不支付劳动报酬犯罪行为，共协助支付拖欠工资435万余元。

【户政管理】

2020年，青山公安分局以“关注民生，服务群众”为出发点，深入推进户籍“放管服”制度改革，进一步提升窗口服务水平，夯实派出所基层基础工作。落实便民惠企“双三十条”和18项新举措，全面深入社区为群众解读落户新政策。持续推进“24小时警局”、内蒙古政务服务平台、包头公安民生服务管理平台、“互联网+”公安政务服务平台建设，实现警民沟通零距离。

2020年，完成第七次全国人口普查户口整顿工作。按照《包头市公安局第七次全国人口普查户口整顿工作方案》要求，6月1日至8月31日，利用3个月时间，分三步开展青山区户口整顿工作。截至8月31日，共核实户籍人口135447户、377849人（乡村人口9097人），核对流动人口89110人。工作中发现户口待定人员826人，解决666人。其中，出生未落户444人，解决438人；持证未落户（迁移证、释放证、军转手续等）304人，解决202人；其他未落户78人，解决26人。工作中发现重登、误登人口258人，已全部注销；其他应销未销人口707人，已注销589人，其中死亡未注销702人，已注销584人。户口变更及更正项目数8398项，已解决7683项。

2020年，青山区有户籍人口37.52万人、

13.48 万户。其中，男性 18.45 万人，女性 19.07 万人，男女比例为 96.8∶100。出生落户人口 2951 人，死亡注销人口 1790 人，省外迁入人口 1043 人，迁往省外人口 2189 人，市外迁入人口 2923 人，迁出市外人口 2848 人，人口自然增长率为 3.1‰。流动暂住寄住人口（市外及市内旗县流入）12.15 万人。

【出入境与往来港澳台管理】

新冠肺炎疫情防控期间，青山公安分局采取“互联网 +”出入境便民服务模式，努力做好出入境政策宣传指引工作。在青山区幸福路派出所户籍大厅增设出入境受理窗口，方便人民群众就近办理出入境证照。实现自治区内居民申办往来港澳通行证、往来台湾通行证单独签注、当场办结。2020 年全年，办理受理办证量 890 份、695 人。自助签注机香港签注总数量 42 人次，澳门签注总数量 141 人次，台湾签注总数量 5 人次。

2020 年，青山公安分局开展外国人从事非法活动清理整顿工作。全年查处外国人非法居留案件 2 起，查处外国人非法就业案件 3 起，查处非法聘用外国人案件 3 起，查处外国人从事与停留居留事由不相符活动案件 1 起，查处违反外国人住宿登记规定案件 4 起，限期出境 2 人。

出入境证照办理现场（青山公安分局　供图）

【110 接处警工作】

2020 年，青山公安分局“三台合一”报警服务平台（110、119、122 报警平台整合）接报各类报警、求助 45098 起，日均 123 起。其中，违法犯罪警情 2685 起，火灾警情 48 起，自杀警情 32 起，纠纷 6049 起，家暴 305 起，公民求助 15692 起，走失寻人 1798 起，其他 18489 起。

【科技强警】

2020 年，青山公安分局深入推进“云眼卫士”建设。按照“优中选优”“重中之重”的原则与中国移动公司包头分公司共同对点位进行科学合理勘察和选取，确定青山云眼系统点位，安装“云眼卫士”摄像机。截至 2020 年年底，出入口覆盖视频监控的小区有 240 个，公寓有 22 个。国道 110 线北侧 19 个自然村均安装“云眼卫士”摄像机。

【监所管理】

2020 年，青山区看守所收押 515 人（刑拘 420 人，逮捕 94 人，其他 1 人），出所 433 人（交付监狱执行 156 人，刑满释放 138 人，转取保候审监视居住 123 人，其他处理 14 人，转本省市其他所 1 人，转外省区市 1 人）。安排提审提讯 2354 次，提审开庭 455 次，投牢 11 次共投送 156 人，律师会见在押人员 1121 次，执行死刑 2 人。

【规范执法】

2020 年，青山公安分局完成对集案件管理中心、执法办案中心、涉案财物管理中心于一体的执法办案管理中心的建设、改造工作，与包头市公安局执法办案管理中心系统对接，实现了对案卷材料，对办案民警、嫌疑人出入区、嫌疑人随身携带物品，对涉案财物的智能化管理。

新冠肺炎疫情防范工作开展后，青山公安分局采取“侦、捕、诉、审”快速办理机制，审核办理涉疫行政案件 42 起，行政拘留 21 人，打击处理犯罪嫌疑人 50 人。审核办理涉疫刑事案件 6 起，打击处理犯罪嫌疑人 13 人。在教育整顿试点工作中，重点排查影响公正执法突出问题的案件。对有案不立、压案不查及违规取保候审等问题进行排查，集中整治关系案、人情案、金钱案等影响公正执法的突出问题。排查 2018—2020 年办理的刑事、行政案件共 9800 余起，发现问题案件共 320 起，均已整改并对部分民警给予通报批评。

2020 年，青山公安分局通过案管中心向检察机关移送案件 554 起。其中，提请批准逮捕案件 192 起，移送起诉案件 295 起，补充侦查案件 67 起，检察机关不予批准逮捕 86 人，不起诉 44 人。行政复议案件有 35 起，其中维持 30 起，撤销 5 起。行政诉讼案件有 10 起，其中维持 9 起，撤销 1 起。刑事复议案件有 9 起，其中维持 8 起，撤销 1 起。国家赔偿案件有 5 起，均不予赔偿。

2020 年，青山公安分局接收信访案件 218 件。其中，教育整顿期间接收 18 件，全部办结；中央第八巡视组转发信访积案 47 件，化解 39 件，办结 8 件；信访重复积案 16 件，化解 14 起，办结 2 起。接待其他群众来访、来信 137 件。

【纪检监察】

2020 年，青山公安分局制定党风廉政建设主体责任和监督责任清单，实现民警、辅警廉政档案全覆盖，做好廉政档案动态化管理。开展煤炭资源领域违规违法问题专项整治、乱占耕地建房问题整治、侵害漠视群众利益专项整治，彻底肃清腐败流毒影响，持续净化政治生态工作。开展顽瘴痼疾整治工作，制定青山公安分局整治顽瘴痼疾目标任务清单，列出顽瘴痼疾 66 条，各部门主动认领任务，不折不扣抓好问题整治，确保所有顽瘴痼疾“清仓见底”。

2020 年，青山公安分局纪检监察室受理群众举报投诉问题线索 146 件。给予党纪处分 12 人，诫勉谈话 1 人，通报批评 13 人，给予提醒谈话 10 人，下达纪律检查建议书 2 次，督察通知书 4 次。

（武瑾　供稿）

包头市公安局直属侦查二分局

【概况】

2020 年，按照中共包头市委员会机构编制委员会《关于调整包头市公安局职责机构编制事项的通知》（包机编发〔2020〕40 号）、《关于调整包头市公安局派出机构职责机构编制事项的通知》（包机编〔2020〕41 号）要求，包头市公安局青山治安分局更名为包头市公安局直属侦查二分局（以下简称直属侦查二分局），是包头市公安局的派出机构，机构规格为副处级。主要负责分析和研究辖区一机集团、北重集团、包头二电厂的社会治安状况，部署辖区企业公安保卫工作并监督检查；负责辖区企业政治案件和刑事案件，依法对辖区企业的安全保卫工作和保卫组织进行业务指导；负责包头市公安局指定的电信网络诈骗、经济犯罪、毒品犯罪、食品药品环境犯罪等重点领域的案件侦办工作。2020 年，内设政治工作办公室、企业安全保卫指导大队、侦查保障大队、侦查打击一大队、侦查打击二大队。核定政法专项编制 60 名，核定副县级领导职数 2 名，核定科级领导职数 26 名（13 正，13 副）。

2020 年，直属侦查二分局被包头市公安局授予“实绩突出单位”称号。

【国家安全】

2020 年，围绕自治区、全国“两会”和重要节点安保工作，直属侦查二分局深入辖区摸排情报线索，落实旅店住宿实名登记制度，利用相关平台布控，实时掌握辖区动态，切实做好辖区社会面管控，严防危害国家安全案事件发生。

【维护社会稳定】

2020 年，根据职能调整，结合工作实际，直属侦查二分局坚持目标不变、工作不断、标准不降、力度不减、打防结合、以打促防，完成上级交办的各项任务，为辖区一机集团、北重集团、包头二电厂等企业生产经营提供良好治安环境。

北重集团开展反恐演练现场（直属侦查二分局供图）

【扫黑除恶】

2020 年，核查扫黑除恶办结线索 13 条。打掉中国共产党中央纪律检查委员会和公安部督办的刘某组织领导的黑社会组织犯罪集团 1 个，立案 37 起，抓获嫌疑人 20 人，处置涉案财产 4000 余万元。打掉孙某套路贷恶势力犯罪集团 1 个，破案 10 起，涉案 7 人。

【打击刑事犯罪】

2020 年，直属侦查二分局辖区内发生刑事案件 32 起，侦破 17 起，打击处理 11 人，完成公安部“清网专项行动”任务。

【打击经济犯罪】

2020 年，直属侦查二分局受理包头市公安局交办的经济类犯罪案件 11 起。其中，立案 8 起（破案 3 起，打击处理 3 人，挽回损失 146 万元），不予立案 2 起，立案审查 1 起。

【治安管理】

2020 年，直属侦查二分局持续开展缉枪治爆专项行动，定期对辖区内 3 家企业、9 家旅店业、23 家其他行业场所进行检查。深入辖区开展涉恐情报线索摸排工作，做到发现线索，及时侦控。深入辖区流动人口比较密集地区开展摸排工作，落实流动人口登记管理、出租房屋和旅店业住宿实名登记等制度，做到底数清、情况明。

【110 接处警工作】

2020 年，直属侦查二分局接 110 警情 443 起。其中，刑事警情 10 起（网络诈骗 8 起，传统诈骗 1 起，盗窃 1 起），治安警情 26 起（盗窃 7 起，故意损坏公共财物 2 起，殴打他人 14 起，纠纷 3 起），群众求助 407 起。

【科技强警】

2020 年，按照包头市公安局统一安排部署，直属侦查二分局全面启用移动警务终端、实时视频监控、网上布控系统、大数据平台等信息化手段，坚持人防和技防两手抓，全面提升打击违法犯罪行为战斗力。以科技强警推动传统警务模式向现代警务、数据警务、信息警务转型升级，进一步提升公安工作效率、实战效能和服务效果。

【规范执法】

2020 年，在深入推进执法规范化建设过程中，直属侦查二分局始终紧盯“接处警、案件办理、人员查处、涉案财物管理、办案区域执法安全”五大执法重点环节，实现执法信息化、流程化、清单式管理。加强执法监督，规范接处警，所有接处警必须佩戴执法记录仪，实现全流程覆盖、无死角管控。深化全警实战大练兵，引导民警树立正确的实体和程序意识，提升整体执法质量，加强执法规范化培训，落实日巡查制度，落实法制全流程监督工作，确保案件管理科学化、系统化。进一步完善执法全流程无缝隙记录机制，实现从接处警、受立案、现场执法、调查取证、办案区讯问询问、涉案财物管理处置、卷宗管理到案件终结的执法全过程记录。

（魏丽华　范乐乐　供稿）

包头市公安局乌素图治安分局

【概况】

包头市公安局乌素图治安分局（以下简称乌素图治安分局）成立于 2007 年，是包头市公安局的派出机构，机构规格为副处级。2020 年，按照中共包头市委员会机构编制委员会《关于调整包头市公安局职责机构编制事项的通知》（包机编发〔2020〕40 号）、《关于调整包头市公安局派出机构职责机构编制事项的通知》（包机编〔2020〕41 号）要求，乌素图治安分局主要负责分析和研究辖区中核北方核燃料元件有限公司厂内社会治安状况，部署辖区企业公安保卫工作并监督检查；负责辖区企业政治案件和刑事案件的侦办工作；依法对辖区企业进行社会治安管理；依法对辖区企业的安全保卫工作和保卫组织进行业务指导；承办上级交办的其他工作。2020 年，内设综合办公室、企业安全保卫指导大队、侦查打击大队 3 个机构。核定政法专项编制 50 名，核定副处级领导职数 2 名，核定科级领导职数 15 名（9 正，6 副）。有在编警力 45 人，文职辅警人员 46 人。

【维护社会稳定】

2020 年，乌素图治安分局积极落实“三见警”工作，坚持在上学、放学期间协助校园维持校内外治安秩序，完善校园周边“护学岗”工作。对辖区内奥林匹克公园、重点企业、主要道路、重点地段开展警车巡控工作。坚持上午 10 时至 11 时、下午 16 时至 17 时、凌晨 1 时至 2 时进行巡控，做到巡控和安全检查相结合、巡控和重点盘查相结合、巡控和处置警情相结合。

企业安全保卫指导大队对辖区企业进行安全检查现场（乌素图治安分局　供图）

【打击刑事犯罪】

2020 年，乌素图治安分局立刑事案件 71 起。其中，电信诈骗案件 51 起，一般诈骗案 4 起，盗窃案件 13 起，非法吸收公众存款案 1 起，故意伤害案件 2 起。破获刑事案件 10 起，其中电信诈骗案件 2 起，移交江西省九江市浔阳分局办理；破获非法吸收公众存款案件 1 起，抓获 2 人，移交东河刑侦大队办理；破获一般诈骗案件 2 起；破获盗窃案件 2 起；破获故意伤害案件 2 起；破获 2004 年“4·22”杀人碎尸案命案积案 1 起，命案全部清零。

【打击经济犯罪】

2020 年，按照包头市公安局《打击治理电信网络新型违法犯罪专项行动方案》要求，乌素图治安分局开展打击治理电信网络新型违法犯罪专项行动。结合新冠肺炎疫情防控工作，在乌素图街道南门外、西门外共悬挂防范电信诈骗条幅 20 条，发放宣传册 240 余份；在辖区企业内开展防范电信诈骗宣讲活动 4 次。查控银行账号、第三方支付账号 100 余个，对每起电信诈骗案件进行资金研判。对境外高危人员开展回包头市核查工作，核查 1 人并上报包头市公安局，破获电信诈骗案件 1 起。

【扫黑除恶】

2020 年，乌素图治安分局收到包头市公安局转交举报线索 1 条。7 月 10 日，对举报线索中涉及的举报事项核查完毕，核查结论为不涉嫌违法犯罪，并通过包头市公安局审核。

【治安管理】

2020 年，乌素图治安分局受理行政治安案件 88 起。其中，殴打他人案件 39 起，盗窃案件 16 起，诈骗案件 13 起，故意损毁财物案件 6 起，赌博案件 2 起，吸毒案件 1 起，侵犯他人隐私案件 1 起，安排未取得资格证书的保安人员上岗案件 1 起，违规燃放烟花爆竹案件 3 起，阻碍执行职务案件 1 起，寻衅滋事案件 3 起，侮辱他人案件 2 起。查处行政治安案件 55 起。其中，殴打他人案件 37 起，赌博案件 2 起，盗窃案件 3 起，寻衅滋事案件 2 起，侮辱他人案件 1 起，侵犯他人隐私案件 1 起，故意损毁财物案件 1 起，安排未取得资格证书的保安人员上岗案件 1 起，阻碍执行职务案件 1 起，吸毒案件 1 起，侮辱他人案件 2 起，违规燃放烟花爆竹案件 3 起。

【户政管理】

2020 年，乌素图治安分局有户籍人口 17454 人，户数 7279 户，登记地址 17946 条，流动人口 2117 人，寄住人口 403 人。流动人口登记 421 人，注销 6658 人，寄住人口注销 56 人。常住人口增加 628 人，减少 391 人。办理出生登记 81 人，死亡注销 30 人，市外迁入 49 人，迁出市外 55 人，市内迁入 650 人。各类登记事项变更 689 项次，照片维护 43 人次，参军迁出 2 人，转业落户 1 人，受理包头市身份证 20 人次，其他盟市身份证 12 人次，其他省市 7 人次。受理居住证 421 人次，各类咨询求助 3778 人次。

【110 接处警工作】

2020 年，乌素图治安分局接 110 警情 1677 起。其中，求助 1014 起，纠纷 535 起，诈骗 55 起，盗窃 37 起，殴打他人 31 起，故意损毁财物 3 起，寻衅滋事 1 起，吸食毒品 1 起。

（吕烨　供稿）

交通管理

包头市公安局交通管理支队青山大队

【概况】

包头市公安局交通管理支队青山大队（以下简称青山交管大队）成立于 1957 年，是包头市公安局交通管理支队的派出机构，机构规格为正科级。2020 年，按照包头市公安局交通管理支队机构改革领导小组《关于北郊大队、南绕城大队机构改革实施工作的通知》（包公交改〔2020〕2 号）要求，将原北郊大队部分人员及辖区整合至青山交管大队。2020 年，内设指挥室、管理宣传中队、车管分所、事故处理与案件侦查中队、特勤中队、3 个岗勤中队。核定政法专项编制 77 名，核定科级领导职数 6 名（2 正，4 副）。核定事业编制 35 名。有文职辅警人员 150 人。

2020 年，青山交管大队负责青山区的道路交通管理工作。辖区有大小道路 104 条。其中，主干道 24 条，次干道 53 条，支路 27 条。有桥梁 5 处。有路口 307 个，其中，十字路口 186 个，丁字路口 121 个；信号灯路口 176 个，无信号灯路口 131 个。中心隔离护栏共计 37546 米。有大型企业 2 家（一机集团、北重集团）。有重点企业 26 家。其中，危化品运输企业 19 家（有车辆 439 台，驾驶员 495 名，押运员 492 名），校车企业 3 家（有校车 3 台，驾驶员 3 名），客运企业 4 家（有车辆 269 台，驾驶员 269 名）。有物流园区 3 家（包头传化交投公路港物流有限公司、北方风驰物流园、一机综企人和晋通商贸物流园区）。有出租车企业 7 家（有驾驶员 3988 名，车辆 1251 台）。有道路货物运输经营业户 106 家。

【交通管理措施】

2020 年，青山交管大队加强源头管理，深入辖区企业开展交通安全大检查 156 次。通过公安交管“六合一平台”对重点企业所属车辆进行排查，共排查违法未处理车辆 1241 台次，下达违法清零整改通知书 109 份。开展面对面检查车辆 41 次，共计 335 台。联合区应急管理局、青山运管所对辖区内企业进行安全大检查 12 次。完善施划交通标志标线，应划尽划停车泊位 13484 个，非机动车停车泊位 2417 个，补划停车泊位 542 个，悬挂临时停车牌 11 处。加强新业态交通行业管理，严格落实物流寄递企业主体责任制，严防违禁品案件发生，深入寄递物流企业检查 15 次，并签订责任状。办理辖区道路占道施工、雨水管网施工改造占道挖掘审批 64 处。为辖区 51 家运输企业及个人共计

3566 台次车辆办理通行证延期业务并建立车辆档案。

【交通秩序整治】

2020 年，青山交管大队加大对背街小巷的交通秩序整治。联合辖区执法部门开展整治 159 次，共清理“僵尸车”127 台。开展“猎鹰”系列等集中统一行动 84 次。查处各类交通违法行为共计 241440 笔。其中，使用警务通现场纠违处罚 51470 笔，非现场抓拍 188908 笔，一般程序处罚 1062 笔（查处饮酒驾驶机动车 423 起，涉嫌醉酒驾驶机动车 325 起，涉牌涉证 241 起，行政拘留 37 人）。其他行政案件共计 67 起，刑事案件 6 起。

检查涉嫌醉酒驾驶机动车现场（青山交管大队供图）

【交通安全宣传】

2020 年，青山交管大队发布新闻报道 681 篇（自治区级 278 篇，市级 403 篇），在新媒体上发布稿件 121 篇。开展“七进”法治宣传活动 113 次。在今日头条执法直播 24 次。在传统媒体、新媒体发布“两公布一提示”990 条。悬挂条幅 51 条，LED 屏播出 55 条。开展大型主题宣传活动 27 次。微视频发布 35 条。美篇制作 19 篇。做客包头广播电视台 5 次。新闻媒体随警作战 26 次。通过网络视频线上开展交通宣传教育讲座 3 次。发放宣传材料 18.9 万份。

【交通事故处置】

2020 年，青山交管大队接道路交通事故报警 10480 起。其中，简易程序道路交通事故 6334 起，现场双方协商解决、损失轻微民警调解以及保险直赔等道路交通事故 3944 起，一般程序道路交通事故 202 起（死亡事故 13 起，死亡 13 人；伤人事故 163 起，伤 176 人；财产损失事故 26 起）。一般程序道路交通事故中有涉酒事故案件 31 起（醉驾 25 起，饮酒 6 起），侦破逃逸事故案件 7 起，无证事故案件 6 起。直接经济损失 20.2 万元，与 2019 年同期相比，适用一般程序处理道路交通事故起数下降 12%，死亡事故起数上升 18%，道路交通事故受伤人数下降 12%，直接经济损失下降 12%。

【交通安保工作】

2020 年，青山交管大队完成全国、自治区、包头市、青山区“两会”、清明节、“五一”劳动节等道路交通安全保卫任务 27 次。完成交通警卫任务 151 次，其中三级警卫任务 8 次、一般交通安全警卫任务 143 次。完成各类交通安保任务，未发生任何问题。

【机动车辆及驾驶人管理】

突如其来的新冠肺炎疫情期间，青山交管大队推行“容缺办”（对暂时无法提供身体条件证明的驾驶人，窗口先予办理驾驶证换证，允许驾驶人在疫情结束后补交身体条件证明）、“延期办”（疫情期间，驾驶人考试、机动车检验、满分教育、审验教育等业务仍适用延期办理，逾期未办不予处罚；对疫情期间保留原机动车号牌号码期限届满的，延长重新启用时限；对疫情发生前取得的学习驾驶证明，统一延长有效期，无须学员单独申请办理）业务。向群众推广“交管 12123”App 和“包头交警”App，可实现网上办理车驾管业务。启动应急“绿色通道”服务窗口，秉承“特事特办、急事急办、应办尽办”原则，为“抗疫”车辆及工作人员提供车驾管业务服务。推行机动车检验标志电子化。所辖5个智慧交通岗亭开办车驾管业务，打造便民利民的“马路边的车管所”。

【法治工作】

2020 年，青山交管大队完善法治工作程序，健全法治案卷流转机制，坚持执行中队领导、法制员、大队领导三级案件审批制度，做细做实法治工作基础。审批行政案件 935 起。其中，无证驾驶 171 起，饮酒后驾驶机动车 262 起，超速 50% 以上的 194 起，一般程序事故196起，其他112起。审批立案339起。其中，危险驾驶案 324 起，交通肇事案 12 起，伪造、变造、买卖国家机关公文、证件、印章案 2 起，妨害执行公务案 1 起；审批刑事拘留 32 起；审批取保候审 318 起；审批移送起诉 293 起；行政拘留审批 36 起；首违免罚 3658 起；证据复核 1266 起；撤销文书 22 起，其中，简易处罚决定书 9 起。强制措施 13 起；回退文书 30 起；强制措施更正 22 起；违法通知书更正 1 起；简易处罚决定书更正 7 起。指定专人负责涉案财物管理工作，统计公示涉案车辆停放点内违法车辆和“僵尸车”5 批次 599 台。指定专人负责涉酒案件的血样保管送检工作，累计送检血样 458 次，二次鉴定 61 次。指定专人负责吊销驾驶证的审批和转递工作，累计转递驾驶证 218 次。

（赵峰　苏日娜　供稿）

检　察

【概况】

青山区人民检察院（以下简称区检察院）成立于 1957 年，机构规格为正科级。2020 年，内设办公室、政治部、第一检察部、第二检察部、第三检察部、第四检察部、第五检察部、综合业务部，下设司法警察大队。核定政法专项编制 56 名，有在编人员 48 人。其中，员额检察官 24 名（包括院领导入额 7 名），检察辅助人员 16 人，司法行政人员 8 人。有聘用制书记员 17 人，院聘人员 13 人。

2020 年，区检察院被包头市人民检察院授予“检察信息工作先进集体”“检察新闻宣传工作先进集体”称号。

【体制改革】

2020 年，区检察院落实司法责任制，入额院领导直接办理当地具有典型性、代表性案件或重大疑难复杂案件 364 件。建立以“案件比”为核心的办案质效评价体系，依法减少程序运用，合理缩短办案周期，节约司法资源，减少诉累，刑事检察“案件比”低于内蒙古自治区平均值 0.16。扎实推进检察官业绩考评工作，因地制宜创设调整考评指标和考评规则，引导激励检察官依法履职。深化业务数据分析研判，评查案件 730 件，对案件流程发出预警 207 次，分析核心业务数据 12 次，办案质效得到显著提高。

【刑事检察】

新冠肺炎疫情防控期间，区检察院对有社会影响的案件提前介入、引导侦查，对情节严重的案件依法快捕快诉、及时震慑，做到抗疫、办案两不误。批准逮捕涉疫刑事犯罪6件6人，提起公诉 5 件 5 人，依法不批捕 1 件 1 人。办理防疫物资监管等领域公益诉讼案件 4 件，向行政机关发出检察建议 2 份。通过电话、网络接访 113 件，提供法律服务助力 2 家企业复工复产。派出 75 人次检察干警第一时间参与联防联控 3500 小时，组织捐款 6565 元。

区检察院严格落实扫黑除恶“六清行动”要求，提起公诉 7 件 86 人，其中，刘某利等 17 人专案和王某乐等 45 人专案均系自治区挂牌督办的黑社会性质组织犯罪案件。聚焦“破网打伞”，移送案件线索 3 件。坚持“打财断血”，对涉案财产提出处理意见 123 条。积极参与综合治理，发出检察建议 4 件。坚持法律原则，“既不拔高也不凑数”，纠正漏捕 11 人，纠正漏诉 2 人，追加漏诉犯罪事实 6 起；追加认定为组织成员 6 人，因证据不足由公安机关撤回继续侦查 12 人。办理的案件入选包头市涉黑恶典型案例 1 件，内蒙古自治区检察建议典型案例 1 件。扫黑除恶办案团队及 2 名干警被推荐为全国扫黑除恶先进集体和先进个人。

区检察院聚焦影响群众安全感的突出问题，始终保持对各类暴力犯罪高压打击态势，维护政治安全和大局稳定。受理审查逮捕各类刑事案件 268 件 410 人，批准逮捕 220 件 322 人。受理审查起诉案件 693 件 1007 人，提起公诉 546 件 815 人。办理的经济类犯罪案件占包头市检察机关办理总数的 40% 以上。秉持客观公正立场，坚持“少捕慎诉”理念，依法不批准逮捕 94 人，不起诉 144 人。进一步加强监检衔接，强化互相配合、互相制约，持续在反腐败斗争中发挥检察作用，审查办理监察机关移送职务犯罪案件 10 件 14 人，提起公诉 11 件 15 人，案件有罪判决率 100%。

【公益诉讼检察】

2020 年，区检察院准确把握公共利益代表定位，忠实履行监督职责。受理公益诉讼线索 269 件，立案 269 件，发出检察建议 269 件，起诉行政公益诉讼案件 3 件。办理刑事附带民事公益诉讼案件 1 件，诉讼请求青山区人民法院全部支持。依托“三检合一”办案模式，办理刑事案件 6 件。筑牢野生动物保护防线，针对非法收购珍贵、濒危野生动物行为向辖区森林公安发出检察建议，并会签保护野生动物协作机制，为开展野生动物保护公益诉讼工作奠定基础。积极开展煤炭资源领域违规违法问题专项整治行动。拓展公益诉讼案件范围，探索办理“毒驾”、人防工程等行政公益诉讼案件 55 件，助力法治政府建设。

区检察院聚焦民生，认真落实食品药品安全“四个最严”专项行动要求，办理食品药品领域公益诉讼案件 26 件，与公安、市场监督管理部门建立协作机制，开展校园食品安全专项检察监督，切实维护人民群众“舌尖上的安全”。全力保障农民工依法取酬，起诉恶意欠薪犯罪 2 件 2 人，帮助 58 名农民工及时获取劳动报酬。贯彻落实最高人民检察院“四号检察建议”，以窨井盖治理为契机，从保障人民群众脚下安全出发，推动城市基础设施安全建设。新冠疫情防控期间，积极与行政监管部门对货源、销售情况进行监督，确保防疫用品把关严、价格稳，为疫情防控提供有利法治环境。关注弱势群体权益保护，依法支持起诉 16 件次。

【“12309”检察服务中心】

2020 年，区检察院不断提高“12309”检察服务工作水平，接待群众来信来访 344 件 586 人，远程视频接访 12 件 15 人，在做到群众信访“件件有回复”的基础上，更加注重释法说理，不断提高答复质量。严格落实检察长接待日工作制度，院领导轮流带班接访，共接待 28 件 126 人，对群众诉求现场了解、记录、落实直至问题彻底解决。邀请代表委员、人民监督员、律师等接待信访群众 27 件 30 人，参与评析疑难复杂案件 5 件，全部化解息诉。

【司法救助】

2020 年，区检察院认真践行以人民为中心的思想，注重对未成年人、“事实孤儿”、妇女、老年人等弱势群体进行重点帮扶。关注贫困群体，与青山区扶贫办建立工作衔接机制和信息通报制度，制定《检察机关结合脱贫攻坚深入开展国家司法救助实施办法》，最大限度解决因案增贫、因案致贫、因案返贫当事人的实际困难。构建未成年人多维立体化帮扶体系，认真履行检察环节未成年人保护工作职责，在开展司法救助的同时，不断延伸救助链条，主动协调争取地方政法委、妇联、教育部门、心理协会等职能部门支持，借力职能部门和引导社会力量参与，搭建起“司法救助、经济资助、心理抚慰、特殊帮扶”的未成年人多维立体救助平台，实现司法救助和社会救助无缝衔接和联动，共同解决未成年人实际困难。重点关爱“事实孤儿”群体。为破解“事实孤儿”生存难题，区检察院探索建立五项救助措施（与民政部门、扶贫部门建立线索双向移送机制，确保“事实孤儿”线索信息无遗漏；开展司法救助的同时，利用未成年人司法救助多维立体化救助平台综合施策；针对个案情况不同，量身打造救助方案，通过分期发放、长期救助、跟踪回访等措施，确保能够“治标治本”；注重“事实孤儿”隐私保护，在救助过程中注重方式方法，既要推动相关部门职能救助，又不影响孩子的正常生活；确立救助金监管人制度，在保障“事实孤儿”过程中，对于发放的救助金，选取合适的救助金监管人，确保所有救助金用于申请人生活学习必需，专款专用），延伸未成年人司法救助链条。保护家庭暴力受害者。区检察院将司法救助融入社会帮扶救济大格局，依法严厉惩处家庭暴力引发的犯罪，对家庭暴力的受害方予以司法救助和关爱。

【刑事执行检察】

2020 年，按照内蒙古自治区人民检察院《关于开展判实刑未交付执行专项检查活动的通知》要求，区检察院对判实刑未执行的罪犯进行清理并交付执行，维护刑罚执行公平正义和司法权威。2015—2020 年，将 18 名未交付执行罪犯依法送监执行。按照包头市人民检察院《关于做好刑事执行检察专项活动“补课”及深化推进工作的通知》要求，区检察院将 2013 年 1 月 1 日至 2020 年 12 月 31 日刑事判决的财产刑录入台账，加大对“五类重点犯罪”的财产刑执行检察监督力度，取得实际效果。按照内蒙古自治区人民检察院下发的《关于开展违规减刑、假释、暂予监外执行专项检查活动的通知》要求，全面核查 1979—2020 年青山区人民法院办理的和公安机关作出的所有减刑、假释、暂予监外执行案件，未发现违法违规问题。

【未成年人检察】

2020 年，区检察院对严重侵害未成年人权益犯罪“零容忍”，批准逮捕 20 人，提起公诉 22 人。坚持做到宽容不纵容，批准逮捕未成年犯罪嫌疑人 30 人，不批捕 5 人，提起公诉 24 人，附条件不起诉 1 人，相对不起诉 1 人。执行未成年人刑事案件特别程序，对 24 名涉罪未成年人实行犯罪记录封存和法律援助，开展心理疏导 5 人次。强化性侵未成年人源头预防，落实最高人民检察院“一号检察建议”，常态化开展“法治进校园”活动 10 次。创造性在自治区首次通过互联网直播方式开展“网上检察开放日”活动，近 3000 名师生收看直播并参与互动。

【金融检察】

2020 年，区检察院聚焦服务保障“六稳”“六保”，批准逮捕破坏金融管理秩序和金融诈骗类犯罪 23 人，提起公诉 65 人。落实最高人民检察院“三号检察建议”，强化与中国银行保险监督管理委员会包头监管分局、包头市保险行业协会、区金融办等部门的协调配合，主动防范和化解金融风险。依托金融安全教育防范基地开展警示教育，进一步提高金融从业人员合规意识和风险防控能力，受教育人数达 1000 余人。金融检察工作被包头市政法委确定为全市政法机关“四个铁一般”集中展示项目。

（闫麟　贾焜　供稿）

法　院

【概况】

青山区人民法院（以下简称区法院）成立于 1956 年，是青山区属地内的国家审判机关，机构规格为正科级。2020 年，内设立案庭（含诉讼服务中心）、民事审判庭、刑事审判庭、综合审判庭、执行局、审判管理办公室、政治部、综合办公室（辖法警队）8 个机构。设有房产物业巡回审判法庭。核定政法专项编制 95 名，有在编干警 90 人。

2020 年，区法院受理各类案件 9787 件，审结、执结 8635 件，法定审限内结案率为 100%。包头市中级人民法院授予区法院“包头市基层法院目标实绩考核先进集体”“包头市法院调研先进集体”称号。区法院刑事审判庭获得包头市法院系统集体三等功。区法院推报的原创法治微电影《猎鹰》获得全国法院第七届微电影微视频“金法槌”奖。

【司法改革】

2020年，区法院完善法院人员分类管理制度，进一步巩固法官员额动态管理机制，开展法官择优选升工作。按照“以案定额”原则呈报内蒙古自治区高级人民法院，新增法官员额2名。做好综合管理类公务员、法官助理、司法警察职务职级晋升工作，进一步优化干部队伍结构，调动法官及各类人员工作积极性、主动性，激发整体活力。

健全审判权力运行体系。明确法官及司法辅助人员责任清单，建立专业法官会议制度，加大审判委员会对重大敏感和疑难复杂案件审理把关力度，坚持对改判和发回重审案件评估分析，强化类案裁判指引，统一裁判标准尺度，提高办案质效，一审判决案件发回重审率较2019年下降48.15%。落实院庭长办案制度，院庭长带头办理涉黑涉恶及各类型案件3591件，占结案总数的41.5%。

加快审判管理机制建设。深化繁简分流，积极推进“分调裁审”机制改革，推动实现简案快审、类案专审、繁案精审，诉前调解分流案件860件。完善司法确认程序，推动人民调解司法确认快立快办，调解成功并经司法确认案件164件。依托审判管理司法大数据平台，对办案情况认真分析研判，按月通报，对案件流程节点全面管控，对关键审限日期提前预警，有效缩短办案周期。

【扫黑除恶】

2020 年，区法院依法受理并全部审结涉黑恶犯罪案件 19 件 160 人，切实增强人民群众安全感。突出打击社会治安、乡村治理、金融放贷、工程建设等重点行业领域涉黑恶势力犯罪，对刘某某等 17 人黑势力犯罪团伙、刘某某等 11 人非法强占建筑垃圾清运市场恶势力犯罪团伙、王某某等 45 人组织领导参加黑社会性质组织案等一批典型案件依法公开宣判，在全社会形成强大震慑。紧盯“打财断血”任务，进一步加大涉黑恶案件财产刑执行力度，累计执结涉黑恶案件财产 2321.9 万元，全面铲除滋生黑恶势力的经济土壤，确保专项斗争长效长治。

【民商事审判】

2020 年，区法院受理各类民商事案件 5080 件，审结 4375 件。妥善审理婚姻家庭、赡养继承、邻里纠纷等家事、民事案件，加强对民间借贷、物流运输、商品房买卖、消费者维权等涉民生案件的调处力度，依法保障当事人正当权益，以公正裁判回应人民群众合法诉求。充分发挥司法审判在促进市场资源优化配置过程中的积极作用，通过“府院联动”推进包头市乾润宝鑫房地产开发有限公司破产重整等商事案件审理，助力营商环境优化。做好《中华人民共和国民法典》实施前后民事审判工作的有序衔接，加强对人身损害赔偿、人格权保护等类型案件裁判说理，引导当事人树立权利意识、规则意识、诚信意识。

【刑事审判】

2020 年，区法院受理刑事案件 616 件（含旧存），审结 492 件。通过刑事速裁程序从严从快审结包头市首例新冠疫情防控期间妨害公务案，审结利用网络散布防疫物资虚假信息诈骗案 5 件，把人民群众生命财产安全放在首位。严厉打击“两抢一盗”、涉毒、涉赌、涉黄等危害社会治安犯罪案件，累计判处各类犯罪 709 人。审理非法吸收公众存款案 11 件，涉案总金额 7.2 亿元，审理非法集资案 3 件、电信网络诈骗案 4 件，有力维护正常市场交易秩序。不断完善量刑规范化规则，精准落实认罪认罚从宽制度，促进社会和谐。加强未成年人刑事审判，严格执行未成年人犯罪记录封存制度，落实“教育、感化、挽救”方针，在涉未成年人刑事裁判文书中增加“法官寄语”，融情于理、寓情于法。

【执行工作】

2020 年，区法院受理执行案件 4091 件，执结 3768 件。加快建立“去存量抑增量”执行办案长效机制，提高执行质效。在中秋、国庆、元旦、春节等节日前夕，相继开展涉民生案件执行专项行动，为包头市某连锁超市 63 名员工、包头装备制造产业园区某生产企业 67 名员工现场分别发放 22 万元和 213 万元欠薪。完善执行快速处置机制，形成以执行指挥平台为枢纽，以执行团队为行动单元的办案模式，积极开展执行线索排查，执行财产查控，有效提升执行效能。突出精准惩戒，累计发布限制高消费 2759 例，发布失信主体 272 人，对 26 名被执行人进行司法拘留，有力捍卫司法权威。

【审判流程管理与审判监督】

2020 年，区法院全面接入覆盖全国法院的网上立案、保全系统，着力解决当事人异地诉讼、异地立案难问题。完成跨域立案 25 件，办结外地法院向本院跨域立案 10 件。加大电子文书集约送达、网上开庭、审判委员会智能终端、电子卷宗随案生成等信息化审判辅助模块的深度运用，高效配置司法资源，减轻群众诉累。积极推进审判执行辅助事务性工作外包，打通法律文书“送达难”、执行财产“处置难”、查封财产“变现难”问题节点。

【优化营商环境】

2020 年，区法院树立善意文明司法理念，审慎使用查封、扣押、冻结企业财产等司法强制措施，灵活运用信用惩戒方式，努力营造企业家专心创业、放心投资、安心经营的法治化营商环境。向青山区金融监管、物业服务企业等部门发出司法建议 26 件，形成防范化解矛盾风险合力。进一步畅通涉企纠纷办理“绿色通道”，推广网上开庭，确保涉企诉讼事项“马上就办、马上就好”。深入驻区重点企业走访调研，针对企业需求，成立工作专班，赶赴全国 11 个省区市，为北奔重汽等驻区企业执结到位合同债权 2.65 亿元。

【司法公开与信息化建设】

2020 年，区法院深化司法公开四大平台建设，推送流程信息 5069 件，裁判文书上网 3367 篇，庭审直播 402 次，将审执工作动态实时呈现在公众面前，进一步提升司法公信力。主动适应“互联网 +”时代法治文化传播和新媒体发展趋势，积极扩展法治舆论宣传覆盖范围，通过以案释法、以案普法，切实履行法治宣传教育职责。加强与主流媒体合作，唱响社会主义核心价值观主旋律。原创法治题材微电影《猎鹰》获得全国法院第七届微电影微视频“金法槌”奖。

大力推行无接触式诉讼服务，依托“内蒙古移动微法院”线上平台完成网上立案 872 件，妥善处理新冠疫情期间产生的民商事纠纷，完成民商事案件在线“云调解”292 件。全面参与社区联防联控工作，组织全体干警赴基层社区开展防控执勤服务，为确保新冠疫情期间社会常态化运转提供有力司法保障。

【派出法庭与司法便民服务】

2020 年，区法院全力推进“一站式”多元解纷和诉讼服务体系建设。区法院诉讼服务中心在自治区范围内率先启动“道交一体化”诉调对接平台，运用“互联网 +”交通事故审判的新模式，规范有序、集约高效化解道路交通事故纠纷，提供有力司法支撑。围绕多元解纷、便民利民目标，与区总工会联合成立劳动争议调解工作室，与相关机构联合建立医疗纠纷调处中心，与包头市法学会共同组建民商事调解中心，与自由路街道共同打造社区调解中心，“法院 +”的机制框架为实现公平正义助力加速。

【涉法涉诉信访矛盾化解】

2020 年，区法院以化解涉诉信访矛盾为抓手，以维护社会和谐稳定为目标，接收办理上级转办信访案件 16 件，接受网上群众反映情况 3 件，接待群众现场来访 60 余次，全部核查反馈。

【监督联络】

2020 年，区法院落实人大代表、政协委员“一对一”联络方案以及院庭长定向联系市区代表、委员工作机制，全年联系走访代表、委员 199 人次。通过自媒体平台定期向代表、委员推送简报信息 120 条。主动邀请人大代表、政协委员、律师代表、廉政监督员座谈，通报工作进展，征求意见建议。向区人大常委会做扫黑除恶专项斗争推进情况专项报告。完善人大代表、政协委员议案提案交办制度，不断充实和完善督办落实和意见反馈工作机制。

【典型案例】

王某某等 45 人组织领导参加黑社会性质组织案

2020 年 10 月 31 日上午，区法院依法对王某某、张某某等 45 名被告人组织、领导、参加黑社会性质组织一案进行一审公开宣判。以被告人王某某犯组织、领导黑社会性质组织罪、绑架罪、非法拘禁罪、抢劫罪、敲诈勒索罪、故意伤害罪、开设赌场罪、寻衅滋事罪、强迫交易罪、容留他人吸毒罪、强迫他人吸毒罪，数罪并罚，判处有期徒刑二十三年、剥夺政治权利五年并处没收个人全部财产。对张某某等 32 名被告人分别以犯组织、领导、参加黑社会性质组织罪、非法拘禁罪、抢劫罪、敲诈勒索罪、开设赌场罪、绑架罪、故意伤害罪、强迫交易罪、容留他人吸毒罪、强迫他人吸毒罪、寻衅滋事罪、非法侵入住宅罪、妨害公务罪、非法持有毒品罪判处十二年至二年六个月不等有期徒刑，并处罚金。对云某某等 12 名被告人分别以犯绑架罪、寻衅滋事罪、敲诈勒索罪、开设赌场罪、抢劫罪、强迫交易罪判处五年至一年不等有期徒刑，并处罚金。

区法院经审理查明，2010—2018 年，被告人王某某为谋取非法利益，先后网罗张某某等人以开设赌场的方式，扩大非法影响，不断招揽刑满释放人员、吸毒人员、社会闲散人员，逐步形成了以王某某为组织、领导核心的，组织人数众多、层级分明、分工明确、联系紧密、纪律严格的黑社会性质组织。该组织通过开设赌场、在赌场上放贷、卖高价香烟、对地下赌场经营者及参赌人员实施绑架、抢劫、非法拘禁、敲诈勒索、寻衅滋事等犯罪手段聚敛钱财，通过强行入股参与地下赌场经营，暴力、威胁等手段垄断非法赌博行业，谋取不法利益。为笼络成员为己效力，王某某为成员免费提供毒品、食宿，并发放“工资”、奖励、支付报酬，形成了“以赌养毒、以毒控黑、以黑护利”的运作模式。该组织获取的非法利益，部分用于组织实施违法犯罪活动，部分用于维系该组织的生存和发展。为树立非法权威和强势地位，该组织在形成、发展、壮大过程中，通过暴力、威胁或其他手段，多次实施绑架、抢劫、寻衅滋事、故意伤害、非法拘禁等大量违法犯罪活动，为非作恶、欺压、残害群众，聚敛财富、称霸一方，严重影响人民群众的人身、财产安全，严重破坏了当地社会治安和经济社会发展秩序，造成了恶劣的社会影响。

区法院根据各被告人犯罪的事实、性质、情节、社会危害程度及在共同犯罪中的地位和起到的作用，依据《中华人民共和国刑法》相关法律规定，作出上述判决。

区法院紧紧围绕维护国家政治安全和社会大局稳定目标，聚焦“积案清零”“打伞破网”“打财断血”目标任务，加强领导、统一认识，精心组织、全力推进，依法严厉打击各类黑恶势力违法犯罪活动，从严从重惩处犯罪分子，有效保护人民群众合法权益，取得良好的政治效果、法律效果和社会效果。在办案过程中，青山区人民法院毫不动摇地贯彻依法严惩方针，组织专业合议庭，精准理解法律政策，精准认定案件事实，精准适用法律条文，始终严守法定程序，坚持证据裁判，严把案件事实关、证据关、程序关和法律适用关，以审判为中心，推动律师辩护全覆盖，充分保障当事人合法权利和律师依法辩护代理权利。在共同犯罪罪责区分上，从实施犯罪行为意图的提出、犯罪工具的准备、犯罪行为的实施、事后坦白自首认定等方面，细致区分各共同作案人的责任大小，坚持刑责相当、不枉不纵。坚持紧盯重点领域、新兴领域以及人民群众反响强烈的黑恶势力犯罪案件，保持严打高压态势，增强人民群众的安全感。

（祁昕　供稿）

司法行政

【概况】

青山区司法局（以下简称区司法局）成立于1981年，是区人民政府职能部门，机构规格为正科级。2020年，内设办公室、法制宣传股、法律援助中心、基层工作股、秘书股、社区矫正管理大队6个股室，下辖兴胜镇、青福镇、先锋道、青山路、万青路、科学路、富强路、幸福路、乌素图、自由路10个司法所。核定政法专项编制45名，核定科级领导职数3名（1正，2副）。

【“七五”普法】

2020年，区司法局选聘37名优秀法律人才组成普法讲师团，聘请600名社区网格员为普法宣传志愿者。开展法治专题讲座20余次，“法宣在线”学习考试覆盖100余家单位，学法人数达5000余人。加强法治课教师、法治副校长、法治辅导员培训，在松石学校建立青少年法治教育实践基地，受教育学生达到4.2万人。加强“两委”班子成员法律知识培训，在兴胜镇四道沙河村打造青山区流动人口法务室，帮助农民工讨薪。引导企业经营管理人员依法经营，大中型企业普遍聘请法律顾问或设立法务部。

包头市松石学校青少年法治教育实践基地授课现场（区司法局　供图）

【人民调解】

2020年，区司法局围绕“小事不出社区（村）、大事不出街道（镇）、矛盾不上交”的工作目标，创新发展新时代“枫桥经验”，探索出人民调解、司法调解、行政调解有效衔接的“三调联动”多元化解工作机制。在区法院设立诉调对接室，聘请专职律师担任特邀调解员，开展诉前调解工作，分流调处各类涉诉案件。在区信访局设立访调对接室，引入公益律师进驻，参与调处重大信访案件和涉法涉诉案件。司法所与公安派出所两所联动，设立公调对接室，整合基层警力，实现共防、共建、共治，让居民只跑一趟就能获得派出所与司法所的法律服务。

包头市首个消费纠纷人民调解委员会——青山区消费纠纷人民调解委员会在区司法局和区市场监督管理局的组织协调下依法成立。截至2020年年底，青山区有各类调解组织169个，受理调解各类矛盾纠纷2237件，调解成功2194件，成功率达98%。

【基层工作】

2020年，区司法局创新“一引领、七结合”工作法，打通普法宣传“最后一公里”。以党建为引领，结合普法宣传、矛盾排查、人民调解、公证咨询、法律援助、扫黑除恶、社区矫正七项工作，组织律师、公证员、法律工作者深入社区、农村、学校、军营、宗教场所等，延伸法律服务触角。为缓解基层司法所人员不足，建立联动司法所工作机制，破解“一人执法”难题。开展各类法律服务活动 200 余次，举办法律讲座 70 余场，解答法律咨询 5000 余人次。

【法治宣传】

2020 年，区司法局通过“青山司法”“法治青山”“青山人青山事”等 84 个微信、微博平台，为青山区普法工作宣传造势，建立法治文艺小分队 6 支，创作出一批脍炙人口的法治文艺节目，如快板《青山普法誉满城》《扫黑除恶扬正气》，相声《我与民法典》等。利用鹿城文化节、社区消夏文化节开展法治文艺演出 60 余场，举办“法治乌兰牧骑”文艺演出 100 余场，发放宣传袋 20 万个、宣传折页 10 万张。出台《青山区关于建立法官、检察官、行政执法人员、律师、公证员以案释法制度的实施办法》，广泛开展以案释法活动，把执法司法现场变成普法现场。组织公证员、律师、司法所所长参加包头广播电台“法制第一线”栏目，撰写典型案例 100 余件。各街道（镇）均建立普法大讲堂、法律图书角、法治图书阅览站，各社区（村）和中小学校均建立普法宣传栏。“12·4”国家宪法日和宪法宣传周期间，组织国家公职人员参加宪法宣誓、法治书画摄影比赛、法律知识竞赛等活动。发放《中华人民共和国民法典》读本 1100 本，组织“七五”普法讲师团举办讲座 70 余场，编撰《〈民法典〉与你我身边事》，免费向群众发放 5000 册。

【社区矫正】

2020 年，区司法局探索法（院）司（法局）工作新模式。4 月 16 日，在区社区矫正中心与盐池县人民法院第一审判庭进行远程视频开庭审理，对在新冠疫情防控常态化下的司法活动进行有益创新。9 月 4 日，在区社区矫正中心举行《中华人民共和国社区矫正法》开放日活动，并组织 10 个司法所在全区开展普法宣传活动。全年接收社区矫正对象 204 人，解除矫正 212 人，年底在册 175 人，其中缓刑 172 人、暂予监外执行 2 人、管制 1 人。社区矫正对象以城镇户籍为主，犯罪类型以危害公共安全、破坏经济秩序居多，年龄多在 36 ～ 45 周岁，都能够服从社区矫正管理，无脱管现象发生。

【法律服务】

2020 年，区司法局把街道（镇）公共法律服务站建设纳入一级司法所建设工作中，整体布局，统筹安排，建成街道（镇）公共法律服务站 10 个、社区公共法律服务室 76 个。组织律师、基层法律服务工作者、公证员，深入社区、村、企业、学校，开展公益法律服务活动，举办法律讲座 10 场，累计解答法律咨询 1 万余人次。全年办理涉黑涉恶援助案件 15 件，农民工援助案件 37 件，重点人群民事刑事行政援助案件 117 件，认罪认罚案件 694 人次，为来访来电群众提供免费法律咨询 2136 人次。组织辖区律师事务所和法律服务所审查合同 60 余份，提出书面意见 62 条。

【公证业务】

2020 年，区司法局在全区 10 个街道（镇）设立便民服务点，安排所有公证员每周分组值班，将公证法律服务的触角前移。开设法制讲堂，加大送法进基层力度与频度，公证员分赴各部门举办《中华人民共和国民法典》讲座共计 40 余场次，受众群众近 6000 人。编印原创宣传刊物《宏鉴公证》第三期及《〈民法典〉与你我身边事》两期，面向社会免费发放。全年办理经济类公证 17218 件，民事类公证 8244 件，涉外及涉港澳台公证 487 件，出具执行证书 173 件，接受区法院移交的送达案件 303 件，出具送达报告 276 件，实现业务收费 1293 万元。

【数字司法】

2020 年 12 月 3 日，“互联网 +”律师项目启动暨“互联网 · 无人律所”揭牌仪式在区政务服务中心举行。通过“企业法务助手”“村居法务助手”以及综合服务一体机等线下实体智能终端，搭建整合众多律师资源的互联网法律服务平台。群众只需刷身份证，系统就可从全国签约的合作律师中匹配出合适的律师，为用户提供一对一、面对面远程视频对话、法律咨询等服务。

【扫黑除恶】

2020 年，区司法局全力做好社区矫正对象的线索摸排和律师行业代理涉黑涉恶案件的线索挖掘工作，涉及涉黑涉恶案件 43 件。深入推动扫黑除恶法律宣传工作，制作大型宣传挂图 1000 幅、宣传折页 1 万份、宣传折扇 1 万个、宣传手提袋 1 万个，在“青山司法”微信公众号上推送相关内容 100 余条，开通扫黑除恶知识问答小程序，扫黑除恶专项斗争宣传工作常态化。畅通举报渠道，在 10 个司法所分别设置举报箱，在司法局微信公众号公告举报电话，引导群众积极检举揭发涉黑涉恶线索，接到群众举报线索 6 条。

（潘萨日娜　供稿）

综合经济管理与监督

经济综述

【国有企业改革】

2019 年 12 月，一机集团与奇安信科技集团股份有限公司签订合作方案通过中国兵器工业集团有限公司批复，同意以一机集团万佳信息公司为主体开展合资合作。奇安信科技集团股份有限公司出资 1200 万元，占股比 40%。双方合作开展网络安全维护及软件研发业务。2020 年 9 月，双方签订合资协议。11 月，合资相关手续办理完毕，实现国有资本优化增值。

【产业结构】

2020 年，青山区坚持以供给侧结构性改革为主线，坚持新发展理念，在调优存量、做优增量、做大总量、提升质量上下功夫，大力发展战略性新兴产业，推动地区产业结构不断优化。三次产业结构比由 2019 年的 0.58∶34.62∶64.80 调整到 2020 年的 0.6∶37.1∶62.3。

【地区生产总值】

2020 年，青山区实现地区生产总值 566.41 亿元，同比增长 3.2%。其中，第一产业增加值同比增长 1.7%，第二产业增加值同比增长 12.3%，第三产业增加值同比下降 1.7%。

【工业产值】

2020 年，青山区规模以上工业企业工业总产值同比增长 16.5%。其中，中央驻区企业工业总产值同比增长 8.96%，内蒙古自治区驻区企业工业总产值同比增长 9.82%，区属企业工业总产值同比增长 20.47%。

【固定资产投资】

2020 年，青山区城镇 500 万元以上固定资产投资同比增长 5.5%。其中，5000 万元以上项目 37 个，完成投资同比增长 21.7%。从产业结构看，第一产业投资同比增长 431.1%；第二产业投资同比增长 17.1%，其中工业投资同比增长 17.1%；第三产业投资同比下降 2.5%。

【社会消费品零售总额】

2020 年，青山区社会消费品零售总额实现 263.91 亿元，同比下降 4.3%。分行业看，批发零售业实现零售额 253.09 亿元，同比下降 2.7%；住宿餐饮业实现餐费收入 10.82 亿元，同比下降 13%。其中，限额以上社会消费品零售总额实现 66.65 亿元，同比下降 9.5%。分行业看，商品零售额实现 63.97 亿元，同比下降 4.6%；餐饮收入实现 2.68 亿元，同比下降 54.9%。

【城镇居民人均收入】

2020 年，青山区城镇居民人均可支配收入达到 54291 元，同比增长 1%。其中，工资性收入占人均可支配收入的 60.89%，经营性净收入占人均可支配收入的 18.39%，财产性收入占可支配收入的 8.74%，转移性净收入占可支配收入的 11.98%。

（区工信科局　区发改委　区统计局　供稿）

发展与改革

【概况】

青山区发展和改革委员会（以下简称区发改委）成立于 2004 年，是区人民政府职能部门，机构规格为正科级。加挂青山区粮食和物资储备局牌子。2020 年，区发改委内设办公室、规划综合股、重点项目股、产业协调股、经济体制改革和粮食物资储备股 5 个股室。核定行政编制 7 名，核定科级领导职数 4 名（1 正，3 副）。有所属相当于副科级事业单位的青山区节能与应对气候变化中心，核定事业编制 10 名。

2020 年，区发改委积极服务经济建设大局，统筹推进稳增长、强项目、优服务、打基础等各项工作，实现经济平稳发展、改革不断深入。

【计划编制】

2020 年 4 月，区发改委全面启动《关于编制国民经济和社会发展第十四个五年规划和2035年远景目标的思路》规划编制工作。10月，按照青山区委出台的《关于编制国民经济和社会发展第十四个五年规划和2035年远景目标的建议》，调整完善《青山区国民经济和社会发展第十四个五年规划和2035年远景目标纲要》内容。经多次不同层面征求意见后，形成《青山区国民经济和社会发展第十四个五年规划和2035年远景目标纲要（草案）》，共13篇38章，5万余字，明确政府工作重点，引导市场主体行为。定期召开经济运行和产业发展分析会，完成2020年上半年和2020年全年国民经济报告，提出青山区经济社会发展工作任务和规划建议。

【国民经济和社会发展年度目标】

2020年，青山区国民经济和社会发展主要预期目标是：地区生产总值增长6.5%左右，一般公共预算收入增长6%左右，城镇登记失业率控制在3.9%以内。

【国民经济和社会发展完成情况】

2020年，青山区主要经济指标保持在合理区间，地区生产总值同比增长3.2%；规模以上工业增加值增速达到16.5%；固定资产投资同比增长5.5%；社会消费品零售总额完成263.91亿元，同比下降4.3%；城镇居民人均可支配收入实现54291元，同比增长1%；一般公共预算收入完成22.43亿元，同比增长0.2%；城镇登记失业率控制在3.9%以内，完成包头市下达的节能减排目标任务。

【固定资产投资项目审批】

2020年，青山区固定资产投资项目全部通过内蒙古自治区投资项目在线审批办事大厅网上审批，实现非涉密投资项目一网告知政策法规、一网受理审批申请、一网办结审批事项、一网公示审批过程和结果。修订《行政审批服务手册》，公示企业投资项目备案服务指南和固定资产投资项目节能审查服务指南，规范服务流程。截至2020年年底，共办理项目立项37个。其中，审批类项目13个，备案类项目24个。

【重点项目管理与实施】

2020年，青山区实施投资亿元以上重点项目73个，计划总投资418.3亿元，全年计划投资115.7亿元。全年完成投资134.4亿元，竣工项目37个。重点项目各项指标在包头市综合排名第三。全区印发《关于进一步推进重点项目建设的工作通知》，明确项目责任单位职责。对重点项目、储备项目和策划项目实施滚动式阶梯管理，主要监控、调度、管理重点项目，同时收集储备项目。按照国家、内蒙古自治区、包头市相关产业发展政策要求，收集、整理符合要求的前期策划项目，确保项目间依次替代、补充，提高项目管理效率。

新余群禾石英坩埚项目（区发改委　供图）

【资金争取】

2020年，区发改委为2个项目争取到位中央预算内资金3720万元。其中，为青山区养护院建设项目争取到社会服务兜底工程（养老服务体系）2020年度中央预算内资金2520万元，为青山区2020年老旧小区综合治理改造项目争取到保障性安居工程2020年中央预算内资金1200万元。

【节能审查】

2020年，区发改委依法开展固定资产投资项目节能审查工作，提交节能声明表19个。加强宣传引导，通过组织开展节能宣传周、全国低碳日和生态文明建设宣传周等系列活动，营造节能降碳浓厚氛围，推动青山区绿色低碳发展。

【粮食储备】

2020 年，青山区粮食工作会议召开。区发改委与呱呱叫集团签订 4900 吨应急储备粮储存合同，完成 98 万元储备资金拨付工作。按照《包头市人民政府关于调整旗县区粮食应急储备计划的通知》要求，重新调整青山区应急储备粮工作部署。修订《青山区应急储备粮管理办法》，将青山区成品粮储备由 4900 吨调整为 6600 吨原粮（小麦）进行储备。

【信用体系建设】

2020 年，区发改委加强基础建设，建立信息报送常态化监督管理机制。加强信用信息平台建设，按时公布排名结果，激励督促各单位积极开展信息报送工作。2020 年全年，在信用信息平台公布信用信息 186204 条。其中，基础信息 30 条，行政许可信息 544 条，行政处罚信息 25 条，红名单 1977 条，黑名单 1 条，失信被执行人 33 条，纳税人信用等级 20 条，发改项目申报 14 条，养老保险 183560 条。

（秦帅祺　供稿）

统计管理

【概况】

青山区统计局（以下简称区统计局）成立于 1992 年，是区人民政府工作部门，机构规格为正科级。2020 年，区统计局内设办公室、综合核算股、数据股 3 个股室。核定行政编制 6 名，核定科级领导职数 3 名（1 正，2 副）。有所属事业单位 2 个，分别为相当于副科级参照《中华人民共和国公务员法》管理事业单位的青山区城乡社会经济调查队和相当于股级事业单位的青山区统计监察大队，核定参照《中华人民共和国公务员法》管理的事业编制 7 名，全额拨款事业编制 8 名。

2020 年，区统计局主动适应经济发展新常态，完成 2020 年全年工作任务，获“第四次全国经济普查先进集体”称号，获得包头市级“旗县区基层调查工作特等奖”。

【年报定报】

2020 年，通过三段监测和关联审核模式，强化数据全流程把控，在数据即报即审基础上，重点加强专业间关联审核评估和重点、异常监测，进一步提升上报数据质量。完成综合、工业、固定资产投资、房地产、建筑业、批零住餐、服务业、劳动工资等 34 个专业 140 项报表（25 项月报、32 项季报、5 项半年报、62 项年报、16 项快调）的年报定报工作，每月联网直报率达 100%。

【第七次全国人口普查】

2020 年，以“全区统一领导、部门分工协作、街镇具体负责、各方共同参与”为原则，青山区组建第七次全国人口普查机构并成立 6 个工作组开展普查工作。完成《户主姓名底册》《第七次全国人口普查短表》《第七次全国人口普查长表》《第七次全国人口普查港澳台居民和外籍人员普查表》《第七次全国人口普查死亡人口调查表》登记和质量验收，提前完成行（职）业编码审核。

【统计法治】

落实法治政府建设任务，形成全覆盖统计法治工作格局，建立局、街镇和新增企业统计人员信用档案，对新增企业开展守信认定工作，报表企业达标合格率 100%。加强纪检监督和统计监督力度，开展警示教育 9 次。常态化抓实防范和惩治统计造假、弄虚作假工作，深入推进依法治统。2020 年全年分批次走访核查企业 200 余户，发挥统计工作经济探头作用。核查中对数据偏差的企业下发《责令整改通知书》，将行政执法前置。

【统计服务】

面对新冠肺炎疫情对经济社会的冲击，区统计局主动加强与企业的联系，通过“量身＋小灶”培训，帮助企业顺利开展复工复产后定报工作。2020 年全年形成信息、分析和调研报告近320篇，满足多样化统计信息需求。开发“一微两刊三册”统计数据产品（“青山统计”微信公众号，《青山统计》《统计调查与分析》刊物，《青山统计月报》《领导干部手册》《统计年鉴》），可为行业主管部门提供数据参考和建议，为强化预期管理、助力科学决策提供更具前瞻性统计依据，为全区优化营商环境、招商引资等重点工作提供优质统计服务。

【专业试点工作开展】

2020年，承担规模以上工业统计台账国家试点（内蒙古自治区仅2家）、基本单位名录库动态维护更新国家试点（包头市五区唯一）、国家限额以下零售业和餐饮业“金样本”记账内蒙古自治区试点（包头市唯一）、包头市“七人普”综合试点（包头市唯一代表城区的旗县区）工作，为统计方法制度改革摸石探路。

【民意调查】

2020年，持续开展为期三年（2018—2020年）的“幸福青山”系列民意调查工程，内容上以“党建+民生”为指导，更加丰富；方式上以“线上+线下”为主导，更加多元；分析上采用“横向+纵向”方式，更加专业。开展扫黑除恶、文明城市等重点工作社情民意调查6项。其中，青山区委负责人对《青山区社区服务群众满意度调研报告》作出批示。

【统计基层基础建设】

2020年，按照“八有八化”（“八有”：有编制、有人员、有经费、有场地、有设备、有网络、有制度、有培训；“八化”：管理制度化、人员专业化、报表标准化、台账电子化、资料档案化、工作法治化、信息网络化、宣传动态化）高标准推进统计基层基础建设，召开街镇统计基层基础建设培训暨统计“八有八化”达标工作推进会、区“七人普”领导小组办公室第三次暨街镇统计工作规范达标推进会，为街道（镇）下拨资金3万元用于配备计算机、激光打印机、文件盒等专用办公设备，确保统计专网畅通稳定。截至2020年年底，包头装备制造产业园区和8个街道、2个镇全部开通统计专网。2020年年底，开展统计规范化建设情况检查验收工作，包头装备制造产业园区、8个街道、2个镇验收结果全部达标。

（王玮玮　王蓉　供稿）

审计管理

【概况】

青山区审计局（以下简称区审计局）成立于1984年，是区人民政府职能部门，机构规格为正科级。内设办公室、行政财税审计股、经济责任审计股、固定资产投资审计股和法制审理股5个股室。2020年，核定行政编制9名，核定科级领导职数3名（1正，2副）。有所属相当于股级事业单位的青山区经济责任审计中心，核定事业编制8名。

2020年，区审计局完成审计项目17项。其中，预算执行审计项目5项，经济责任审计项目4项，自然资源资产离任（任中）审计项目1项，专项审计项目7项（包括年中新增专项审计项目3项）。审计查出管理不规范资金443.77万元，违规金额0.72万元，非金额计量问题8个，全部整改完毕，移送处理事项3项，提出审计建议12条。报送各类信息102篇，被相关部门采纳39篇次。

【财政审计】

按照2020年年初预算执行审计工作方案，完成区财政局、区卫健委、区人社局、内蒙古北方重工业集团有限公司第二中学和兴胜镇预算执行审计工作。审计共查出管理不规范金额440.57万元，非金额计量问题1个，提出审计建议5条，已全部整改。9月，向青山区委审计委员会作《青山区2019年度本级预算执行和其他财政收支情况》汇报，代区人民政府向区人大常委会作工作报告。

【自然资源资产经济责任审计】

2020年，完成对区卫健委主任、区人社局局长、区妇联主席及内蒙古北方重工业集团有限公司第二中学校长任中经济责任审计 4 项。同时，对兴胜镇党委书记和副书记、镇长开展森林资源资产任中审计。共查出管理不规范金额 3.2 万元，违规金额 0.72 万元，非金额计量问题 7 个，依法出具审计报告 4 份，审计意见 1 份，提出审计建议 7 条。其中，将内蒙古北方重工业集团有限公司第二中学校长任中经济责任审计中查出问题分别移送区纪委监委、区委编办、区教育局处理。

【固定资产投资抽查审计】

2020 年，固定资产投资审计工作着重向工程竣工决算、工程财务审计、投资建设程序和制度审计并重转变。在对区财政局预算执行审计中，重点加入对固定资产投资管理情况审查，抽查青山区中心集镇社区综合服务中心工程项目，对查出的不规范报审资料提出审计建议。

【专项资金审计】

2020 年，组织实施各类专项审计 7 项。包括世行贷款专项审计，新冠肺炎疫情防控资金和捐赠款物专项审计，促进优化营商环境专项审计，矿产资源（含煤炭资源）领域突出问题专项整治审计，大数据审计，新增财政资金直达市县基层直接惠企利民情况专项审计和社保资金审计。

新冠肺炎疫情防控资金和捐赠款物专项审计现场（区审计局　供图）

（樊超　供稿）

市场监督管理

【概况】

青山区市场监督管理局（以下简称区市场监管局）成立于 2014 年，是区人民政府职能部门，机构规格为正科级。挂青山区食品药品监督管理局、青山区食品药品安全委员会办公室、青山区知识产权局牌子。2020 年，区市场监管局内设办公室、法规股、行政许可与登记注册股、信用监督管理股、公平交易和消费者权益保护股、价格检查股、市场规范管理股、知识产权与广告监管股、质量监管股、食品药品综合协调与食品经营监管股、食品生产监管股、特种设备安全监察股、标准与计量监管股、药品化妆品医疗器械监管股、财务股、人事教育股、机关党委、个私经济组织党建办公室 18 个股室。核定行政编制 151 名，核定科级领导职数 5 名（1 正，4 副）。下设富强路市场监督管理所、幸福路市场监督管理所、自由路市场监督管理所、万青路市场监督管理所、科学路市场监督管理所、先锋道市场监督管理所、青山路市场监督管理所、乌素图市场监督管理所、青福镇市场监督管理所、兴胜镇市场监督管理所、装备制造产业园区市场监督管理所 11 个派出机构。有所属相当于副科级事业单位的青山区市场监管综合行政执法大队；相当于股级事业单位 4 个，分别为青山区食品药品检验检测中心（包头市青山区药品不良反应监测中心）、青山区市场监督管理局信息中心、青山区价格认证中心、青山区个体私营企业协会，共核定事业编制 63 名。

2020 年，区市场监管局统筹推进新冠疫情防控和经济社会发展，启用“青安企信”智慧监管系统，食品安全监管更加精细，药品医疗器械安全监管更加规范，质量安全监管更加高效，特种设备安全监管更加完善。提升市场准入便利化程度，知识产权创造运用，生活服务业清洁能源改造等重点工作成效显著，惠民惠企。

【营商便利化】

2020年，区市场监管局深化“放管服”改革，进一步提升市场准入便利化程度。采取“全网络、无纸化、零见面”工作方式，业务办理由原来8小时工作日向24小时全天候申请延伸，由传统登记窗口向虚拟网络大厅拓展。企业开办办理时间压缩至平均0.5天，“食品经营许可”办理时间由法定18个工作日内缩短至7个工作日内，全程电子化率提升至98%。截至2020年年底，全区市场主体有4万余户，注册资本1182.3亿元，从业人员15.75万人，较2019年年底分别增长23.76%、13.87%、10.65%。全面推行“双随机、一公开”监管模式，采用“双随机”模式抽查298户监管对象。与区城市管理综合执法局、财政局、烟草局跨部门联合“双随机”抽查3批次。青山区协同监管平台上线单位46家，共归集涉企信息140万余条，形成“一处失信、处处受限”信用监管体系。2020年，区市场监管局组成复工复市服务专班6个，制定工作措施16项，进一步加快推进市场主体复工复产复市。根据企业所需，开展“人才、金融、培训、维权”4个方面的“助微行动”。

【食品安全监管】

2020年，出台《青山区区级党政领导干部食品安全工作责任清单》《青山区中小学校外托管机构管理办法》。完成锦林市场改建，推进全区农贸市场提档升级。全年开展食品安全专项检查21项，49户食品生产企业完成风险等级评定，学校食堂全部实现“明厨亮灶”。累计检查食品药品生产经营单位3.56万户次，开展部门间联合整治66次，受理投诉举报359件，查办食品违法案件89起。完成食品抽检1405批次，农贸市场食品快检6727批次。

新冠肺炎疫情发生后，区市场监管局建立食品药品行业联防联控工作机制，采取食品药品商户“安心码”“三色四表”和农贸市场“一市场一专班”等管控措施，疫情防控一级响应至三级响应阶段，全区食品药品行业供应充裕、价格稳定。2020年秋、冬季，严格落实冷链食品行业“人物同防”要求，辖区内所有进口冷链食品经营户纳入“蒙冷链”系统，实现凭“码”销售。督促指导相关企业和单位严格做好产品消杀、人员防护和疫苗接种工作，累计完成核酸检测9轮，共检测人员样本2455人次，食品及环境样本434批次，结果均为阴性，进口冷链食品从业人员接种新冠疫苗461人。停业整顿3家违反疫情防控政策的进口冷链食品经营者。

新冠肺炎疫情防控一级响应期间，区市场监管局运用“三色四表”开展市场监管防控现场（区市场监管局　供图）

【药品医疗器械安全监管】

2020年，围绕特殊药品、疫苗、中药饮片、医疗防护用品等品种，区市场监管局加大对非法渠道购进药品、不凭处方销售处方药、网络非法销售药品等违法违规行为的打击力度。严格落实青山区所辖药店退热、止咳、抗病毒、抗生素“四类药品”销售实名登记管理、销量变化监测工作。全年检查药店2500余家次，责令整改36家，查办药品违法案件3起。完成药品不良反应监测报告172例，医疗器械不良事件51例，化妆品不良反应10例，药品抽检51批次。

【质量安全监管】

2020年，区市场监管局从整治“鬼秤”“漏油枪”等方面着手，检查医疗卫生、用能、安全防护等计量器具相关单位316家、各类计量器具3349台次，实施电子电器、建筑和装饰装修材料、成品油、日用及纺织品和食品相关产品等质量抽检78批次，合格率达94.8%。加强对口罩等防控物资和居民生活必需品质量安全监管，查办制假售假、虚假宣传、违法广告、商标侵权等扰乱市场秩序案件13起。

【特种设备安全监管】

2020年，区市场监管局采用内蒙古自治区特种设备信息化平台开展安全监察工作。严格按照“三落实”“两有证”“一检验”“一预案”等特种设备使用管理要求，全年检查特种设备使用单位233家，责令停用隐患特种设备23台，确保全区特种设备应检尽检，定检率达85%。

【知识产权运用与保护】

2020年，区市场监管局加强知识产权管理、运用、创造、保护和服务五方面能力建设，在包头装备制造产业园区成立内蒙古自治区首家知识产权服务指导站。培育拥有核心技术和知名品牌的知识产权优势企业，落实知识产权扶持资金50万元。提高辖区企业知识产权运用转化能力，其中包头市大青山机械设备有限公司获批知识产权质押融资1000万元。实施青少年知识产权教育，其中内蒙古北方重工业集团有限公司第三中学成为第三批内蒙古自治区中小学知识产权教育试点，并获得内蒙古自治区中小学知识产权教育试点支持资金10万元。开展知识产权执法“铁拳”行动和专利代理行业“蓝天”专项整治行动，立案查处3件。截至2020年年底，青山区拥有驰名商标4件。2020年商标注册申请量1038件，同比增长19.7%；全区有效注册商标量5894件，同比增长12.4%；专利申请量1993件，占包头市申请量的49%；专利授权量1249件，占包头市授权量的49.5%；有效发明专利拥有量699件，每万人口有效发明专利数达17.5件。

【价格管理】

2020年，区市场监管局严厉打击哄抬物价、囤积居奇等价格违法行为，重点监管涉及民生领域的18家超市、8家农贸市场内粮油、肉菜等商品价格。对销售防护、消杀用品的药店开展价格专项检查，立案查处价格类违法案件8起。监督转供电企业为市场主体退费134.32万元，保障政策红利精准落地。2020年全年，青山区价格认证中心受理各类涉案物品价格认证案件150件，认证标的金额897.3万元，为青山区司法机关办理案件提供公平公正价格依据。

【消费维权】

2020年，区市场监管局通过青山区便民服务热线、“12315”、“12345”平台等渠道接处各类举报投诉4032件，按期分转率达100%，办结率达98.75%，为消费者挽回经济损失387万元。创新建立消费纠纷调解机制，与区司法局共同发起成立包头市首家消费纠纷人民调解委员会，为解决疑难投诉纠纷提供法律支持和保障。持续开展“衣食住行”领域专项整治和市场监管领域扫黑除恶专项斗争，全区消费环境得到有效净化。

【生活服务业清洁能源改造】

2020年，区市场监管局开展油品监督检查和清除“黑加油站点”专项整治行动，全覆盖抽查青山区范围内油库和正常经营加油站油品质量，合格率达96.6%。联合多部门开展“非清洁燃煤禁售禁运攻坚行动”，查处燃煤储存售卖点11处，扣押燃煤126.6吨。牵头完成生活服务业清洁能源改造工作，争取包头市级专项补贴246万元，改造面积4.9万平方米，涉及商户654家。

【“青安企信”智慧监管】

2020年12月25日，青山区食品药品行业“青安企信”日常监管软件（以下简称“青安企信”App）正式投入使用。“青安企信”App

是由区市场监管局开发，拥有自主知识产权的智慧监管系统。可归集食品药品市场主体的注册许可、监督检查、消费评价、政策信息等方面数据，形成商户全生命周期、全方位“画像”，将监管端、商户端、消费端“三码合一”，具备后台打印、证照提醒、在线培训、政企互通、风险提示、数据分析等诸多功能。“青安企信”App 的应用是区市场监管局推进市场监管信息化建设、打造一流营商环境的重要举措，该系统的推行使用将有效提升市场监管工作的规范化、科学化、法治化水平。

（郑欣　供稿）

青山区个体私营企业协会

【概况】

青山区个体私营企业协会（以下简称区个私协会）成立于 1982 年，为区市场监督管理局所属相当于股级事业单位。2020 年，下设富强路分会、幸福路分会、自由路分会、先锋道分会、青山路分会、乌素图分会、万青路分会、青福镇分会、兴胜镇分会、科学路分会、装备制造园区分会 11 个分会，核定事业编制 12 名。

2020 年，青山区个私协会组织个私协会从业人员全力抗击新冠疫情，开展支持复工复产“助微行动”，扎实做好各项工作。

【教育培训】

2020 年，区个私协会组织居然之家一宫店及周边商户参加直播带货培训，进一步畅通企业产品销售渠道。组织青山区 5 家企业参加内蒙古自治区个体私营企业负责人培训班。会上，区个私协会作为内蒙古自治区先进典型代表发言。

【活动开展】

2020 年，区个私协会与万青路街道、区就业局等部门共同组织银企对接活动，促进企业与金融机构互动，进一步改善小微私企、个体工商户融资环境。与建行包头支行共同开展助力小微企业解决融资难、融资成本高难题的产品推荐活动。组织电商平台与润友食品园区入驻企业座谈，畅通企业产品销售渠道。由区个私协会牵头，汇集职业培训学校、律师事务所、金融机构、公证处、创业园等服务企业复工复产相关单位，开展青山区复工复产复业“助微行动”。邀请北京的东直门医院专家为民营企业开展义诊活动。组织 3 家企业参加第三届中国国际进口博览会。组织内蒙古小尾羊牧业科技有限公司参加中国民营企业大会。加强与内蒙古人才平台合作，积极发挥其网络就业招聘服务平台优势，免费为企业发布招聘信息，为农民工、退役军人、毕业生、再就业人员等提供就业服务。

【社会公益】

抗击新冠肺炎疫情期间，区个私协会组织会员单位和党员捐款捐物。其中，内蒙古信得惠汽车销售服务有限公司向区红十字会捐赠价值 6000 余元的抗疫物资。

【困难会员帮扶】

2020 年，联合内蒙古信得惠汽车销售服务有限公司出资购买生活必需品等慰问品，春节前慰问困难个体工商户 10 户。

（赵睿　供稿）

应急管理

【概况】

青山区应急管理局（以下简称区应急局）成立于 2019 年，是区人民政府职能部门，机构规格为正科级。2020 年，内设办公室、灾害防治保障股、应急救援调查股、安全生产基础股、危险化学品监管股、政策法规巡查股 6 个股室。核定行政编制 9 名，核定科级领导职数 4 名（1 正，3 副）。有所属相当于股级事业单位的青山区应急管理综合行政执法大队和青山区应急救援指挥中心，共核定事业编制 12 名。

2020 年，青山区累计发生各类生产经营性事故 4 起，死亡 4 人。较 2019 年同期相比，事故起数减少 6 起，下降 60%；死亡人数减少 2

人，下降 43%，无较大及以上安全生产事故发生。事故起数与死亡人数再次实现“双下降”，全区安全生产形势持续保持稳定。全年无失职追责和信访举报案件，完成各项工作任务。

【安全生产监管责任落实】

2020 年，区应急局召开安全生产工作季度会议，森林草原防灭火、防汛抗旱工作会议，安排部署重点工作，整合优化安全生产、应急管理和防灾减灾救灾工作，向各街镇、各部门单位分解下达任务，强化监管责任落实，全面有序推进各项工作。扎实开展安全生产大检查和专项治理工作，推动部门监管责任落实。在“安全生产月”、全国“两会”、国庆节、中秋节等重大节日、重要节点，开展全区安全生产大检查及各类专项治理行动。全年开展各类大检查 11 次，各街镇、各相关部门累计排查整治安全问题隐患 2748 项。组织召开落实企业安全生产主体责任工作推进会议 2 次，督促指导企业整改问题隐患 150 余项。全力构建“企业负责、职工参与、部门监管、政府督导、齐抓共管”的大安全工作机制。

【安全隐患排查】

2020 年，区应急局成立危险化学品安全专项整治三年行动工作组、消防安全专项整治三年行动工作组、金属冶炼安全专项整治三年行动工作组、道路运输安全专项整治三年行动工作组、城市建设安全专项整治三年行动工作组、工业园区等功能区安全专项整治三年行动工作组、危险废物安全专项整治三年行动工作组、铁路运输安全专项整治三年行动工作组、文化旅游安全专项整治三年行动工作组、特种设备安全专项整治三年行动工作组 10 个工作组，安全生产专项整治三年行动工作专班 1 个工作专班，全面推进安全生产专项整治三年（2020 年 5 月至 2022 年 12 月）行动。全年督导检查各类单位 2047 户次，排查隐患问题 987 条，督促整改 950 条，整改率 96.3%，责令停产停业整顿 3 家，行政处罚 3 家，共罚款 8.1 万元，约谈 60 家企业负责人，安全生产专项整治三年行动整体工作稳步推进。

【网格化建设】

2020 年，区应急局进一步织密安全监管网络，形成安全生产委员会、街道、社区、网格四级安全生产监管体系。网格员每周巡查两户次，街道每月督查一次，建立常态化巡查机制。2020 年全年，街道、社区、网格落实巡查 1.7 万余户次。11 月，牵头组织举办 2020 年度基层安全生产监管人员业务提升培训班，邀请内蒙古国防科工局、包头市燃气供热协会、包头市应急管理局专家库、包头市市场监督管理局相关专家，分别就安监员监督检查巡查程序、燃气安全、消防安全、特种设备和电气安全知识及检查内容展开培训，160 余人参加。“包头市安全生产网格化信息系统”主要集成企业基础信息确认完善、检（协）查信息共享展示、隐患报（抄）告流转治理、监管信息统计汇总四大主要功能，可实现基层网格员利用手机移动终端及时将重大隐患信息、图片上报的闭环管理。

【应急救援能力建设】

2020 年，针对建筑施工、燃气安全、居民小区飞线、电气安全等方面存在问题，区应急局创新思路，采取由多部门联合执法、区安全生产委员会办公室常规性督查的方式，着力解决各类问题隐患。组建综合应急救援队伍，有队员 230 人，救援覆盖危险化学品、森林草原防灭火、水电气等多个领域，进一步提高青山区应急救援和突发事件处置能力。建立消防救援站两座，分别位于包头装备制造产业园区北区和奥林匹克体育中心，有效覆盖周边区域，满足灭火救援需求。依托建华北路消防救援站建立青山区应急装备救援库，库房面积 491 平方米，用于储备防汛、森林防火、应急救援、防护、后勤保障等 160 余种物资器材。

【应急体系建设】

2020 年，建立以青山区防灾减灾委员会为指挥的应急救灾管理体系，聘请专业服务机构重新修订《青山区总体应急预案》《自然灾害救助应急预案》《防汛抗旱抢险应急预案》等9项预案。建立与包头市气象局应急联动机制，及时在应急、防汛、防火等微信群内发布各类应急响应预警信息。各街道（镇）及相关社区依据各自地理位置、周边环境等因素，制订有针对性的灾害应急预案、检查巡查计划、应急演练计划。明确各街道（镇）及相关社区第一负责人为各类灾害防御责任人。

应急演练现场（区应急局　供图）

【抗震救灾】

2020年，区应急局积极组织宣传，让广大人民群众学会用科学的方法防御地震灾害，提高人民群众防灾意识。确定地震灾情速报网人员，完善相关工作职责和机制，形成有效工作网络，并及时更新灾情速报网人员信息。设立锦林公园、团结广场、劳动公园、青山公园、阳光体育公园、北方兵器广场等15个地震应急避难场所，完善疏散指示标识牌、疏散示意图、临时转移安置点、卫生间、饮水处等相关基础配套设施建设。

（康赛虎　白策勒木格　供稿）

包头市青山区消防救援大队

【概况】

包头市青山区消防救援大队（以下简称消防大队）于2019年12月正式挂牌，隶属于包头市消防救援支队。2020年，有消防指战员65人，政府专职队员21人，消防文员17人。下辖消防救援站4个，配有行政业务及防火监督车辆5辆，配备各类执勤消防车辆13辆。灭火剂总装载量124.4吨，其中载水120吨、泡沫液4.4吨。有消防器材总数2965件（套），其中消防员个人防护装备70种1963件（套），抢险救援器材55种365件（套），常规灭火器材67种637件（套）。

2020年，消防大队认真贯彻落实《内蒙古自治区消防安全责任制实施办法》，进一步夯实消防安全基础，着力提升综合救援水平，全区火灾总体形势保持相对稳定，未发生较大以上火灾事故。

【灭火救援】

2020年，青山区发生火灾406起，抢险救援169起，社会救助83起，直接财产损失229.4万元。与2019年同期相比，火灾起数下降5.14%，直接财产损失下降41.1%。接警出动651起，出动车辆1950辆，出动警力3.12万人次。

2020年1月22日凌晨0时34分，包头市消防救援支队119指挥中心接到报警，青山区九星soho公寓十楼起火，指挥中心立刻调派青山区富强路消防救援站到场处置，同时调派青山区公忽洞路消防救援站、包头市特勤大队一站到场增援。各消防救援站到场后立刻开展疏散逃生，灭火救援。1时40分，现场火势全部扑灭。此次火灾出动消防车10辆，消防指战员56名，受灾24户，未造成人员伤亡。

【消防监督检查】

2020年，消防大队不断加大火灾隐患督查整改力度，部署开展消防安全专项整治三年行动、冬春火灾防控工作，列出时间表和规划图，分阶段、分步骤对全区商业综合体、高层建筑、易燃易爆危险品企业等二十类场所开展全面隐患摸底，整改消除一批火灾隐患。全年共检查单位1011家，督促整改火灾隐患765处，责令“三停”单位7家，挂牌督办重大火灾隐患单位2家，罚款44.33万元。

【消防基层基础建设】

2020 年，在包头市体育中心新建小型消防站 1 座，建筑面积 705 平方米，配置执勤消防车 2 辆，消防指战员 13 人。包头市体育中心小型消防站的投入执勤破解了包头市体育中心周边没有消防执勤力量的难题，有效弥补包头市体育中心周边消防救援站点空白，整体提升综合应急救援能力，切实保护人民群众生命财产安全。

包头市体育中心小型消防站（消防大队　供图）

【消防宣传培训教育】

2020 年，消防大队对重点单位、社区消防安全管理人、责任人、物业公司工作人员、片区民警、社区保安等人员开展消防安全集中培训 18 次。同步开展消防安全疏散逃生演练，累计培训 2000 余人。通过面对面教授消防安全知识，切实提高参训人员消防安全工作能力。全面推进消防宣传教育活动，开展“消防宣传进校园”“队站开放日”“消防宣传进社区”等各类主题宣传活动 43 次。组织消防志愿者深入社区、家庭开展面对面教育培训，进一步提高群众消防安全意识和逃生自救能力。新冠肺炎疫情期间，充分利用新媒体、微信工作群等平台，进一步扩大培训、宣传覆盖面，让更多人足不出户接受消防安全教育培训，提高群众学习消防知识的积极性。

（郭静　供稿）

城市建设与管理

自然资源管理

【概况】

包头市自然资源局青山区分局（以下简称青山区自然资源局）组建于2019年，是包头市自然资源局的派出机构，机构规格为正科级。2020年，内设办公室、用途管制耕保科、确权调查科、综合业务一科、综合业务二科、政策法规科、党建纪检室7个科室。核定行政编制6名，核定科级领导职数4名（1正，3副）。有所属相当于副科级参照《中华人民共和国公务员法》管理的事业单位2个，分别为青福自然资源管理所、兴胜自然资源管理所；有所属相当于副科级事业单位的规划技术中心，共核定事业编制8名。

2020年，青山区自然资源局以服务全区经济建设为中心，以机构改革为契机，以“放管服”改革为切入点，整合职能，提升效能，各项工作取得新进展。

【村庄国土空间规划编制】

2020年，青山区自然资源局启动2个镇、8个村庄的规划编制工作。围绕试点村庄生产现状、自然环境、产业、土地利用现状、建设用地、公共服务与基础设施、历史文化要素及村民意愿等方面展开调研，全面了解村民对村庄未来发展建设需求和设想，村办企业、合作社经营情况及未来村庄集体经济发展方向，初步形成全区村庄国土空间规划初步构架。积极推进包头装备制造产业园区规划修编工作。与包头装备制造产业园区管委会、包头市国土空间规划局、包头市规划设计研究院沟通协调园区用地在规划管理中出现的问题，经过现场核查、会议讨论、评估后，确定杭萧钢构、力克橡塑等项目调整内容，完成履行规划报批程序，促进园区提档升级项目及时落地。

【项目用地保障】

2020年，青山区自然资源局对投资亿元以上的73个重点建设项目进行梳理，主动与项目用地单位对接，了解用地情况和存在问题，建立工作台账，实行销号管理。2020年全年，完成组卷工作7个批次，总面积40.27公顷，其中耕地27.88公顷，已全部批复；拟组卷项目6个批次，总面积21.4公顷，其中耕地9.92公顷。落实“多审合一、多证合一”改革举措，按照审批流程，为青山区医院门诊住院综合楼建设项目办理“建设项目用地预审与选址意见书”，为弘元包头新材料8GW单晶项目等13个项目办理“建设用地规划条件书”；为巷里商业综合体建设项目等15个项目办理“建设工程规划许可证”；为包头市超级云计算有限公司等3个项目办理“建设工程规划核实合格证”；为青山区银匠窑棚户区改造项目等2个项目办理条件书延期。为包头市肿瘤医院、包头职业技术学院博艺幼儿园等项目出具规划意见16件。出具各类说明、复函等10件。

【第三次国土调查】

2017—2020年，青山区自然资源局负责青山区第三次国土调查各项工作。工作中做到“五到位一确保’，即组织领导到位、宣传培训到位、人员力量部署到位、资金保障到位、监督核查到位，确保调查成果真实准确。2020年8月，青山区初始调查成果在包头市率先通过国家审核。10月17日，统一时点调查成果通过内蒙古自治区第三次国土调查办公室核查。11月7日，通过国家第三次国土调查办公室组织的统一时点复核。

【矿山地质环境治理及生态修复】

2020年，青山区自然资源局深入推进大青山南坡生态修复二程。2020年全年，大青山南坡矿山治理及生态修复工程项目区完成矿坑及危岩体治理区域面积约341.73公顷，爆破方量15万立方米，倒运、回填覆盖石渣及种植土24万立方米，铺设灌溉管道3万延米。成立大青山自然保护区矿山退出验收小组，完成大青山国家级保护区地质环境治理验收工作。安排相关专家对27家采矿企业和1家探矿企业治理情况进行实地验收，提出初验标准，完成初审。生态治理已恢复，达到验收要求，顺利通过包头市级验收。

大青山南坡绿化成果（青山区自然资源局供图）

【农村“房地一体”宅基地和集体建设用地确权登记发证工作】

开展农村“房地一体”宅基地和集体建设用地确权登记发证工作是深化土地制度改革，维护农村居民居住权益的重要举措。按照数据真实、程序合法、村组全覆盖原则，采取试点先行、以点带面、有序推进的工作方法，青山区自然资源局扎实有效开展此项工作。截至2020年10月31日，青山区“房地一体”宅基地权籍应入库6335宗，实际完成入库6339宗，完成率100.06%；具备确权登记条件2361宗，实际完成登记入库2394宗，完成率101.4%。完成登记2356宗，登记率99.8%；完成集体建设用地登记31宗，登记率96.9%。

【卫片及例行督察违法整改】

2020年一至三季度，自然资源部共下发涉及青山区2020年季度疑似违法图斑40个。其中，认定违法图斑3个，履行整改程序。完成第三季度卫片图斑内外业核查工作，其余合法图斑、特殊用途图斑均已通过自然资源执法综合监管平台上报至包头市自然资源局，举证材料报送至内蒙古土地勘测规划院。历年例行督察图斑整改效果明显。青山区2018年土地例行督察共涉及图斑6个，监测总面积11.93公顷。其中，限期整改图斑4个，3个图斑均已取得农用地转建设用地批文并且供地，已完成整改。持续整改类图斑2个，已部分拆除整改。

【执法监察】

青山区自然资源局运用大数据强化日常监管。2020年全年，协同青山区综合管理行政执法局开展动态巡查330余次，累计出动巡查人员840余人次，现场发现违法苗头20起，有效制止违法苗头20起，立案查处违法案件1件，收缴罚没款4305元，已结案。开展专项行动，坚决打击非法采石、采砂违法行为。继续加大自然资源动态巡查工作力度，同时利用防火“无人机”巡航系统监控辖区内重点区域。严格按照包头市自然资源局要求，落实半月办制度，采取多种形式宣传矿产资源相关法律法规，营造浓厚法治氛围，着力保护辖区砂石矿产资源。

（闫爱贤　张宇翔　供稿）

城区建设

【概况】

青山区住房和城乡建设局（以下简称区住建局）组建于2019年，是区人民政府职能部门，机构规格为正科级。加挂青山区人民防空办公室牌子。2020年，内设党政综合办、住房保障股、物业管理股、建筑管理股、工程建设股、绿化管理股、公用事业股7个股室。核定行政编制8名，核定科级领导职数5名（1正，4副）。有所属事业单位8个，分别为相当于正科级事业单位的青山区房屋管理服务中心，相当于副科级事业单位的青山区城乡房屋征收中心和青山区物业管理服务中心，相当于股级事业单位的青山区绿化队、青山区公园广场管理服务所、青山区乌素图市政绿化管理所、青山区建筑工程质量监督站和青山区建设工程安全监督站，共核定事业编制89名。

2020年，按照特色规划、精品建设、科学管理要求，区住建局完善城市管理长效机制，坚持基础设施建设与经济发展同步，全力推动城区道路建设、园林绿化、“三供一业”改造等项目建设，大力实施公共住房保障，稳步推进旧小区综合治理，不断深化物业管理服务，居民居住生活环境明显改善，为创建“宜居青山”奠定良好基础。

截至 2020 年年底，青山区城区道路总长度 317.85 千米，道路面积 638.11 万平方米，人行便道面积 236.97 万平方米，人均拥有道路面积 18.3 平方米，污水管线和雨水管线总长度共计约为 531.8 千米（含国道 110 线），路灯 11651 盏，城区道路路灯亮化率达 98% 以上，消除无亮化设施街巷。园林绿地面积 2265.99 公顷，绿地率达 40.42%；园林绿化覆盖面积 2328.69 公顷，绿化覆盖率达 41.55%；公共绿地面积 1071.74 公顷，人均公共绿地面积 19.99 平方米；有 10 个公园、19 个广场、26 个游园景点。

【市政建设】

2020 年，投资约 6040 万元，实施道路新建工程、道路雨水管线建设工程、道路及河道设施更新改造工程、雨污分流及道路雨水分流改造工程。道路新建工程包括赵家店规划二路新建工程、赵家店规划三路新建工程、赵家店规划四路新建工程、赵家店规划七路新建工程、滨河路道路新建工程。其中，赵家店规划二路新建工程前期立项和招标工作已完成，赵家店规划三路新建工程已施工完毕，赵家店规划四路和七路新建工程已进场施工，滨河路道路新建工程前期工程已完成。道路雨水管线建设工程包括康乐西街雨水管线西延工程和互助道雨水管线工程，均已施工完毕。道路及河道设施更新改造工程包括新园路次高压燃气迁改工程、青山路树坑侧石维修工程和四道沙河升降阀安装工程。其中，新园路次高压燃气迁改工程在施工中；青山路树坑侧石维修工程和四道沙河升降阀安装工程均已施工完毕。雨污分流改造工程涉及科学路、繁荣道、莫尼路、建设路、民主路、蒙牛路、哈达道、互助道、合作道、敖根道 10 条道路。其中，莫尼路已施工完毕，其他道路在施工中。道路雨水分流改造工程涉及青山区范围内 20 处。其中，12 处已封堵完毕，5 处破路手续已办理完成，邻圃道与文化路路

2020 年青山区赵家店规划三路新建工程情况表

表 7

道路名称	建设性质	总投资（万元）	完成投资（万元）	路长（米）	路宽（米）		道路面积（平方米）	新增道路面积（平方米）	雨水管线（米）	污水管线（米）	路灯（基）
					主路	便道					
赵家店规划三路	新建	480	530	340	18	12	6120	6120	0	372	20

2020 年青山区康乐西街雨水管线西延工程情况表

表 8

道路名称	建设性质	总投资（万元）	完成投资（万元）	路长（米）	雨水管线（米）
康乐西街西延	黑臭水体	89	106	405	415

口、民主路与青山路路口、敖根道与呼得木林大街路口均已施工完毕。

【园林建设】

2020 年，区住建局及时修剪公园、广场、游园景点内树木、绿篱、花灌木，做好环境卫生保持和应季花卉种植、清除死树枯枝、树木扶正等工作。维修、更换破损陈旧健身器材，新增健身器材 26 件，新增分类垃圾桶 75 个、靠背座椅 42 个。更新社会主义核心价值观等内容公益宣传牌 115 块，各入口悬挂禁止宠物入园、禁止随地吐痰、禁止摆卖等文明警示牌 30 块。按照“300 米见绿，500 米见园”生态园林城市创建标准，标识完善富润小区、东方佳苑、呼得木林大街 9 号街坊 3 处公园绿地。打造以“徜徉绿色之间，乐享民生文化”为主题的“10 分钟小游园”3 个。游园沿途布设导视牌 7 块、步数指引牌 3 块、标语牌 9 块、绿地花草牌 9 块、凉亭简介牌 1 块。青山区 2016 年开始筹备军工文化主题公园（兵工林带）项目建设。将军工文化主题公园规划为“一带”（兵工林带）、“两区”（北方兵器城、军工文化广场）、“三湖”（天鹅湖、太阳湖、鳄鱼湖）、“五园”（党建园、廉政园、双拥园、企地共建园、薪火相传园）空间布局。2020 年 6 月 23 日，军工文化广场建成，位于兵工路（奇峰道至呼得木林大街）路段。广场文化景观设计为“军工人”“军工事”“军工魂”3 个部分，展示与一机集团、北重集团、中核北方生产和生活相关的人物、事件、发展历程等军工文化元素。

儿童公园（区住建局　供图）

【城市绿化】

2020 年，区住建局在道路绿化建设中，严格按照绿化补植要求，充分考虑行道树品种的选择、植物造景的应用和综合生态功能的体现，做到“起、运、栽、管、护”有机结合，确保补植苗木水分不流失、无病害、成活率达标。补植主次干道 77 条。其中，乔木补植量 1070 余株，灌木补植量约 18640 平方米，地被 16720 平方米。5 月 25 日，所有补植工程已完工。修剪树木约 3000 棵，清理死树 98 棵，集中解决树木遮光、遮挡信号灯、枯死枝坠落等安全隐患问题。2020 年 3 月，投入 800 万元开展亚欧公园绿化养护管理工作。清理园内枯枝死树，清运卫生垃圾 500 余车，为园内所有绿植打药、施肥。清理园内“三湖”湖面卫生，做到湖面无杂草、无污染物，并在湖边设置安全指示牌。维修、维护园内设施，确保管线、机械正常使用。为保持园内良好环境卫生，避免有森林火灾等安全隐患发生，在园内安装摄像头 6 处，派专人监管。

（李嘉琪　田瑛　供稿）

房地产管理

【廉租住房补贴】

2020 年，青山区有公共租赁住房项目 7 个、2091 套。其中，分配 1882 套，未分配 209 套。全年为 84 户城镇住房保障家庭共发放租金补贴 227598 元。4 月 15 日，向全区各街道（镇）、社区（村）下发《关于开展 2020 年第二类保障对象申请实物配租的通知》，符合申请条件家庭 205 户，均已通过摇号方式实现配租。做好公租房租金收费、公租房欠费起诉、公租房转租转借排查工作。采取法律手段，对常年公租房欠缴租金和不符合租住条件的租户进行追缴，净化公租房承租环境。

【棚户区改造】

基本情况。2020 年，青山区未向上级部门报送棚改计划。积极推进乌审道3号街坊地块、公忽洞地块等地块土地收储事宜工作。加大解决向阳农贸市场回迁安置等征收遗留问题力度。加快开展北重集团国道110线棚户区改造项目地块土地招拍挂工作。

土地征收。2020年，区住建局启动并履行原市政工程管理局地块、电建三公司富14号地块征收及拆除程序。开展原市政工程管理局地块、北重集团国道110线棚户区改造项目地块、一机集团六合成二区五期地块等土地收储事宜工作，共涉及征收面积约22.38公顷。截至2020年年底，完成原市政工程管理局地块、北重集团国道110线棚户区改造项目地块、富强路2号街坊棚户区改造项目地块等土地招拍挂工作，并协助开发企业办理建设前期手续。

老旧建筑物安全排查整治。2020年，青山区将农村老旧危房排查纳入老旧建筑物安全排查整治范围。截至2020年年底，排查辖区内乡镇经营类自建房和非自建房1175栋。

【国有企业职工家属区“三供一业”分离移交维修改造】

2020年，青山区在做好国有企业职工家属区“三供一业”分离移交维修改造一期工程后续工作的同时，扎实推进小区物业维修和供热改造二期工程。物业维修改造二期工程总投资约4.5亿元，涉及62个小区，约54889户、399.45万平方米。其中，一机集团职工家属区“三供一业”物业维修改造涉及11个标段，22个小区；北重集团涉及8个标段，18个小区；中核北方涉及2个标段，1个小区（包含13区）；五二研究所涉及1个标段，3个住宅区；包头市供电局涉及2个标段，15个小区；青山区铁路职工家属区涉及1个标段，3个小区。截至2020年年底，基本完工小区58个，共完成便道铺装466102平方米，沥青路面铺装123963平方米，侧石安装68371米，污水管线敷设22598米，屋顶防水工程415栋，共332802平方米。有序推进门禁、围墙、防盗门、亮化、监控等工程进度。

“三供一业”改造施工现场（区住建局　供图）

【物业管理】

基本情况。针对不同小区，分阶段、分类别、分标准逐步实施物业服务。截至2020年年底，青山区有住宅小区419个，总建筑面积约1500万平方米，居民约16万户。其中，进驻物业服务企业的小区有276个，物业服务管理覆盖率达65.9%。全区有注册物业服务企业196个，其中已开展物业服务的企业有76家。组织物业服务企业开展信用评价系统应用培训。其中，95家物业服务企业和344个物业服务项目录入该系统。

业委会备案工作。制定《业主委员会备案流程》，定期组织社区居委会成员学习。为符合条件的住宅小区成立业主大会，选举业主委员会，进行工作指导并跟踪备案情况。制定优先选举党员、离退休人员为业主委员会成员的选举办法。协调解决业主委员会用房问题，加强对业主委员会的监管指导，确保业主委员会依法履职。2020年，完成业主委员会备案27家，法人登记2家。物业管理中心参与社区业主委员会筹备组会议40余次。

物业企业相关备案工作。2020年，办理物业企业合同备案123件，办结物业企业注册登记备案8家，办结前期物业管理备案10件、前期物业招投标项目备案4个、物业项目前期物业评审 1 个。

物业投诉处理。2020 年，接到各类投诉 564 件，全部处理完毕，办结率达 100%。其中，电话投诉 269 件，来信来访投诉 1 件，行风热线投诉 87 件，其他渠道投诉 207 件。

探索建立物业纠纷调解新模式。2020 年，在自由路街道物业管理服务中心挂牌成立包头市首家物业纠纷人民调解委员会，负责调解区内重大或疑难物业纠纷等工作。在科学路街道探索推行引入社会力量，强化民主协商，增强网络建设的“332”社会治理试点工作（前“3”指“三位一体”，即社区党委 + 社会力量 + 居民领袖共建；后“3”指“三级网络”，即社区网格员 + 物管员 + 党员楼栋长共治；“2”指“两个议事平台”，即物业工作联席会、居民领袖议事会共议）。在万青路街道春光社区推行“五位一体”民主协商社区物业管理模式。在先锋道街道制定“吐槽大会”居民议事制度。形成新型小区和老旧小区物业管理推动社区科学治理的新模式。包头市物业纠纷诉调对接中心落户青山区，调解包头市物业服务矛盾，化解全市物业行业纠纷。

【房地产工作】

产权遗留问题综合治理。2020 年，青山区有 50 个项目列入内蒙古自治区房屋产权登记集中治理范围。截至 2020 年年底，办结初始登记 26 个，开展权籍调查 7 个，办理处置土地 17 个。推动解决房地产领域历史遗留问题，全区需要整改项目 6 个，包括 3 个烂尾楼项目、1 个延期交房项目、1 个回迁难项目、1 个不合法抵押项目。截至 2020 年年底，6 个项目都已推动解决，并报包头市住房和城乡建设局销号办结。

房产监察工作。积极处理室内违规装修投诉案件。截至 2020 年年底，接到室内违规装修举报 216 个，下达书面整改通知书 28 个，其余当面警告当事人恢复原状整改。

（刘卿　郝丽　供稿）

城市管理与行政执法

【概况】

青山区城市管理综合执法局（以下简称区执法局）组建于 2019 年，是区人民政府职能部门，机构规格为正科级。挂区城市管理综合执法大队和环卫中心牌子。2020 年，内设法制宣传股、党政综合办公室、执法督查股、政工股、外宣股、安全技术股、行政审批股 7 个股室。核定行政编制 8 名，核定科级领导职数 8 名（2 正，6 副）。有所属相当于正科级事业单位 2 个，分别为城市管理综合执法大队（内设环保中队、市容一中队、市容二中队、市容三中队、步行街中队、农区大队、市场中队、景观示范街中队、河道管理中队、管理所、环卫一所、环卫二所、环卫三所、环卫四所、乌素图环卫所、机扫所、清运所、公厕管理所、农区一所、农区二所）和环卫中心，共核定事业编制 150 名。

2020 年，区执法局管辖城区面积 56 平方千米、农村面积 224 平方千米，包括 8 个街道、2 个镇的 21 个行政村。以营造“整洁、有序、文明、宜居”城市环境为目标，完成新冠疫情防控各项任务，全力助推企业复工复产。开展市容环境卫生整治、大气污染防治、配合管控小区私搭乱建、集体土地违法建设、环卫基础设施维护、垃圾清运等常态化工作。

【疫情防控】

抗击新冠肺炎疫情期间，区执法局强化对市容环境卫生的巡查管控、清理整治力度，切断疫情传播途径，严查沿街商铺促销经营行为，切实减少人员聚集，预防疫情传播。联合包头市执法局、交警、巡特警开展市容环境卫生集中清理整治行动，累计清理流动摊点 1268 处、占道经营 1518 处、“三乱”小广告 730 处、违规悬挂条幅 50 余处。全面加大城区环境卫生清洁消杀力度，积极落实各项疫情防控措施，及时清理道路上的卫生死角、堆放垃圾、积雪积冰，每日清运生产生活垃圾 500 余吨，确保日产日清。针对城市出入口、城郊接合部、城中村等薄弱区域，做到第一时间清理、清运和消杀处置。加强对转运站、公厕、清运车辆等环卫设施设备管理。42 座转运站及压缩式垃圾箱每日消杀 6 次，开放公厕每日消杀 3 次，垃圾清运车辆出车前后均进行消杀。在华联超市、万达广场东门、娜林步行街等人流密集地投放有害垃圾桶 8 个，有效引导市民妥善处置废弃口罩。

根据人流量多少，合理设置便民市场开、闭市时间。合作道便民市场采取半封闭管理，严格管控人员进出。对市场内近 300 个摊点逐一检查，建立人员管理台账，增加消杀频次，确保市场内卫生消毒全面达标。取缔自发形成的马路市场，避免出现监管盲区。通过集中整治取缔红领巾露天临时市场，清理占道经营摊点 17 处，拆除搭建布棚 15 处。同时，合理疏导周边流动摊点进入便民市场，市场方免费提供卫生清扫保洁、垃圾收运、摊位消杀等服务，有效避免问题反弹。

【助力企业、商户复工复业】

2020 年，区执法局主动召集商户召开座谈会，广泛征求、听取商户意见，在保障安全、保障通畅、保障防疫，不占用盲道、消防通道，不侵害他人利益，不破坏环境卫生的“三保三不”前提下，有序放开“地摊经济”。允许沿街商户先开展宣传促销活动，后补办审批手续，执法人员对商家活动给予及时指导、规范管理。在辖区范围内为占道经营和流动商贩寻求规范经营区域，设置便民市场，实行道路分级管理。按照“三定两统一”(定时间、定位置、定面积，统一设置垃圾桶、统一铺设地毯）标准，对文学道、互助道、昌福道、乌审道等 17 条规范经营道路的马路市场实施划线经营，要求商贩自备小型垃圾桶，做到垃圾不落地。

【市容环境卫生整治】

按照“六无六净”(无烟头纸屑、无瓜果皮核、无宠物粪便、无痰迹积水、无小广告、无撒落垃圾及乱堆杂物，路面净、路牙净、下水口净、便道净、绿地净、树坑净）及主要街道 16 小时保洁、一般街道 12 小时保洁作业标准，对城区主次干道及两侧隔离绿化带开展常态化、精细化环境卫生管理。同时，加大对商业网点周边、主次干道、背街小巷等重点地段卫生清理整治、检查力度，增加巡回保洁频次。进一步加大道路清扫保洁机械化作业力度，每日两次全面作业、每日作业 8 小时。实施人机结合清洗、机械化清扫、精细化保洁、调度洒水“四位一体”道路控尘措施。2020 年新购置 6 台大型洗扫车已全部上路作业，能够满足日常洗扫、降尘工作需求，机械化清扫率达 77%。同时，根据天气情况和空气湿度采取相应洒水措施。针对建筑工地、市政工地、拆迁工地等地点周边易污染道路，增加道路清扫保洁作业频次，开展洒水喷雾降尘作业。结合重污染天气预警，停止或减少道路洒水、喷雾降尘等作业频次。制定《青山区城市精细化管理专项整治实施方案》，建立城市精细化管理街长负责制体系，形成齐抓共管、全员参与大联动机制。细化《青山区道路分级管理标准》，将全区主次干道实施分级分类管理。其中，严管道路有 9 条，坚决不允许出现流动摊点、占道经营及市容“六乱”、“三乱”小广告等违章行为；严控道路有 14 条，及时清理流动摊点；规范道路及背街小巷共有 40 条，要求统一划线经营（线内经营、自备垃圾桶，无垃圾落地现象），确保不影响道路畅通。建立《青山区城市精细化管理工作台账》，及时处置涉及市容市貌、环境卫生、市政设施、规划、环保、交通秩序、园林绿化、渣土整治等方面发现的问题，做到边建台账边督促整改，确保整改结果到位。积极发挥“城警联动”作用，实现城市管理部门和交管部门的资源统一调度和职能互补。两部门通过常态化巡逻，双向叠加提高主要道路、重点管理区域的巡查频次，实现问题发现与处置过程无缝对接，进一步提高动态问题处置时效性。为沿街商户发放“门前三包”一封信，与商户签订“门前三包”承诺书，增强商户文明经营意识，主动保持店外环境卫生整洁。加强对万达广场、娜琳商圈、公园广场、医院、学校周边等重点部位管控，依法取缔随意占道、乱堆乱放、临时搭建摊棚、违规设置户外广告等行为，严格管控流动摊点占道经营，防止出现道路交通堵塞和环境卫生脏、乱、差现象。全面整治非机动车随意乱停放现象，协调交管部门合理施划共享单车停放区域，摆放道路上不规范停车的共享单车5000余辆。约谈外卖电动车运营公司，要求其按规定停放。组织环卫工人、执法队员逐条街、逐个点全面清理道路两侧乱张贴、乱喷涂、乱刻画的“三乱”小广告。出台《举报非法小广告行为奖励办法》，鼓励市民积极参与到小广告治理工作中。开展青山区城市精细化管理专项整治行动。集中对青东路、科学路、繁荣道、富强路、少先路、万达广场周边及背街小巷的市容环境进行全面整治，拆除一店多招、刀牌、户外设置的LED显示屏、墙体广告、店招标识和灯箱等970处1350平方米，粉刷脏污墙面300平方米。截至2020年年底，累计清理各类占道经营（作业）13858处，流动摊点12086处；整治“六乱”12560处，“三乱”小广告23190处，橱窗贴字2806处，无主垃圾120车，绿篱两侧垃圾4832车。

【大气污染防治】

严格取缔使用明火燃煤流动摊点及露天卖煤市场。加大施工工地和拆迁工地扬尘污染治理工作。严格落实《青山区关于加强非清洁燃煤管控的实施方案》，成立攻坚工作领导小组，全面开展非清洁燃煤禁售禁运百日攻坚行动。2020年全年发放张贴宣传通告2000余份，利用执法宣传车辆广播宣传禁售禁运通告100余次，查处燃煤存放及销售点12处，查处售卖燃煤35.6吨，查处非清洁燃煤拉运车17辆，扣押燃煤约116吨，回收燃煤约425.77吨。清理流动摊点、占道经营、露天市场、露天烧烤使用燃煤设施512处，清理产生油烟流动摊点2310处，清理道路两侧明火明灶98处，清理道路两侧堆旺火10处。

【建筑垃圾整治】

2020年，结合青山区实际情况，区执法局针对“三线”（青大线、国道110线、G6高速两侧）、2镇21个行政村及城区周边拆迁工地等重点区域，采取定点蹲守、错时执勤、高密度巡查方式，严厉打击建筑垃圾偷拉乱倒、运输车辆“抛、洒、滴、漏”行为，累计查处乱倒建筑垃圾2万余立方米，未苫盖、苫盖不严车辆1460辆。同时，继续采取疏堵结合的方式，开展废弃沙坑治理，累计回填整治京津光电东侧、青大线与世纪路南2处沙坑，共回填土方量约300万立方米。

【生活垃圾分类】

2020年，区执法局逐步扩大居民生活垃圾分类示范试点范围，将万青路街道五一社区的阳光雅居小区作为新增试点。该小区有10栋居民楼38个单元554户居民，在每个单元内设置垃圾分类宣传展板，结合实际制定居民垃圾分类指南，累计发放分类垃圾袋2万个，摆放公用分类垃圾桶70个，发放宣传资料600余份，安装宣传展板40余块，居民知晓率达90%。同时，在北重集团开展大型国有企业垃圾分类试点工作，设置垃圾分类点86处，摆放分类垃圾桶336个，购置餐厨车、压缩垃圾车各1辆。

【垃圾清运】

2020年，区执法局建立垃圾清运长效管理机制，确保垃圾日产日清。城区42座垃圾转运站每日清洁消毒，清运车辆密闭化运输，日清运生产生活垃圾400余吨。进一步完善村镇垃圾收运处置体系，21个行政村建成垃圾转运站11座，确保村镇无脏、乱、差现象。在乌素图地区、青东路两侧餐馆开展餐厨垃圾收运试点工作，逐步推广至富强路、青东东路餐馆。执法人员上门宣传动员，逐步取消在店外放置的垃圾桶，实行商户自备小型垃圾桶放置在店内厨房处，垃圾清运车负责统一收集清运。2020年每周清运餐厨垃圾40余吨，基本实现日产日清。

【公厕管理】

2020年，城区投入使用免费公厕69座（水冲式37座、移动式32座），并延长公厕使用时间，在包头市率先试行24小时开放制度。其中，在兵工路沿线、青东东路教堂外墙、昌福窑村便民市场、包头医学院第二附属医院门口、赛汗路与文学道交叉口增设免费公厕6座，锦林市场更换免费公厕1座。加强市区公厕常态化管理，统一标准、专人专管、跟进保洁，管理人员信息上墙，在厕内醒目位置张贴文明如厕宣传标语及温馨提示。建立完善监督检查机制，不定时抽查考核，加强日常巡查维修，发现问题及时处理，确保主次干道、商业大街每隔500米至少能看到1处公共卫生间指示牌。2020年累计设置公厕指示牌150个，加装无障碍通道设施52个，粉刷公厕外墙45处，便于市民群众使用。推进农村厕所革命，统筹实施农村公共厕所新改建和无害化卫生户厕建设改造。截至2020年年底，21个行政村累计建成水冲式公厕49座，基本解决农村公共厕所在数量、布局等方面的问题。无害化卫生户厕改造6414个，其中单体式户厕202个，无害化卫生户厕普及率达95.4%。

生态环保型一体化户厕（区农牧局　供图）

【违法建设管控】

2020年，区执法局以“新增为零、存量递减”为工作目标，配合街道整治拆除佳禾小区，幸福路甲3号、5号、6号、7号街坊，赛音道5号、6号、7号街坊，口岸小区，欧鹿生活城等各类历史遗留私搭乱建、侵占绿地行为709处38830平方米；受理拆除振华小区、棉纺小区、大连新型、健康新城、正翔国际等新增违法建设133处3535平方米，有效改善小区居住环境。拆除城市规划区违法建设57处726平方米。配合两镇拆除集体土地违法建设3处3070平方米。

【校园周边治理】

2020年，区执法局采取全天候监管、错时制盯守的方式，确保学校周边实现“定人、定岗、定标准”，重点对校园及周边200米以内的流动摊点、占道经营、乱摆乱放等违章现象开展集中整治。全年累计清理整治校园及周边占道经营1670处，清理流动摊点2254处。

【便民市场管理】

2020年，青山区便民市场采取市场化运作方式，在区执法局监管下由具备资质的市场运营方对合作道、临园道、望园中道、丰产道、互助道、昌福新村6个便民市场进行日常管理。区执法局配合市场管理部门进一步强化便民市场的秩序规范、卫生保洁与安全保障，提高便民市场管理质量。

【智慧平台助推城市管理】

2020年，区执法局不断完善健全网格化、数字化管理机制，提高智慧城管运行效率。由专人负责智慧城管平台举报案件管理、转办与回复，确保办结及时。全年办理智慧城管平台案件2320件，社区平台案件775件，政府热线举报560件。

【扫黑除恶】

2020年，区执法局进一步健全完善扫黑除恶专项工作责任制、巡查监督执纪制度、重点区域防控制度、一案三查制度、线索举报核查机制等 8 项制度。全面排查建筑工地、渣土运输、集贸市场、重点商圈等易出现涉黑涉恶情况管理区域，发放《扫黑除恶应知应会知识册》《致广大商户的一封信》各 300 份，回收“扫黑除恶专项斗争问卷调查表”300 余份。及时举报包头轻工职业技术学院北门 3 个摊贩阻碍执法、垄断市场的市霸行为，最大限度消除黑恶势力滋生土壤，有效净化执法环境。

（张斌　供稿）

环境保护与生态建设

环境保护

【概况】

包头市生态环境局青山区分局成立于 2006 年，其前身为包头市环境保护局青山分局，2020 年由青山区人民政府管理划归包头市生态环境局管理，机构规格为正科级。内设办公室、污防科、审批科、政法科 4 个股室。核定行政编制 3 名，核定科级领导职数 3 名（1 正，2 副）。有所属相当于副科级参照《中华人民共和国公务员法》管理的事业单位包头市青山区环境监察大队（包头市青山区生态环境监测站），核定参照《中华人民共和国公务员法》管理的事业编制 21 名。

2020 年，青山区空气质量达标天数为 289 天，达标天数比例为 78.96%。

【环境质量】

2020 年，通过高质量建设禁燃区，全力以赴打好蓝天保卫战。10 月，完成四道沙河村 48 万平方米、4000 户集中供热改造工程，10 月 15 日按时供暖。改造后，每年可减少燃煤 1.2 万吨，减排二氧化硫 160 吨、氮氧化物 40 吨。10 月，完成羊山窑村 26 万平方米、1242 户煤改气清洁取暖完善工程。改造后，每年可减少燃煤 3726 吨，减排二氧化硫 47.69 吨、氮氧化物 10.95 吨。10 月，完成二海壕村 6.2 万平方米、303 户煤改气清洁取暖完善工程。改造后，每年可减少燃煤 909 吨，减排二氧化硫 11.63 吨、氮氧化物 2.67 吨。10 月，完成顶独龙贵村 2.6 万平方米、301 户煤改气清洁取暖完善工程。改造后，每年可减少燃煤 903 吨，减排二氧化硫 11.55 吨、氮氧化物 2.65 吨。

煤改气清洁取暖改造后验收现场（包头市生态环境局青山区分局　供图）

【环境治理】

2020 年，青山区在环境治理方面主要有一机集团表面处理生产线建设项目。该项目总投资 3150 万元，改造原 806 厂房，新建表面处理生产线，新建镀镍、阳极氧化、镀铬、磷氧化生产线，建设废气、废水净化装置；新建设废水处理站。截至 2020 年年底，该项目已完工。

【环境监察】

按照新修订的《中华人民共和国环境保护法》及配套办法，包头市青山区环境监察大队优化改进执法方式，2020 年全年下达行政处罚决定书 18 件，罚款金额 151.68 万元。受理信访案件 111 件。其中，噪声案件 14 件，大气污染案件 89 件，水污染案件 4 件，其他案件 4 件。查处率 100%，办结率 96%，回复率 100%。没有发生因环境污染投诉未得到及时处理而造成任何不良社会影响及集体上访事件。

【环评审批】

2020 年，包头市生态环境局青山区分局对辖区 2020 年投资亿元以上重点项目采取提前介入、定岗定人、全程服务模式，积极向企业提供环保方面技术支持，缩短项目受理时间，加快项目审批速度。全年完成亿元以上重点项目审批 65 项，其中完成审批 56 项、无须审批 9 项，未委托环评 8 项。在建设项目行政审批事项上，严格实行建设项目申报登记、环境影响评价文本初审或评（函）审、审批，“三同时”（同时设计、同时施工、同时投入使用）管理和验收，建立公开、公平、公正环境管理审批验收程序，并按照信息公开相关要求，对所有审批验收项目在门户网站进行公示。全年完成审批建设项目环境影响评价报告书 3 个，建设项目环境影响评价报告表 20 个；审批建设项目（固体废物污染防治设施）“三同时”竣工验收 47 个。

【环境监测】

2020 年，包头市生态环境局青山区分局完成 2019 年度青山区环境质量报告书编写，开展重点污染源监督性监测、废水监测、锅炉监测、环境噪声监测、降水样品监测等各类监测工作 6848 项（次），为环境管理提供可靠依据。完成 105 家重点监控企业废水监督性监测 807 项（次）。完成废气监督性监测 82 项（次）。其中，锅炉废气烟尘浓度监测 21 项（次），二氧化硫监测 21 项（次），氮氧化物监测 21 项（次），烟尘黑度监测 7 项（次），有组织监测 12 项（次）。完成 3 家重点监控企业噪声监督性监测 24 项（次）。完成废水信访监察监测执法联动监测 2 家，取得监测结果 18 项（次），完成青山区集中式生活污水处理设施 20 吨及以上污水处理站水质采样，采集样品 40 个。按照相关要求，对青山区酸雨监测点进行样品采集，采集降水样品 31 个，完成降水监测 93 项（次）。完成青山宾馆周边 8 个监测点位道路扬尘、无组织废气、有组织废气监测 126 项（次）。完成青山宾馆周边老宝格特、石林石材城、银隆石材城复工后 3 个点位无组织废气监测 36 项（次）。联合内蒙古自治区包头市生态环境监测站对青山宾馆周边重点污染源排查点开展为期 20 天环境空气 24 小时监测工作。设监测点位 6 个，频率为 1 个点位 /3 天，完成监测数据整理、统计 5184 项（次）。按照《关于印发 2020 年生态环境监测任务的通知》（包环办发〔2020〕35 号）文件要求，完成 2020 年功能区噪声监测工作，监测频率为 1 次/季度，设 3 个点位，每个点位连续 24 小时监测，共计 288 项（次）。完成交通噪声监测 80 个点位，昼间监测 80 项（次）。完成区域环境噪声监测 50 个点位，昼间监测 50 项（次）。完成内蒙古自治区产品质量检验研究院组织的 pH 值项目实验室间比对活动，一次性通过考核。配合包头市生态环境局督促青山区重点排污企业及取得排污许可证企业开展“内蒙古自治区污染源监测数据管理与信息共享平台”企业自行监测及在线监测数据填报工作，并专项监督检查青山区重点监控企业和排污许可证持证企业，抽查率达 100%。

（常勇　供稿）

生态建设与保护

【概况】

2008 年 7 月，按照包头市行政区划要求与属地管理原则，天然次生森林管理权随之移交，九原区山林建设工作站整建制划入青山区管理，更名为青山区山林建设工作站（以下简称区山林站）。2010 年 3 月，经内蒙古自治区人民政府批准，加挂内蒙古大青山国家级自然保护区青山管理站牌子，与区山林站实行一套人马、两块牌子，是区农牧局所属相当于正科级事业单位，核定事业编制 10 名，核定科级领导职数 3 名（1 正，2 副）。内设综合办公室、资源保护股、多种经营股和法规宣传股 4 个科室。

2020 年，区山林站管护范围东起包固线以西，西至营火沟以东，北与固阳县接壤，南至前山脚，管护面积 14513.33 公顷，森林覆盖率达 28.66%。按照森林分类区划界定原则，全部界定为国家级重点公益林和自治区级公益林，该区域全部划为大青山国家级自然保护区。保护区内主要树种有杜松、侧柏、白桦、山榆、椴树、黄刺梅、山樱桃、蒙古栎、蒙古扁桃、绣线菊、小叶锦鸡儿等。其中，蒙古扁桃是国家三级保护濒危植物，林种为水土保持林。辖区内分布野生动物资源有野兔、狐狸、獾、珍珠鸡、石鸡、崖鸽、鹰类近百种。其中，金雕属国家一级保护动物，秃鹫和苍鹰属国家二级保护动物。辖区范围内矿产资源储量丰富，有铁矿石、文像岩、长石、阴石、片麻岩等资源。

2020 年 7 月 10 日，青山区森林公安局举行转隶入列暨揭牌仪式，挂牌青山区公安分局森林公安大队（以下简称森林公安大队），由隶属于青山区农牧局转隶入列青山公安分局。

2020 年，森林公安大队开展“严厉打击破坏野生动物资源违法犯罪”、“保护候鸟过境”、“利剑 -20”禁种铲毒、“昆仑 2020”专项行动。全年共查处各类案件 33 起，其中刑事案件 2 起、行政案件 31 起，共打击处理 31 人。

【保护区管理】

2020 年，区山林站持续做好非法工矿企业清理整顿后管控工作。不断加强和充实管护队伍，建立健全生态保护长效及联动机制，不定期组织单位职工对管护范围内的森林资源和设施进行巡护，及时制止和查处巡护中发现的各类破坏森林资源的行为，并将巡护结果记录在案，最大限度保护国家级自然保护区森林生态自然资源不受人为破坏。

2020 年全年，区山林站清理取缔保护区内违建设施 3 处。清理取缔色气湾农家乐，位于色气湾村村北，功能区为大青山自然保护区实验区，占地面积 388 平方米，于 2014 年停业闲置。4 月，拆除该建筑并对场地进行清理平整。清理取缔包头市鑫蕾生态林业有限责任公司管护用房，位于二老虎沟内，功能区为大青山自然保护区核心区，占地面积 856 平方米，建筑面积 2836 平方米。5 月 15 日，拆除该建筑并对场地进行清理平整。清理取缔色气湾物流仓库，位于色气湾村村北，功能区为大青山自然保护区实验区，占地面积 1540 平方米。9 月，拆除该建筑并对场地进行清理平整。

按照内蒙古自治区自然资源厅、内蒙古自治区林业和草原局《关于开展自然保护地整合优化工作的通知》要求，区山林站优化调整保护区划界时涉及的殡仪馆、散坟、公墓、村庄、基本农田、搅拌园区共计 146.07 公顷。青山区大青山国家级自然保护区整合优化预案上报国务院审核。

2020 年，大青山国家级自然保护区青山辖区涉及“绿盾”点位 57 处。截至 2020 年年底，所有问题点位全部通过销号验收工作。

【大青山南坡生态修复及地质环境治理】

2020 年，实施青山区大青山国家级自然保护区工矿企业取缔后生态环境恢复治理项目。6 月，对保护区内清理取缔后的 98 处工矿企业遗存场地进行生态修复治理。其中，人工修复治理 43 处，人工辅助整地、覆耕植土、混播乔灌草籽种地被辅助修复 8 处，人工措施危岩体除危、工程机械措施整理废弃堆料场后进入自然恢复阶段 47 处。截至 2020 年年底，该项目通过内蒙古自治区林业和草原局检查验收。

（李婷　供稿）

【森林草原防火】

2020 年，森林公安大队扎实开展野外火源治理，强化重点区域巡护工作，依法查处野外用火行为 29 起。其中，移送起诉 1 人，行政处罚 28 人，有效化解森林草原火灾风险隐患。提升火灾案件处置能力。做好火场警戒、交通疏导、治安维护、火案侦破等工作。

森林公安大队民警在重点区域巡护现场（森林公安大队　供图）

【野生动物保护救助】

新冠肺炎疫情防控期间，森林公安大队召开专题会议部署落实野生动物管控工作。强化巡查，全面禁止非法野生动物交易行为，对辖区内野生动物饲养繁育场所——包头海洋世界、劳动公园动物园进行全面细致检查，督促做好养殖场消菌杀毒工作，严防野生动物传播病毒情况发生。从源头筑牢疫情防控线，为打赢疫情防控阻击战创造良好法治环境。

4 月，与区检察院签订《保护野生动物协作机制》。在依法履行职责中，可及时共享野生动物保护领域信息；办理野生动物保护领域重大疑难案件时，可邀请检察机关提前介入，适时引导侦查取证。

（吕慧锋　供稿）

工业

工业和信息化建设

【概况】

青山区工信和科技局（以下简称区工信科局）组建于 2019 年，是区人民政府职能部门，机构规格为正科级。2020 年，内设办公室、经济运行股、投资规划和民营经济股、经济综合股、科技服务股、信息产业股 6 个股室。核定行政编制 7 名，核定科级领导职数 5 名（1 正，4 副），核定工勤编制 1 名。有所属事业单位 4 个，分别为相当于副科级事业单位的青山区军民发展服务中心，相当于股级事业单位的青山区企业发展服务中心、青山区节能监察中心、青山区科技创新服务中心，共核定事业编制 20 名。

2020 年，青山区 46 户规模以上工业企业努力克服新冠疫情带来的影响，完成工业产值 572.07 亿元，规模以上工业增加值增速达 16.5%，居包头市五区第一。利润总额大幅增长，亏损面较 2020 年年初降低 35.2 个百分点。31 个亿元以上工业重点项目全部开复工，累计完成投资额 50.9 亿元，完成年计划的 126.4%。办理立项申请及变更 49 项，其中新立项项目 44 项。

【智慧政务】

2020 年，青山区电子政务网络覆盖范围进一步扩大，运行电路累计达到 132 条。通过政府购买信息服务方式，对机房机柜、设备及线路进行整理优化，保证全区电子政务外网各应用系统安全、稳定运行。阳光大厦 Wi-Fi 覆盖项目不断优化，政府大楼主附楼实现全覆盖，AP 点达到 136 个，定期监测和调整路由设备数据，保持 WiFi 信号持续稳定。政务 OA 协同办公平台高效运转，截至 2020 年年底，累计接入单位 122 家，流转发文 9279 件，办结 8245 件；收文 158743 件，办结 136766 件。政务 OA 协同办公平台上线运行后，技术人员现场及远程共处理使用故障 4478 起，优化功能模块 748 次。

【“两化融合”】

2020 年，区工信科局组织 28 户企业开展“两化融合”（以信息化带动工业化，以工业化促进信息化）评估诊断和对标引导工作，助推企业加快信息化发展步伐。抢抓 5G 发展机遇，组织 20 户企业参加工信部 IMT-2020（5G）大会、工信厅与中国联合通信有限公司内蒙古自治区分公司共同组织召开的“5G 工业互联网”产品及应用解决方案线上发布会，推进工业企业和电信企业开展对接合作，利用 5G 技术改造工业互联网内网，打造高质量包头装备制造产业园区网络，助力工业企业智能化转型。推动智能制造项目加快实施，推介内蒙古第一机械集团有限公司、一机集团精密设备维修安装公司、一机集团瑞特精密工模具有限公司、北奔重型汽车集团有限公司、包头阿特斯阳光能源科技有限公司、包头市恒达数控设备科技开发有限公司、弘元新材料（包头）有限公司 7 户企业 9 个项目录入包头市智能制造项目库，做好智能制造项目储备。跟进重点企业智能制造项目实施。内蒙古第一机械集团有限公司完成特种车辆精密加工数字化车间建设，针对扭力轴及行星齿轮特种车辆关键零件生产过程中存在的流程、物流、制造周期、人员配置、产品一致性等问题进行优化改造，通过机器人实现了工序间物流的自动化转移，物流路径缩短到 36 米，工作人员总数减少 48%，工序平衡率提高到 80%。内蒙古北方重工业集团有限公司完成基于产品数字化总装生产线建设，实现对总装生产作业计划、过程质量控制、生产物料配套、工艺文件、设备工装、安全环境等总装生产全过程进行信息化管控，生产能力、效率均提高 30% 以上，总装作业劳动强度显著降低，生产作业安全明显改善。邀请重庆允升科技有限公司开展“工业互联、拥抱未来”主题讲座，太阳电缆（包头）有限公司、包头市天盛重工有限公司等 14 户企业参加座谈会。会上，内蒙古华新机械有限公司、包头市大青山机械制造有限责任公司与重庆允升科技有限公司达成合作意向，依托“必择工业互联网”云服务平台开展相关工作对接。引导工业互联网平台加快发展，组织北奔车联网平台参加第二届中国工业互联网大赛，取得入围全国总决赛的成绩。该平台可为车辆监管部门、车辆运输公司、车辆经销服务商、汽车金融服务公司、车辆保险机构、企业自身等车辆应用和生产领域用户提供安全监控服务，具备同时监控 20 万辆车的能力，推动企业由制造型向服务制造型转变。截至2020年年底，该平台入网监控车辆4万多辆。跟进包头装备制造区域工业互联网平台测试验证环境项目建设进度，借助人工智能技术对智能知识库、内蒙古网络协同制造云平台和北奔车联网平台系统进行完善，进一步提高包头市装备制造区域工业互联网平台服务水平。

一机集团特种车辆精密加工数字化车间（区工信科局　供图）

【大数据产业】

2020 年，区工信科局推荐一机精密设备维修安装公司云计算中心、内蒙古淼盾讯飞科技有限公司、内蒙古恒源信息技术股份有限公司、包头市超级云计算有限公司、包头市助友科技有限公司垣源科技 5 户企业入选包头市大数据项目库，做好项目申报储备。推进垣源科技公司盈立多信息化平台项目建设。该平台是基于产业互联网大背景，自主研发的专业服务于全国零售终端和菜场的 SaaS 系统，可为零售终端方、金融合作方、供应链品牌方提供一整套的数据解决和运营方案。截至 2020 年年底，包头市范围内使用盈立多信息平台的门店有 1898 家。推动“智慧消防安全服务云平台”建设。该平台运用物联网、大数据、云计算、人工智能等先进科技，通过“人防”加“技防”的物联网 + 安全管理模式，帮助社会单位建立消防安全管理标准化体系，对消防安全隐患进行预测预警，可有效降低社会单位管理成本，提高安全管理效率，实现安全隐患早发现、早整治，有效减少和避免火灾事故的发生。各级政府和行业主管部门通过该平台应用，可实时掌握当地社会单位安全管理现状和问题，有针对性地开展专项整治工作，提高社会消防安全管理效率和水平。截至 2020 年年底，该平台入网单位有 4262 家，并与呼和浩特市、鄂尔多斯市、乌海市、兴安盟等多个地区合作。新冠疫情防控期间搭建“淼盾疫情大数据人员监测系统”，入围内蒙古自治区工业和信息化厅疫情防控信息技术服务的供应商资格。通过运用大数据技术，开展密切接触者追踪管理和防控工作，为疫情防控和复工复产提供强大技术支撑。新冠疫情期间服务在线人数有 465 万余人，服务面覆盖包头各商超、学校、工厂等领域。

（李菲楠　李磊　供稿）

包头装备制造产业园区

【概况】

包头装备制造产业园区管委会（以下简称管委会）于 2007 年 6 月经包头市编委正式批准设立，为青山区政府的派出机构。管委会负责制订包头装备制造产业园区（以下简称园区）内基本建设、经济、科技、社会事业等中长期发展规划和年度计划；落实各项优惠政策和管理规定，制定并实施有关配套政策和实施细则；负责制定园区土地利用规划，园区公用设施、基础设施的建设和管理工作，招商引资及相关的协调服务工作；负责各类投资项目及驻园区企业日常管理；负责园区环境保护、安全生产监督管理、城市建设综合监察和社会事务管理工作。2020 年，管委会内设综合部、经济发展部、规划建设部、财务部、公共事业部。核定行政编制 18 名。有所属相当于正科级事业单位 3 个，分别为综合事务服务中心、重大项目服务中心、北大包头创新研究院，共核定事业编制 28 名。2015 年 3 月，管委会机构规格经包头市机构编制委员会审批明确为副处级。2009 年 11 月，经中共青山区委员会批准，成立包头装备制造产业园区党工委，有党组织 28 个。其中，机关党支部 1 个，非公有制企业党组织 25 个，国有及混合所有制企业党组织 2 个。共有党员 1818 名。

2020 年，管委会积极应对突如其来的新冠肺炎疫情带来的不利影响，深入学习贯彻习近平新时代中国特色社会主义思想、习近平考察内蒙古讲话精神和中共十九届五中全会精神，主动对标高质量发展要求，全面完成青山区委、区人民政府安排部署的各项任务，经济运行、项目建设、招商引资等各项工作不断迈向新台阶。获得“国家产业转型升级示范园区”“自治区和谐劳动关系工业园区”等称号，重点工作受到自治区工信厅通报表扬，2020 年度工业园区考核位居包头市第一。

【重点项目】

2020 年，园区共实施投资亿元以上重点项目 18 个，总投资 162.56 亿元，完成投资 25.6 亿元，新增投资规模达 20 亿元以上。其中，续建项目 8 个，新建项目 10 个，全部按照时间节点实现开复工。

2020 年园区实施亿元以上重点项目情况表

表 9

项目类型	序号	项目名称	建设单位	建设年限
续建项目（8 个）	1	阿特斯太阳能铸锭项目	阿特斯阳光电力集团 包头阿特斯阳光能源科技有限公司	2016—2020
	2	杉杉负极材料一体化基地项目	宁波杉杉新材料科技有限公司 内蒙古杉杉科技有限公司	2018—2020
	3	上机数控包头 5GW 单晶项目	弘元新材料（包头）有限公司	2019—2021
	4	阿尔法石墨烯对位芳纶及纺丝工艺项目	内蒙古阿尔法科技创客中心有限公司 内蒙古石墨烯材料研究院	2019—2023
	5	比亚迪动力电池项目	包头市比亚迪矿用车有限公司	2019—2020
	6	双马动力高端数控精密加工中心项目	包头双马动力科技有限公司	2018—2020
	7	北方嘉瑞高强度聚乙烯材料项目	包头北方嘉瑞防务科技有限公司	2017—2020
	8	传化交投公路港汽配服务中心项目	传化物流集团公司包头市交通投资集团公司	2019—2023
新建项目（10 个）	9	包头晶澳单晶硅二期项目	晶澳太阳能有限公司 包头晶澳太阳能科技有限公司	2020—2021
	10	钰环汽摩零部件加工制造园项目	浙江玉法士尔齿轮有限公司 包头市钰环机械有限公司	2020—2021
	11	杉杉锂离子电池硅碳负极材料技改项目	内蒙古杉杉科技有限公司	2020—2021

续表9

项目类型	序号	项目名称	建设单位	建设年限
新建项目（10个）	12	一机林峰铝合金铸件铸造二期项目	内蒙古一机集团林峰特种铸造有限公司	2020—2021
	13	北京踏歌矿用车无人驾驶项目	内蒙古踏歌智行科技有限公司	2020—2021
	14	新余群禾石英制品生产制造项目	新余群禾光伏科技有限公司	2020—2021
	15	智临节能变频器（柜）及智能高低压成套设备生产项目	智临电力设备（内蒙古）有限公司	2020—2021
	16	供电高压检修试验基地项目	内蒙古电力（集团）有限责任公司包头供电局	2020—2021
	17	星光磁性矿山设备制造项目	包头市星光磁性矿山设备有限公司	2020—2022
	18	包头装备制造产业园区新规划区110千伏变电站项目	包头青山城市基础设施投资发展有限公司	2020—2021

【经济指标】

2020年，管委会坚持稳中求进的工作总基调，紧盯项目履约率、建成率、投产率。全年完成产值602亿元，同比增长3.6%；实现税收16.87亿元，同比增长9.75%。其中，规模以上企业实现产值572.06亿元，同比增长11.15%，完成固定资产投资25亿元，解决就业3000人。

【招商引资】

2020年，管委会全面落实包头市委、市人民政府关于招商引资工作的部署要求，制定出台《包头装备制造产业园区招商引资三年行动方案》，按照项目储备一批、立项一批、动工一批、投产一批的工作要求，全年完成招商引资接待工作60余次，外出对接企业30余家，在包头接待企业45家，联系对接项目111个，计划总投资489.21亿元以上。其中，弘元新材料项目三期、栢特高性能碳纤维等11个项目已签约建设、北奔新能源商用车、晶澳三期等21个项目已签约并开始前期工作，驰田汽车改装车、青岛碳碳复合材料等31个项目正在洽谈，安华消防公司、远东电缆产业等48个项目正在跟进推动。

【服务管理】

全力扶持企业发展，全年拨付财政扶持高质量发展资金1.38亿元。新冠肺炎疫情防控期间，累计为企业减免税收1.1亿元，帮助企业办理各类证照、手续100余项。帮助双菱锅炉、杭萧钢构、华新机械、北方安全防护、鹿城公路5家企业评选为国家级高新技术企业。全力巩固绿色园区创建成果，晶澳太阳能获“国家级绿色工厂”称号，天盛重工、弘元新材料等企业获“自治区绿色工厂”称号。全力推进“腾笼换鸟”工作，全年清退盘活项目10个，占地70.15公顷，华锐风电、金宝利格等长期停工停产项目得到有效处置。全面完成中央环保督查组整改任务，定期公布各项环境监测指标。

（王东　供稿）

包头供电局青山供电分局

【概况】

1985年，青山供电所更名为包头供电局青山供电分局（以下简称青山供电分局），是包头供电局的二级生产营销单位。2020年，内设技术室、工程室、安监室、综合办 4 个职能科室，生产班组 6 个，营销班组 9 个，有职工 174 人。

2020 年，青山供电分局管辖线路 133 条（公线 122 条，专线 11 条），总长 575.25 千米。为青山区 32.01 万户客户提供生产生活供电服务。其中，居民照明 288920 户，非居民照明 5700 户，商业照明 22514 户，非工业照明 2729 户，大工业照明 140 户，农业照明 97 户。

【主要指标】

2020 年，青山供电分局主要指标全部完成。其中，售电量完成 13.11 亿千瓦时，比 2019 年增加 0.73 亿千瓦时，增长率为 5.97%，超额完成年度指标的 100.87%。电费回收率完成 100%。线损率完成 6.33%，比 2019 年升高 2.94%。平均电价完成 362.54 元 / 兆瓦时，比 2019 年降低 1.5%。发行电费 53461.74 万元，电费上缴率为 115%。终端上线率完成 96.5%，费控开通率完成 91.02%。中压线路故障停电率为 4.02%。用户平均停电比例为 19.07%。C 类电压合格率完成 99.98%，D 类电压合格率完成 99.67%。线路绝缘化率为 90.62%，电缆化率为 30.43%，联络率为 79.49%，通过率为 64.10%。处理居民报修、服务、申请、95598 业务等急修快响调度工单 25549 张。

截至 2020 年年底，青山供电分局保持 7371 天安全生产长周期纪录，未发生六级及以上配网和设备事件，未发生七级及以上信息系统事件，未发生八级设备事件，未发生火灾事故，未发生负次要及以上责任的较大交通事故，未发生其他对包头供电局和社会造成重大影响的事件，未发生信息事件，实现全年安全控制目标。

【安全管理】

新冠肺炎疫情防控期间，青山供电分局健全完善沟通研判、排查摸底、材料保障、生产营销联动保电、重点管控等工作机制。严格防控消毒程序，特别是对急修、检运、BC 两级营业厅一线值班环境进行消毒。畅通信息沟通渠道，积极对接青山区疫情防控指挥部、包头医学院第二附属医院、包头市第四医院等单位，协助其完善保电预案，对其用电负荷、设备温度等进行巡测。征集共建单位在疫情防控方面的需求，完成社区疫情监测点临时电源施工、拆除任务 100 多处。严格管控聚集性活动，做好公共场所定期消杀工作，积极配合属地防控部门做好相关保电工作。

强化安全管理工作。按照《关于下发包头供电局 2020 年安全工作实施意见的通知》要求，青山供电分局继续强化“以人为本”的安全理念，坚持“安全第一、预防为主、综合治理”方针，全面落实安全生产责任，结合“三案一法”积极开展自查整改，闭环开展现场安全风险管控，不断推进安全质量监督，保证电网运行安全，及时妥善处置各类突发故障，确保电网设备安全运行。完成全国和包头“两会”、全国十四届冬运会、中高考、全国研究生考试，迎峰度夏（冬）、防洪防汛、国庆、春节等重大活动及节日期间的安全供电和维护稳定工作。2020 年全年完成保电任务 148 项。

强化配电线路、配电设备、重要用户的运维管理工作。定期更新完善安全生产规章制度和安全操作规程，出台《青山供电分局应急预案修订管理制度》《青山供电分局施工现场安全管控措施》《青山供电分局工程作业指导手册》，修订《事故紧急抢修单》，修编《青山供电分局应急保供电现场处置卡汇编》和《大面积停电与应急保供电事件专项预案》。

青山供电分局完成 2020 年年初制定的安全措施中的所有年度目标任务。其中，完成安全责任清单的编制和宣传贯彻落实工作，各班站完成安全目标责任书中的目标任务，6 个生产班组精益化管理成效已全部通过验收；3 个“一强四化”班组建设已全部完成。

【生产运行】

青山供电分局生产专业结合春季、秋季检查及各类停电计划，对所辖 133 条线路开展全方位巡视工作。2020 年全年，上报停电计划 134 项，执行 133 项，计划停电执行率 99.25%；完成 211 台柱上变台、39 座小区配电室、231 座箱变、488 处自动化终端等公用设备巡视工作，测温测负荷 760 米处建清扫预试小区变、箱变 46 座，环网柜清扫、消缺 36 台，试验电线路 17 条，变台预试 33 台，清扫线路 12 条；发现各类缺陷 51 项，清除 51 项。处理一般缺项 40 项，消除 34 项。结合季节性特点，组织开展各项特巡工作 78 次，重点排查洪汛、雷电、大风等隐患区域以及恶劣天气对电路线路、设备影响区域，为客户“安全用电、放心用电”保驾护航。

青山供电分局认真开展日常巡视、测温、测负荷工作，对发现的缺陷、隐患严格执行缺陷报送制度，制订消缺计划，形成闭环管理。扎实开展春查、内外查、消除安全隐患和风险管控工作。计划停电期间，开展春季、秋季检查预试。停电期间，清理电力走廊各种可能导致线路越级跳闸的不安全杂物及树木 2900 余棵，全面消除隐患。积极配合配电接电作业中心完成三、四类带电作业工作，全面完成标准化线路整改工作。

检查用户配电室现场（青山供电分局　供图）

【优质服务】

2020 年，青山供电分局服务窗口入驻青山区市民大厅，为客户提供高效便捷的面对面服务。供电服务窗口实行属地化管理，窗口工作人员与业务受理均纳入青山供电分局日常管理，窗口工作人员严格履行“首问责任制”，前移供电服务关口，开辟绿色通道，向社会展示一站式服务良好形象。新冠疫情期间，窗口放置企业复工复产电价政策宣传材料，增强优惠电价政策知晓度，确保各项电价优惠政策服务于民。引导小微企业通过 95598 网站及“蒙电 E 家”App 多种途径办理新装业务，简化小微企业申请资料程序。

新冠肺炎疫情防控期间，青山供电分局利用电力客户“用电大数据 + 台区网格化”算法，勾勒出一张青山区用电需量“全景图”，精准服务社区防疫和企业复工复产，协助推进政府防疫工作有序开展。全力保障民生，实施“欠费不停电，欠费不计电费违约金”政策。由台区经理掌握客户电费余额情况，及时在微信群通知用户缴费，并告知用户微信、支付宝缴费途径，方便用户“零上门”，安享用电。密切跟踪电力市场变化，确保新增负荷及时投用。

青山供电分局全面落实“获得电力”专项行动工作，缩减办电环节、缩短办电时长，优化电力营商软环境，进一步提升供电服务硬实力，支持小微企业电力客户降低用电成本，致力宣传“三零”服务，即采用服务“零上门”、工作效能“零审批”、低压供电“无投资”的服务方式服务用户，着力构建以客户为中心的供电服务体系。全年服务用户 147 户，其中充电桩 22 户。

【企业民生】

2020 年，青山供电分局积极推进老旧城网计量改造、“三供一业”改造工作。深入社区、校园、企业、商户、城乡排查安全隐患，并开展安全用电的宣传工作，为用电居民提供及时、便捷的优质服务，对特殊用户实施安全保电处理。

青山供电分局按照标准流程开展紧急抢修工作。针对提出的问题及投诉事件制定详尽的整改措施，提高电力故障抢修效率，减少客户停电时间，提升客户满意度，减少客户投诉量。

以解决客户难题为中心，召开客户座谈会，整体提高营销服务水平，进一步提高品牌认知度。

新冠肺炎疫情防控期间，宣传并落实优惠电价、一般工商业电价降价等多项政策。进一步梳理一般工商业转供体事宜，签订转供电电价执行协议，助力企业复工复产。积极推进 5G 比例电价修改工作。对部分居民、底店用户进行保电处理。对新能源企业给予优惠政策。彰显责任蒙电、绿色蒙电、数字蒙电的品牌，为政府职能部门完成民生工作提供电力保障。

（刘海岚　供稿）

北方联合电力有限责任公司包头第二热电厂

【概况】

北方联合电力有限责任公司包头第二热电厂（以下简称包头二电厂）位于内蒙古自治区包头市青山区兵工路，是国家“一五”计划建设的 156 个重点项目之一，也是内蒙古自治区第一座高温高压热电厂。包头二电厂于 2004 年 10 月完成 2×20 万千瓦供热机组建设任务；分别于 2006 年 12 月和 2007 年 9 月扩建投产 30 万千瓦供热机组 2 台，装机容量达到 100 万千瓦，跨入百万电厂行列。2020 年，装机容量为 100 万千瓦，主营业务为发电和供热。

截至 2020 年年底，包头二电厂承担青山区集中供热面积 2204 万平方米，同时向一机集团、北重集团提供工业用热。包头二电厂成为集火电、新能源、热力供应于一体的综合型热电联产企业。

【主要指标】

2020 年，包头二电厂完成发电量 57.8 亿千瓦时（含光伏），其中火电完成 56.17 亿千瓦时，同比多发电 8.2 亿千瓦时，创建厂以来新高；光伏完成 1.63 亿千瓦时，同比多发电 0.65 亿千瓦时。综合厂用电率 10.64%，供热量完成 1163 万吉焦，供电煤耗完成 307.98 克 / 千瓦时。全年上缴税金 7671.09 万元，连续 7 年获得自治区国家税务局纳税信用 A 级荣誉称号。

【项目建设】

2020 年，包头二电厂大力推动达拉特旗光伏发电领跑奖励激励基地 100MWp“林光互补”光伏发电项目建设。该项目工程总投资约 50200 万元，占地面积约 265.47 公顷，12 月 30 日实现临时并网发电调试。项目共铺设光伏支架基础 54777 根，安装光伏支架 5429 组，光伏组件 341636 块以及其他辅助设备，2021 年 6 月 30 日实现正式并网发电。

100MWp“林光互补”光伏发电项目（包头二电厂　供图）

【环保节能】

2020 年，包头二电厂积极响应国家节约用水政策，着力打造环保型、节约型企业。经过充分论证，引用包头市北效水质净化厂处理过的城市中水作为 2×200 兆瓦机组循环水补充水源。项目主要包括管线、沉淀池、蓄水池、泵房和加药系统的新建和改造等项目。采用 φ500 毫米管道引入水源，φ300 毫米管道引出，管线总长 1100 米。系统中安装中水提升泵、电磁流量计和氨氮、化学需氧量、浊度等水质指标在线监测装置。项目于 2020 年 6 月 1 日开始施工，10 月 10 日完成并投入运行。截至 12 月 31 日共引用中水 515577 吨。

2020 年，包头二电厂对 200 兆瓦机组汽车卸煤沟实施封闭，降低了煤场扬尘，有效改善了厂区及周边地区的生产生活环境。

【安全生产】

2020 年，包头二电厂严格落实安全生产责任制，全面建立安全风险分级管控和隐患排查治理双重预防机制。积极开展“三讲一落实”“安全月”“两清三述”活动，全面组织消防设施、危化品、临时用电、有限空间作业等专项整治，针对检查发现的问题积极整改，制定整改台账逐一销号，全年下发反违章通报 62 期，工作票专项检查 19 期。深化落实全员安全生产责任制，每月制订领导班子基层联系点计划，管理人员每日深入班组参加班前会，指导工作。创新安全培训学习方式，引入“安培空间”App 专项培训软件，各级管理人员及生产人员安全培训实现即时学习。加强外包工程安全管控，严把外包队伍入厂资质关，对外包人员进行专项安全培训，合格后方可上岗。全年未发生人身伤亡事故，累计实现安全生产 4725 天。

【科技创新】

2020 年，包头二电厂结合生产技术改进，完成“多元化供热机组供热经济性及供热成本调研”“基于高低压旁路联合供热改造提升深度调峰下居民采暖供热能力”等 4 项科技创新成果并上报华能集团公司。加大科技创新投入，全年申报专利 12 项，其中发明专利授权 2 项、实用新型专利受理 10 项。

【企业民生】

2020 年，包头二电厂在包头市新冠肺炎疫情防控指挥部指导下，成立防控工作组，制定防疫工作预案，有序开展疫情防控工作。采购 56000 个防护口罩、277.5 千克消毒剂等各类防疫物资，有效保障疫情防控工作，实现零确诊、零疑似。

包头二电厂作为青山区最大的集中热源点，2020 年供热面积达 2204 万平方米，按照“保民生、重责任、敢担当、讲奉献”的职责，提前 6 天向 10 多万户居民供热。

筹集专项扶贫资金支农助农，与扎赉特魏佳米业有限责任公司对口采购扶贫大米 3624 袋，并通过华能集团扶贫网，采购扶贫饮料，践行包头二电厂社会责任。开展“金秋助学”等专题帮扶工作，全年共帮扶困难职工 18 人，发放帮扶资金 36000 元。在 200 兆瓦机组集控室建成“职工茶吧”，为机车班、采样班等配备热水器、洗衣机、棉被等生产用品，竭力营造“家”的氛围。

（国志强　供稿）

内蒙古第一电力建设工程有限责任公司

【概况】

2020 年，内蒙古第一电力建设工程有限责任公司（以下简称内蒙古电建一公司）紧紧围绕各项工作安排部署，夯实安全基础，强化市场导向，狠抓提质增效，勇于探索创新，推动公司各项事业向前发展。

【主要指标】

2020 年，内蒙古电建一公司实际完成产值 14987 万元，营业收入 13321 万元，年初应收账款期初余额 6.08 亿元，累计新增应收账款 1.60 亿元，累计回收资金 2.34 亿元。其中，本年度债权累计回收 0.92 亿元，回收比为 57.47%；以前年度债权回收 1.42 亿元，回收比为 23.38%。

【安全质量】

内蒙古电建一公司全面落实安全责任，突出抓好重点领域、薄弱环节风险防范，更新了安全生产法律法规和行业安全标准，修订了交通安全管理制度，安全管理制度中增加了环境保护等三项内容，安全生产规章制度更加健全。通过完善的规章制度来优化管理程序和方法，使“管业务必须管安全、管生产经营必须管安全”和“谁主管谁负责”的原则在安全管理过程中体现得更加精准，管理责任更加明确，确保安全管理无漏洞。

【生产运行】

内蒙古电建一公司将现场标准化管理渗透到质量、安全、工期、成本、环保等各方面，不断提高现场质量管理水平和质量管理意识。制订质量管理计划，明确划分各岗位的质量职责和责任，规范质量行为，做到施工质量有序可控、有章可循。不断加强检查和监控，对隐蔽工程、关键环节进行重点监督，重视工序交接，严格工序验收，坚持检查不走过场，发现问题限期整改，使工程质量始终处于受控状态。2020 年 1 月，焊匠 QC 小组的“提高铝母线焊接质量”被中国电力建设企业协会评为“2019 年电力建设质量管理小组成果三等奖”；3 月，呼和浩特盛乐现代服务业集聚区供热管网扩建工程荣获内蒙古安装工程优质奖（内蒙古安装之星）。

【企业管理】

内蒙古电建一公司将巡视整改、以案促改作为改善经营环境、规避经营风险的着力点，从完善制度、健全机制、规范管理入手，推动公司健康发展。对在建工程周转材料进行了库存摸底，清查、盘活现有物资，从严从紧控制采购，规范合同管理，把好物资质量关，有效利用库存周转材料及达拉特旗库存材料，调拨利用库存材料 3.29 万元。加强分包结算管理，审核分包结算 91 家，审核金额 21298 万元，审减值 837 万元。

【企业民生】

内蒙古电建一公司大力实施凝聚力建设工程，以做好扶贫帮困工作为重点，开展“职工过生日、工会送祝福”、健康体检、节日慰问等活动，深切关怀职工群众。对 101 名困难职工和 5 名突发困难的职工家庭进行帮扶救助，累计发放慰问金 26.85 万元。开展“金秋助学”和“跟踪助学”活动，为 30 名困难职工子女发放资助金 9 万元。在各大节日慰问一线职工和购买防暑用品累计花费 10 万元。在物质、精神文化生活方面最大限度地帮助职工群众，确保职工队伍稳定。2020 年，公司党委进一步铸牢中华民族共同体意识，从严贯彻落实习近平关于民族工作和推广普及国家通用语言文字的安排部署，教育和引导广大党员干部和群众扎实做好各项工作，全力维护民族团结和稳定。

【人力资源】

2020 年，内蒙古电建一公司抓住政策机遇，成功申领包头市失业保险稳岗补贴 713.63 万元，极大程度上缓解了公司资金压力。结合公司实际，出台《劳务中心管理办法》，明确待岗人员待遇及管理要求，推动二级单位合理配置项目人员，维护公司正常的生产和工作秩序，节约人工成本。全年新增注册一级建造师 12 人，二级建造师 22 人。

（赵文君　供稿）

农牧林水

农牧局

青山区农牧局（以下简称区农牧局）组建于2019年，是区人民政府职能部门，机构规格为正科级，加挂青山区水务局、青山区交通运输局、青山区扶贫开发办公室牌子。2020年，内设综合办公室、农村建设股、农业发展股、畜牧防疫监督股、水利建设股、河湖管理股、交通林业股、扶贫股8个股室。核定行政编制9名，核定科级领导职数4名（1正，3副）。有所属事业单位6个，分别为相当于副科级事业单位的青山区山林建设工作站，相当于股级事业单位的青山区林业工作站、青山区水务工作站、青山区农牧林水综合执法大队、青山区动物卫生监督所、青山区农业综合服务中心，共核定事业编制40名。

2020年，区农牧局大力实施乡村振兴战略，努力推动农业发展提质增效，完成农村人居环境整治，持续扩大生态文明建设成果，进一步推进农村公路提档升级，不断巩固扩大脱贫攻坚成果。

农　业

【耕地 作物】

2020年，青山区有耕地面积3067公顷，其中水地600公顷、旱地2467公顷。农作物播种总面积360公顷，总产量0.32万吨。其中，玉米播种面积273公顷，产量0.14万吨；马铃薯播种面积7公顷，产量0.02万吨；蔬菜播种面积53公顷，产量0.15万吨；向日葵播种面积27公顷，产量0.01万吨。建成温室1290栋，占地面积167公顷。

【农机管理】

2020年，区农牧局落实农机管理“放管服”相关政策，办理农机登记业务3起，农机行驶证3个，发放农机号牌3副。农业机械总动力3724千瓦，其中柴油发动机动力3610千瓦、电动机动力114千瓦。拖拉机保有量116台，其中大中型35台、小型81台。农业机械率大幅提升，机播率、机耕率均达到100%，机收率达85%以上。

【土地确权】

2020年，区农牧局完成8个可确权村组1005户、812.47公顷、5010块地块数据的测量汇总，数据汇交至农业部。建立青山区土地确权数据信息及承包耕地信息平台，打印并发放农村土地承包经营权证书705份。截至2020年年底，土地确权整体工作基本完成。

【农村集体经济产权制度改革】

2020年，青山区有19个村完成成员身份认定、股份配置工作，成立股份经济合作社5家、经济合作社16家。剩余2个村工作已进入制定合作社章程，选举合作社相关人员阶段。

畜牧业

【规模化养殖】

2020年，青山区有鸡养殖小区2个，肉羊集中育肥区2个，奶牛养殖小区1个，屠宰企业4家，动物诊疗机构19家，兽药经营企业2家。截至2020年年底，鸡存栏42万只，羊存栏7.5万只，牛存栏0.15万头。产出鸡肉627吨，羊肉1084吨，牛肉73吨，猪肉1810吨，鸡蛋5300吨，牛奶5060吨。免疫鸡80.2万只，羊12.7万只，牛0.3万头，免疫密度达100%。

【畜禽粪污资源化利用】

2020年，青山区畜禽养殖废弃物资源化利用推进项目总投资1600万元。其中，申请国家财政支持资金800万元，占项目总投资的50%；引入民营企业自筹800万元，占项目总投资的50%。截至2020年年底，该项目实施方案获得包头市农牧局、包头市财政局批复，完成可研报告和项目备案工作，项目拟用土地为非保护地建设用工矿用地，前置文件获得批复。

【动物卫生监督】

2020年，青山区共有屠宰企业4家。加大屠宰加工环节检疫工作力度，全面落实《动物检疫工作记录规范》，扎实推进动物检疫痕迹化、规范化管理。建立完善监督检查、索证、检疫、消毒和无害化处理等制度，实现检疫人员可考核，动物产品安全可追溯。截至2020年年底，完成屠宰检疫猪9896头、牛155头、羊1022只，检出病害动物及疑似染疫动物产品2550.7千克。对入场的生猪、生牛、生羊共抽检尿样1101份，“瘦肉精”检测均为阴性。

2020年，青山区有动物诊疗机构19家。开展动物诊疗专项整治行动，新申办动物诊疗机构1家。通过加强行业管理，规范动物诊疗机构，有效提升青山区动物诊疗服务水平。

2020年，青山区有兽药经营企业2家。经营场所守法经营，及时将进货、出货凭证录入到内蒙古自治区动物卫生监督网兽药经营信息管理系统中，药品摆放有序，没有经营禁用药和人用药。通过全面整治，进一步规范兽药经营行为和使用行为，切实保障辖区兽药市场安全。

林　业

【大青山南坡绿化生态修复工程】

青山区大青山南坡绿化生态修复工程整体呈带状分布，东西长约23.5千米，南北宽约3千米，规划生态治理总面积约70平方千米。截至2020年年底，项目累计投入资金19.98亿元。其中，政府投入资金2.37亿元，引入社会资本17.61亿元。完成人工造林4906.67公顷（包括原有林地改造升级2466.67公顷），栽植苗木740万株，完成矿坑危岩体治理600公顷。其中，2020年当年投资1.8亿元，在大青山南坡绿化生态修复工程带新栽植各类苗木66.6万株，占地面积400公顷；采取在已绿化地块补植补栽、零星地块见缝插绿等措施，对原有林地提档升级560公顷；采取爆破、平整、加固、覆土、覆绿等措施，完成矿山环境治理，并对采矿旧址周边的渣堆、边坡、矿坑等分别进行治理。通过持续增绿，青山区森林面积达到4985.26公顷，林地保有量达到13716.6公顷，森林覆盖率达17.85%。

大青山南坡生态修复成果（区农牧局　供图）

【林业管理】

2020年，区农牧局强化森林资源管理和保护，严格征占用林地审核和林木采伐、木材经营加工审核，做好森林植被恢复工作。坚持造林与管护并重，建立长效管护机制，与辖区各责任单位签订森林资源目标责任状，加强林业工程及重点区域绿化工程后期管护工作，做好G6高速公路两侧绿化工程的补植养护工作，对部分原有绿化工程改进完善、提档升级。实行全面禁牧政策，加强行政执法，配合森林公安局对发生在辖区的林政案件进行查处，有力保护森林资源。在加强森林草原防火工作中，始终坚持“预防为主，积极消灭”方针，及时排查火灾隐患，严格控制野外用火。认真贯彻落实中共中央积极发展林业保险要求，切实加强森林保险工作。开展林业有害生物防控工作，完成林业有害生物普查，提高应急防控能力，建立社会化防治机制，确保生态安全。

水　务

【污水管线工程】

2020 年，青山区以着力改善农村人居环境和生态环境为目标，彻底解决农村周边企业及村庄居民生活污水排放问题，建设西边墙污水管线工程、正大农庄和畅兴花卉污水管线工程，项目总投资 305 万元，8 月底开工建设，10 月底竣工，11 月底均完成验收工作。

【河湖“清四乱”工作】

2020年，按照包头市河长制办公室要求，区农牧局完成河湖“清四乱”工作，对辖区内二老虎沟（G6高速桥南侧）、北郊防洪沟（坦克路过水路段）、二道坝沟、老姑沟等沟道进行垃圾清理及河道清淤，出动机械40余台次，清理垃圾5000余立方米，保障河道畅通整洁。

（常娇娜　供稿）

交通 邮电

铁路交通

【一机集团铁路线运输管理】

2020年，一机集团出资680万元，从中车资阳机车有限公司购买一辆GK1C内燃机车，投入使用。对北创重载快捷铁路线两处无人看守道口加装无人道口列车接近自动报警信号机，提升道口本质安全度。全年完成总运输周转量478.9万吨千米，其中外发3811辆、原材料进厂608辆、厂内转运1594辆。

（翁儒波　供稿）

【中核北方铁路线运输管理】

2020年，中核北方持续加强铁路管理，开展定期巡检，完成自备铁路车辆经国家铁路过轨运输证年检，完成《2020年度专用铁路危险货物运输安全协议》《企业自备铁路货车过轨安全协议》《专用铁路运输协议》《铁路专用线安全管理协议》《调车员培训服务协议》《专用铁道取送车安全协议》《企业自备机车过轨安全协议》等协议签订。全年发送车辆27批次，共计66车，运输计划执行率100%，无设备、车辆和人身事故发生。

（李栋　供稿）

【包头二电厂铁路线运输管理】

2020年，包头二电厂铁路运输线由447铁路专线1号公用道岔引入厂区，全长5.2千米。全年运输煤炭202.8万吨。

（国宇强　供稿）

公路交通

运输管理

【概况】

包头市交通运输管理处青山运输管理所（以下简称青山运管所）成立于1978年，隶属于包头市交通运输管理处，是具有行政执法性质的事业单位，机构规格为正科级。依法履行对青山辖区道路货物运输、机动车维修、驾驶员培训等行业的监管和业务办理等职责，确保辖区道路运输行业安全、健康、稳定发展。2020年，内设综合办、业务管理股、市场监管股、法制股。有职工35名。其中，女职工20名，大专以上学历32名，党员15名。先后获得国家级“巾帼文明岗”“自治区文明单位”等称号。

截至2020年年底，青山运管所辖区共有普通货物运输企业69家、运输车辆2121辆，危险货物运输企业17户、运输车辆790台，驾驶员培训机构17家，一、二类维修企业33家，三类维修企业280家。

【货物运输管理】

2020年，青山运管所落实便民措施、提升服务质量，新增道路运输许可证20户，注销道路运输许可证1户，审验从业资格证1242人次，换发从业资格证2330人次，年审车辆767台，新增车辆182台，注销车辆35台，换证车辆36台，转入车辆14台，过户车辆4台。全面贯彻落实“一超四罚”和黑名单制度，深入源头企业开展乱象排查和明察暗访活动，排查隐患24次，签订超限超载承诺书42份，查处超限超载企业16户、超限超载车辆68台，注销车辆1台。加强质量信誉考核工作，与17户危货运输企业、60家普通货物运输企业签订了《安全生产责任状》，把15户危货运输企业（1户车辆处于停运状态）评为AAA级、47家普通货物运输企业评为AA级、3家普通货物运输企业评为A级、10家普通货物运输企业评为B级。

【机动车驾驶员培训机构管理】

2020年，青山运管所为引导企业诚信经营、健康发展，与辖区17家驾培机构签订了2020年度安全生产责任状，并开展了年度质量信誉考核工作，把9所驾校评为AAA级、8所驾校评为AA级。同时，完成对申请驾培学校注销或转校的学员及教练员和教练车辆的变更、学员的审核等工作。

青山运管所工作人员到驾培机构检查现场（青山运管所　供图）

【机动车维修市场管理】

2020 年，青山运管所与辖区一、二类维修企业签订 2020 年度安全生产责任状，并开展了 2019 年度质量信誉考核工作，33 家一、二类维修企业质量信誉考核全部达到质量信誉考核要求。对出现占道修车、污水外流现象的三类维修业户和洗车行进行了批评教育，并要求及时整改。

【运管法治】

2020 年，青山运管所组织干部职工学习了《中华人民共和国行政处罚法》《中华人民共和国行政复议法》《中华人民共和国行政强制法》《中华人民共和国突发事件应对法》等内容，完成对 27 家道路货物运输企业、15 家维修企业、13 家驾校“双随机、一公开”工作。全年行政处罚 24 起，结案率 100%。

（樊晓英　供稿）

公交运输

【概况】

包头市公交运输集团有限责任公司（以下简称公交运输集团）是集城市公共交通、长途客运、出租车、机动车维修并附属驾驶员培训、车体广告、旅游于一体的专业化公交运输企业。2020 年 8 月，按照包头市委、市人民政府及市国资委关于国有企业改革发展规划，深度推进专业化重组，提升资源配置效率，包头市公交运输集团整体划入包头市城投集团。按照国家统计局《统计上大中小型企业划分办法(暂行)》的规定确定为中型企业，属性为国有，类型为有限责任公司（法人独资），管理模式为两级核算、三级管理。公交运输集团总部内设 18 个部室，下属经营单位分布在市属各区、固阳县、土默特右旗、石拐区、白云矿区共 15 个单位。其中，位于青山区境内的有公交第三公司和修理公司。公交运输集团有沼潭站、东站、恰特、二旅社、六合成 5 个公共汽车主站和 34 个附站，其中，位于青山区境内的有大自然附站、松石国际附站和六合成公交总站。

截至 2020 年年底，公交运输集团共有运营线路 150 条。其中，城市公共交通线路 68 条，运营线路总长度 1248.1 千米；长途客运线路 82 条，运营线路总长度 19930 千米。有各种运营生产车辆 1777 台。其中，市内公交车辆 1247 台，长途客运车辆 227 台，出租车 303 台（挂靠）。

【公交运营管理】

2020 年，公交运输集团团结和带领广大干部职工在企业面临的重重困难中不断攻坚克难、砥砺前行。坚持“以人为本、效益优先，一业为主、多业并举”的工作方针，落实“开源节流、降耗增效，人尽其才、物尽其用”的工作措施，努力破解资金不足、客流下降、收入骤减的经营困局。在加强疫情防控常态化管理的同时，认真做好复工复产工作，为包头市经济社会发展、市民正常出行提供了重要保障。2020 年，完成营业收入 14340 万元，较 2019 年同期 28161 万元减少 13821 万元，下降 49.08%。营业成本完成 53249 万元，较 2019 年同期 61761 万元减少 8512 万元，下降 13.78%。利润总额为－15825 万元。城市公交客运量完成 10476.66 万人次，较 2019 年同期 23362.29 万人次减少 12885.63 万人次，下降 55.16%。包头市内公交总行驶里程完成 4856.33 万千米，较 2019 年同期 8183.60 万千米减少 3327.27 万千米，下降 40.66%。长途客运周转量完成 15296.28 万人千米，较 2019 年同期减少 9950.66 万人千米，下降 39.41%。包头市内公交车次率实际 99.64%，较目标值 97% 提高 2.64 个百分点。包头市内公交正点率实际 99.11%，较目标值 96% 提高 3.11 个百分点。乘务服务标准执行检查合格率实际 98.34%，较目标值 95% 提高 3.34 个百分点。车辆整洁合格率实际 98.7%，较目标值 95% 提高 3.7 个百分点。车辆保养三养台次实际完成 50 台次，完成计划 79 台次的约 63.29%；二养台次实际完成 1435 台次，完成计划 1516 台次的约 94.66%；一养台次实际完成 7524 台次，完成计划 8114 台次的约 92.73%。

2020 年，面对突如其来的新冠肺炎疫情，公交运输集团立即召开紧急专题部署会议，成立领导小组，制订应急预案，严格按照上级部署积极开展疫情防控工作。按照市交通局疫情防控指挥部要求，公交线路于 2020 年 1 月 29 日零时起暂停运营。成立党员突击队，24 小时等待疫情指挥部应急用车调遣，共运送 116 名赴武汉疫情一线的医护人员到呼和浩特白塔机场，运送 14 批次 284 名医护人员进行休（疗）养。为保障复工复产出行需求，开通了农民工暖心专线车，共运送农民工 39 人次。在市交通运输局指导下，以优先保证火车站、长途客运接驳站和中心城区为重点，市区主干线畅通为衔接点，于 2020 年 2 月 24 日先行恢复 16 条市区主干道公交线路运营，3 月 1 日全面恢复市内公交线路运营。

为争创文明城市，公交运输集团继续开展“礼让斑马线、文明导乘”活动。充分调动驾驶员遵规守纪，发挥示范和引领作用，为全市机动车做出表率，带动其他机动车辆加入礼让斑马线的行列，为人民群众出行打造更加便捷的公交服务，形成全社会共同营造文明出行的良好氛围。

【青山区公交线路】

青山区公交线路分布，归属位于青山区的市公交三公司的线路有：2 路（包头站—六合成公交站）、11 路（昆河南桥—新都市区公交站）、20 路（天龙生态城—开发区公交站）、21 路（阳光尚品—松石国际城）、22 路（包头站—六合成公交站）、23 路（昆河南桥—劳动大厦终点站）、24 路（海威小区—东站）、25 路（二冶顺源物流—松石国际城）、26 路（开发区公交站—同利仓储中心）、27 路（昆区市民大厅—阳光上城）、31 路（海威小区—开发区公交站）、33 路（中慧新城—昆河南桥）、39 路（海威小区—包头站）、40 路（昆区长途站—六合成公交站）、42 路（当铺村—阳光尚品）、45 路（第一文化宫—海威小区）、46 路（松石国际城—包头站）、48 路（和协医院—松石国际城公交站）、51 路（六合成公交站—景富家园 F 区）、62 路（公交驾培中心—景富家园 F 区）、63 路（大自然旅行社—喜桂图新区）等。

【调整改进青山区公交运营】

按照降本增效、提升服务的方针，公交运输集团结合已有的车辆类型、城市道路通行条件、线路客流量等实际情况，合理调整公交运力资源配置，提高纯电车使用效率，对青山区境内的 2 路、24 路、40 路、42 路 4 条线路公交车辆进行优化置换，部分车辆由原天然气车辆更换为新能源电动车，提升乘客乘车舒适度，同时达到节能降耗的目的。

（高全强　黄伟华　供稿）

邮　政

【概况】

2020 年，中国邮政集团公司包头市青山区分公司变更企业名称为中国邮政集团有限公司包头市青山区分公司（以下简称青山区邮政分公司），属社会公用性国有企业，下设 2 个纯邮政营业所、2 个农村普遍服务委代办所、11 个金融综合邮政营业所、1 个集邮部。有职工 77 人，其中总经理 1 人、副总经理 2 人、行政管理人员 10 人、支局长 12 人、营业人员 52 人。负责邮政储蓄、报刊发行和订阅、集邮、邮政电子汇总，代理保险、理财、函件、包件、特快收寄业务，代收话费、水费、电费、煤气费，代开税务发票等业务。

【业务开展】

2020 年，青山区邮政分公司继续认真贯彻“一体两翼”（“一体”就是要以邮政窗口资源为基础，以市场需求为导向，积极打造适应现代电子商务发展模式的线上线下为一体的综合便民服务平台。“两翼”就是金融翼和寄递翼。金融翼是指以银行服务为基础，包括保险、资产管理等在内的综合性金融产品及服务；寄递翼是指中国邮政所经营的各类寄递业务，要以电子商务寄递发展为契机，重新确立邮政在寄递市场的主导者地位）经营发展战略，创新发展邮务类业务，重点发展金融业务，加快发展寄递类业务。2020 年，金融综合资产实现收入 1408.78 万元，邮务类业务完成收入 2155.54 万元，较上年增幅提高。其中，包件业务通过签订协议客户和继续加大“校园包裹”项目取得了良好的社会效应。

（陈祥林　哈斯　供稿）

移动通信

【概况】

中国移动通信集团内蒙古有限公司包头青山区分公司（以下简称包头移动青山区分公司）服务区域范围包括青山区、稀土高新技术产业开发区及其区域内的机械制造、重型汽车、电力、纺织工业基地等。2020 年，下设自营厅 4 个，管理社会渠道 50 余个。有员工 160 名，其中党员 18 名，具有大专以上学历 151 人。

【业务综述】

2020 年，包头移动青山区分公司不断提升质量，改善服务，为企业提供包括优质的网络专线、无线 Wi-Fi 覆盖、电子办公系统、物联网通道、智慧业务等多种“互联网 +”产品。经营发展整体态势良好，经营业绩保持稳定，全年青山区分公司客户规模突破 35 万户，年度运营收入达 1.9 亿元，市场通信份额占有率超过 52%，年纳税额超过 1000 万元。截至 2020 年年底，共建设基站 1123 个，汇聚光缆 340 余千米，光缆交接箱 213 座，服务通信用户数达 37 万余户。5G 上网用户 4 万余户，上网速率达到1000Mbps，人均流量使用超过265G/年。

（李玲　王俊峰　供稿）

联通通信

【经营业绩】

中国联合网络通信有限公司包头市分公司（以下简称包头联通）是隶属于中国联通内蒙古自治区分公司的全业务电信运营企业。2020 年，下设 14 个内设机构、5 个旗县分公司、121 个基层网格，有员工 1382 人。其中，在青山区下设 19 个业务网格，确保为青山区所有市民提供全方位、全天候的营业受理、营销联络、装移维通信服务。公司始终致力于通过网络建设、技术进步，不断丰富内容应用、提高接入速率、降低服务价格，为智慧城市建设提供坚实支撑，为客户提供高品质服务。2020 年，获“全国用户满意企业”“内蒙古自治区诚信典型选树诚信示范企业”等国家级和省级称号。

【网络投资建设】

包头联通坚决贯彻落实网络强国战略，不断推动网络演进升级，打造云网一体新生态。2020 年，投资亿元以上持续加强网络建设。宽带百兆接入能力达到120万端口，出口带宽达到670G，可完全满足大带宽、大数据的网络应用和业务承载；4G人口覆盖率95.7%以上；5G网络建设取得先发优势，累计开通5G基站1070个，网络性能指标保持在合理区间；2020年累计开通千兆小区231个，累计覆盖住户约34.09万户，为11.32万联通宽带用户提供了千兆能力。

【服务质量】

2020年，包头联通通过开展全员体验客户感知活动等方式，发现了公司内外部影响客户感知的问题，以最快的时间联动从根源解决。创新了“5533”服务质量提升模式、客户感知提升闭环体系、客户感知提升根源问题联动解决机制、客户感知系统性结构性提升三层全景图，指导未来2～3年服务质量提升，有节奏、有方法地实现客户满意度及行业影响力的稳步提升。

【助力疫情防控与复工复产】

2020年，包头联通严防死守，全面保障通信畅通，高效响应通信需求。为全市新冠肺炎定点救治医院包头市三医院紧急开通专线电路，为隔离指定医院包钢预防保健中心开通88条IPTV业务，为市卫健委中心局开通到各区县卫健委的专线电路10条、到各大医院的视频会议电路12条，在重点疫情区域安装光缆交接箱42个、ODF架19架，布放主干光缆60千米，为各防疫检查口进行了网络优化，扩容265个小区，出动应急保障647人次，巡检线路4465千米。

2020年，包头联通紧跟疫情防控需要，创新信息通信应用供给，迅速形成涵盖四个方面13类服务的疫情防控信息化服务矩阵，包括视频会议系统、联通云报表、沃填报、舆情通、来电名片等产品和服务，全部向政府和社会各界无偿提供。向包头市111万手机用户和外地到包头的联通用户，及时发送疫情防控公益短信，传递政府声音；通过联通电视首屏持续进行疫情防控宣传；包头联通电视301～305频道及时接入教育局名师课堂。疫情期间全市632所中小学、幼儿园及职业学校全部免费使用了联通云报表。

2020年，包头联通复工初期为中小企业无偿开放了复工平台。快速推出热成像人体测温仪，并在供电所、学校、医院等地投入使用。充分发挥技术业务及队伍优势，为包头市十五届人大三次会议、黄河汛期监控、暑期系列活动、消夏文化节等重要会议及重大活动提供了通信保障。

（卿海燕　供稿）

电信通信

【概况】

中国电信包头分公司青山营业部（以下简称电信青山营业部）成立于2018年，主要经营固定电话、移动通信、互联网接入及应用等综合信息服务，是一个技术先进、管理科学、服务优良、具有强大竞争力的现代化通信运营企业。

【企业经营】

2020年，电信青山营业部秉承用户至上、用心服务原则，以创新改革激发企业活力为主线，量质并重、渠道协同发展，提升服务达标满意度，提高运营保障支撑水平，努力实现青山区区域规模发展新突破。注重意识形态引导，落实划小承包改革，并将经营指标、安全、服务等纳入党建工作考核范畴，切实发挥党员模范带头作用及对群众的思想引领作用，经营效能持续提升。

【市场运营】

2020年，电信青山营业部形成“聚焦客户需求、推进云网融合、传承红色基因、强化运营管理、深化改革创新、加强企业党建”的重点工作。青山营业部加强信息服务，建立“客户说了算”的服务评价体系，塑造中国电信值得信赖的品牌形象。

【改革创新强化运营】

2020 年，电信青山营业部实施“双改”步伐，加大机制创新力度，加强生态合作，聚焦物联网、天翼云、智慧生活、垂直行业应用、5G 重点领域，构建通信、云、物联网、数据、渠道、服务、能力开放体系平台组成“4+2+1”能力开放基础，面向内部、客户、产业、应用四类合作主体，提高企业效率，做优智慧运营，提升中台能力，夯实智慧运营基础，高效支撑企业智慧运营。做活渠道触点，确保客户在哪里、渠道建设在哪里，服务和人员就跟进到哪里，始终把监督挺在前面，加强风险防范工作。

【客户服务】

2020 年，电信青山营业部为提高客户服务水平，打造简洁、敏捷、集约、开放、安全的泛在智联网，搭建云网融合的数字化平台，建设一体化云网基础，构建一体化云网运营体系，打造一体化云网产品和应用。规范营业厅及装维管理，全面推广《中国电信全业务客户服务标准》，实现客户服务标准化，满足客户服务差异化的需求，基础服务能力全面提升。

【信息安全】

2020 年，电信青山营业部自觉维护市场秩序，严格规范竞争行为，维护网信安全。围绕信息基础设施保卫者、清朗网络空间的守护者、智能安全服务的提供者、网络安全生态的建设者进行定位，进一步强化网信安全体系和能力。强化关键信息基础设施保护，打造信息安全防火墙，拓展网信安全产品服务生态。把用户至上、用心服务的理念贯穿到生产经营的全过程，切实保障消费者合法权益；高度重视网络与信息安全，认真落实用户实名制，加强用户个人信息保护，积极配合相关部门整治网络不良信息，共同构建安全可信的网络环境。

【品牌建设】

2020 年，电信青山营业部打造 5G 极速体验，全面提升 5G 网络覆盖，提升家庭宽带速率，固移融合打造极致 5G 融合宽带，为客户提供更优质的体验。全面实施云改数转战略，强化科技创新、打造高水平开放生态，以满足客户需求、提升客户体验为一切工作的出发点和落脚点。

（孙晓旭　供稿）

商贸服务业

商贸服务

【概况】

青山区商务局（以下简称区商务局）成立于 2010 年，是区人民政府职能部门，机构规格为正科级。2020 年，内设办公室、项目信息股、对外联络股、商贸流通股、市场建设股 5 个股室。核定行政编制 7 名，核定科级领导职数 4 名（1 正，3 副），工勤编制 1 名。有所属相当于副科级事业单位的青山区招商引资服务中心，相当于股级事业单位的青山区商务综合执法大队，共核定事业编制 24 名。

2020 年，青山区第三产业增加值完成 352.66 亿元，同比下降 1.7%；社会消费品零售总额同比下降 4.3%；第三产业固定资产同比下降 2.5%。引进国内（区外）资金完成 33.6 亿元，同比下降 11.5%；自营进出口总额完成 6828 万美元，同比增长 38.8%。

【补短板调结构】

2020 年，区商务局聚焦光伏、汽车产业集群化发展“六大行动”方案和应急装备、核技术运用等 13 条优势特色产业链，成立招商小组 13 个。全年完成项目签约 47 个，协议投资金额 336.8 亿元。达成意向企业 37 个，储备项目 104 个。7 个首进内蒙古、首进包头品牌，特色餐饮、酒吧集聚，万达、正翔商圈成为钢铁大街沿线经济发展最活跃、带动消费最集中的商业区。传化交投公路港成为集办公、餐饮、住宿为一体的“一站式”综合服务现代化物流园区。北方风驰物流港物流供应链管理业务在风险防控、技术、管理等方面亮点突出。大力发展“互联网 +”，截至 2020 年年底，9 家重点监控企业、平台电子商务交易额累计完成 1.62 亿元，猪八戒网蒙西总部园区“八戒包头”线上城市站开店 2980 个。积极引入民间资本投资农贸市场改造，望隆购物广场步行街（原锦林农贸市场）于 2020 年 9 月 8 日改造完毕恢复营业。新建铭峰家苑惠民菜市场于 2020 年 12 月开工建设。

【商贸服务功能提升】

2020 年，服务业受新冠疫情影响较大，区商务局加强引导，精心组织，有序推进疫情期间商贸企业复工复产。万达、华联、奥特莱斯等商圈不断引进新品牌、新业态。其中，万达广场引进 INXX、Leysen1855 莱绅通灵 、NIKE BEACON 750、ENGILD&GAILY 等首进内蒙古、首进包头品牌，档次进一步提升。华联美食街是包头市第一条统一摊位造型、统一管理的高档小吃街，吸引客流作用显著。奥特莱斯不断强化特色定位，加大招商力度，阿迪达斯、耐克、乔丹等知名品牌打折让利幅度较大，奥莱特色凸显。以“优化供给能力，推动消费提质转型”为主题，联合各大商贸企业开展“万味盛典”“后备箱集市”“年中庆”等形式多样消费促进活动 200 多场，积极挖掘市场潜力，努力扩大消费需求，在包头市打造多品类、多渠道促消费盛宴。7 月，组织 15 家企业参加“黄河之北、赛汗塔拉”旗县区特色产品文旅服务线上线下集中展示推介会，销售额达 9.7 万元。同利家电、永盛成超市、小尾羊肉业等本土传统商贸企业在内的各类市场经营主体，通过自建平台、微信商城及美团、淘宝等国内知名电商平台，开展电子商务销售和服务新模式，有效拓展企业知名度，拓宽销售渠道，带动传统商贸企业转型升级。猪八戒网蒙西总部园区“互联网 +”型创新创业园不断优化园区内企业。截至 2020 年年底，园区入驻企业总计 37 家，入驻率达 80% 以上。引进芊紫万弘 5G 直播电商基地，该基地可为企业提供直播带货、直播人员培训、平台代运营等服务。

万达商务区（区商务局　供图）

【市场建设】

2020 年 4 月，区商务局委托内蒙古中承建业工程管理有限公司启动锦林农贸市场项目投资改造建设及运营公开招标程序。5 月 6 日，包头市望隆购物广场有限责任公司中标。9 月 8 日，望隆购物广场步行街（原锦林农贸市场）改造完毕恢复营业。改建后，步行街设计底商 59 户，内设摊位 152 个，环境优美，规范有序，商品丰富齐全，各项安全防范设施到位，成为包头市标准化、规范化和智能化的最新型样板农贸市场。

2020 年 12 月，铭峰家苑惠民菜市场开工建设。该市场位于青山区铭峰家苑北部空地，项目总占地面积约 2000 平方米，预计建成后内设摊位约 150 个，主要从事粮、油、肉、蛋、菜等生活必需品销售，可为青福新城、赵家店村、银海新村等周边居民提供服务，也可解决该区域内游商散贩进场经营需求。

【对外贸易】

2020 年，青山区有外贸企业共 24 家，外贸进出口总额完成 12467.8 万美元。其中，自营进出口额完成 6828.1 万美元，同比增长 38.8%，超额完成全年指标任务。进口产品以测试仪器和硅料为主，在弘元新材料（包头）有限公司、包头晶澳太阳能科技有限公司、包头阿特斯阳光能源科技有限公司 3 家光伏企业带动下，进口额达 1581.4 万美元，同比增长近 70%；出口以专用汽车产品、石油钻具、钢材制品为主，主要销往非洲、中东地区以及加拿大、马来西亚、蒙古等国家。

2020 年，区商务局积极组织辖区企业参加各类展会，引导企业加强对外宣传，主动拓展国际市场。积极为 33 家企业拨付内贸流通、服务业、外经贸等政策性资金共计 972 万元，帮助企业解决实际困难。组织内蒙古第三电力建设工程有限责任公司参加第十六届中俄蒙工商论坛会。组织内蒙古额吉麦食品有限公司参加第十八届中国（广西）——东盟国际食品糖酒博览会。组织 34 家企业参加第三届中国国际进口博览会。为小尾羊牧业科技股份有限公司拨付外经贸发展专项资金 16 万元。组织一机集团申报包头市 2020 年境外重点展览会参展人员费用及展品运输费补贴项目资金。

【招商引资】

全面开展大走访、大招商活动，重新制定《青山区招商引资工作专项行动方案》，由青山区主要负责人带队，2020 年全年，组织外出招商 29 批次，走访北京、上海、深圳、常州、福州、长沙、济南等 21 个城市，拜访企业 98 家。累计接待到访考察客商 135 家，洽谈内容涉及医疗、养老、教育、数字政务、新能源、新材料、高端装备制造等多个领域。

2020 年，完成项目签约 47 个，协议投资金额 336.8 亿元。其中，在 12 月 8 日召开的“中国新产业峰会”上签约项目 7 个，签约项目总投资 65 亿元。12 月 30 日，与包头晶澳太阳能科技有限公司签订建设三期 20GW、拉晶 20GW 切片项目框架协议，协议金额 58 亿元。按行业类别划分为装备制造项目 13 个，新能源项目 8 个，新材料项目 6 个，医疗项目 2 个，核应用项目 2 个，互联网平台项目 3 个，服务业项目 1 个，商贸类项目 1 个，房地产项目 8 个，金融项目 1 个，其他项目 2 个。

沿链补链强链打造生态产业集群。2020 年，投资 28 亿元的弘元新材料（包头）有限公司二期单晶拉晶项目和投资 8.8 亿元的包头阿特斯阳光能源科技有限公司二期单晶拉晶项目落地，进一步做大做强光伏产业链单晶拉晶环节。投资 1 亿元的新余群禾光伏科技单晶炉用长寿命石英坩埚项目落地，进一步延伸太阳能光伏产业链。投资 10 亿元的南高齿风电齿轮箱二期扩建项目和投资 3 亿元的内蒙古众力工程机械整机与零部件项目在制造中心落地，推动青山区在风电及装备制造领域向高端更进一步。投资 5 亿元的高性能碳纤维及相关产品生产项目和碳碳复合材料生产基地项目落地，填补青山区新材料碳纤维生产领域空白。在医用防护用品产业链上，由孚韦（内蒙古）安全装备有限公司和内蒙古康尔乐医疗科技有限公司共同投资建设的熔喷布及医用口罩生产基地项目填补青山区没有医疗器械生产企业的空白。投资 19 亿元的包头恒大学府项目、投资 10 亿元的富力熙悦居项目进一步提升青山区城市品位和人居环境。

不断创新招商方式。线上参加 sampe 复合材料云年会，对接新材料领域吉林化纤集团、上海华谊树脂等企业，尝试线上招商。对接上海均和集团、中产集团等中介机构，探索委托招商。邀请福建商会、上海电子工程设计研究院等重点企业、商会、院校到青山区考察。创建二维码招商信息推介模式，实现一键扫描，全面掌握青山投资信息，奠定开展云招商基础。

【物流业管理】

包头传化交投公路港是集办公、餐饮、住宿于一体的“一站式”综合服务现代化物流园区。2020 年，整体出租率达 80%，日进出港车辆约 330 辆，日进出港人流量约 1575 人次，带动周边就业人数 4650 人，日货物吞吐量 2800 吨。传化智能物流服务平台注册企业 116 家，入驻企业 60 家。其中，圆通、韵达、中通等快递企业 11 家，广蒙、隆丰、安邦等物流企业 49 家。

【万科中央五号】

万科中央五号项目由包头市万科青岚房地产开发有限公司开发建设，位于文化路以北、青山路以南、文化路北沿线以西、规划路以东。占地 7.13 公顷，总投资 25 亿元，规划新建商业综合体 1 栋、高层住宅 6 栋，层数 26～34 层。该项目于 2019 年 12 月开工建设，是万科进驻包头打造的全国第四座公园五号作品。截至 2020 年年底，万科中央五号商业部分建设至负二层，住宅部分 1 号楼已建设至 4 层、2 号楼已建设至 2 层、3～6 号楼均已建设至 12 层。

万科中央五号项目东侧为万科自建区域型商业综合体——印象城购物中心，位于文化路沿线以西、奥林匹克公园以北，紧邻中央五号项目，是包头万科房地产有限公司入驻内蒙古自治区第一座大型商业品牌综合购物中心，总建筑面积 11 万平方米，主体部分高 5 层，局部 6 层，东翼 3 层。整个建筑从西向东，面向公园层层叠落。印象城的建设将填补区域内商业空白。

（敦韶娟　供稿）

供销合作

【概况】

青山区供销合作社联合社（以下简称区供销社）成立于 2011 年，是区人民政府直属事业单位，机构规格为正科级。2020 年，内设办公室、合作指导股、财计股 3 个股室，核定事业编制 7 名，核定科级领导职数 2 名（1 正，1 副）。截至 2020 年年底，青山区有基层供销社 4 家，农民专业合作社 23 家，村级综合服务社 32 家，农民专业合作社联合社 1 家。实现销售收入 8.38 亿元，完成年计划的 168%，同比增长 25%；实现利润 3825.97 万元，完成年计划的 109%，同比增长 7.8%。

【“三社一会”】

2020 年，区供销社新建基层供销社 3 家（包头市重山种养殖农民专业合作社、青山区兴胜镇羊山窑子村经济合作社、内蒙古贺威农民专业合作社），庄稼医院 2 家（兴胜镇庄稼医院、当铺村庄稼医院），为农服务中心 1 家（青山区兴胜镇基层供销合作社），新领办农民专业合作社 1 家（包头市富百园农民专业合作社），新吸纳村级综合服务社 1 家（青山区晶恺村级综合服务社）。将包头市富百园农民专业合作社和青山区晶恺村级综合服务社培育为包头市级“示范社”和“星级社”。

【农商・电商绿色农副产品展销会】

2020 年 3 月，新冠疫情期间，积极对接联系北京华联超市、永盛成超市等各大企业，带队深入农户，通过线上直播切实解决兴胜镇羊山窑子村草莓滞销问题。单日销售草莓900单，共销售滞销草莓 900 余千克。线上直播销售进一步加快了青山区线上平台带动农产品销售步伐，实现从田间地头到百姓餐桌无缝对接。7月，组织农民专业合作社联合社、农民专业合作社、开放办社企业参加包头市首届“黄河之北、赛汗塔拉”旗县区特色产品文化旅游服务线上线下集中展示推介会，达到扩大宣传、塑造品牌、推广产品和助农增收成效。11 月，带领内蒙古小尾羊餐饮连锁股份有限公司、包头市凡富德食品有限责任公司和包头市酸得甜食品加工有限公司等开放办社企业赴重庆参加第十八届中国国际农产品交易会。通过“走出去”模式，不断扩大农产品知名度，打开青山区农产品销售渠道。12 月，联合内蒙古八戒知识产权网络科技有限公司开展“推动传统经营模式实现线上线下融合发展”农产品线上线下推广活动。组织内蒙古贺威农民专业合作社、包头市凡富德食品有限责任公司、内蒙古康汇进出口有限公司等开放办社企业参与，不断提升青山区为农电子商务服务。通过为期两天的线上线下农产品推广展销，共销售农产品 500 多单，销售额达 9 万余元。

“推动传统经营模式实现线上线下融合发展”农产品线上线下推广活动现场（区供销社　供图）

（李慧娟　供稿）

烟　草

【概况】

青山区烟草专卖局、营销部分别成立于 2007 年和 2016 年，其前身是青山区批发卷烟站点，接受地方政府和行业上级垂直领导，机构规格为正科级。2020 年，内设办公室、专卖管理股、客户服务股、内管股 4 个股室。有局长（经理）1 名，副局长 1 名，员工 34 人。负责青山辖区内卷烟零售户的卷烟营销和市场管理工作。

2020 年，青山区烟草专卖局（营销部）紧紧围绕行业高质量发展这条主线，着力增强企业文化软实力、卷烟零售客户诚信互助小组建设硬实力，正确处理改革与发展、守正与创新、补短板与上水平、疫情防控和生产经营的关系，推动卷烟市场秩序不断向好。

【卷烟经营】

2020 年，累计销售卷烟 22213 箱，比 2019 年减少 603 箱，同比降低 2.64%；条均价 148.25 元，同比增加 4.28 元，同比增长 2.97%。为解决零售户资金周转问题，与邮政储蓄、农商银行、农业银行等金融机构沟通，协助 174 位零售户办理贷款和大额度信用卡约 2418 万元。截至 2020 年年底，辖区建成诚信互助小组 125 组。其中，城网 106 组，农网 19 组，涉及 1654 户。依托诚信互助小组开展“结对帮扶”活动，有效提升辖区整体客户卷烟经营能力，客户卷烟经营利润达 14% 左右。通过召开座谈会的方式，进一步提升组长思想意识和履职能力。举办组长课堂 2 次，为零售户、客户经理讲授卷烟经营专题课，带动小组成员经营能力整体提升。制作卷烟零售客户销售目标台账，通过对销量、销售额、品规对标管理，强化对卷烟零售客户订单指导和品牌培育服务，促进销量提升、销售额增长。积极探索“党建 + 诚信互助小组建设”工作方法，采取“一户一策”经营指导措施，全面改造党员客户店面环境，切实提升党员客户经营积极性和经营能力。严把现代终端进退机制。按照现代终端建设要求开展现代终端客户梳理与评价，剔除不符合要求零售户265户，将诚信互助小组组长部分优秀连锁店纳入到现代终端。

客户经理帮助卷烟零售客户整理烟柜（青山区烟草专卖局　供图）

【专卖管理】

2020年，积极推行行政许可网上办理业务，向社会公布业务受理电话、微信号及网上办理流程，市场管理员通过电话解答、上门指导等方式协助零售户开展网上申请工作，进一步提高行政许可效率。按照“双随机，一公开”工作要求，每月按比例随机抽取280户左右零售户开展入户走访，走访过程中完成案件命中率、新入网零售户归格率、重点信息维护率等工作内容，不断规范零售户经营行为。持续加强对中小学校周边不符合合理化布局零售户的清理取缔工作，截至2020年年底，全部清理完毕。

2020年，以遏制真烟外流为工作重心，加大真烟非法流通治理力度。加强预警筛查工作，通过内管数据分析收集案件线索，建立真烟外流违法违规大户台账，对重点零售户进行检查走访，向其宣传烟草专卖法律法规，提高零售户规范经营意识，不断规范辖区卷烟经营秩序。加强对物流寄递企业排查、监管。全年查获卷烟案件100起，同比增长25%；查获卷烟51.69万支，同比增长28.4%，案值49.96万元，同比增长34.13%。其中，查扣外省流入真烟案件9起，查扣卷烟21.44万支，案值4.26万元。

2020年，按照《关于印发全市烟草专卖执法监督检查工作方案的通知》要求，通过调阅财务报账凭证、抽查行政处罚和行政许可案卷、发放《致全市卷烟零售户的一封信》等方式，深入开展专卖执法监督检查自查工作。同时，按照包头市烟草专卖局《关于及时清理零售许可证的通知》要求，通过系统调阅、国家企业信用信息公示系统查询、实地走访等多种形式全面排查辖区内所有零售户，对发现的问题分门别类制订清理措施。截至2020年年底，清理完毕辖区内中小学校周边卷烟零售户。

2020年，联合青山区市场监督管理局召开卷烟市场监管工作联席会议。建立卷烟市场联席会议制度、信息共享制度、联合监管制度、案件衔接制度，逐步推动卷烟市场监督管理由突击性、集中性联合治理向规范化、长效化、常态化管理转变。

（王芳　供稿）

财税 金融

财　政

【概况】

青山区财政局（以下简称区财政局）成立于1956年，其前身为青山区财政科，是区人民政府职能部门，机构规格为正科级。2020年，内设办公室、预算股、国库股、债务管理股、文教社保股、农牧业经济建设股、综合股7个股室。核定行政编制8名，核定科级领导职数5名（1正，4副）。有所属事业单位2个，分别为相当于副科级事业单位的青山区财政集中收付中心和相当于股级事业单位的青山区财政投资评审中心，共核定事业编制43名。

2020年，区财政局在自治区财政厅第三届财税知识网络答题竞赛活动中获得基层贡献奖。

【财政收支】

2020年，青山区一般公共预算收入完成22.43亿元，同比增长0.19%。其中，税收收入完成18.52亿元，非税收入完成3.91亿元。青山区一般公共预算支出完成28.07亿元，同比增长9.56%。主要支出项目有：一般公共服务、国防和公共安全支出4.76亿元，教育、科学技术、文化旅游体育与传媒、卫生健康支出9.02亿元，社会保障和就业支出3.06亿元，节能环保、城乡社区支出和其他重点项目支出8.63亿元，地方政府债券付息支出2.6亿元。

【民生支出】

2020年，青山区民生支出14.3亿元，用于支持各项社会事业。其中，社会保障就业支出3.06亿元，教育支出7.8亿元，医疗卫生支出0.92亿元，文化体育与传媒支出0.13亿元，节能环保支出0.76亿元，农林水支出0.87亿元，住房保障支出0.76亿元。

【重点项目支出】

2020年，青山区投入1225万元支持乡村振兴，用于农村生活垃圾治理、美丽乡村建设和村集体经济发展，全面提高乡村基本公共服务水平。投入生态环保资金7912万元，用于大气污染防治、农村环境整治、污水处理等方面，持续改善生态环境质量。拨付科技创新和科技转化成果资金1752万元，支持企业科技创新，提高市场竞争力，为地区经济发展集聚潜力。

【财政信息公开】

2020年，青山区全面推进预决算公开，在青山区人民政府网站向社会公布青山区本级预决算和60个部门预决算及“三公”经费预决算。

【国有资产管理】

2020年，区财政局完成《2020年度行政事业单位国有资产报告》编制工作，进一步夯实了资产数据，全面摸清了政府“家底”。

【财政监督检查】

2020年，区财政局进一步加强代理记账资格管理，规范代理记账活动，与区市场监管局联合开展“双随机一公开”检查，随机抽取2家单位共5名执法人员对16户企业进行检查。

对内蒙古昱赋财税有限公司开展会计监督检查（区财政局　供图）

【会计服务管理】

2020年，区财政局积极推行预算单位会计代理记账改革，按照《中华人民共和国政府采购法》的规定程序，通过调研了解预算单位实际需求，以公开招标方式，确定财务代理记账公司3家，在全区规模小、会计基础工作薄弱的行政事业单位中推行会计代理记账，促进财务精细化管理，提高财务管理监督力度，实现预算单位账目管理规范、安全。截至 2020 年年底，全区有86家单位与代理记账公司签订协议。

（吴思梦　供稿）

税　务

国家税务总局包头市青山区税务局

【概况】

国家税务总局包头市青山区税务局（以下简称青山区税务局）由原包头市青山区国家税务局和原包头市青山区地方税务局于 2018 年合并成立。2020 年，有在职职工 367 人。其中，公务员 210 人，事业编制人员 8 人，工勤编制人员 14 人，协税 12 人，社保费助征员 22 人，其他人员 101 人。内设办公室、法制股、税政一股、税政二股、社会保险费和非税收入股、收入核算股、纳税服务股、征收管理股、风险管理股、财务管理股、人事教育股、党建工作股和纪检组 13 个股室。有所属相当于股级事业单位的信息中心。有派出机构 8 个。其中，机构规格为副科级有 5 个，分别为第一税务分局（原办税服务厅）、第二税务分局、富强路街道税务分局、装备制造产业园区税务分局、科学路街道税务分局；机构规格为股级有 3 个，分别为先锋道街道税务所、万青路街道税务所、青福镇税务所。

【税收收入情况】

2020 年，青山区税务局累计组织各项税费收入 325324 万元，较 2019 年同期 376049 万元减少 50725 万元，减幅 13.5%。其他收入完成 19838 万元，较 2019 年同期 19120 万元增加 718 万元，增幅 4%。一般公共预算收入完成 174866 万元，较 2019 年同期 190810 万元减少 15944 万元，减幅 8%；社保费累计入库金额为 125858.3 万元，较 2019 年同期减少 10961 万元，减幅 8%。

【税收收入特点与分析】

2020 年，青山区税务局分产业、行业税收完成情况比 2019 年减幅 13.5%。（见表 10）

2020 年青山区税务局分产业、行业税收完成情况一览表

表 10

单位：万元

项目	子项目	2020年累计	2019年累计	增减	增幅（%）	占2020年税收收入比重（%）
分产业、行业	第一产业	41	218	-177	-81.2	0.0
	第二产业	113144	117046	-3902	-3.3	34.8
	采矿业	28	24	4	16.7	0.0
	制造业	22517	22747	-230	-1.0	6.9
	电力、热力、燃气及水的生产和供应	67032	70231	-3199	-4.6	20.6
	建筑业	23567	24044	-477	-2.0	7.2
	第三产业	212139	258785	-46646	-18.0	65.2
	批发和零售业	43040	40150	2890	7.2	13.2
	交通运输、仓储和邮政业	2556	4302	-1746	-40.6	0.8
	住宿和餐饮业	3528	2279	1249	54.8	1.1
	信息传输、软件和信息技术服务业	806	761	45	5.9	0.2

续表 10

项目	子项目	2020年累计	2019年累计	增减	增幅（%）	占2020年税收收入比重（%）
分产业、行业	金融业	77254	98856	-21602	-21.9	23.7
	房地产业	69955	94996	-25041	-26.4	21.5
	租赁和商务服务业	7789	8668	-879	-10.1	2.4
	科学研究和技术服务业	1675	2074	-399	-19.2	0.5
	水利、环境和公共设施管理业	51	221	-170	-76.9	0.0
	居民服务、修理和其他服务业	3672	3816	-144	-3.8	1.1
	教育	382	837	-455	-54.4	0.1
	卫生和社会工作	183	204	-21	-10.3	0.1
	文化、体育和娱乐业	294	240	54	22.5	0.1
	公共管理、社会保障和社会组织	188	267	-79	-29.6	0.1
	其他行业	766	1114	-348	-31.2	0.2
合计		325324	376049	-50725	-13.5	

【税收法治】

2020 年，青山区税务局梳理权利和行政清单 8 大项 110 条。公开“最多跑一次”清单 11 大项 152 条。持续强化税收执法事前、事中、事后各环节监管，有效提升行政执法工作规范性。完善内控机制建设，利用内控平台进行日常税收执法考评与日常过错责任追究，对各类疑点数据进行核查、反馈，充分发挥督察内审职责，保证最终落实整改。

【税收政策落实】

为全力支持青山区各类企业复工复产，青山区税务局精准对接企业实际需求，梳理出疫情防控期间中小企业最为关切的暂缓缴纳税费、优惠政策辅导等 10 项内容，对减免企业税费、延期缴纳税款等 4 项关键涉税业务进行重点细化，形成支持中小企业复工复产的“一揽子”帮扶计划，切实做到应免尽免、应减尽减。同时，多形式开展宣传辅导。利用微信、i 税服务平台等终端，向纳税人、缴费人推送各类办税服务提醒 10 万余条；印制并发放个人所得税汇算清缴宣传折页和《疫情防控税费优惠政策指引》宣传手册 5000 余份。建立税企线上联络值守机制，对辖区内 103 户重点税源企业进行电话调查；成立专业服务团队，对辖区内 76 户重点复工企业开展一对一服务，及时掌握复工复产企业有关情况和实际困难。2020 年，新增减免各项税费收入共计 4.69 亿元。

3 月 5 日，青山区税务局组织工作人员为小尾羊企业送上疫情防控税费优惠政策宣传册，对疫情防控税费优惠政策进行宣传辅导（青山区税务局供图）

【税种管理】

新冠肺炎疫情防控期间，为减轻纳税人负担，鼓励企业复工复产，国家出台一系列税收优惠政策。增值税方面相关优惠政策。疫情防控重点保障物资生产企业可以按月申请全额退还增值税增量留抵税额。自2020年1月1日起，疫情防控重点保障物资生产企业可以按月向主管税务机关申请全额退还增值税增量留抵税额。疫情防控重点保障物资生产企业申请全额退还增值税增量留抵税额，应当在增值税纳税申报期内，完成本期增值税纳税申报后，向主管税务机关申请退还增量留抵税额。运输疫情防控重点保障物资收入免征增值税及附加。自2020年1月1日起，对纳税人运输疫情防控重点保障物资取得的收入，免征增值税、城市维护建设税、教育费附加、地方教育附加。公共交通运输服务、生活服务、快递收派服务收入免征增值税及附加税。自2020年1月1日起，对纳税人提供公共交通运输服务、生活服务，以及为居民提供必需生活物资快递收派服务取得的收入，免征增值税、城市维护建设税、教育费附加、地方教育附加。无偿捐赠用于应对新型冠状病毒感染肺炎疫情的货物免征增值税、消费税及附加。自2020年1月1日起，单位和个体工商户将自产、委托加工或购买的货物，通过公益性社会组织和县级以上人民政府及其部门等国家机关，或者直接向承担疫情防治任务的医院，无偿捐赠用于应对新型冠状病毒感染的肺炎疫情，免征增值税、消费税、城市维护建设税、教育费附加、地方教育附加。防控新型冠状病毒感染的肺炎疫情的进口物资免税。自2020年1月1日至3月31日，对捐赠用于疫情防控的进口物资，免征进口关税和进口环节增值税、消费税；对卫生健康主管部门组织进口的直接用于防控疫情物资免征关税；属于免税进口物资，已经征收的应免税款予以退还；免税进口物资，海关可先登记放行，再按规定补办相关手续。

企业所得税方面相关优惠政策。疫情防控捐赠支出全额税前扣除。延长受疫情影响较大的困难行业企业弥补亏损年限。受疫情影响较大的困难行业企业2020年度发生的亏损，最长结转年限由5年延长至8年。适用延长亏损结转年限政策的，应当在2020年度企业所得税汇算清缴时，通过电子税务局提交《适用延长亏损结转年限政策声明》。疫情防控重点保障物资生产企业为扩大产能新购置的相关设备，一次性税前扣除。

个人所得税方面相关优惠政策。疫情防治工作补助和奖金，以及用于疫情预防的药品、医疗用品和防护用品，免征个人所得税。个人向应对疫情的捐赠支出，允许在计算应纳税所得额时全额扣除。

【社会保险费和非税收入管理】

截至2020年12月31日，社保费累计入库金额为125858.3万元，较2019年度减少10961万元，减幅为8%。

【纳税服务】

大力推行“非接触式”办税，编印电子税务局使用手册，将纳税人常用的7项业务以图表方式逐项编写说明，并制作手册二维码，方便纳税人随时学习。创新服务举措，在办税服务厅设立“征管服务工作室”，选派4名政治素质高、业务能力强的业务骨干入驻，形成办税服务厅征、管业务相容并进的良好局面，为纳税人提供集约化办税服务，有效解决纳税人办税过程遇到的“多头跑、重复跑”问题。广泛开展宣传辅导，累计开展“纳税人学堂”26期；利用微信、i税服务平台等终端，向纳税人、缴费人推送各类办税服务提醒10万余条；印制并发放个人所得税汇算清缴宣传折页和《疫情防控税费优惠政策指引》宣传手册5000余份。建立税企线上联络值守机制，对辖区内103户重点税源企业进行电话访问；成立专业服务团队，对辖区内76户重点复工企业开展一对一服务，及时掌握复工复产企业有关情况和实际困难。提升专业能力，对大厅工作人员开展 12 期纳税服务能力提升培训，通过“主题培训 + 落地辅导 + 巩固提升”的模式，督促税干全面更新服务观念；组织了 3 期针对走访人员的集中培训，确保实现“一次入户，多事齐办”。

【征收管理】

按照纳税人规模、行业和特定事项进行分类，建立“重点税源 + 属地 + 行业 + 规模”的专业化管理模式，实现“固定管户”向“分类管事”转变，基本形成“事项纵向分类到岗，岗位横向流转事项，业务办理流程闭合”的科学化管理模式，有效降低税收执法过程中的涉税风险。扎实开展提升征管质量专项工作，强化户籍基础信息登记管理，针对新办税务登记纳税人确定了五个必要流程，要求税收管理员对单销号。高效推进年度个税汇算清缴工作。

【税收风险管理】

积极开展新办企业风险验证工作，认真做好新办企业风险评价结果的数据验证、跟踪分析工作。开展扫黑除恶专项斗争及矿产资源、煤炭领域、稀土行业专项治理工作。

【电子税务】

制定《信息系统操作人员管理办法》，有效解决未办结任务增多、纳税人涉税事项无法办结、垃圾数据冗余等问题。完成弱口令修改工作，确保税务信息系统安全。建立长效软件版本及病毒库更新机制，从源头上切断病毒、木马潜入，确保内网安全。利用 360 准入系统，降低违规外联隐患。

【绩效管理与数字人事】

2020 年，青山区税务局根据绩效管理 8.0 版制度及考评规则，组织业务骨干成立调研组，针对当前基层税务部门绩效管理工作开展专题调研，有序推进数字人事制度完善和绩效管理工作。

【财务管理】

完成往来款项、货币资金、基建项目的全面清理和会计档案资料的整理归档工作。按照“过紧日子”的有关要求，始终主导将有限的经费用在刀刃上的原则，严格执行预算。

【政府采购】

2020 年，严格按照上级要求执行政府采购流程，严格执行《中央预算单位 2019—2020 年政府集中采购目录及标准》及财政部 102 号令，坚持依法采购、依规采购，进一步落实好批量采购、网上采购工作，努力做到采购预算和财务预算、资产配置、财务监管相结合，充分发挥政府采购的政策功效。

（杨若星　张利荣　供稿）

国家税务总局包头市税务局第二税务分局

【概况】

国家税务总局包头市税务局第二税务分局（以下简称第二税务分局）由原包头市国家税务局车辆购置税征收管理分局、原包头市国家税务局直属税务分局、原包头市地方税务局驻包钢征收管理分局和原包头市地方税务局直属征收管理三分局 4 家单位撤销并入，于 2018 年 8 月 31 日挂牌成立。2020 年，有干部职工 165 人，其中，中共党员 90 人，大专以上学历占 98%，研究生 25 人。内设税政股、收入核算股、社会保险费和非税收入股、纳税服务股、征收管理股、税源管理一股、税源管理二股、综合股 8 个股室。主要承担包钢（集团）公司、中国二冶集团有限公司、一机集团、北重集团、中核北方等集团化企业、包头市本级行政事业单位的税费征管和服务，以及车辆购置税的管理工作。总管户 607 户，按行业划分为以包钢（集团）公司为核心的钢铁、冶炼、制造业企业 15 户，以一机集团、北重集团、中核北方为核心的军工企业 41 户，包头市本级行政事业单位 551 户；按税源划分为亿元以上企业 3 户，

1000 万元以上企业 14 户，100 万元以上企业 46 户。

2020 年，第二税务分局兼顾改革、稳定和发展，坚持把推进改革和提升收入质量紧密结合，持续深化“放管服”、增值税和个人所得税改革，切实优化税收营商环境，在服务地方经济发展和社会进步中贡献税务力量。

【税收收入】

依法依规组织税收收入，着力实现组织收入新质效。在惠民利企保复苏、切实减轻企业负担的基础上，积极应对严峻的经济形势和新增税源不足的困境，将该收的收回来，该减的减到位，组织收入降幅逐月收窄，稳中求进逐渐掌握了组织收入主动权，尽全力将疫情影响降至最低。2020 年累计完成各项税费收入共计 66.43 亿元，同比增收 5%。其中，税收收入 27.34 亿元，同比减收 21%；一般公共预算收入 13.6 亿元，同比减收 6%。

【减税降费】

2020 年，第二税务分局全面释放减税降费红利，与财政部门、人行积极联动，凝聚合力，建立动态联系和会商协同服务机制，制定电子退库规程，压缩退税时限，提高办理效率，持续推进办税便利化。全年办理出口退税 26 笔 9.2 亿元，误收退税、多缴退税 329 笔 1.48 亿元。个税汇算清缴退税 30980 笔 1279 万元，返还个税手续费 74 户 149 万元。全年累计减免各项社保费 3.19 亿元。

【社会保险费和非税收入管理】

2020 年，第二税务分局扎实有序开展社会保险费和非税收入征管，以“人社核定、医保认定，税务征收”为原则，进一步完善征缴工作运行机制，流程岗责重新匹配，税务、人社和医保统一的信息共享平台推广应用，部门间预算、征缴、对账、退费高效运行，数据交换工作质效大幅提升，退役士兵社保费补缴认真开展，三项政府基金的资料移交、系统对接、参数设置等稳妥推进，确保了新划转非税项目接稳接牢。全年共征收各项社保费 36.8 亿元。其中，企业养老保险 10.43 亿元，机关养老保险 9.66 亿元，职业年金 7.34 亿元，医疗保险 8.32 亿元，失业保险 7984 万元，工伤保险 2011 万元，生育保险 373 万元。

【纳税服务】

以优质服务举措，创造性落实各级决策部署，增添办税新体验。业务办理全面提速。针对疫情期间优惠政策叠加、实际应用不熟练的问题，定期组织学习税费优惠政策，由业务骨干领学新政策关键点，组织交流办税经验，提高办理速度。打造“网上办税为主，自助办税为辅，实体办税厅兜底”的办税缴费模式，i 税平台等线上应用全面推广使用，车购税实现电子税务局全天 24 小时申报缴纳。精简 50% 以上的报送资料、25% 以上的纸质表证单书，95% 以上的税收优惠事项实现“免备案”。严格执行关于疫情防控的各项决策部署，及时通过网络直播、“两微一端”等方式将优惠政策、工作措施、办税流程操作指引等推送纳税人和缴费人。税收营商环境持续优化。定责定时认真落实优化营商环境各级各项纳税缴费便利化改革举措，税收宣传月和“便民办税春风行动”任务有效落实，政务服务“好差评”扎实开展，“最多跑一次”、首问责任、限时办结等各项服务承诺严格执行，“网上 + 掌上”自助办领域和范围扩大，增值税专用发票电子化试点要求落实落细，电话预约办理专人负责，记录留存备查。大力推广“非接触式”办税，95% 以上涉税事项实现“网上全程，只跑一次”，月均网报率达 93.5% 以上。全年月均申报率均在 98% 以上，高于全市 95.78% 的平均水平 2.22 个百分点，按户申报税款入库率 90% 以上，月均财税库银入库金额占比 99.85% 以上。纳税人满意度切实提升。扎实开展纳税人学堂、税企座谈会，不断拓展宣传辅导覆盖面，从便利纳税人角度出发，类似重置密码、维护社保单位编码等可电话操作业务，大厅人员予以容缺办理，使服务渠道更多元。严格执行纳税服务规范 3.0 版、税收征管规范 2.0 版，对照统一注销程序和审查要求，压缩注销时间，使服务尺度更规范。全力推进个人分户产权登记，设置“12366”专线3部，退税即到即办且2个工作日内办结，“服务大企业绿色通道工作室”完成设立并投入运行，税政和税源联合精准服务的“税企互动”服务模式贯彻执行，使服务举措更完善。

【税收征管】

坚持系统、集成、联动观念，发挥各方优势，同心协力发挥征管新效能。征管“5C”指标整改进步明显。开展指标优化、问题剖析整改以及团队方案落实，构建“协调联动、职责清晰，运转顺畅、合力推进”的工作机制，对 13 个 4 段指标和 2 个 3 段指标，结合实际建立整改台账，逐一验证整改，将 3 个指标由 4 段提升到 1 段，1 个指标由 4 段提升到 2 段，“5C”总体评价已由最初的 D 类上升到现在的 A-。税费协同机制全面推行。做到质效并重，落实税费征管问题协同工作机制，成立工作领导小组，组建协同机制团队，完善问题主动采集、分级甄别审核、问题处理会商协同上报、工作监督创新四项措施，优化高效统一的税费征管体系效应逐步放大，机构改革之后的合作、合并、合成建设成果越来越多。首次个税汇算圆满完成。承担全市基数最大的约 10 万人汇算任务，占全市应申报自然人数量的 21%，工作量大。通过科学精准把握工作节奏，因时因势调整策略方法，在建立常态化“晨学习晚例会”机制基础上，深入开展专人、专岗、专题“三专”精细化辅导，严格落实网格化管理措施，主动对接公安机关核对身份信息，特殊纳税人予以容缺办理，最终申报率实现 99.59%，拉动全市进度提升 4.2 个百分点。税务监管体系逐步健全。严肃认真开展票证检查，全面开展电子档案扫描录入和清查清理，解决了相关风险点。全面筛查城建税、印花税疑点数据，企业所得税管理平台风险点核查率达 100%，核实房产税、土地使用税申报疑点数据 3 批 208 条。分类处理 212 笔多缴税费，实现多缴退库 14808 万元，完成包头市税务局任务率 92%。精准化管理欠税，实现清理欠税 17.4 亿元。及时完成金税三期风险系统 6 批次 97 户次风险推送任务，应对处置 174 人次自然人异议申诉核查，协查外地案件 2 户、稽查协作任务 9 户，积极配合“1·29”高仿税控开票软件制售假票专案调查，按时完成煤炭和资源专项整治。岗责匹配更加规范合理。认真落实《关于进一步优化税源管理岗责及工作流程的通知》《进一步完善纳税人分类分级管理的意见》《税收管理员工作职责优化实施方案》，优化税源管理职责，归类整理《包头市税务局第二税务分局征管职责事项分类说明》，强化部门间联系沟通，以请示、汇报、会议等多种形式开展多部门互动合作，共同研究探讨工作遇到的各种困难和问题，提出解决方案，形成了以局领导统筹、部门联动、责任到人、问题到户、各司其职、协同共治的精细化管理新模式，为完成预期工作目标提供有效支撑。

【疫情防控】

面对突如其来的新冠肺炎疫情冲击，紧迫的税费改革发展任务，以及各种风险矛盾叠加带来的严峻挑战，第二税务分局认真贯彻落实上级安排部署，聚焦“四力”要求，尽锐出战、善作善成，有力有效服务“六保六稳”大局，统筹推进疫情防控和助力经济社会发展。疫情防控期间，404 人次下沉青山区 12 个社区，参与疫情防控工作 47 天。

（林昊潭　供稿）

金　融

【概况】

青山区金融工作办公室（以下简称区金融办）成立于 2010 年 12 月，为区人民政府职能部门，机构规格为正科级。2019 年机构改革，更名为青山区人民政府金融工作办公室，加挂青山区人民政府国有资产监督管理委员会牌子。2020年，内设综合办公室、金融发展股、金融稳定股以及国企运营股4个股室。核定行政编制6名。有所属相当于股级事业单位的青山区金融服务中心，核定事业编制14名。

2020年，区金融办紧紧围绕防范化解系统性金融风险、监管国有资产、应对处置非法集资等重点工作，保障全区金融工作良性循环。

【国有资产监督管理】

2020年，区金融办积极开展国有资产监督管理工作，制定《关于国有企业功能界定与分类实施方案》，按区属国有企业主营业务进行功能分类，为下一步实施分类监管奠定基础；制定财务监管等制度，委托第三方机构对国有企业进行年度决算审计；制定《企业国有资产处置和利润分配监督管理办法》《关于推进区属国有企业实施阳光采购的指导意见》等，监督企业从成本控制、经营分析、资产处置和利润分配等方面规范运营。探索推进国有企业改革，对国有企业资产情况进行摸底，制订《深化国有企业改革实施方案（征求意见稿）》《区属国有企业工资总额管理办法》等，强化国有资产监管，理顺国有企业管理体制。

【小贷担保公司监管】

2020年，区金融办以现场检查和非现场监管形式强化对辖区范围内融资担保公司、小额贷款公司日常监管工作。年内，监管融资担保公司2家、小额贷款公司4家，引进包头市亿信小额贷款有限公司。截至2020年年底，2家融资担保公司注册资本4.05亿元，在保余额1.36亿元；4家小额贷款公司注册资本2.51亿元，贷款余额1.54亿元。

【政银企服务】

2020年，区金融办全力发挥金融支撑作用，不断拓宽企业融资渠道，分别在8月、12月组织政银企合作对接会，邀请各金融机构及驻区企业开展对接座谈，加强政银企沟通联系，形成合力促进地方经济稳定发展。协调金融机构帮助受新冠肺炎疫情影响出现还款困难的恒达数控、马家私房面、亚肯精密机械3家中小企业实现贷款展期、续贷。整理疫情期间国家部委、自治区、包头市及各家银行机构各项金融支持政策，形成《包头市青山区疫情防控期间金融支持政策汇编》，分发到区直各经济部门及相关需求企业，为受疫情影响而出现资金困难的中小企业提供金融支持政策指引，为中小企业复工复产提供了政策支持参考。

【引进金融机构】

2020年，区金融办多次赴呼和浩特、北京等地协调争取平安银行入驻青山区事宜，积极为机构入驻提供政策支持，为引进平安银行包头分行落户青山区提供有力保障；积极配合内蒙古金融租赁公司前期筹建准备工作，参照一、二线城市对于总部金融机构引进政策向内蒙古金融租赁公司提供落户优惠政策。引进AA级小额贷款公司1家，助力支农支牧，服务中小企业发展。

【防范打击非法集资】

2020年，区金融办协同区公安分局、区市场监督管理局及驻区多家银行和金融机构，在辖区内的高校、大型企业及人口集中的公园广场、农贸市场持续开展防范非法集资教育警示宣传活动，增强公众“理性投资、风险自担”的意识。在全区范围内开展涉稳隐患集中排查化解和重点群体、重点人员摸排专项行动，要求相关单位对本系统内重点上访群体、重点人员开展全面排查，准确掌握其基本情况和活动情况，做好教育引导和思想工作，逐人落实教育稳控措施，坚决防止重点群体和重点人员失控制造事端，坚决防止群体性事件和个人极端事件发生。深入推进综合治理农村牧区高利贷工作，引导民间借贷行为健康发展，维护青山区农村牧区金融秩序和社会稳定，根据《关于落实自治区政府工作报告进一步推动综合治理农村牧区高利贷工作的通知》（包金融发〔2019〕7号）要求，青福镇排查农户2771户

7482 人，兴胜镇排查农户 4451 户 15580 人，牧区户数 192 户，两镇均未发现存在农村牧区高利贷现象。按照《关于开展“现金贷”业务专项整治工作的通知》（内网贷整治办〔2019〕15 号）文件要求，区金融办协调区市场监督管理局深入各村、社区、工矿企业、集贸市场、机关学校，对非融资性担保、投融资中介、私募股权投资、网络借贷、农牧民专业合作社、典当行、寄卖行等重点行业全面开展排查潜在的“现金贷”业务专项整治工作，进一步摸清“现金贷”业务的基本情况，逐步建立起防范和处置“现金贷”业务的综合治理长效机制。

【金融机构】

2020 年，青山区有区属银行及非银行金融机构 55 家，形成银行、保险、信托、基金、租赁等各种金融生态集聚的金融核心区。

【区属国有公司】

2020 年，青山区共有区属国有企业 19 家，分别由包头市国际会展管理中心、包头装备制造产业园区管委会、区金融办、区住建局、区教育局、区文旅局 6 个部门管理。其中，包头市国际会展管理中心所属公司 3 家，分别为包头市国际会展有限责任公司、包头大剧院有限责任公司、包头市国际文化产业有限公司；包头装备制造产业园区管委会所属公司 1 家，为包头市青创综合事务服务有限公司；区金融办所属公司 5 家，分别为内蒙古新工创业发展有限责任公司、包头青山城市基础设施投资发展有限公司、内蒙古青源融资担保有限公司、包头市青山区国有资产经营有限责任公司、内蒙古新源光热股份有限公司；区住建局所属公司 5 家，分别为包头市青山住房发展建设有限公司、内蒙古景晟物业管理有限责任公司、包头市青山区兵工鸿晟物业管理有限公司、包头市青山区热诚热力有限责任公司、包头市青山区兵工盛祥物业管理有限公司；区教育局所属公司 4 家，分别为包头市新天地教育发展有限公司、内蒙古民幼教育投资有限公司、内蒙古鹿腾教育发展有限公司、内蒙古润德教育文化产业发展有限公司；区文旅局所属公司 1 家，为包头青山区文体旅游产业投资有限责任公司。

内蒙古青源融资担保有限公司　（以下简称青源担保公司）成立于 2000 年 12 月，前身是包头市青山区通和担保中心，2013 年 8 月 15 日完成企业改制并取得“中华人民共和国融资性担保机构经营许可证”。企业注册资本人民币 3 亿元，为青山区财政局全额出资的国有独资公司，注册地址位于包头市青山区装备制造产业园区新园路 1 号大楼 B 座 4 层 411 室。经营范围包括货款担保、票据承兑担保、贸易融资担保、项目融资担保、信用证担保、诉讼保全担保、投标担保、预付款担保、工程履约担保、尾付款如约偿付担保，以及与担保业务有关的融资咨询、财务顾问等中介服务。截至 2020 年年底，青源担保公司实收资本期末余额 30000 万元，资产总额 37172 万元，累计担保 63.6 亿余元，为 169 户中小微企业提供金融服务。

包头市青山区国有资产经营有限责任公司（以下简称国资公司）成立于 2004 年 1 月 13 日，位于青山区文化路 25 号，股东为内蒙古新工创业发展有限责任公司，注册资本 3.54 亿元，属国有独资有限责任公司。经营范围为国有资产购买、出租、出售、转让、置换及租赁。2020 年无业务。

包头青山城市基础设施投资发展有限公司（以下简称城投公司）成立于 2005 年，青山区财政局为投资主体，注册资本 1.94 亿元。2017 年，注册资本增资至 13.97 亿元。公司性质为国有控股公司，经营范围为对城市、农村建设项目进行投资开发，城市、农村基础设施综合开发建设（以上两项不含对房地产开发项目的投资），对城市、农村土地前期开发、整理、征拆；环卫清洁服务（包括青山区辖区内清扫、清洁、代清运、代清淘等环卫清洁服务）。截至 2020 年年底，公司总资产达到 45.49 亿元。2020 年，城投公司配合农牧局、园区管委会完成对坦克路和智慧园区专项资金的争取和工程项目建设，配合区财政局完成化债资金工作申报，争取化债资金对政府隐性债务的化解。

内蒙古新工创业发展有限责任公司 （以下简称新工创业公司）成立于2011年，注册地为包头装备制造产业园区技术创新创业服务中心大楼内，股东为包头装备制造产业园区管理委员会、内蒙古华新机械有限公司、内蒙古宏达利汽车贸易有限公司，注册资金5亿元。2015年，新工创业公司股东变更为青山区财政局，增加注册资金5亿元，占比股份100%。2017年，新工创业公司资产总额129亿元，取得大公评级为公司公开发行企业债券出具的AA评级报告。公司经营范围包括园区规划管理、基础设施建设、土地整理收储、物业管理、棚户区改造、国际贸易、投融资管理、商贸等。2019年，新工创业公司完成两馆一中心、园区公共服务大楼等项目的建设任务；2020年，对上述建设项目完成验收和工程审计。

内蒙古新源光热股份有限公司 （以下简称新源公司）成立于2016年，位于包头装备制造产业园区新规划区内，是由内蒙古新工创业发展有限责任公司、包头青山城市基础设施投资发展有限公司和包头市国际会展有限责任公司出资成立的国有独资公司，注册资金5亿元。新源公司拥有国际领先的太阳能光热核心技术，经营范围包括为企事业单位、居民集中供热、热能销售，以及太阳能光热技术开发、推广应用、销售等业务。2020年，实际供热面积24万平方米。

（廉亦霖　供稿）

科技 教育

科　技

【科技研发机构】

2020年，青山区积极引导和支持企业建立研发机构，促进研究成果应用转化，逐步构建形成企业技术创新体系。一机集团科研所申报的“内蒙古一机股份特种车辆轻量化技术研究开发中心”获得自治区科技厅批复，进一步增强了企业的核心竞争力。截至2020年年底，青山区累计拥有各级各类企业研发平台59家。其中，国家级企业技术中心4家，国家级企业重点实验室1家，自治区级各类研发平台44家，包头市级各类研发平台10家。（见表11）

1999—2020年青山区企业研发机构一览表

表11

序号	级别	机构名称	依托单位	认定时间	小计
1	国家级企业技术中心	内蒙古北方重工业集团有限公司技术开发中心	北重集团	1999年	4
2		内蒙古第一机械制造（集团）有限公司技术开发中心	一机集团	2006年	
3		中核北方核燃料元件有限公司技术中心	中核北方	2018年	
4		北奔重型汽车集团有限公司技术中心	北奔重汽	2018年	
5	国家级企业重点实验室	特种车辆及其传动系统智能制造国家重点实验室	一机集团	2015年	1
6	内蒙古自治区级工程技术研究中心	内蒙古特种材料工程技术研究中心	五二研究所	2001年	10
7		内蒙古特种车辆工程技术研究中心	内蒙古第一机械集团有限公司科研所	2001年	
8		重型非公路矿用车工程技术研究中心	内蒙古北方重型汽车股份有限公司	2003年	
9		内蒙古自治区钍基核燃料元件工程技术研究中心	中核北方	2009年	
10		内蒙古自治区硅镁材料工程技术研究中心	五二研究所、兵科硅镁材料工程技术研究中心有限责任公司	2009年	
11		内蒙古自治区特种管材工程技术研究中心	北重集团	2009年	
12		内蒙古自治区水污染控制与水环境修复工程技术研究中心	北京大学包头创新研究院	2014年	
13		内蒙古自治区推土机工程技术研究中心	内蒙古一机集团大地工程机械有限公司	2016年	

续表 11

序号	级别	机构名称	依托单位	认定时间	小计
14	内蒙古自治区级工程技术研究中心	内蒙古自治区金属构件失效分析工程技术研究中心	一机集团	2016 年	10
15		内蒙古自治区中重型车辆悬挂与行走工程技术研究中心	一机集团	2017 年	
16	内蒙古自治区级企业技术开发中心	内蒙古北方重型汽车股份有限公司技术开发中心	内蒙古北方重型汽车股份有限公司	2006 年	8
17		包头北方奔驰重型汽车有限责任公司技术开发中心	包头北方奔驰重型汽车有限责任公司	2006 年	
18		包头北方创业股份有限公司技术中心	包头北方创业股份有限公司	2009 年	
19		包头北方创业专用汽车有限责任公司技术中心	包头北方创业专用汽车有限责任公司	2010 年	
20		内蒙古科盛太阳能科技有限责任公司技术中心	内蒙古科盛太阳能科技有限责任公司	2013 年	
21		中核北方核燃料元件有限公司技术中心	中核北方	2016 年	
22		包头市联德石油机械有限公司技术中心	包头市联德石油机械有限公司	2016 年	
23		包头市天盛重工有限公司技术中心	包头市天盛重工有限公司	2018 年	
24	内蒙古自治区级企业研发中心	内蒙古北方重工业集团有限公司研究开发中心	北重集团	2006 年	20
25		北奔重型汽车集团有限公司研究开发中心	北奔重汽	2006 年	
26		包头北方创业股份有限公司研究开发中心	包头北方创业股份有限公司	2009 年	
27		国电联合动力技术（包头）有限公司研究开发中心	国电联合动力技术（包头）有限公司	2010 年	
28		包头市天盛重工有限公司研究开发中心	包头市天盛重工有限公司	2016 年	
29		包头市塞北特种车辆配套设备研究开发中心	包头市塞北机械设备股份有限公司	2016 年	
30		一机集团瑞特新能源变速器研究开发中心	内蒙古一机集团瑞特精密工模具有限公司	2017 年	

续表 11

序号	级别	机构名称	依托单位	认定时间	小计
31	内蒙古自治区级企业研发中心	一机集团力克特种橡塑研究开发中心	内蒙古一机集团力克橡塑制品有限公司	2017 年	20
32		一机集团轮式特种车辆研究开发中心	一机集团	2017 年	
33		一机集团路通弹簧弹性缓冲技术研究开发中心	内蒙古一机集团路通弹簧有限公司	2017 年	
34		内蒙古旭宸太阳能光热综合利用研究开发中心	内蒙古旭宸能源有限公司	2017 年	
35		一机集团大地工程机械研发中心	内蒙古一机集团大地工程机械有限公司	2017 年	
36		北方嘉瑞高性能防护材料研究开发中心	包头北方嘉瑞防务科技有限公司	2017 年	
37		海罗专机设备研究开发中心	包头市海罗水泥制品机械有限公司	2017 年	
38		包头鸿斌伟业干混砂浆研究开发中心	包头市鸿斌伟业建材制造有限公司	2018 年	
39		路易精普检测检验研究开发中心	内蒙古路易精普检测科技有限公司	2018 年	
40		一机集团“特种车辆热管理系统”研究开发中心	内蒙古第一机械集团有限公司第六分公司	2019 年	
41		一机集团“特种车辆空气净化系统”研究开发中心	内蒙古第一机械集团有限公司科研所	2019 年	
42		一机集团“地面无人平台”研究开发中心	内蒙古第一机械集团有限公司科研所	2019 年	
43		内蒙古一机股份特种车辆轻量化技术研究开发中心	内蒙古第一机械集团有限公司科研所	2020 年	
44	内蒙古自治区级重点实验室	内蒙古自治区金属材料重点实验室	内蒙古科技大学和兵器科学院五二研究所	2005 年	5
45		内蒙古自治区中重型传动企业重点实验室	一机集团	2012 年	
46		包头师范学院重点实验室	包头师范学院	2012 年	
47		内蒙古自治区特种钢及其制品检测及测试技术企业重点实验室	北重集团	2016 年	
48		内蒙古自治区核燃料元件企业重点实验室	中核北方	2018 年	

续表 11

序号	级别	机构名称	依托单位	认定时间	小计
49	内蒙古自治区级工业设计中心	北奔重型汽车集团有限公司技术中心（工业设计中心）	北奔重汽	2018 年	1
50	包头市企业技术（研究）开发中心	内蒙古一机集团富成锻造有限公司工程技术中心	内蒙古一机集团富成锻造有限公司	2009 年	10
51		内蒙古一机集团大地工程机械有限公司企业技术研发中心	内蒙古一机集团大地工程机械有限公司	2009 年	
52		包头北方创业股份有限公司工程技术中心	包头北方创业股份有限公司	2009 年	
53		包头市万佳信息工程有限公司工程技术中心	包头市万佳信息工程有限公司	2010 年	
54		轻工装备工程技术研究中心	包头市轻工职业技术学院	2012 年	
55		内蒙古科盛太阳能科技有限责任公司技术中心	内蒙古科盛太阳能科技有限责任公司	2012 年	
56		国电联合动力齿轮箱工程技术研究中心	国电联合动力技术（包头）有限公司	2012 年	
57		包头市太阳满都拉电缆有限公司技术中心	包头市太阳满都拉电缆有限公司	2015 年	
58		内蒙古杭萧钢构有限公司技术中心	内蒙古杭萧钢构有限公司	2015 年	
59		包头市联德石油机械有限公司技术中心	包头市联德石油机械有限公司	2015 年	
合计					59

【科技人才】

2020 年，青山区积极开展第十批“草原英才”申报工作。其中，3 人入选常规培养人选“草原英才”名单，2 人入选常规引进人选“草原英才”名单，2 人入选专项推选类人才名单。截至 2020 年年底，共创建“草原英才”高层次人才创新创业基地 6 个、产业创新创业人才团队 14 个、高技能人才团队 7 个，培养、引进、专项推选“草原英才”共计 57 人。

2020年青山区入选常规培养人选“草原英才”名单一览表

表12

序号	年度	姓名	所在单位
1	2020	李毅	一机集团
2		牛小平	中核北方
3		王殿荣	北重集团

2020年青山区入选常规引进人选“草原英才”名单一览表

表13

序号	年度	姓名	团队名称	类别
1	2020	马飞	中核北方	柔性引进
2		孙大陟	区委组织部	柔性引进

2020年青山区入选专项推选类人才名单一览表

表14

序号	年度	姓名	申报单位或依托单位
1	2020	王志	一机集团
2		闫炯	北重集团

【科技创业】

2020 年，青山区在引导和鼓励大众创业、万众创新的同时，进一步规范全区众创空间及科技企业孵化器的认定管理，推动众创空间科学构建、健康发展。4 月，经自治区科技主管部门评审推荐，科技部审核并公示，包头市鹿客电商众创空间被认定为 2020 年度国家备案众创空间，并获得自治区科技厅后补助项目资金 50 万元。12 月，青山区优创众创空间被自治区科技厅认定为自治区众创空间。截至 2020 年年底，青山区拥有国家级众创空间 4 家，自治区级众创空间 3 家，国家级科技企业孵化器 1 家。7 月，自治区科技厅印发了《关于公布 2020 年度自治区科技企业孵化器和众创空间绩效评价（考核）结果的通知》，公布了 2020 年自治区科技企业孵化器绩效考核和众创空间绩效考核考评结果，青山区参评的包头师范学院大学生众创空间和包头轻工职业技术学院众创空间基地通过主管部门初审、专家评审、现场抽查、科研诚信审查和公示等程序的严格考评，被评为优秀众创空间，并获得绩效考核后补助资金 80 万元。

2015—2020年青山区科技企业孵化器、众创空间一览表

表15

项目	序号	名称	认定年度	级别
科技企业孵化器	1	包头北大科技园科技企业孵化器	2016 年	国家级
众创空间	2	包头北大科技园众创空间基地	2015 年	国家级
	3	包头轻工职业技术学院众创空间基地	2015 年	国家级
	4	包头师范学院大学生众创空间	2016 年	国家级
	5	包头市鹿客电商众创空间	2020 年	国家级
	6	淘商众创空间	2017 年	自治区级
	7	包头市工业机器人与智能制造应用众创空间	2018 年	自治区级
	8	青山区优创众创空间	2020 年	自治区级

【科技活动】

3 月，一机大地工程机械公司紧抓与徐州集团工程机械有限公司的合资合作机遇，继 2019 年 10 月签署合资合作协议后，于 3 月 18

日完成工商变更登记手续，正式更名为内蒙古一机徐工特种装备有限公司。

4 月，包头市鹿客电商众创空间被认定为 2020 年度国家备案众创空间，纳入国家级科技企业孵化器管理体系，享受相应的税收优惠政策。同月，包头北方创业专用汽车有限责任公司以拥有核心技术专利的负压救护车打开市场新领域，并根据疫情发展情况及市场需求，及时启动了负压救护车生产线改造扩能工作，基本建成单班月产 30 ～ 50 台的生产能力。

6 月，自治区科技厅公布了 2020 年第二批入库科技型中小企业名单，包头市超级云计算有限公司、包头市恒达数控设备科技开发有限公司、包头北方嘉瑞防务科技有限公司 3 家企业位列其中。同月，青山区 2019 年度全国科普统计工作圆满结束，科普统计内容包括青山区 17 家单位的科普人员、科普场地、科普经费、科普传媒、科普活动以及创新创业中的科普 6 个方面共 124 项指标。

7 月，自治区科技厅公示，内蒙古路易精普检测科技有限公司、包头市石墨烯材料研究院有限责任公司上榜内蒙古自治区第三批入库科技型中小企业。2020 年第一批自治区科技成果转化专项资金共 272 万元下达至青山区，10 户企业获得此项资金支持。同月，内蒙古一机医院 PCR（基因扩增）实验室建设完成并通过自治区卫健委的技术审核和包头市卫健委的实验室备案，于 7 月 18 日起正式投入使用，开展新冠病毒核酸检测工作。同月，根据共青团中央、人力资源社会保障部联合印发的《关于命名表彰第 20 届全国青年岗位能手的决定》，授予北重集团李晓杰和一机集团王志勇等 5 人“全国青年岗位能手”称号。

8 月，在 2020 年第六届内蒙古科普讲解大赛中，包头职业技术学院选手吕达获得三等奖。

9 月，2019 年度自治区科学技术进步奖出炉，内蒙古医科大学第二附属医院的数字骨科学概念的提出及应用项目获得一等奖，包头市第四医院的白介素 13 基因 Intron 3+1923 多态性在儿童哮喘中的作用机制与研究项目、中国兵器工业集团第五二研究所的固液复合耐磨材料部件的开发项目、内蒙古第一机械集团有限公司工艺研究所的生产线仿真优化与资源重用技术研究项目获得三等奖。

10 月，自治区公布了“百城百园”（2020 年，科技部、财政部以习近平关于疫情防控重要讲话精神为基本遵循，以支撑落实疫情防控、复工复产和稳定就业等重大任务为主要目标，按照“一城一主题”和“一园一产业”原则，加快推广一批先进技术成果落地应用，支撑地方打好疫情防控阻击战和经济社会发展工作，将创新能力转化为经济发展动能，引导地方走差异化发展道路）专项立项名单，青山区推荐的“负压救护车研制及产业化”等 4 个项目获得“百城百园”行动专项项目立项支持，争取资金 640 万元。同月，包头医学院第二附属医院副院长布赫获全国第四届“白求恩式好医生”称号，是自治区中医界唯一获此殊荣的医生。

12 月，国家火炬中心公布了内蒙古自治区 2020 年第三批拟认定高新技术企业名单，杭萧钢构（内蒙古）有限公司、内蒙古华新机械有限公司和包头市鹿城路桥工程有限公司等 13 家企业拟认定为高新技术企业，全区高新技术企业达到 40 家。同月，由一机集团科研所申报的“内蒙古一机股份特种车辆轻量化技术研究开发中心”获得自治区科技厅批复，是继一机集团特种车辆研究开发中心、空气净化系统研究开发中心、无人平台研究开发中心之后，第四个获批的省部级企业研究开发中心。同月，自治区科技厅印发了《关于公布 2020 年度自治区级科技企业孵化器和自治区众创空间的通知》，青山区优创众创空间被认定为自治区级众创空间。

【科技项目及经费】

2020 年，青山区深入挖掘优势科技项目，指导企业用足用好科技政策，全年共向包头市、自治区推荐新能源、新材料、信息技术、生态环境、医疗装备等87个科技项目，共为20户企业的29个项目争取科技政策资金1741万元。以自治区“科技兴蒙”行动为契机，制定了《青山区落实“科技兴蒙”行动实施方案》，征集到与“4+8+N”（“4”是指：科技部、内蒙古自治区、北京市、广东省4个政府及政府部门；“8”是指：中科院、工程院、清华大学、北京大学、上海交大、农科院、中国农业大学、北京钢研集团8家国内高水平大学和科研机构，“N”是指：除“4+8”之外的其他合作主体）区外合作主体的合作项目57个，北重集团“大尺度高温高强合金极端挤压制造技术国家重点实验室”创建项目参加自治区“科技兴蒙”现场签约，内蒙金属材料研究所等3家单位的合作项目进行了视频展示，2020年推荐的“科技兴蒙”项目已获得150万元专项科技资金支持，为不断推动企业科研创新、实现科技成果的转化和产业化提供了有力支持。

2020年青山区争取内蒙古自治区级科技资金汇总一览表

表16

序号	资金名称	项目名称	项目承担单位	资金额（万元）
1	2020年第一批自治区科技成果转化专项资金（科技成果转化引导项目）	多流输出的轻质高强度分动箱箱体的研制及应用	一机集团	182
小计				182
2	2020年第一批自治区科技成果转化专项资金（高新技术企业科研经费补助）	高新技术企业科研经费补助	内蒙古一机集团富成锻造有限责任公司	10
3		高新技术企业科研经费补助	中复连众（包头）复合材料有限公司	10
4		高新技术企业科研经费补助	包头市长城装饰装潢有限责任公司	10
5		高新技术企业科研经费补助	包头晶澳太阳能科技有限公司	10
6		高新技术企业科研经费补助	内蒙古一机集团大地石油机械有限责任公司	10
7		高新技术企业科研经费补助	包头市天盛重工有限公司	10
8		高新技术企业科研经费补助	内蒙金属材料研究所	10
9		高新技术企业科研经费补助	内蒙古森艾科技有限公司	10
10		高新技术企业科研经费补助	北重集团	10
小计				90
11	2020年第二批自治区科技成果转化专项资金（技术交易后补助项目）	内蒙古锡盟监狱人脸、人体大数据识别系统、技术监督局业务系统开发	包头市助友科技有限公司	5
12		内蒙古李家塔煤矿调度应急指挥中心安全视频监控管控系统采购项目	包头市助友科技有限公司	3
13		人脸人体大数据识别系统	包头市助友科技有限公司	4
小计				12

续表 16

序号	资金名称	项目名称	项目承担单位	资金额（万元）
14	2020 年第二批自治区科技成果转化专项资金（科技企业孵化器和众创空间后补助项目）	包头市鹿客电商众创空间国家备案众创空间后补助	包头市鹿客企业管理有限公司	50
小计				50
15	2020 年第三批自治区应用技术研究与开发资金	低膨胀高能量密度 1.5C 快充高纯石墨电极材料 SK1	内蒙古杉杉科技有限公司	78
16		基于大数据的奶牛场精细化运营管理系统研发及应用示范	电子商务交易技术国家工程实验室包头大数据研究院	99
17		高强高韧稀土钢板关键技术开发及应用研究	内蒙金属材料研究所	60
18		瘦素与受体基因启动子甲基化水平在脑小血管病伴睡眠障碍中的表观遗传学机制	国药北方医院	5
小计				242
19	2020 年第三批自治区科技成果转化专项资金（高端外国专家引进项目）	AP1000 核燃料元件制造技术引进项目	中核北方	40
小计				40
20	2020 年第三批自治区科技重大专项资金	特种车辆关键元件抗疲劳制造基础技术研究持续推进国家重点实验室建设	一机集团	500
小计				500
21	2020 年第二批中央引导地方科技发展资金	“百城百园”行动：应急防疫物资口罩机、压条机设备研制	内蒙古一机集团瑞特精密工模具有限公司	70（中央 35，自治区 35）
22		“百城百园”行动：负压救护车研制及产业化	包头北方创业专用汽车有限责任公司	70（中央 35，自治区 35）
23		“百城百园”行动：移动式快速灭菌应急方舱研制	中核北方	70（中央 35，自治区 35）
24		“百城百园”行动：医用超高压消毒装置及关键工艺开发	内蒙金属材料研究所	50（中央 25，自治区 25）
小计				260
25	2020 年自治区科技创新引导奖励资金	超低氧含量改善项目	弘元新材料（包头）有限公司	100
26		基于振动膜净化技术的废润滑油分类再生方法研究与应用	一机集团	65
小计				165
总计				1541

2020年青山区争取包头市级科技资金汇总一览表

表17

序号	资金名称	项目名称	项目承担单位	资金额（万元）	备注
1	2020年度市本级应用技术研究与开发项目资金（第二批）	“百城百园”行动：应急防疫物资口罩机、压条机设备研制	内蒙古一机集团瑞特精密工模具有限公司	15	债券
2		“百城百园”行动：负压救护车研制及产业化	包头北方创业专用汽车有限责任公司	15	债券
3		“百城百园”行动：移动式快速灭菌应急方舱研制	中核北方	10	债券
4		“百城百园”行动：医用超高压消毒装置及关键工艺开发	内蒙金属材料研究所	10	债券
5		5G储能用高比能硅基负极材料的开发与产业化	内蒙古杉杉科技有限公司 上海交通大学	20	债券
6		大尺寸单晶硅棒快速制备技术及应用	弘元新材料（包头）有限公司 中国科学院合肥院 中国科学院宁波所	30	债券
7		包头装备制造产业园区创建自治区级高新技术产业开发区引导项目	青山区工信和科技局 包头装备制造产业园区管委会	100	债券
总计				200	

【科技创新能力培育】

一机国重实验室围绕特种车辆及其传动系统智能制造国家战略需求，以智能制造系统集成、面向智能制造的特种车辆设计、传动系统虚拟工厂以及数据驱动的制造过程管控与优化为研究方向，开展智能制造应用基础研究、关键与共性技术研究。2020 年，实施基于铸件机器人打磨技术研究，探索突破机器人自动打磨关键技术，研发机器人自动打磨成套装备，并进行相关技术的实验验证，进一步提升实验室机器人技术水平能力。北重集团“特种钢及其制品检测及测试技术企业重点实验室”在“大尺度难变形金属垂直挤压改性成形”领域共取得了45 项专利，其中发明专利 20 项；承担 4 项国家重大科研项目、11 项省部级项目，为创建国家重点实验室打下了坚实基础。2020 年，青山区完成三批次高新技术企业组织申报工作，共推荐 15 家企业申报 2020 年度高新技术企业。杭萧钢构（内蒙古）有限公司、内蒙古华新机械有限公司等 13 家企业已通过自治区评审，被认定为高新技术企业（见表 18）。通过精准政策对接，推荐申报了一批条件成熟的科技型中小企业，包头市助友科技有限公司等 8 户企业已通过评审，入库 2020 年科技型中小企业，享受企业税费减免政策。（见表 19）

2020年青山区认定高新技术企业名单一览表

表18

序号	企业名称	认定时间	认定单位
1	内蒙古双菱锅炉制造有限公司	2020年	科技部火炬中心
2	内蒙古鹿铭检测科技有限公司		
3	杭萧钢构（内蒙古）有限公司		
4	内蒙古华新机械有限公司		

续表 18

序号	企业名称	认定时间	认定单位
5	包头市国安科技有限公司	2020年	科技部火炬中心
6	内蒙古一机集团瑞特精密工模具有限公司		
7	内蒙古第一机械集团股份有限公司		
8	内蒙古一机集团路通弹簧有限公司		
9	内蒙古路易精普检测科技有限公司		
10	包头市超级云计算有限公司		
11	包头北方安全防护装备制造有限公司		
12	包头市鹿城路桥工程有限公司		
13	包头市城源环保新能源技术开发有限公司		

2020年青山区认定科技型中小企业名单一览表

表19

序号	企业名称	认定时间	认定单位
1	包头北方嘉瑞防务科技有限公司	第二批	科技部火炬中心
2	包头市超级云计算有限公司	第二批	
3	包头市助友科技有限公司	第一批	
4	包头市恒达数控设备科技开发有限公司	第二批	
5	内蒙古路易精普检测科技有限公司	第三批	
6	包头市石墨烯材料研究院有限责任公司	第三批	
7	包头市长城装饰装潢有限责任公司	第四批	
8	内蒙古垣源信息技术股份有限公司	第四批	

（李娜　供稿）

教　育

【概况】

青山区教育局（以下简称区教育局）成立于1956年，其前身为青山区人民委员会文教科。1985年，包头市教育局实行基础教育体制改革，同年，青山区进行机构调整，成立区教育局。区教育局是区人民政府职能部门，机构规格为正科级。负责青山区中小学管理、教师队伍建设、教育科研、招生考试等行政管理工作。2020年，核定行政编制7名，内设办公室、政工股、教师工作股、规划财务股、基础教育股、政策法规和学校安全管理股6个股室。有所属相当于股级事业单位6个，分别为包头市青山区教育教学研究中心、包头市青山区教育招生考试管理中心、包头市青山区教育综合服务中心、包头市青山区学生资助管理中心、包头市青山区电化教育中心、包头市青山区教育督导评估中心，共核定事业编制28名。

2020年，青山区有区属中小学37所。其中，小学21所，初级中学8所，普通高中5所，完全中学1所，九年一贯制学校2所。有少年宫、青少年发展中心、特教学校各1个。共有教职工 4367 人（青山区教育系统内职工数），中小学生 53839 人（含民办学校在校生）。有各级各类幼儿园 76 所，在园幼儿 13106 人，教职工 2061 人，学前教育三年幼儿毛入园率 96.3%。

2020 年，区教育局全面深入贯彻落实全国、自治区、包头市教育大会精神，坚持和加强党对教育工作的全面领导，以落实制度、促进公平和提升质量为工作的出发点和落脚点，持续做实、做好、做强地区教育。获得全国未成年人思想道德建设工作先进单位、全国“新时代好少年”主题教育读书活动“美好生活，劳动创造”先进集体、国家义务教育质量监测实施“县级优秀组织单位”、自治区教育系统先进集体等国家级、自治区级称号。

基础教育

【学前教育】

2020 年，青山区有各级各类幼儿园 76 所。其中，教育部门办幼儿园 15 所，企业办幼儿园 7 所，市妇联办幼儿园 1 所，在园幼儿 6889 人，占全区在园幼儿总数的 52.56%；普惠性民办幼儿园 44 所，在园幼儿 5214 人，占全区在园幼儿总数的 39.78%；非普惠性民办幼儿园 10 所，在园幼儿 1003 人，占全区在园幼儿总数的 7.65%。公办幼儿园和普惠性民办幼儿园覆盖率 92.35%。

2020年青山区公办幼儿园一览表

表20

幼儿园名称	占地面积（平方米）	建筑面积（平方米）	生均占地面积（平方米）	生均建筑面积（平方米）	班级数（个）	在园幼儿数（人）	教职工数（人）
青山区民族幼儿园	2043	1564.28	8.34	6.38	8	245	13
新世纪民族幼儿园	9670	4454.65	19.50	8.98	15	496	25
保利民族幼儿园	1680	1982.7	6.69	7.90	7	251	17
弘德民族幼儿园	8130	3326.28	30.11	12.32	9	270	14
阳光民族幼儿园	945	616	11.52	7.51	4	82	5
博雅民族幼儿园	1623	2413.86	6.82	10.14	7	238	14
蓝天民族幼儿园	3465	4917	9.63	13.66	12	360	11
新世纪民族幼儿园第一分园	4200	3585	12.73	10.86	11	330	11
新世纪民族幼儿园第二分园	6455	5115	16.85	13.36	12	383	14
新世纪民族幼儿园第三分园	3075	3644	10.25	12.15	10	300	6
新世纪民族幼儿园第四分园	6255	6255	15.48	15.48	12	404	13
润德幼儿园	14620	1532.87	44.30	4.65	12	330	45
中青未来幼儿园	3000	2810.8	11.11	10.41	9	270	47
呼得木林幼儿园	10427.88	2970.49	38.62	11.00	9	270	50
迎宾幼儿园	2375	3697.46	4.98	7.75	13	477	62
合计	77963.88	48885.39	16.57	10.39	150	4706	347

2020年青山区企业办幼儿园一览表

表21

幼儿园名称	占地面积（平方米）	建筑面积（平方米）	生均占地面积（平方米）	生均建筑面积（平方米）	班级数（个）	在园幼儿数（人）	教职工数（人）
新世纪民族幼儿园第五分园	9524.5	10502.51	30.82	33.99	15	309	41
一机集团第一幼儿园	5400	1979	18.49	6.78	10	292	52
一机集团第二幼儿园	6820	1747.25	42.36	10.85	6	161	33
一机集团第四幼儿园	3813.56	4113.43	10.83	11.69	10	352	60
北重阳光幼儿园	2856	2892.35	7.72	7.82	12	370	62
七巧板幼儿园	7500	4296.42	25.00	14.32	11	300	47
新北方幼儿园	3391	5124	8.50	12.84	15	399	70
合计	39305.06	30654.96	18.01	14.04	79	2183	365

2020年，区教育局致力于学前教育普及普惠工作，积极开展幼儿园类级评估及普惠性民办幼儿园认定工作，全年新认定一类幼儿园12所、市级示范幼儿园9所、普惠性民办幼儿园10所。截至2020年年底，共有自治区示范幼儿园9所、市级示范幼儿园22所、普惠性民办幼儿园44所。全区学前教育优质资源覆盖率达55.62%。

【义务教育】

2020年，青山区有义务教育阶段公办小学21所，初中8所，完全中学1所，九年一贯制学校2所，特殊教育学校1所；民办小学和初中各1所。义务教育阶段共有在校生44146人。其中，小学30682人，初中13464人。

2020年，青山区以促进教育公平、全面提高教育教学质量、办人民满意教育为宗旨，积极开展各项工作。坚持依法治校，定期、不定期对学校规范办学行为进行全面督导检查，切实规范办学行为。加强学籍管理，做好学生控辍保学工作，落实残疾儿童少年的教育。全面实行义务教育阶段学生免试就近入学和各军人子女、消防人员子女以及疫情一线防控人员子女等入学优待政策。统一组织实施阳光分班政策，做到规范招生、阳光招生。对进入校园、面向中小学生使用的教材和教辅资料、出版物、印刷品和网上资源包，进行全面重点排查。促进学生全面发展和健康成长，认真贯彻落实中

2020年青山区小学在校学生情况一览表

表22

序号	学校名称	办学性质	班数（个）	学生数（人）	其中随迁子女数（人）
1	包头市青山区文学道小学	公办	27	1302	480
2	包头市青山区哈达道小学	公办	35	1630	320
3	包头市青山区光荣道小学	公办	28	1295	709
4	包头市青山区富强路小学	公办	28	1271	539

续表 22

序号	学校名称	办学性质	班数（个）	学生数（人）	其中随迁子女数（人）
5	包头市青山区民族路小学（迎宾校区）	公办	29	1406	253
6	包头市青山区民族路小学（万达校区）	公办	47	2175	542
7	包头市青山区幸福南路小学	公办	35	1564	425
8	包头市青山区少先路小学	公办	25	1184	627
9	包头市青山区赵家营小学	公办	24	393	840
10	包头市第三十六中学（小学部）	公办	32	1542	544
11	内蒙古一机集团基础教育中心第一子弟小学	公办	24	1[illegible]35	703
12	内蒙古一机集团基础教育中心第二子弟小学	公办	33	1594	420
13	内蒙古一机集团基础教育中心第三子弟小学	公办	31	1469	324
14	内蒙古一机集团基础教育中心第四子弟小学	公办	25	1[illegible]28	772
15	内蒙古一机集团基础教育中心第五子弟小学	公办	24	1069	789
16	内蒙古一机集团基础教育中心第七子弟小学	公办	27	1265	263
17	内蒙古北方重工业集团有限公司第一小学	公办	29	1361	451
18	内蒙古北方重工业集团有限公司实验小学	公办	33	1546	776
19	内蒙古北方重工业集团有限公司第四小学	公办	34	1612	1053
20	内蒙古北方重工业集团有限公司第六小学	公办	31	1402	504
21	中国核工业集团公司二〇二厂小学	公办	25	1[illegible]47	643
22	包头市青山区三星小学	公办	11	348	324
23	包头市第五十二中学（小学部）	公办	22	948	807
24	包头市松石学校	公办	7	340	195
25	包头市青山区特殊教育学校（小学部）	公办	6	39	22
26	宇雯•普林斯顿小学	民办	3	17	13
	合计		675	30682	13338

说明：“随迁子女”指该生户籍地不在包头市区

2020年青山区初中在校学生情况一览表

表23

序号	学校名称	办学性质	班数（个）	学生数（人）	其中随迁子女数（人）
1	包头市第五中学	公办	24	1082	564
2	包头市第三十六中学	公办	18	805	455
3	包头市第四十五中学	公办	30	1330	902
4	包头市第四十八中学	公办	23	1089	428
5	内蒙古第一机械制造（集团）有限公司第二中学	公办	30	1414	1060
6	内蒙古第一机械制造（集团）有限公司第四中学	公办	24	1138	609
7	内蒙古北方重工业集团有限公司第一中学	公办	45	2324	801
8	内蒙古北方重工业集团有限公司第二中学	公办	32	1621	513
9	内蒙古北方重工业集团有限公司第四中学	公办	30	1405	1027
10	中国核工业集团公司二〇二厂中学	公办	12	334	228
11	包头市第五十二中学	公办	12	564	468
12	包头市青山区特殊教育学校（初中部）	公办	3	22	12
13	包头市青山区瑞星中学	民办	10	336	305
合计			293	13464	7372

说明：“随迁子女”指该生户籍地不在包头市地区

2020年包头市青山区九年义务教育学校课程设置一览表（小学）

表24　　单位：课时

课程（2015年9月始执行）		一年级	二年级	三年级	四年级	五年级	六年级
国家课程	道德与法治（一年级至三年级）品德与社会（四年级至六年级）	2	2	2	2	2	2
	语文	8	8	8	7	7	7
	数学	5	5	5	5	5	5
	英语	—	—	3	3	3	3
	科学	—	—	2	2	2	2
	体育	4	4	3	3	3	3
	音乐	2	2	2	2	2	2
	美术	2	2	2	2	2	2

续表 24

课程（2015年9月始执行）			一年级	二年级	三年级	四年级	五年级	六年级
国家课程	综合实践活动	信息技术教育	—	—	—	1	1	1
		研究性学习	—	—	1	1	1	1
		社区服务与社会实践	—	—	（每学年一周）			
		劳动与技术教育	—	—	（每学年一周）			
地方课程	手工制作		0.5	0.5	0.5	—	—	—
	科技小制作		—	—	—	0.5	0.5	0.5
	蒙古族民俗礼仪		—	—	—	0.5	—	—
	安全教育		0.5	0.5	0.5	0.5	0.5	0.5
	综合教育		—	—	—	—	0.5	0.5
	写字、书法		—	—	—	—	—	—
	备注		隔周安排一课时					
学校课程			2	2	1	1	1	1
周课时			26	26	30	30.5	30.5	30.5

说明：1. 写字、书法课在语文课教学中完成；
2. 四、五、六年级课时不足部分，可调剂使用学校课程或班团队活动课时

2020年包头市青山区九年义务教育学校课程设置一览表（初中）

表25 单位：课时

课程（2012 年 9 月始执行）		七年级	八年级	九年级
国家课程	思想品德	2	2	2
	语文	5	5	5
	数学	5	5	5
	英语	4	4	4
	历史	2	2	2
	地理	2	2	—
	生物	2	2	—
	物理	—	2	3
	化学	—	—	3
	体育与健康	3	3	3
	音乐	1	1	1
	美术	1	1	1

续表 25

<table>
<tr><th colspan="3">课程
（2012 年 9 月始执行）</th><th>七年级</th><th>八年级</th><th>九年级</th></tr>
<tr><td rowspan="4">国家课程</td><td rowspan="4">综合实践活动</td><td>信息技术教育</td><td>1</td><td>1</td><td>1</td></tr>
<tr><td>研究性学习</td><td>1</td><td>1</td><td>1</td></tr>
<tr><td>社区服务与社会实践</td><td colspan="3">每学年 1 周</td></tr>
<tr><td>劳动与技术教育</td><td colspan="3">每学年 1 周</td></tr>
<tr><td rowspan="8">地方课程</td><td colspan="2">科技制作</td><td>0.5</td><td>—</td><td>—</td></tr>
<tr><td colspan="2">民族团结教育</td><td>—</td><td>0.5</td><td>—</td></tr>
<tr><td colspan="2">综合教育</td><td>0.5</td><td>0.5</td><td>—</td></tr>
<tr><td colspan="2">安全教育</td><td>0.5</td><td>0.5</td><td>0.5</td></tr>
<tr><td colspan="2">内蒙古历史与文化（或区域文化）</td><td>0.5</td><td>—</td><td>—</td></tr>
<tr><td colspan="2">内蒙古生态与环境教育
（或地方资源开发与环境保护）</td><td>—</td><td>—</td><td>0.5</td></tr>
<tr><td colspan="2">书法及鉴赏</td><td>—</td><td>—</td><td>—</td></tr>
<tr><td colspan="2">备注</td><td colspan="3">隔周安排 1 课时</td></tr>
<tr><td colspan="3">学校课程</td><td>1</td><td>1</td><td>1</td></tr>
<tr><td colspan="3">周课时</td><td>32</td><td>33.5</td><td>33</td></tr>
</table>

说明：1. 书法及鉴赏在美术课程中完成；
2. 八年级课时不足部分，可调剂使用学校课程或班团队活动课时

小学“减负”相关文件精神。

坚持均衡优质发展，深入开展城乡学校结对共建工作，全力推进联盟办学体制改革和名校办分校。扎实开展与固阳县、石拐区、白云区的共建学校学习交流活动，卓有成效。北重六小教育联盟成立联盟名师工作坊，各校区互派“种子教师”跟岗学习，共促发展。

【高中教育】

2020 年，青山区有公办普通高中 5 所，完全中学 1 所，在校学生 9178 人；有民办高中 2 所，在校学生 515 人。

普通高中持续推进多样化发展、特色化办学、优质化建设。各高中校与高校联合办学，建立知名高校的教育教学实践基地，内蒙古北方重工业集团有限公司第三中学艺体教育成绩显著，特别是传统项目的武术队，特色鲜明，建设成为陕西师范大学基地；包头市第四中学“国际课改实验班”与北京第二外国语学院和北京理工大学合作办学，实施“双轨制升学模式”，学生可自主选择国内升学或国外留学；内蒙古第一机械制造（集团）有限公司第一中学着力打造外国语特色，招收“中意项目班”，提升教育品牌，进一步完善“达德”课程体系，实现国家课程校本化实施与校本课程特色化；内蒙古北方重工业集团有限公司第五中学立足为每个学生提供自信成长平台，落实多样化办学，通过“632”（“6”指生本课堂依托学历案遵循课标分解—自学探究—合作交流—提炼总结—感悟拓展—评价提升为基本流程的课堂教学结构，旨在落实教学评的一致性。“3”指生本课堂遵循“三步学”的自学探究方式，即独立学、同桌学和小组学。“2”指两大课堂，即

2020年青山区高中在校学生情况一览表

表26

序号	学校名称	办学性质	班数（个）	学生数（人）	随迁子女（人）
1	包头市第四中学	公办普通高中	48	2000	1135
2	内蒙古第一机械制造（集团）有限公司第一中学	公办普通高中	55	2206	1041
3	内蒙古北方重工业集团有限公司第三中学	公办普通高中	54	2318	40
4	内蒙古科技大学附属中学	公办普通高中	24	1016	723
5	内蒙古北方重工业集团有限公司第五中学	公办普通高中	24	952	498
6	中国核工业集团公司二〇二厂中学	公办完全中学	18	686	457
7	包头市经纬中学	民办	12	365	272
8	包头市景泰艺术中学	民办	10	150	28
合计			245	9693	4194

说明：“随迁子女”指该生户籍地在青山区以外的

生本学科课堂和生本活动课堂。生本学科课堂以国家课程、地方课程和校本课程设立的学科教学为主，重点做好校本课程的研发与实施。生本活动课堂指非学科性质的实践活动，包括学校体育活动、艺术节、社团活动等）学生主体课堂教学模式，促进学生多样化发展；内蒙古科技大学附属中学构建“学案导学”课堂教学模式；中国核工业集团公司二〇二厂中学扎实推进“1123”（“1”指坚持 1 个引领——党建；“1”指围绕 1 个核心——教学；“2”是指做好 2 项保障——德育、行政；“3”是指抓好 3 支队伍——教师、家长、学生）工程，持续优化小班化教学，强化一对一辅导特色。

特殊教育

【特殊教育学校】

2020 年，包头市青山区特殊教育学校有在校学生 61 人，多为自闭症、脑瘫、唐氏综合征、多重智力障碍等残障儿童。有在职在岗教师 27 人。其中，高级职称 7 人，中级职称 9 人，初级职称 11 人；师资专业类型中特殊教育专业 6 人，康复专业 2 人，心理学专业 1 人；内蒙古特殊教育网络名师兼教研员 1 人，包头市教学能手 1 人。设有感觉统合训练室、虚拟教室、劳动技能操作室、康复室、手工作品制作室、作品展览室、心理康复室、计算机房、个别化训练室、图书室，实现“班班多媒体，网络全覆盖”教学。全年国家拨付特殊教育专项经费 60 万元，用于购置特殊教育专项设备。同时，加大教师培训力度，进一步提高教师政治素养和业务能力。

新冠肺炎疫情防控期间，学校积极开展线上教学，将课程结构进行重点改革，组织教师参加全国特殊教育教学康复技能大赛等各级各类比赛。获得青山区级青功赛个人二等奖，包头市级、青山区级先进班集体各 3 个，青山区级教学工作进步集体、优秀教研组等多项荣誉，赢得社会好评。

校外教育

【包头市科技少年宫】

包头市科技少年宫（以下简称少年宫）是全国首家以科技为特色命名的少年宫，是自治区基础教育示范性窗口，是包头市素质教育的主阵地。少年宫“一宫两址”办学，分设自由路校区及发展中心校区，总建筑面积 3.7 万平方米。主要承担青少年素质教育、科技创新教育和文体艺术培训、活动、演出、比赛、研学等工作。开展歌舞、美术、器乐、科技、语言、体育等培训活动项目达 120 多个，每年为 100 万余人次少年儿童提供兴趣培训和社会实践舞台，已成为自治区乃至中西部地区环境、设施、教学、活动各方面一流的校外教育活动场所。

2020 年，少年宫秉承“一任接着一任干、一张蓝图绘到底”的精神，以独特发展眼光引领校外教育，明确了“办老百姓家门口的素质教育”发展目标，打造“东达山青少年实践教育基地”，充分拓展青少年儿童视野，挖掘潜能，提升文化品位和艺术情操。

疫情期间，少年宫积极开展教学“云服务”，利用线上平台开展丰富多彩的教育教学活动。开学后，全力做好招生宣传和教育教学工作，研发开启网上报名模式，5 分钟之内完成 200 余个学位预订。为不断优化教学质量，夯实教学基础，少年宫启动电子教案，开展并参与“如何上好公开课”“如何做到教学评一致性”“如何合理确定教学目标和教学重难点”等系列专项培训、培养、培优活动；建立四位一体的教学教研体系；开展“特色军工文化活动的设计与实施”课题研究；“十三五”国家级课题——“读经典、习国学、弘扬传统文化”实践研究成功结题；申报包头市“十四五”教育科研规划课题 5 项；通过公开课、大练兵、技能展示、青工赛等活动提升教师教学水平。

2020 年，少年宫组织参加各级各类活动比赛共 171 次，参与演出 57395 人次，获奖人数达 2204 人次。先后获得“内蒙古自治区科普示范基地”、“内蒙古自治区科普示范学校”、“科普中国校园 e 站”、“宝贝画、话气象”包头市首届气象科普绘画写作大赛优秀组织单位、“亲子诵经典”微视频大赛优秀组织奖等荣誉称号。

【包头市青少年发展中心】

2020 年，包头市青少年发展中心以星级服务创设良好环境和优质师资队伍，建设“实现儿童梦想，标记幸福坐标”的“1+X”文化教育综合体，坚持科学防疫和优化营商“两手抓”，实行“挂图作战”，多业态布局，相互依存，提供高质、高效的“一站式”服务。

2020 年，包头市青少年发展中心坚持“五育并举”，实现多元人才培养。通过人工智能引领未来科技发展，拓展学科领域，开拓学生视野，新增新东方全科教育、中国戏曲学院、中央音乐学院等 20 多家名优教育项目，建成多个体育教育项目，室内攀岩、乒乓球训练、自由搏击、国防体育射击等 15 个项目全面运行，打造教育地标。建成生命安全教育基地，打造自治区示范性红十字应急救护培训基地和生命健康安全体验馆，覆盖 21 个生命安全体验模块，以“小手拉大手”普及应急救护技能，累计培训 5 万人次。持续推进研学实践活动，开展活动 12 期，参与人数 9800 人；开设 6 大系列 58 类 290 种课程，累计完成 65 期，参与人数 51000 人；举办各类研学营地活动 30 期，参与人数 2000 余人次。

2020 年，包头市青少年发展中心搭建社会教育服务平台，推进职业教育，引进中国管理科学研究院教育标准化研究所职业技能培训，提供 700 余项职业技能认证，助力“1+X”（学历 + 职业技能）未来人才发展模式。打造中青未来幼教品牌，围绕“五大领域”拓展劳动、体育、游戏、心理、爱国教育进校园主题。当年，2 所幼儿园被评定为包头市一类甲级幼儿园，中青未来幼儿园被评为包头市级示范幼儿园。

2020 年，包头市青少年发展中心不断优化营商环境，搭建异业联盟管理系统。推进“教育 + 互联网 + 金融”创新改革，实现“教育促进消费、消费推动教育”工作的实施，为教育产业招商引资，打造文化教育综合服务业标志工程。先后获得全国机器人技术等级考试服务示范机构、孔子学堂主题单位、内蒙古首批中小学研学实践教育基（营）地、自治区红十字生命安全应急救援培训基地等 10 余项荣誉，持续擦亮教育品牌。

【青山区青少年校园足球训练基地】

2020 年，青山区青少年校园足球训练基地在严格疫情防控要求的前提下，组织承接了包头市“市长杯”、青山区“区长杯”、2020 年内蒙古自治区校园足球夏令营初中组选拔活动，内蒙古最佳阵容初、高中组集训活动，以及包头市、鄂尔多斯市足球特色教师线上培训班和广州恒大线下培训班，足球 D 级教练员培训班等活动。与此同时，配合包头市教育局开展 2020 年包头市足球专项教师基本功技能大赛。当年，基地接待总人数达 2000 余人。在基地训练选拔出的内蒙古自治区校园足球初、高中组共 176 人的最佳阵容集训队中，有 100 名运动员入选 2020 年全国校园足球夏令营总营，23 名运动员进入全国最佳阵容，成绩优异。

【青少年校园足球】

2020 年，青山区青少年校园足球认真贯彻落实习近平关于校园足球的重要讲话和批示精神，明确任务，扎实推进校园足球各项工作。将普及和提高校园足球作为实施素质教育和推进教育改革发展重要举措，科学谋划，狠抓落实，全区足球工作呈现出全面普及、蓬勃发展的良好态势。1—2 月，组织内蒙古第一机械制造（集团）有限公司第一中学、包头市第四中学赴海南参加足球冬令营活动。9 月，组织初中、高中 8 支队伍赴各营区参加 2020 年全国青少年校园足球夏令营活动，共有 7 名学生入选分营，其中 3 名学生入选总营最佳阵容。10 月，开展青山区“区长杯”暨“周末联赛”足球比赛。截至 2020 年年底，青山区共有 26 所中小学被教育部命名为“全国青少年校园足球特色学校”，10 所幼儿园被教育部命名为“全国足球特色幼儿园”，9 所中小学被教育厅命名为“自治区校园足球特色学校”，9 所幼儿园被教育部命名为“自治区足球特色幼儿园”。青山区被教育部提名为“2020 年全国校园足球优秀试点县区”。

【青山区中小学生综合实践基地】

2020 年，青山区中小学生综合实践基地落实“五育并举”立德树人根本任务，帮助中小学生了解国情、热爱祖国、开阔眼界、增长知识，着力提高学生的社会责任感、创新精神和实践能力。全年接待区属 11 所中学、2 所小学共计 12 期综合实践活动，参与学生 9833 人，迎接区委政法委、区司法局、阿拉善盟教育局、兴安盟等多地领导和同仁考察 7 次，承接青山区新教师、区委组织部团建拓展培训活动。基地以“三生教育”（生命、生存、生活）为核心，依托青少年发展中心现有师资资源，儿童剧院、科技游乐馆、手创生活馆、职业体验馆等教学场馆及设施设备，结合松石学校实践活动室、生命安全体验馆、射箭馆等设施设备，科学制定爱国主义与思想品德教育类、生活与劳动技能类、生命安全教育类、科学与艺术探究类、趣味体育教育类、素质拓展类六大系列 58 类 290 项课程，构建了 4 年级至 8 年级全面发展素质教育“五育并举”育人体系，并严格按照设置内容实施。丰富的艺术课、有趣的科技课、灵动的生命课、富有挑战的团队拓展课、考验意志力的射箭课、培养思维能力的生活技能课，开启同学们心灵的智慧，激扬生命的活力，培养学生感知美、鉴赏美、创造美的能力。3 月，基地被自治区教育厅命名为“内蒙古自治区首批中小学生研学实践教育营地”。

民办教育

【学前教育】

2020 年，青山区共有注册民办幼儿园 61 所。其中，自治区示范园 1 所，包头市示范园 9 所。共有在园幼儿 6217 人，教职工 1349 人。其中，专任教师 629 人，专任教师专科以上学历合格率为 100%，教师资格证持有率为 97.2%。青山区优化民办幼儿园布局。积极鼓励有合法资质、良好信誉的社会团体、企业和公民采取联办、股份、合作等形式开办幼儿园，鼓励民办幼儿园积极与国内外优秀幼教集团进行合作。2020 年，5 所民办幼儿园加盟红缨、亿童、跨世纪等幼教集团，实现了资源优化与整合。青山区加强民办幼儿园规范管理。建立民办幼儿园联片管理模式，把全区民办幼儿园分成 6 个区域，定期开展教研和各项活动。积极做好普惠性民办幼儿园认定工作，新认定 10 所普惠性民办幼儿园。截至 2020 年年底，共有普惠性民办幼儿园 44 所。

青山区致力于民办幼儿园安全规范管理。安全工作实行科室人员分片包干制，定期到包片幼儿园检查指导。2020 年，民办幼儿园全部办理园方责任险和食堂食品安全责任险，完善视频监控系统，实施“明厨亮灶”工程，改造厨房燃气设备。

青山区重视民办幼儿园教师队伍建设。制订幼儿教师队伍的培养和培训计划，依托包头师范学院、职业技术学院、中等职业学校等院校，积极与包头市三大幼教文化公司联合，有计划、有重点地加强对幼儿教师的培训。鼓励支持园长、骨干幼儿教师外出参观学习，参与学前教育培训、论坛等，鼓励各幼儿园教师积极参加学历进修，快速提高管理能力与业务水平。2020 年，区教育局制定了《青山区幼儿园 2020 年师资队伍培训方案》，组织全区 400 余名园长、骨干教师、保育员、厨师进行了线上、实操培训，联合新苑、懿童幼教公司对民办幼儿园教师进行了师德、礼仪、疫情防控、园本教研、数学教学活动等专题培训，参训人员达 1000 余人。

【校外培训机构】

2020 年，青山区登记注册民办小学、初中各 1 所，培训机构共有 94 所。其中，学科类 49 所，语言类 1 所，艺体类 36 所，科普类 2 所，成人助学类 2 所，其他类 4 所。共有学员 17819 人，教职工 968 人，其中专任教师 522 人。

青山区不断加强对校外教育培训机构的规范管理力度。疫情期间，利用微信、电话等方式，及时传达有关政策举措、科学防控知识等；实施“包片负责制”，聘请督查员持续深入培训机构就疫情防控工作开展情况、环境卫生及消毒情况进行督查。实施联防联控机制，发挥群防群治力量，向社会发布培训机构违规行为举报通告。按照《内蒙古自治区校外培训机构线下复课工作指南》文件要求，区教育局会同民政、消防、卫生部门通过查阅资料、现场查看逐条逐项验收，分三批公布了符合复工复课要求的培训机构名单。制订专项治理实施方案，公布举报电话，要求校外教育培训机构开展自查，同时，联合青山公安分局、区市场监管局开展治理工作，通过“致家长的一封信”等方式，引导家长树立正确的教育观念，推动学校、家长和社会多方形成合力，将专项治理落到实处。加强信息公开公示，公布了第四、第五批“校外教育培训机构白名单”。校外教育培训机构统一公示栏、统一公示内容，对学校办学资质、教师情况、收费标准、办学内容、办学承诺在醒目位置进行公示，主动接受社会监督。召开年检工作会议，对优秀校外培训机构给予表彰，引导校外培训机构增强社会责任担当，强化自我约束，树立良好社会形象。

师资队伍

【教师队伍】

2020年，区教育局落实师德师风长效机制，通过召开全系统师德师风培训会、师德师风大整治动员部署会，开展“师德师风”专题研讨、签订《师德承诺书》、新教师入职宣誓、推选“师者·最美绽放”宣传典型等工作，抓实全区师德师风建设，严格规范中小学教师从教行为。

按照《包头市2019年市直事业单位和旗县区所属事业单位面向社会公开招聘工作人员简章》和《青山区2020年公开招聘教师实施方案》，公开招聘教师200名，实际到岗190名；按照《关于青山区教育系统引进高层次和紧缺急需人才的实施方案》，引进高层次和紧缺急需

2020年青山区教育系统教职工统计表

表27

序号	学校名称	办学性质	教职工人数（人）
1	包头市第四中学	公办普通高中	226
2	内蒙古科技大学附属中学	公办普通高中	146
3	内蒙古第一机械制造（集团）有限公司第一中学	公办普通高中	280
4	内蒙古北方重工业集团有限公司第三中学	公办普通高中	280
5	内蒙古北方重工业集团有限公司第五中学	公办普通高中	116
6	中国核工业集团公司二〇二厂中学	公办完全中学	121
7	包头市第五中学	公办初中	115
8	包头市第三十六中学（小学部、初中部）	公办九年一贯制学校	176
9	包头市第四十五中学	公办初中	148
10	包头市第四十八中学	公办初中	100
11	包头市第五十二中学（小学部、初中部）	公办九年一贯制学校	123
12	内蒙古第一机械制造（集团）有限公司第二中学	公办初中	135
13	内蒙古第一机械制造（集团）有限公司第四中学	公办初中	115
14	内蒙古北方重工业集团有限公司第一中学	公办初中	199
15	内蒙古北方重工业集团有限公司第二中学	公办初中	156
16	内蒙古北方重工业集团有限公司第四中学	公办初中	125
17	包头市青山区哈达道小学	公办小学	89
18	包头市青山区光荣道小学	公办小学	75
19	包头市青山区民族路小学（迎宾校区）	公办小学	78
20	包头市青山区民族路小学（万达校区）	公办小学	105
21	包头市青山区文学道小学	公办小学	67
22	包头市青山区富强路小学	公办小学	74
23	包头市青山区幸福南路小学	公办小学	91
24	包头市青山区少先路小学	公办小学	70

续表 27

序号	学校名称	办学性质	教职工人数（人）
25	包头市青山区赵家营小学	公办小学	71
26	内蒙古一机集团基础教育中心第一子弟小学	公办小学	67
27	内蒙古一机集团基础教育中心第二子弟小学	公办小学	83
28	内蒙古一机集团基础教育中心第三子弟小学	公办小学	79
29	内蒙古一机集团基础教育中心第四子弟小学	公办小学	56
30	内蒙古一机集团基础教育中心第五子弟小学	公办小学	69
31	内蒙古一机集团基础教育中心第七子弟小学	公办小学	70
32	内蒙古北方重工业集团有限公司第一小学	公办小学	70
33	内蒙古北方重工业集团有限公司实验小学	公办小学	76
34	内蒙古北方重工业集团有限公司第四小学	公办小学	81
35	内蒙古北方重工业集团有限公司第六小学	公办小学	74
36	中国核工业集团公司二〇二厂小学	公办小学	69
37	包头市青山区三星小学	公办小学	31
38	包头市松石学校	公办小学	37
39	内蒙古民幼教育集团	公办幼教	148
40	包头市青山区特殊教育学校	公办特殊教育学校	30
41	包头市科技少年宫	公办少年宫	42
42	包头市青少年发展中心	公办校外基地	4
合计			4367

人才 38 名；按照《青山区 2020 年公开招募重点领域大学生公共服务岗位人员简章》，招募重点领域大学生公共服务岗位人员 15 名。

推选包头市第二批卓越教师 27 名（不含高中）；评选包头市教学能手 80 名。组织 28 名高中校长、副校长参加包头市教育局举办的首批中小学校长任职资格考评答辩。

组织完成 2020 年度职称工作，审核、推荐 100 名教师参加包头市高、中级职称评审。其中，高级职称评审 92 人，通过 79 人；高级水平评价 13 人，通过 12 人；中级水平评价 3 人，全部通过。审核、推荐 92 名教师参评青山区中、初级职称评审。其中，中级职称评审 84 人，通过 80 人；初级职称评审 8 人，全部通过。审核、推荐 1 名教师参加 2020 年度正高级职称评审。

【教师培养】

青山区全面落实立德树人根本任务，持续深化课程改革。2020 年，多层次、多方面、多形式培训促进教师队伍素质再次提档升级。“请进来”8 名域外专家学者进行线上线下大型培训会 18 场，“走出去”优秀教研员到自治区内外培训约 15 人次，教师受培训人员达 4 万人次，青山区级素养大赛获奖教师 440 人，包头市级青年教师课堂教学基本功竞赛共 17 人获奖，内蒙古自治区技能大赛 11 人获奖。

外引内培促成长。邀请国内知名专家对全体小学语文教师进行“主题阅读实验研究课题”集中培训；与北京知名专家合作，创建包头市旗县区首个“创新人才早期培养”项目；聘请教育部校本教研专家吴江林对各级各类名师工作坊开展驱动式研修培训；启动华应龙名师基地，开展系列读书研修活动。开展首届“岗位练兵”强基固本活动。开展一线“同教研，共备课”走教送教、“基于课程标准的主题阅读实践研修”系列活动。音体美工作坊分别进行“学习怎样吹陶笛”“书法教学示例谈和课标解读”“围绕国家义务教育质量检测结果进行解读式培训”等活动。

线上线下共学习。精选各学科网络优质资源，如：人民教育出版社官网各学科各年级教材的辅导，CETV 清华附小语文教学课堂，东南教科院对于大单元的解读与设计，主题阅读专家团对教材的解读及课例设计，生活德育微学园关于高校教师如何解读“道德与法制”教材对各学科教师进行线上自助餐式培训。招募实验校，开展资源创建式研修的自助餐式学习。教研中心教研员分 6 个小组，以循环承包蹲点学校学科的方式进行巡课，重点指导教学内容备课是否充分、课标是否落实、践行教学评是否一致性、讲课进度、课堂互动、作业留批、现有教学辅助手段利用是否充分等内容，进一步优化教学过程，提高课堂教学效益。

入岗教师专业培训。2020 年，共对 204 名新教师开展 2 期历时 7 天的新教师培训，聘请包头市教育教学研究中心、市教育督导评估中心、市委党校、青山区教育系统等教育专家，为新教师进行专题讲座。学科教研员结合教学评一致性的教学技术对不同学科的新教师开展教学操作、课堂模拟等专业性练习和指导。

开展第五届素养大赛。为继续深入推进教师专业发展，促进教师专业素养的提升，2020 年举办了青山区中小学第五届青年教师素养大赛暨 2020 年青年教师基本功大赛。比赛涉及语文、数学、英语、音乐、体育等 28 个学科，共计 448 位选手参与评选。

专题研究引领学习。制定《主题阅读实验校实施方案》《资源创建研修工作实施方案》，6 所主题阅读实验校、11 所资源创建研修实验校、8 所学科教研基地校、6 所高中名师工作室的基地校在教研中心的总体引领下定方案、出计划，有专题、有目的、有步骤、有序列地展开研究和实践。

教育投入与设施设备

【教育投入】

2020 年，青山区财政经常性收入 228477 万元，比 2019 年的 237356 万元减少 3.74%；一般公共预算教育支出 67096.16 万元，比 2019 年的 67024.72 万元增长 0.11%；一般公共预算教育经费增长高于财政经常性收入增长 3.85%。小学生均教育事业费 6841.70 元，比 2019 年的 6724.82 元增长 1.74%；初中生均教育事业费 11719.33 元，比 2019 年的 11148.38 元增长 5.12%；高中生均教育事业费 17280.05 元，比 2019 年的 15448.48 元增长 11.86%。小学生均一般公共预算公用经费 1529.88 元，比 2019 年的 1287.27 元增长 18.85%；初中生均一般公共预算公月经费 1585.44 元，比 2019 年的 1541.93 元增长 2.82%；高中生均一般公共预算公用经费 3829.16 元，比 2019 年的 3359.49 元增长 13.98%。

【设施设备】

2020 年，青山区投入基础建设费用 4261 万元。其中，投入 1800 万元用于新建、改造 11 所学校塑胶操场，投入 300 万元用于新建包头市第五中学外跨楼梯，投入 680 万元用于续建内蒙古北方重工业集团有限公司实验小学综合楼外网工程，投入 682 万元用于购置护眼照明灯和智慧黑板，投入 230 万元用于购置学生机房，投入 569 万元用于维修各校水电暖、防水等零星工程。

教育教学改革与信息化

【课程体系建设和主题阅读研究】

2020 年，区教学研究中心结合已经构建的

“研究—实践—改进—追踪”项目研究机制，并根据出台的《青山区中小学课程体系建设项目共同体实施方案》，组织名师工作坊开展线上线下“基于课程标准的多学科融合课程研修活动”，信息技术名师工作坊通过“项目化学习在中小学信息技术教学中的应用研究”开展课题研究，让学生的核心素养在同一主题的任务群中得以提升。

通过集中研修，实践主题阅读大单元教学项目。主题阅读工作坊沿着大单元备课的思路重点研读 8 种课型的理论与课例的汇报式研修学习。9 月 24 日，青山区主题阅读三人行名师工作室在文学道小学进行第三期培训，60 多名骨干教师参加研修活动。培训为期 5 天，工作室成员反复领会统编教材的编写理念，学习统编教材的教学策略，实践主题阅读主要课型的实施策略。对青山区主题阅读开展情况进行摸底，评选出包头市青山区光荣道小学、包头市青山区富强路小学、内蒙古北方重工业集团有限公司实验小学、中国核工业集团公司二〇二厂小学、包头市青山区文学道小学、内蒙古一机集团基础教育中心第五子弟小学 6 所学校，作为“基于课程标准的主题阅读实验校”。截至 2020 年年底，区教学研究中心为上述 6 所实验校申请到共计 18 万元的实验项目支持经费。

【教学管理与研究】

2020 年，区教育局把教学管理和指导作为教育发展的第一抓手，着力提升青山区教育软环境。教学管理统筹规划，推送“钉钉”空中课堂直播平台，制定并下发一系列相关文件，整体部署保障全区教育教学工作的有效开展。开展以“突破教改瓶颈，再攀质量新高”为主题的教学校长述职展示活动，展示了青山区教育改革与发展“一条主线，百花齐放”的良好局面。

继续开展全国名优教师引领项目，把项目选择与推进作为青山区教学研究的第一导向，打造硬实力。一是线上引领，推进吴江林名师工作室项目。按照“名师工作室建设的构建路程”和“名师工作室实施方案”，开展有针对性的培训，受益 2400 多人次，为青山区名师引领辐射、教师快速成长、改革学术探讨、教学研究实践提供强有力支撑。二是创新课堂，共研“思维型课堂”项目。秉承多元发展理念，引进“思维性教学”，并优选幸福南路小学教育联盟开展实践研究，逐步探寻教学规律，推广教学经验，

2020年青山区“十三五”规划包头市级第一批课题结题情况一览表

表28

学段	序号	学校名称	课题名称	学科
中学	1	包头市第四十五中学	“先学后教、少教多学”模式在初中课堂教学中的实践研究	全学科
	2	包头市第五十二中学	“1+1”互帮学教模式下展示与评价的研究	全学科
	3	内蒙古北方重工业集团有限公司第三中学	基于探究式学习的高中政治课堂教学研究	政治
小学	4	内蒙古一机集团基础教育中心第三子弟小学	小学数学自主探究能力的培养研究	数学
	5	内蒙古一机集团基础教育中心第五子弟小学	小学中段数学课堂自主探究策略的研究	数学
	6	青山区教研中心	基于课程标准教学下小学数学学习单设计与使用的研究	数学

续表 28

学段	序号	学校名称	课题名称	学科
小学	7	内蒙古北方重工业集团有限公司第六小学	小学数学“图形与几何”领域学习单设计的研究	数学
	8	内蒙古北方重工业集团有限公司第一小学	小学数学“图形与几何”领域学习单设计与使用的研究	数学
	9	包头市青山区文学道小学	基于课程标准教学下小学数学“图形与几何”领域学习单设计与使用的研究	数学
	10	包头市青山区民族路小学	基于课程标准教学下小学数学“数与代数”领域学习单设计与使用的研究	数学
	11	包头市青山区幸福南路小学	小学数学“图形与几何”领域学习单设计与使用的研究	数学
	12	内蒙古一机集团基础教育中心第七子弟小学	小学数学“数与代数”领域学习单设计与使用的研究	数学
	13	包头市青山区光荣道小学	小学语文阅读教学中“读中学写，读写结合”的实践研究	语文
	14	内蒙古北方重工业集团有限公司第一小学	小学语文中高年级阅读教学“先学后教”教学策略的研究	语文
	15	中国核工业集团公司二〇二厂小学	小学生天天美读策略研究	语文
	16	包头市青山区赵家营小学	小学合唱课有效教学的实践研究	音乐
	17	青山区民族幼儿园	基于体验式学习的幼儿园实践活动研究	综合

2020年青山区包头市级以上第二批课题结题情况一览表

表29

序号	学校	课题负责人	结题时间（年月）	学科	课题名称（全称）	实验教师	课题结题验收机构	级别
1	青山区教研中心	张桂茹	2020.7	数学	新课程理念下初中数学课堂教学设计优化的策略研究	罗庆明、任志刚、高芳、刘瑛林、皇甫秀丽、张露丹、吴海龙、郝士贤、李海峰、王敏、王立杰、刘楠	市教研中心	市级
2	内蒙古北方重工业集团有限公司第四中学	高芳	2020.7	数学	新课程理念下初中数学课堂教学设计中情境导入的研究	赵芳芳、白俊婷、张杰、刘宇宁、姜晓东、赵莉莎、寒秋	市教研中心	市级
3	包头市第四十八中学	陆轩	2020.7	数学	网络研修对初中数学教师教学设计的影响	路树国、孟峰、陆轩、孙振国、杨瑞霞、刘治琴、袁君君	市教研中心	市级
4	内蒙古第一机械制造（集团）有限公司第二中学	张杰	2020.7	数学	新课程理念下初中数学课堂教学设计中优化问题设计的研究	杜艳钗、赵龙、秦忠良、郭强、闫志飞、卢锦春、王越、李娜、孙桂颖、李培霞	市教研中心	市级

续表 29

序号	学校	课题负责人	结题时间（年月）	学科	课题名称（全称）	实验教师	课题结题验收机构	级别
5	青山区教研中心	孙桂霞	2020.12	美术	基于课程标准的中学美术欣赏课教学方法研究	鲁昱、徐伟、赵强、赵薇、王华、白斌、赵芳源、梁馨、谢利平、李筱丹、王晓霞、胡月、杜宇峰、李昕	市教研中心	市级
6	青山区教研中心	白云 郭伟红	2020.10	物理	基于课标下初中物理导学案	白云、郭伟红、朱雪峰、闫炜鹏、吕巧梅、代丽娜、闫小磊、高泽英、李志勇、王立秋、蔚艳芳、吴春芳	自治区教研室	省级
7	青山区教研中心	张坤 杨锐	2020.10	道德与法治	初中道德与法治课堂中问题设置的有效性研究	张建、徐艳、王丽仙、康健、贾宏亮 马聪	自治区教研室	省级
8	内蒙古第一机械制造（集团）有限公司第一中学	王忠华 洪海彧	2020.10	化学	基于核心素养目标下的“层问互动，双主循环”教学模式在化学教学中实践研究	边永亮、侯千金、郭志兴、李经纬、张国卿、魏晓明、孙垚、娄汉峥、李艳、曹磊、王璐、胡彦、王俊梅	自治区教研室	省级

促进课程改革纵深推进。三是名师引路，启动名师培养基地。10 月，启动“华应龙数学名师培养基地”项目，强调充分挖掘差错资源的多方面价值，期待教师在课堂上温暖的“化错”，推进自主探究合作的学习方式，呼唤尊重学生学习过程中的差错，28 名骨干完成系列读书研修活动。四是直击问题，开展名师工作坊专题研修。各级各类名师工作坊主题明确，目标清晰，计划周密，线上线下相结合地有序进行系列研究工作，部分专题研究已立项为课题。五是树立典型，基地校建设增加新研究方向。各主题阅读实验校、资源创建研修实验校、学科教研基地校、高中名师工作室的基地校出方案、出计划，有序展开研究和实践。六是课题研究，完善过程中数据的分析与变化。以“青山区中小学增值性评价实践研究”课题为依托，继续实施好五级增量分析。科学考核学校的教学质量，持续探究中小学教学质量增值性评价的有效途径与方法。内蒙古自治区级课题“基于统编教材小学语文读写联动实践研究”，实验教师在梳理教材的基础上形成有关统编教材中进行读写联动的典型课例。

【教育信息化】

2020 年，区教育局在教育装备建设及教育信息化应用工作中，加强基础硬件建设，完成信息化装备配置更新工作，着力提升教育信息化管理、应用水平。完成“包头市青山区教育局各校网络扩容改造安装工程”，将学校核心设备的千兆出口扩容为万兆，将部分桌面带宽由原来的百兆扩容为千兆。完成“包头市青山区教育局学校教室照明采购项目”，各小学、初中、高中学校全部教学班安装教室 LED 护眼灯，教室照明环境达到《中小学校普通教室照明设计安装卫生要求》（GB/T 368761—2018）。完成“包头市青山区教育局教室多媒体黑板采购项目”，实现教学班智慧黑板全覆盖，进一步加强了信息技术应用与教育教学深度融合的基础环境。按照包头市教育局统一政务平台管理的相关精神，对各校进行“钉钉”平台应用培训，在疫情防控期间充分利用“教育 + 互联网”信息化手段，保障各校实现停课不停学任务目标。

全国教育科学“十三五”规划教育部重点课题“中小学智能实验教学系统的构建与应用实践研究”子课题、内蒙古自治区教育科学研究“十三五”规划课题“信息技术在中小学教学中创新应用的研究”子课题在青山区顺利实施。积极参与“一师一优课，一课一名师”活动，获得部级优课 13 节、自治区级优课 44 节、市级优课 21 节，上传资源数量、质量在包头市均处于较高水平。在第十七届“全国中小学信息技术创新与实践活动”（NOC）中，教师赛项获得国家级一等奖 1 人次、二等奖 14 人次、三等奖 14 人次，包头市级三等奖 16 人次；学生赛项共获得国家级一等奖 4 人次、二等奖 13 人次、三等奖 1 人次，包头市级一等奖 31 人次、二等奖 44 人次、优秀奖 10 人次，总成绩名列前茅。其中，内蒙古北方重工业集团有限公司实验小学、包头市第四中学、少年宫 3 所办学单位获得包头市级优秀组织单位称号，22 位教师获得包头市级优秀指导教师称号。在“第二十届中小学电脑制作活动”中，获得自治区级一等奖 4 人次、二等奖 4 人次、三等奖 5 人次，国家级二等奖 1 人次、三等奖 1 人次。在“全区中小学信息技术创新应用”“‘祖国好、家乡美’校园影视作品展播活动”“第二十三届全国教师教育教学信息化交流活动”等信息化活动中均取得优异成绩。

招生考试

【教育招生考试】

截至 2020 年年底，青山区教育招生考试管理中心共承担 4 类 4 次学生类、成人类报名、考试。7 月，组织普通高校招生考试，报名 3735 人，参加考试 3312 人，3 个考点 112 个考场，9 个备用考场，242 名监考员。同月，组织高中学业水平考试，设 3 个考点 114 个考场，228 名监考员、85 名工作人员参与组考。同月，组织初中升学考试，初三年级 4668 人报考；组织八年级生物、地理结业考试，4222 人报考，设 6 个考点。其中，初中升学考试设 176 个考场，八年级生物、地理结业考试设 161 个考场，共有 352 名监考教师、170 名工作人员参与组考。9 月，组织教师资格认定教育学、教育心理学考试，设 5 个考点 118 个考场，3540 名考生参考，236 名监考教师、93 名工作人员参与组考。

【中高考成绩】

2020 年，青山区高考尖子生人数创造新辉煌，文、理科六甲（包头市文、理科前三名）人数占比 33.3%，青山区居各地区之首。包头市第四中学王子语以裸分 661 分勇夺包头市文科第一名，内蒙古第一机械制造（集团）有限公司第一中学王雅琳以 702 分勇夺包头市理科第三名。全区文、理科 600 分以上 225 人，高分段学生再创新高，文、理科“两率”（一本率、本科上线率）实现新提升。12 名学生获得奥林匹克五大学科竞赛一等奖。

青山区中考总均分、高分段学生占比连年在全市名列前茅。九科总分均分、总分优秀率、总分良好率、总分及格率等 27 项指标均高于全市平均水平；550 分高分段上线率高于全市平均水平，学科必备知识掌握情况、关键能力整体优良率占比达到 50% 以上，必备知识掌握扎实得分率较高；在 450 分数段，9 个学科的有效率较高，学科优势明显，学科贡献率在 80% 以上。

（任伟东　供稿）

文化 体育 旅游

文 化

【概况】

区文体旅游广电局（以下简称区文旅局），是区人民政府职能部门，机构规格为正科级。负责青山区文化艺术、体育、文物和旅游管理工作。2020 年，核定行政编制 6 名，核定科级领导职数 3 名（1 正，2 副）。内设综合办公室、文化文物股、体育股和旅游股 4 个股室。有所属相当于股级事业单位 4 个，分别为青山区文化馆（以下简称文化馆）、青山区图书馆（以下简称图书馆）、青山区体育管理中心、青山区文物管理所，共核定事业编制 43 名。

2020 年，区文旅局以文明内蒙古建设“十大行动”为主线，聚焦全区中心工作、重点任务，统一思想、凝聚力量，将乌兰牧骑队伍与志愿者服务队伍有机结合、相互促进，推动公共事业与文化产业双轮驱动、共同发展。全年共组织参加“文化和自然遗产日”等各种大型非遗宣传展示活动 15 次。举办了包头市首届文旅创意产品设计大赛。青山区获得2020年国家级“书香城区”称号，战国赵北长城青山区东边墙段获批第一批国家级长城重要点段。

【文化艺术节】

2020 年，区文旅局结合疫情防控常态化实际，通过线上线下相结合的方式，举办东达山“荷 · 和 · 风雅”网络艺术节，通过各类媒体开展了 15 场网络直播和线上艺术展示活动，在线观看人数达 20 余万人次。7 月 23 日，青山区第三十五届鹿城文化艺术节暨第十二届军工旅游文化节主会场活动在奥林匹克公园开幕，举办演出活动 3 场。8 月 1 日起，在兵器广场举办第十二届军工主题文艺晚会和第十二届社区合唱艺术节。8 月 14 日起，在花圪台景区分会场举行电音烧烤美食节及 3 场演出活动。8 月 20 日起，举办青山区第三届社区艺术节、第三届农牧民文艺会演等 11 场演出活动。组织乌兰牧骑小分队深入公园、广场开展“到人民中间去”送演出服务，累计演出 233 场。

7 月 23 日，青山区第三十五届鹿城文化艺术节暨第十二届军工旅游文化节开幕式现场（区文旅局供图）

【文化下基层】

2020 年，区文旅局组织带领“草原综合服务轻骑兵”小分队开展“文化进万家”综合文化服务活动，深入社区、农村完成演出服务 20 场。

【文艺创作】

2020 年年初，新冠肺炎疫情发生，区文旅局会同区委宣传部、区文联快速行动，克服困难，通过网络、电话联络等方式，组织辖区文艺工作者投身创作，推出公益歌曲《爱在身旁》，并大力宣传推送至多种媒体及“学习强国”平台。

抗疫期间，为激发广大人民群众抗击疫情的信心，坚决打赢疫情防控阻击战，积极号召全区各街道、镇、文化体育团队、社会办学机构及文艺爱好者，以“抗击疫情”为主题创作内容积极向上、鼓舞人心的文艺作品，共创作文艺作品 184 个。其中，原创歌曲 2 个、戏曲 1 个、漫瀚剧唱段 1 个、豫剧选段 1 个、诗朗诵类 12 个、快板 4 个、数来宝 1 个、手势舞 3 个、公益歌曲《爱在身旁》1 个；创作舞蹈 2 个、诗歌文学作品 53 个、非遗类作品 48 个、书画类作品 47 个、体育类作品 8 个。发布信息 58 条，抖音 18 条。

【文物保护】

2020年，青山区文物管理所积极开展各项工作。5月，完成青山区各级文物保护单位安全排查工作。7月，开展本辖区文物保护单位和居民、群众文物保护宣传工作，发放宣传单1000余份。8月，在青山区色气湾村、笸箩铺村设立长城保护标志碑5块、界桩90个。9月，完成上级文物部门布置的未定级、不可移动文物的报送工作；对自治区级文物保护单位包头市第一工人文化宫、中核宾馆、北方兵器城进行消防安全检查。11月，设立赵长城笸罗铺、西边墙段围护栏各一段。

【非物质文化遗产】

截至2020年年底，青山区共有针灸（白氏传统针刺法）、核雕2项非物质文化遗产项目列入自治区级名录；有面塑、糖塑、核雕、麦秸画、传统童鞋帽制作技艺（鲁氏）、传统饮食（活捉酸粥）制作技艺、针灸（白氏传统针刺法）、白氏形意拳、古法卤肉制作技艺、清真便三元“八大碗”蒸锅制作技艺、大福林包子制作技艺、传统老浆凉糕制作技艺、传统粮食醋手工制作技艺13项非物质文化遗产项目列入包头市级名录。确立白金龙1人为自治区级代表性传承人；确立王富荣、李部、王龙刚等19人为包头市级代表性传承人。连续7年开展“剪纸进校园”活动，连续4年开展青山区“面塑进校园”活动，连续4年参加东达山艺术节活动。1月14日，组织4名非遗项目传承人参加自治区文旅厅举办的2020年“非遗过大年，文化进万家”系列文化活动——2020年全区非遗年货展，展览为期5天。2月20日，7名传承人自发组织开展“青山一道同云雨”爱心捐赠活动，送出价值2万元共计100盒非遗爱心大礼包。5月22日，由面塑项目传承人王富荣创作的抗疫主题面塑作品在文化馆非遗展厅举办作品接收仪式，共计81个立体人物和5个浮雕人物，作品将在文化馆永久保存。全年多举措打造“非遗进校园”活动品牌，在非遗教学中总结经验完成校本课程的编撰与出版。4月，文化馆和光荣道小学共同开展“面塑进校园”校本课程的编撰和出版工作。同时完成了《草原的风——非物质文化遗产与民间美术研究文集》的出版。6月19日，“非遗进社区”活动在青云社区启动，组织开展了青山区文化和自然遗产日抗疫作品图片展和实物展。组织7名非遗项目传承人参加东达山网络艺术节直播活动。组织17名非遗传承人参加青山区第三十五届鹿城文化艺术节非遗项目展示活动。同时，充分利用“学习强国”、新华网、微信公众号等线上平台开展宣传展示活动，共有13项非遗短视频在“学习强国”平台上播出，在新华网上开展7场非遗线上直播，点击总量达到22万人次。

（李琛　供稿）

青山区文学艺术界联合会

【概况】

青山区文学艺术界联合会（以下简称区文联）成立于2007年4月，为区委所属群众团体，机构规格为正科级。2020年，核定科级领导职数2名（1正、1副），实有科级领导1名（1正），核定人员编制2名，实有人员2名。下设文艺志愿者协会、文学创作协会、美术协会、书法协会、音乐协会、舞蹈协会、民间文艺协会、摄影协会、包头版画协会9个协会，共有会员800余名。其中，国家级会员60余名，自治区级会员90余名，包头市级会员300余名。拥有文艺志愿服务基地8个，艺术家创作基地8个，文艺协会活动阵地9个，文艺协会团体会员9个，成立街镇文联10个。

2020年，区文联深入贯彻落实习近平新时代中国特色社会主义思想，坚决贯彻执行党的文艺方针政策，团结带领全区文艺工作者深入生活、扎根人民，为推动地区文艺事业的繁荣发展做出了积极贡献，被包头市文联评为“包头市疫情防控主题文艺作品推送优秀组织单位”。

【组织建设】

2020 年，区文联圆满完成了青山区全面深化文化体制改革重点任务，10 个街道（镇）文联组织全部成立，在包头市、自治区率先实现了旗县区街镇文联全覆盖，进一步夯实区级文联、街道（镇）文联、社区文艺组织三级管理体系。9 月，区文联代表自治区旗县级文联参加全国加强县级文联工作专题调研座谈会，就街道（镇）文联建设工作做经验交流。建立青山区文艺人才库，包括音乐、舞蹈、美术、书法、文学、摄影、民间艺术七大类 44 名青年文艺人才。11 月 10 日，区文联联合国药北方医院共同举办了“赞歌起舞颂英雄”主题党日文艺演出。为纪念中国人民志愿军抗美援朝出国作战 70 周年，区文联组织开展“原创楹联诗词作品征集评选”、“大国风采迎盛世 古韵新瓷谱华章”书画笔会等活动。

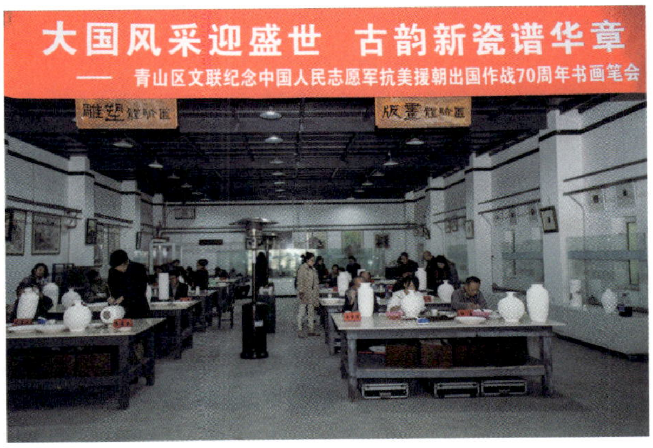

10 月 29 日，在东达山艺术区举办“大国风采迎盛世 古韵新瓷谱华章”书画笔会（区文联 供图）

【文艺创作】

2020 年，区文联积极开展“志智双扶”文艺创作，围绕“决胜小康、决战脱贫、奋斗有我、美好有我”主题，创作了以脱贫攻坚为题材的小品《扶贫路上》、话剧《百姓是天》、报告文学《点亮大山深处的光明》，以“全面建成小康社会”为题材的歌曲《好一个新时代》。12 月 2 日，组织召开青山区重点文艺创作推进会，围绕“全面建成小康社会”“建党 100 周年”等重大主题，推动创作一批集精神高度、文化内涵、艺术价值为一体的精品力作。组织协会文艺骨干深入一机集团、北重集团开展庆祝中国共产党成立 100 周年“深入生活、扎根人民”主题采风创作活动，为艺术家开展军工题材文艺创作奠定了坚实基础。

【文艺活动】

2020 年，区文联组织乌兰牧骑文艺小分队深入社区（村）、部队集中开展“弘扬乌兰牧骑精神 • 到人民中间去”基层综合志愿服务集中活动 40 场，120 余名志愿服务队员参与其中，服务群众近 2000 人次，累计发放各类宣传资料 3000 余份。在 2020 年第四届东达山“荷 • 和 • 风雅”网络艺术节期间，区文联策划举办了“风雨同舟 与爱同行”——包头市青山区抗疫主题艺术作品展、“荷 • 和 • 风雅”——杨森茂国画精品展、“趣微同行 文学达梦”马宝山小小说创作讲座及“我有一个强大的祖国”诗歌朗诵会 4 项活动，组织协会艺术家王红川、王海燕、邢茹、郭其鹏、刘占强开展线上艺术展示。端午节 3 天假期，17 场直播吸引观看人次超 22 万，收获点赞量近 9 万，极大地丰富了地区群众的精神文化生活。疫情防控期间，区文联积极组织动员广大文艺工作者、文艺爱好者开展以抗击疫情为主题的文艺创作，完成了以原创公益歌曲《爱在身旁》、书法《医者仁心》、美术《天佑中华》为代表的一系列抗疫主题优秀文艺作品，编辑制作成《风雨同舟与爱同行——包头市青山区抗疫主题艺术作品集》，展现了广大文艺工作者、干部群众众志成城、共克时艰的炽热情怀和感人事迹。充分发挥文联协会作用，组织开展“鹿城读书节”系列活动 30 余场。

（王佳睿 供稿）

会　展

【概况】

包头市国际会展管理中心（以下简称会展中心）成立于2008年，是区人民政府直属事业单位，机构规格为副县级。2020年，会展中心内设综合办公室、事业策划部、展览管理中心、大剧院管理中心、物业管理中心、会议管理中心6个股室。核定人员编制22名，核定领导职数14名（其中副处级1名，科级正职9名、副职4名）。

2020年，会展中心面对疫情防控、经济下行等复杂严峻的宏观形势和艰巨繁重的发展任务，始终秉持“公益为先、服务为上，创新为主、品质为王”的运营理念，采取事业单位企业化运作模式，最大限度降低疫情造成的损失，为推进全市会展产业升温、文化事业复苏做出了不懈努力和积极贡献。

【展会活动】

展览管理中心在常态化疫情防控新形势下，成立展会疫情防控小组，分赴包头火车站、万达广场等10余家人流密集、防控难度大的公共场所学习防控经验，及时采购红外线体温检测设备、制订展会防控方案，保证展馆每日消杀3次，对来自疫情高发地展商采取核酸检测、劝返、隔离等措施，入馆人员必须扫码登记、重复测温，每场展会防控材料均独立成册备案，做到场场展会巡查有据。

组织工作人员先后赴青岛城阳区商务局、贸促会等部门进行洽谈合作，积极争取日韩进口商品博览会落户包头；有效推进全国中小会展场馆联盟会议于2021年夏季到包头举办，是包头市首次引进会展行业类大会。7月16—20日，展览管理中心成功举办自治区首场室内大型展会——2020年新思维包头国际汽车博览会，现场销售车辆3720台，交易额达6.64亿元，接待观众8.06万人次，创造税收8000余万元。通过自主策划、招商、运营，分别于9月和10月完成“房交会”和“婚博会”两场自办展。其中，“房交会”5天共接待观众3.23万人次，场地收入94万元，现场登记意向客户约5910人次；“婚博会”展出面积5832平方米，搭建展位79个，接待观众3.6万人次，成交订单372单，实现自主办展扭亏为盈。

2020年，展览管理中心共举办展会活动29场，展出面积18.04万平方米，参展商数量984家，接待观众54.06万人次，交易额达22.14亿元。

2020年展览管理中心大型展会活动一览表

表30

时　间	名　称	展览面积（平方米）	成交额（亿元）	人流量（万人）
7月16—20日	2020年新思维包头国际汽车博览会	35730	6.46	8.06
9月10—14日	2020年第十届包头国际车展暨装备制造业博览会	32328	7	10
9月25—29日	2020包头房地产展示交易会	5832	—	3.23
10月30日—11月1日	2020“我们结婚吧”包头婚博会	5832	0.03	3.6
12月22—27日	沿黄九省（区）第五届“黄河颂”书画展	4832	—	0.02

2020 年第十届包头国际车展暨装备制造业博览会现场（会展中心　供图）

【演出活动】

包头大剧院为应对常态化疫情防控新形势，及时制订疫情防控预案，在共享大厅、观众厅、后舞台设置一米线，认真落实“限流、预约、错峰”要求，严格控制观众人数，开辟隔离室并对观众及演员入场进行分流规划，邀请市卫健委专家对剧院工作人员进行防疫培训。同时，打造“线上大剧院”，在公众号推送云艺术、在线聆赏、艺心抗疫等文化作品和演出内容，搭配“线上看演出、线下进剧场”模式，将文化演艺与网络直播平台相融合，保持剧院热度。5 月 16 日，大剧院携“以爱之名”经典音乐会，成为中西部地区首家复演剧院。通过引进公益性演出为剧院“保温”，引进大型演出 43 场为演出市场“升温”，其中分票房模式引进演出 20 场保障剧院盈收。全年签订租场演出 59 场，收入 116 万元，实现剧院良性运转。

2020 年，包头大剧院共举办各类演出活动 104 场，实现运营收入 567.53 万元，接待观众 13.52 万人次，体现国有剧院“新担当”。

2020 年包头大剧院大型演出情况一览表

表 31

时　间	演出名称	观众数（人）	票房收入（万元）
1 月 1 日	美国节日交响乐团 2020 年新年音乐会	1150	25.8
1 月 4 日	俄罗斯马林斯基明星芭蕾舞团芭蕾舞剧《天鹅湖》	1121	24.9
7 月 12 日	《天空之城》动漫视听音乐会	447	4.0
9 月 25 日	开心麻花剧《贼想得到你》	776	20.3
9 月 30 日	北京爱乐乐团国庆交响音乐会	372	5.5
10 月 3 日	音乐剧《我的遗愿清单》	535	9.8
10 月 16 日	天津人艺话剧《雷雨》	304	10.9
12 月 6 日	恐龙童话剧《你看起来好像很好吃》	809	6.5

【缤购全球精品直营展示中心】

缤购全球精品直营展示中心克服疫情影响，创新销售模式，于 2 月 3 日（农历正月初十）开启线上运营，采取线上接单、线下配货、限时“零接触”配送的方式，满足疫情期间市民物资需求。为提供更加便利的购物体验，建立顾客微信群 5 个，群内会员达到 1468 人，形成固定消费群体。开展“送福利、暖人心”内购会活动，让利单位内部职工，实现收入 4.3 万元。主抓零售新增长点，引进雅赞、松达、TOI、稀土釉抗菌等高品质品牌，新增 50 多种产品，填补商品空白区域。

2020 年大型会展中心活动情况一览表

表 32

时 间	活动名称	销售额（万元）	接待顾客（人）
1 月 31 日—3 月 31 日	“疫”起美丽系列活动	42	6820
3 月 1 日—8 月 31 日	1∶3 法则维系团购客户	32	80
11 月 11 日—12 月 12 日	“双十一”“双十二”特惠节	32	7272

2020 年，缤购全球精品直营展示中心实现销售运营总收入 576 万元，销售金额 463 万元，完成全年任务 115%；接待顾客 9.5 万人次，新增会员 1955 人，会员总数达到 15674 人，会员充值 166.2 万元；平均日营业额 1.58 万元，日均接待顾客 260 人次。

【包头大剧院少儿芭蕾舞团】

2020 年，包头大剧院少儿芭蕾舞团坚持停课不停学，通过线上平台进行网络教学，直播芭蕾课程 46 节，播放量达 1000 余次。为积极恢复线下授课，少儿芭蕾舞团制订复课方案、人员限流方案及入学放学流程，确保公共区域每日一消毒，教室每课一消毒。全年新增 5 个教学班，83 名学员。截至 2020 年年底，芭蕾舞团在册学员共计 477 名。学员敖丹格日乐在全国 6 万余名考生中，以优异成绩考入北京舞蹈学院附中芭蕾舞专业班，实现自治区芭蕾艺考“零的突破”。

（会展中心　供稿）

档　案

【概况】

青山区档案馆（以下简称区档案馆）前身为青山区档案局，成立于 1987 年，在 2019 年 3 月机构改革中局馆分离，改为青山区档案馆，为青山区委直属事业单位，机构规格为正科级。负责主管全区的档案工作，承担着对全区档案工作的统筹规划、组织协调、监督检查和业务指导等职能。其主要工作职责是：宣传和贯彻执行党和国家关于档案工作的方针、政策、法律、法规，并提出具体实施意见；制订全区档案事业发展规划、年度计划和档案工作规章制度，并组织实施；实行统筹规划、协调指导，制定全区档案事业发展规划和档案工作规章制度，并组织实施；对区属及有关驻区单位的档案工作进行检查、监督和指导；依照《中华人民共和国档案法》行使档案执法检查权，对违反档案法律、法规行为进行查处；收集、接收、保管和利用好馆藏各门类档案资料，维护档案完整，确保档案资料的安全；负责本区域内档案人员的培训工作。内设办公室、管理利用股 2 个股室，核定编制 13 名。

【馆藏档案与资料】

馆藏档案与资料主要来源于青山区党政机关、事业单位、人民团体、街道、镇的档案材料。馆藏档案包括文书档案、会计档案、婚姻档案、声像档案、科技档案、人物档案、专门档案 7 个门类；馆藏资料包括公共图书、文件汇编、报纸、期刊、照片等。截至 2020 年年底，馆藏全宗单位 103 个，馆藏档案总量 172634 卷（件）。

【档案资料整理和征集】

2020 年，区档案馆启动“口述红色档案”征集项目，收录 2 名老党员的视频资料，有效补充传统档案载体；征集疫情防控照片档案 35 张，完善有重大影响的专项档案；收集 2018—2020 年青山区获得自治区级以上荣誉牌匾照片 14 张，丰富了馆藏档案门类。对 42 盒婚姻档案检索目录整理装盒并重新编号。对 2000—

2020 年档案借阅记录进行倒查，完成 24878 卷（件）被借阅档案的核对整理。

指导包头农商银行和青山区卫健委分别在包头农商银行文史馆和区卫健委行业党建展厅挂牌为青山区档案馆分展厅，增加了档案门类，构建成多点式、特色化档案馆展厅。

【档案查阅与利用】

2020 年，区档案馆在疫情闭馆期间，采取电话和网上预约方式保障查询“不断档”。协调区民政局和宏鉴公证处，启用特殊群体婚姻档案视频查询。维护升级档案查阅系统 2 次，局域网内单位自主查询档案更加便捷。全年累计接待查询 930 人次，查阅档案 2360 卷（件）。

【档案业务培训与指导】

2020 年，区档案馆对有档案指导需求、归档滞后和管理弱化的 18 家单位开展常规和重点指导；培育区农牧局和区人社局两家“档案规范化示范室”；重大项目提前介入，参与指导国有企业退休人员社会化管理的人事档案接收标准和程序的制定工作。组织青山区各机关单位档案员开展档案管理业务培训，采取档案实训与实地参观相结合的方式，提升业务实操能力。

【依法治档】

2020 年，区档案馆联合区委办、区人大民族法制委、区司法局对区农牧局、区老干部局、科学路街道办事处 3 家单位进行档案联合执法检查，对检查中发现的问题现场指出并限期整改。购买发放 200 册《中华人民共和国档案法》小红漫画书，制作 10 块图板在办公单位密集的场所开展巡回展出，实现普法宣传进机关、进企业、进办事大厅。

【档案信息化建设】

2020 年，区档案馆委托档案公司对民生和永久类档案进行扫描，共扫描 81254 页，完成馆藏档案应扫描量的 67%。5 月，委托内蒙古新点信息技术有限公司对泰坦 DARMS 电子文档数据中心软件系统进行维护，新开通 5 家区属单位档案系统权限，并对档案系统数据库 71 家单位数据进行异质保存，确保档案数据库安全。

（李璐　供稿）

党史工作

【主要工作】

2020 年，区党史办认真履行以史鉴今、资政育人的职责使命，不断深化党史学习、宣传教育，充分依托区委常委会、区委中心组、区委党校和“青山人 · 青山事”等新媒体平台，深入学习党章，党史，新中国史，十九届四中、十九届五中全会精神和习近平新时代中国特色社会主义思想，开展区级层面相关学习教育活动 20 多次。充分挖掘地区优势资源，联合区委组织部、区委宣传部等部门，先后拍摄制作《我眼中的优秀共产党员》系列视频展播，创作《筑梦军工》《红色家书》《我与祖国 70 年》《城事》等作品。特别是拍摄的城市基层党建宣传片《暖城》在“不忘初心、牢记使命”主题教育微视频全国评选中获得优秀作品奖。

（杨浩　供稿）

地方志

【概况】

青山区志史办公室（以下简称区志史办）成立于 1983 年。2020 年，区志史办为区人民政府办公室所属相当于副科级的事业单位，核定事业编制 14 名。

2020 年，区志史办紧紧围绕青山区发展思路和目标任务，结合新时期地方志工作实际，全面贯彻落实国务院《地方志工作条例》《全国地方志事业发展规划纲要（2015—2020 年）》和《内蒙古自治区地方志事业发展实施方案（2016—2020 年）》的工作要求，积极开展地方综合年鉴编纂工作。

【主要工作】

2020年1月，《包头市青山区年鉴（2020）》编纂工作启动。因抗击新冠肺炎疫情期间各承编单位供稿人大多在基层参与抗疫，故无法报送初稿内容。待疫情相对稳定后，各承编单位相继报送初稿，青山区组织工作人员开始审稿。年内，形成《包头市青山区年鉴（2020）》（送审稿）通过包头市地方志编纂委员会办公室审核，并与方志出版社签订了“图书出版合同”“出版补充协议”。

按时保质保量完成《内蒙古年鉴（2020）》、《包头年鉴（2020）》、《内蒙古大辞典》人物收录（建区至2020年）、《内蒙古大事记（2017—2019年）》等青山区部分的供稿任务及上级业务部门交办的其他任务，协助多家部门和单位查阅资料。

（印慧娟　供稿）

体　育

【群众体育】

2020年，区文旅局围绕《中华人民共和国体育法》和《内蒙古自治区全民健身条例》等法律法规，落实各级体育工作会议精神，以增强人民体质为宗旨，进一步创新思路，整合资源，主动作为，不断加强体育基础设施建设，广泛开展全民健身活动。受新冠肺炎疫情影响，体育健身系列活动在线上开展形式多样的活动。5—6月，组织开展“云”健身、保健康——2020年青山区第二届体育节全民健身系列活动线上运动会、线上广场舞比赛，体育健身活动形成“线上线下齐互动、全民健身共参与”的良好氛围。5—9月，开展周六一起走活动。8月8日，举办2020年全民健身日活动青山区分会场暨第七届广场舞大赛和自行车慢骑趣味运动会。9月27—28日，举办2020年内蒙古自治区科学健身草原行暨体质达人赛（包头市青山站）系列活动。为深入贯彻落实国家体育总局下发的《社会体育指导员管理办法》和《关于进一步加强社会体育指导员培训工作的通知》，11月6—7日，完成140名三级体育指导员培训工作。为完善小区的综合配套功能，积极与包头市体育局协调，为社区、村配备了8条户外健身路径、3副篮球架、6个乒乓球台、2副羽毛球架、19个户外棋牌桌。

各协会充分发挥作用，开展各种活动。9月22—24日，青山区老年文体协会在二电门球场举行青山区2020年老年门球交流活动；10月10—13日，在六合成网球场举行青山区2020年老年网球交流活动；10月下旬，在满都拉乒乓球馆举行青山区2020年老年乒乓球交流活动；11月中下旬，在老干部活动中心举行青山区2020年老年象棋交流活动。10月，自行车运动协会举办了2020年“骑行内蒙古　魅力大青山”山地自行车个人计时赛。乒乓球俱乐部举办了2020年（第八届）包头市业余乒乓球爱好者排名赛。

【校园足球事业】

中共青山区委、区人民政府成立了由区领导任组长、区相关部门领导为成员的校园足球工作领导小组，区教育局成立了校园足球管理办公室，各中小学、幼儿园分别成立足球工作推进小组，形成了“三级”联动、“三级”管理、多方协调、全力推进的工作格局。制定《青山区校园足球运动实施方案》《青山区青少年校园足球联赛方案》等制度方案，为校园足球教学训练、师资建设、赛事组织和球员升学提供政策保障。着力推动足球“大单元教学”，以“培养兴趣、普及知识、打好基础、体验快乐”为基本要求，将足球知识、基本技能纳入体育课必修内容，全区中小学每周安排1节足球课。健全完善校园足球竞赛体系，2020年，青山区36所中小学校中有国家级足球特色学校25所，其中足球特色学校10所，国家级特色幼儿园3所，自治区特色幼儿园9所。加大投入夯实基础，为校园足球发展创造条件，通过实施校安工程和塑胶操场建设工程，实现了所有办学单位都拥有人造草坪。总投资约 1.5 亿元，建设占地约 7.13 公顷，集培训、实践、赛事、住宿为一体的足球训练基地，有 2 块十一人制、1 块八人制和 4 块五人制室外足球训练场，1 个室内八人制足球训练馆及魔力足球训练房，以及配套公寓、食堂、综合楼等设施，极大地满足了全区中小学生足球训练比赛及承办全国、自治区各类大型足球赛事的需要。2017—2020 年，青山区青少年校园足球训练基地建成以来，连续三年承办全国校园足球夏令营系列活动，承担教育部全国青少年校园足球夏令营活动比赛组织任务，自治区级“主席杯”分区赛及选拔赛的组织工作以及各级各类教师培训、集训服务等工作。

（程晔　供稿）

旅　游

【旅游资源特色】

旅游资源独具特色。青山区依工而建，因工而兴，是典型的工业区。北方兵器城、军工大道、军品试验场等军事旅游资源丰富。城区东部会展中心、大剧院以及占地约 333.33 公顷的奥林匹克公园，包括奥林匹克公园内包头市体育中心，无论是承接国际赛事和大型展览，还是发展全民户外运动，都具有独特优势。

旅游产业初具规模。青山区拥有各级景区 2 家。北方兵器城是集爱国主义教育、国防科普教育、军工文化传播、休闲娱乐于一体的大型火炮主题公园，是国家 AAAA 级旅游景区、全国工业旅游示范点、国防军工文化教育基地、全国科普教育基地和内蒙古自治区爱国主义教育基地。包头轻工职业技术学院是国家 AA 级景区示范校园。全区注册旅行社 36 家、旅行社分社 8 家、门市部 94 家。在北方兵器城开展“青山区文旅信息服务站启动仪式暨非遗进景区活动”，举办青山区第十二届军工旅游文艺晚会、青山区第十二届社区合唱艺术节等活动。建成北方兵器城文旅信息服务站，完成吴运铎纪念馆升级改造工程。为内蒙古特色文化创意产品研发和设计服务项目、兵器城文创商店及特色文旅创意产品研发服务项目争取到自治区文化旅游商品传承创新专项资金 150 万元。举办包头市首届文旅创意产品设计大赛，历时 155 天，评选出“入围奖”50 名、“优秀奖”5 名、“铜奖”3 名、“银奖”2 名、“金奖”1 名。

旅游配套功能完善。青山区现代服务业发展和城区建设水平较高，住宿条件优越，出行、购物、就餐、娱乐极为方便。在引入沃尔玛、万达广场的基础上，建成了奥特莱斯名品折扣城、缤购国际直营中心等新型购物场所。全区拥有星级饭店 5 家，其中五星级 1 家，四星级、三星级各 2 家；乡村接待点 2 家。游园广场 50 多处，形成了 15 分钟休闲娱乐、健身活动圈。绿化水平和路网通行能力都比较高，绿化覆盖率达 43%，人均公共绿地面积达 20 平方米，被评为“全国绿化模范单位”。

【美丽乡村游】

2020 年，区文旅局采取分散演出和集中展示相结合的形式，为各街道、社区和社会文艺团队搭建展示平台，激发全区百姓参加文化活动的热情，展示了新农村的精神风貌。持续举办青山区社区艺术节、农牧民文艺会演、东达山艺术节，汇集山西、陕西、山东及内蒙古地区 200 多个非遗项目和传承人齐聚东达山进行展示和艺术交流，线上线下观看互动体验人数达到 30 多万人次。端午节期间开展东达山网络艺术节，组织 11 个民俗非遗展示项目在新华网、抖音等线上网络直播和线下同步开展体验，网络观看人数达 22 万人次。

【景区与旅行社监管】

青山区有国际国内旅行社 36 家（国际社 10 家，国内社 26 家），区文旅局主要监督管理旅游服务质量和市场秩序，指导旅游精神文明建设和诚信体系建设；承担旅游标准的有关工作；指导旅游行业组织的业务工作。监督检查旅游市场秩序和服务质量；受理旅游者投诉，维护旅游者和旅游经营单位合法权益；指导旅游安全、保险工作；组织全区旅游整体形象宣传；组织全区性旅游节庆、会展工作。组织旅游资源的普查，做好全区旅游统计工作；做好旅游行业精神文明建设和职业道德教育。

【旅游产业发展】

发挥中央文化走廊作用，建设军事文化主题公园、军事文化体验园、新媒体产业园，形成集军工旅游、体验拓展、爱国主义教育基地等功能于一体的旅游产业集群。推动休闲旅游产品从单一农家乐或采摘园等形态向生态观光度假、运动休闲旅游等复合型产品转变。构建政校企社联动机制。积极推进研学工作，将青山区光荣道小学作为开展研学旅行课程建设研究的试点。积极整合潜在资源和优势，启动包头市首届文旅创意产品设计大赛，建立“项目库”，获得上级专项补助资金 150 万元。争取旅游厕所专项资金 21.2 万元，年底新建成 4 座旅游厕所。提升以东达山艺术区为中心的青少年研学体验乡村游项目，促进北方兵器城旅游区升级改造规划项目。开展项目攻坚，加大建设力度。在 AAAA 级旅游景区北方兵器城举办各类社会实践、各种参观、研学活动，充分发挥国防军工文化教育基地、全国科普教育基地、内蒙古自治区爱国主义教育基地的作用，使景区成为集爱国主义教育、国防科普教育、军工文化传播、休闲娱乐于一体的工业旅游示范点。同时，与旅游企业签订《安全生产责任书》；完成星级酒店、旅行社季度报表的审核上报和旅行社旅游责任险上缴工作；开展消防安全执法检查专项行动，确保旅游行业安全稳定发展。

（高辉　供稿）

医疗卫生

医疗保障

【概况】

青山区医疗保障局（以下简称区医保局）成立于 2019 年，是区人民政府职能部门，机构规格为正科级。2020 年，区医保局内设办公室、规划财务与基金监管股、医药管理与招标采购股 3 个股室，核定行政编制 5 名，核定科级领导职数 3 名（1 正，2 副）。有所属相当于股级事业单位的医疗保险中心，核定事业编制 4 名。

2020 年，区医保局坚持以人民健康为中心，以服务民生为主线，以维护基金安全为重点，切实保障好参保群众的切身利益，各项工作取得新成效。

【医疗救助】

2020 年，区医保局按照应保尽保的原则，全力做好医疗救助工作，全年共救助 1550 人次，救助金额 96.47 万元。其中，为困难群众全额资助参加 2020 年度城镇居民医疗保险共计 727 人，救助金额 23.09 万元；资助参加商业医疗保险 790 人，救助金额 49.08 万元；低收入救助 33 人，救助金支出 24.3 万元。

【药品和医用耗材采购管理】

2020 年，区医保局对区属 207 家民营医药机构的药品、耗材购入价格进行监测。协助 14 家医疗机构从自治区药品集中采购系统网采购药品、网络议价及结算，对 2 家区属医院（青山区中医院、二〇二医院）药品采购进行网络监管，全年议价 47 个品规，结算货款 2.12 万元。

【“两定”医药机构稽查管理】

2020 年，区医保局与辖区内 187 家“两定”医药机构签订《“两定”医药机构 2020 年度管理服务协议》，并严格按照协议监督管理。全年现场稽查 352 次，追缴违规金额 30.48 万元，上报市医疗保障局停网整顿药店 2 家，未续签协议 3 家。

【医疗保险】

2020 年，青山区参保人数为 20.59 万人，包括城镇职工、城乡居民、机关和企（事）业单位退休人员，报销核算医疗保险共计 6007 人次，报销支付费用 4244 万元。审核一级医疗机构结算费用 13546 人次，总费用 144 万元。城乡居民门诊慢性病审批及变更 516 人次，异地就医备案 118 人次，办理职工医保异地关系转移 444 人次。

【街镇社区服务延伸】

2020 年，区医保局将居民基本医疗保险参保人员基本信息修改、居民基本医疗保险个人停保、异地就医备案、居民慢性病申报、职工医保卡个人账户一次性返还、职工医疗保险关系转移 6 项业务，通过青山区社会治理“一口式”服务系统延伸至街镇社区服务站，医保业务实现就近能办、多点可办、少跑快办。

2020 年 7 月 15 日，科学路街道办事处纺织社区为居民办理参保人员信息修改业务（区医保局　供图）

【网上查询电子结算单】

2020 年，区医保局通过微信公众平台实现医保各类报销电子结算单网上查询，办事群众只需关注“青山区医疗保障局”微信公众号，即可根据每月通知要求扫描二维码进行报销结算查询。该举措为全市首创，真正实现了办事群众报销医疗保险待遇“最多跑一次”。

【二代社保卡“乘车”入驻校园】

2020 年，区医保局携手区教育局、工商银行青山支行进校园，将二代社保卡载入“便捷流动车”入驻校园，在校师生仅凭个人身份证即可足不出校领取到个人二代社保卡。全年为

21 所中学发卡共计 18849 张。

（苏宁　供稿）

卫生与健康服务

【概况】

青山区卫生健康委员会（以下简称区卫健委）为青山区人民政府工作部门，机构规格为正科级。负责青山区卫生健康工作，制订青山区卫生健康事业发展计划和目标，依据卫生健康事业发展的相关政策规定对传染病和地方病防治、公共卫生、生活饮用水卫生、学校卫生等行使监督和监测，实施医务人员资格认定、医疗机构执业许可、妇幼卫生保健、医疗机构管理、国家基本药物采购、蒙中医药事业发展和计划生育管理服务等工作。2020 年，核定行政编制 9 名，核定科级领导职数 4 名（1 正，3 副），工勤编制 3 名。内设综合办公室、医政医管与基层卫生管理股、政策法规股、疾病预防控制与妇幼保健股（应急办公室）、人口信息监测与家庭发展股、宣传与健康教育股（健康教育所）6 个股室。有所属事业单位 11 个，分别为相当于副科级参照《中华人民共和国公务员法》管理的事业单位青山区卫生健康综合行政执法大队；相当于正科级事业单位的青山区中医医院（以下简称区中医院）和青山区二〇二医院（以下简称区二〇二医院）；相当于副科级事业单位的青山区疾病预防控制中心；相当于股级事业单位的青山区妇幼保健计划生育服务中心、青福镇卫生院、青山区计划生育流动人口办公室、青山区计划生育协会、青山区家庭健康指导中心、青山区爱国卫生指导中心、青山区老龄委员会办公室。

2020 年，青山区有医疗卫生机构 397 个。其中，医院 23 个（市属公立医院 7 家、区属公立医院 2 家、市级及以上审批私立医院 10 家、区级审批私立医院 4 家），社区卫生服务中心（站）40 个，卫生院（室）60 个，门诊部 51 个，诊所、卫生所 216 个，医务室 1 个，急救中心（站）2 个，妇幼保健院（所）2 个，疾病预防控制中心 2 个。

2020 年，青山区较好地完成 2019 年自治区级慢性病综合防控示范区创建工作（排名第一），被包头市公民无偿献血委员会评为 2019 年度抗击新冠肺炎无偿献血先进地区。

【城市医院改革】

2020 年，继续深化公立医院改革，区卫健委和区中医医院、区二〇二医院按照市卫健委要求，均制定了 2020 年“讲医改、见行动、出成效”活动方案，并圆满完成全年“讲、见、效”工作任务。积极推进全区医联体及分级诊疗工作，2 所区属医院、1 个卫生院以及 40 个社区卫生服务机构纳入城市医疗集团管理。全年上转病人 1792 人，下转病人 583 人；到上级医院进修专家 27 人，下派专家 84 人。

【医疗护理】

2020 年，区卫健委成立医疗质量安全检查工作领导小组，定期举办医疗机构医疗质量安全知识培训，对各医疗机构进行检查，加强医疗机构日常管理，按期完成各医疗机构变更和年检相关手续。

【疾病预防控制】

规范开展传染病监测、预测预警工作，2020 年全区无甲类传染病报告，乙丙类传染病发病报告 1091 例，死亡 0 例；加强新冠肺炎及鼠疫疫情防控工作，切实落实“四早”措施，进一步完善常态化防控举措，制定下发各类方案及预案 30 余份，全年未发生新冠肺炎、鼠疫确诊及疑似病例。累计管理密切接触者 42 人（含 3 名昆都仑区鼠疫确诊病例密切接触者），管理密接的密接 35 人，集中隔离医学观察场所累计管理 936 人，消杀面积 80.48 万平方米，落实“应检尽检”核酸检测工作，累计检测重点人群 97216 人次，食品环境 545 份。继续巩固和扩大艾滋病示范区建设成果，扩大宣传覆盖面，创新艾滋病管理模式，艾滋病感染者应接受抗病毒治疗人数 345 例，抗病毒治疗率 91.3%。加大结核病防治工作，继续推进结核病患者三项免费检验。布鲁氏菌病新发病 6 例，较上年度呈下降趋势。开展防鼠灭鼠工作，对辖区 2300 公顷空地开展鼠密度监测工作，及时掌握全区鼠间疫情动态，针对鼠密度较高的 190 公顷空地投药 1200 余千克。不断加强预防接种规范化管理工作，完善预防接种异常反应处置程序，接种率达到 95% 以上。加强慢性病防治工作，实现以治病为中心向以健康为中心转变，成功创建自治区慢性病综合防控示范区。持续推进精神卫生综合管理，积极落实严重精神障碍患者监护人“以奖代补”工作，确定补助 15 人，全年奖补资金已全部发放。建成 8 家社区康复站，全区在册患者 2520 人，严重精神障碍患者管理工作全部指标均达到自治区要求。

【妇幼保健】

2020 年，青山区扎实推进妇幼健康服务工作，全面落实“两纲”卫生保健目标。实施妇幼卫生服务项目，大力推进免费婚检、孕检工作。建立多渠道叶酸发放网点。全面开展孕产妇艾滋病、梅毒和乙肝筛查项目，加强新生儿疾病筛查。婚检率 83.62%，目标人群免费孕检率 88.52%；为 3790 名妇女发放叶酸 5983 瓶；孕产妇艾滋病、梅毒和乙肝检测率 100%；新生儿遗传代谢疾病筛查率 99.5%；新生儿听力筛查率 93.6%。规范孕产妇、儿童健康服务，孕产妇系统管理率 95%，早孕建册率 95.95%，3 岁以下儿童系统管理率 93.97%，产后访视率和新生儿访视率 96.27%。加强对各级医疗保健机构母婴保健技术专项服务许可的依法准入、依法监督工作，为辖区 11 家医疗保健机构及 150 名医护人员换发了“母婴保健技术服务执业许可证”“母婴保健技术考核合格证书”；规范爱婴医院管理，对辖区申报和复核爱婴医院的 4 家医疗保健机构进行复核，其中 3 家医疗保健机构合格。全面落实高危孕产妇五项制度，实施全程、分级和动态管理，对辖区 6 家助产医疗机构开展了母婴安全管理和产科质量管理工作督查指导。加强托幼机构儿童保健指导。全面落实免费计划生育技术服务基本项目，积极推进以生殖健康为目的的妇女病普查工作，推进药具自取机提标扩面工作。免费药具自助率达 70%。

【家庭医生签约】

各基层医疗卫生服务机构全面推进家庭医生签约服务工作，优先满足老年人、0 ～ 6 岁儿童、慢性病人、空巢老人、残疾人、计划生育特殊家庭等重点人群签订家庭医生式服务协议书，并根据协议内容提供建立健康档案、电话咨询、入户访视、健康教育等针对性服务。在强化基本公共卫生服务和家庭医生签约服务年度绩效考核的基础上，制定《关于进一步加强日常督导核查的通知》，并于每年 3 月、9 月对基层医疗卫生机构签约服务真实性、知晓率、满意度进行日常督导核查，并将考核结果作为年度发放基本公共卫生服务项目经费的依据。截至 2020 年年底，青山区常住居民家庭医生签约率 37.5%，续约率 70.2%，重点人群签约率 79.3%。

【卫生监督】

抓好疫情防控监督。2020 年，疫情防控监督检查各类公共场所、医疗机构、学校、商超 9733 户次，下达监督意见书 871 份；指导各类机构、场所、学校复工复产共 1550 户。

加强公共卫生监督。监督各类公共场所 954 户，双向建档率 100%；各类学校、托幼机构 133 所，建档率 100%；供水单位 41 户，农村饮用水井 40 口，建档率、监督覆盖率 100%。落实水质检测及各项卫生管理制度，供水单位水质检测合格率 100%。

加强医疗卫生监督。各级医疗卫生机构 359 家，依法执业和传染病防治监督覆盖率 100%，17 家预防接种单位规范开展预防接种；积极落实鼠疫各项防控监督检查。

开展职业卫生监督。组织辖区 130 余家用人单位和 70 名卫生计生监督协管员召开职业病防治工作推进会。对辖区内企业进行职业卫生情况摸底调查，共摸排企业 153 户次，对 5 户企业做出行政处罚。

推进各类专项活动。对城中村、城乡接合部、集贸市场、商圈公寓等重点区域开展 37 次非法行医巡回检查，查处无证诊疗场所和非法游医 6 户；对涉及违法违规行为的，严肃依法查处，卫生行政处罚 35 户，罚没款 40534.7 元。

【宣传教育】

通过微博、微信公众号等新媒体推送新冠肺炎、鼠疫防控、医改动态等健康知识，设计印制《青山区新型冠状病毒肺炎防控手册》（1—3 版）、《鼠疫防控手册》共 3 万册。上报各级各类媒体信息 113 篇，被采用 63 篇。以“两月一周”、“5·31”世界无烟日、全国爱眼日、全国爱牙日等卫生主题宣传日为契机，开展健康促进与教育进社区（村）、家庭、学校、机关、企事业单位行动，同时开展新冠肺炎、鼠疫等重点传染病防控知识的培训和宣传，共发放健康书籍、折页、海报、宣传品等 3.5 万余份，全区共开展健康讲座 200 余场。不断巩固完善健康教育阵地建设，全区新增健康步道 2 条、健康小屋 1 个。

5 月 9 日，在草原社区开展“全民营养周”宣传活动现场（区卫健委　供图）

【计生服务】

2020 年，发放失独家庭一次性扶助金 330.58 万元，伤残家庭一次性扶助金 135.73 万元，特别扶助金 423.24 万元，奖励扶助金 35.73 万元。春节期间，走访慰问 7 名百岁老人并送去慰问金合计 2.1 万元；敬老月期间，争取市老龄办经费 4.05 万元，开展温暖重阳，走访慰问老年人活动和志愿服务活动，向二〇二惠德老年养护院的老年人送去米、面、油、鸡蛋、牛奶等价值5000元的慰问品。全区各街镇、社区走访慰问 71 户高龄、空巢、失独、失能等生活困难的老年人，并送去价值 3.55 万元的慰问品。

2020 年，青山区深化实施全面两孩政策，推动生育政策平稳有序实施。青山区现居住人口出生人数 3120 人，出生率 5.83‰，符合政策生育率为 98.88%。其中，一孩出生 1842 人，占出生人口比重 59.04%；二孩出生 1223 人，占出生人口比重 39.2%；多孩出生 55 人，占出生人口比重 1.76%。

【爱国卫生】

2 月 9 日起，累计对 21 个村、419 个小区、13 个集贸市场、4 个超市的环境卫生、消杀情况进行督导检查，下发督查通知 50 余期，发现疫情防控和环境卫生问题 750 余项，整改率达 95%。4—6 月，大力开展爱国卫生月及宣传周活动，以城区环境卫生薄弱地段和城乡接合部为重点，对社区、村、集贸市场、学校周边、医院等重点场所环境卫生进行集中整治。累计向全区各街镇、社区、医疗机构、相关部门下发新冠肺炎及鼠疫防控的宣传册 2 万余份，鼠疫防控宣传折页 1 万份，宣传条幅 650 余条、宣传海报 1.5 万份，致公民的一封信 3 万份，易拉宝 100 余个，温馨提示 2 万余份。举办 2 期新冠肺炎防控及鼠疫防控健康讲座，近 500 余人次参加培训。9 月 25 日，承办“健康包头我行动”包头市健康环境促进行动启动会。12 月 2 日，开展青山区第四个健康促进月健康巡讲暨疫情防控知识技能及无烟单位创建启动会。根据自治区 2020—2022 三年无烟单位创建评选要求，在全区机关企事业单位中开展创建“无烟单位”活动，陆续完善其他无烟单位的创建工作，最终达到全区覆盖的总要求。

青山区计划生育协会

【概况】

1987 年，青山区计划生育协会（以下简称区计生协会）成立，为区卫健委所属相当于股级的事业单位。2020 年，核定事业编制 2 名。

【群众性宣传服务】

青山区各级计生协会以隆重庆祝中国计生协会成立 40 周年为契机，各社区、村共悬挂“5·29”协会会员活动日横幅 50 余条，张贴、发放协会宣传画、健康保健知识、优生优育、避孕节育、亲子早教、性与生殖健康保健、性病艾滋病预防各类知识宣传手册 2000 余份；利用微信公众号、黑板报、公共信息栏、宣传橱窗等形式，进行新冠肺炎防治、鼠疫防治、关爱计划生育弱势人群等宣传近百次；以义诊形式，宣传优生优育、生殖健康、疾病预防、中医保健等知识，发放宣传手册 500 余份，同时聘请医疗专家认真讲解手册内容，普及健康知识。通过线上线下活动，在辖区内开展“壮阔四十年 奋斗新时代”“青少年动植物研学教育”等“5·29”主题活动 70 余场。

【计划生育保险工作】

青山区计划生育协会与中国人寿保险股份有限公司包头分公司通过线上线下相结合的方式，面向辖区 100 余名家庭意外保险工作人员，开展计划生育家庭保险工作培训，并于 4 月全面推开家庭保险投保工作。2020 年，全区计生家庭意外险累计投保 1459 人，投保金额 11.23 万元。计生家庭险和计生干部险共理赔 46 人，理赔金额近 3.5 万元。

【暖心帮扶项目实施】

2020 年，青山区计生协会委托青山区社会组织服务中心以公开竞标、政府购买服务的方式，选定包头宏德公益协会作为帮扶项目的实施主体，开展计生特殊家庭帮扶项目。项目针对辖区 217 户特殊（失独）家庭，开展针对性帮扶。为 150 名特殊家庭人员免费进行全面健康体检；以中秋、新年为契机，开展慰问活动，为 165 名特殊家庭人员发放节日慰问品，价值共 3 万余元；为 100 户 60 岁以上老人做居家保洁服务。为 2 户家庭提供就医陪同和生病看护；有针对性地对全区特殊家庭以电话、微信、走访、聚餐等形式，开展心理疏导等服务。

（武雅琴　杨阳　供稿）

青山区红十字会

【概况】

青山区红十字会（以下简称区红十字会）成立于 1960 年。2006 年，由区卫计局分管调整为区人民政府直接领导的独立社会团体，机构规格为正科级，负责宣传、贯彻、落实《中华人民共和国红十字会法》、开展人道主义救援服务、普及卫生救护和防病知识等工作。内设办公室、业务科，核定编制 5 人，实有工作人员 11 人。

2020 年，区红十字会以习近平新时代中国特色社会主义思想为指导，聚焦主责主业，提升服务质效，较好地完成了全年各项工作任务。欧鹿社区被中国红十字总会授予“全国红十字模范单位”称号。

【救助帮扶工作】

2020 年，区红十字会累计投入人道救助资金 57.8 万元。其中，开展“红十字博爱送温暖”救助活动，为贫困家庭、环卫工人、困难职工发放救助物资 1600 份；通过网上“一口式”平台救助 45 人，发放救助金 6.7 万元；爱心企业定向救助 20 人，发放救助金 8 万元；联合先锋道街道办事处开展“两代表一委员”捐资助学活动，资助 20 人 发放救助金 4 万元。青山区“党建 · 爱心公益汇”专项救助 4 人，发放救助金额 3.9 万余元。疫情期间，共接收捐赠款物 221 万元，其中捐款 104.6 万元、物资价值 116.4 万元，所有款物全部用于抗击新型冠状病毒肺炎疫情。全年积极推动无偿献血、造血干细胞捐献、遗体和人体器官捐献工作，无偿献血 288 人次，采集干细胞血样 60 例，新增遗体捐献爱心人士 3 名。

【应急救护】

2020 年，区红十字会构建动态分层、分级分类应急救护培训体系，全年共开展急救员培训 17 期，培训急救员 1947 人；开展普及性培训 30 余期，培训人数达到 4571 人。

【救灾能力】

2020 年，区红十字会争取应急资金 55 万元，全部用于采购备灾物资，备灾救灾体系进一步完善。

【“博爱一日捐”】

2020 年，区红十字会累计收到募捐资金 132 万元，其中“博爱一日捐”捐款 108.5 万元、定向捐款 23.5 万元。聘请审计公司对 2019 年度募捐款的收支情况进行专项审计，没有违规现象。

【红十字会五届三次理事会召开】

2020 年 6 月 23 日，青山区红十字会第五届三次理事会召开，审议通过了 2019 年区红十字会工作报告、2019 年捐赠款物收支情况报告、监事会工作报告并更换了部分理事。

【红十字宣传工作】

2020 年，区红十字会利用“5·8”红十字博爱周、世界急救日等开展“疫情下的心理健康”等大型宣传活动。通过制作应急救护知识光碟、开发红十字宣传品等形式，同时利用各类媒体和宣传平台，扩大红十字会的影响力和知晓率。积极联合青山区“党建·爱心公益汇”发出“青山区红十字系统首届腾讯 99 公益日互联网众筹项目募捐”的倡议，成功为博爱困境儿童筹资 49981.73 元。

【“五个 100”项目】

2020 年，区红十字会积极打造“五个 100”项目，先后建立应急救护点 2 个、应急救护角 2 个、博爱家园 2 个。在项目的选取上贴近生活、贴近百姓，特别是“博爱井”项目，解决了永和窑村 200 余户老百姓吃水及灌溉问题，深受村民好评。

【基层组织建设】

2020 年，区红十字会出台《青山区红十字会关于救助审批权限公共服务事项下沉社区实施方案》，并对有关单位进行业务方面的培训，充分发挥基层组织力量，不断激发基层红十字组织活力，筑牢红十字会基层网络体系。

【网上红十字建设】

2020 年，区红十字会致力于打造智慧红十字会。为让群众少跑腿、信息多跑路，开发救助申请及光明行申请“一口式”受理平台，即居民在社区前台受理，区红十字会后台协同办理，解决了受助居民办事难的问题。

（武雅琴　供稿）

疫情防控

【概况】

1 月 29 日，区委办公室和区人民政府办公室印发《关于成立青山区新型冠状病毒感染肺炎防控工作指挥部的通知》（青党办发〔2020〕2 号），区委书记任总指挥，区委副书记、区人民政府区长任常务副总指挥，各区委常委、区人民政府副区长及相关区级领导为副总指挥，各有关部门领导为成员。青山区疫情防控指挥部下设综合协调组（办公室）、人员排查组、医疗防控组、后勤保障组、联防联控和社会稳定组（后更名为社会管控组）、宣传引导和舆情应对组、督查问责组、复工复产工作组（综合办公室设在区发改委）8 个专项工作组。

【综合协调组】

工作职责：负责指挥部日常工作及各专项工作组、各成员单位之间综合协调、指挥调度、信息沟通；负责汇总全区疫情防控工作情况和信息收集管理；负责指挥部会议、文件、文稿等服务和办理；负责疫情防控重要工作的督办落实；开通疫情防控24小时服务热线电话；完成指挥部交办的其他工作。

12月18日，青山区新型冠状病毒感染肺炎防控工作指挥部印发《关于进一步健全完善指挥部综合协调组常态化运行工作机制的通知》（青防指发〔2020〕119号），综合协调组下设指挥调度中心。指挥调度中心工作职责：综合协调，在区指挥部综合协调组的领导下，指挥调度中心充分发挥牵头抓总作用，负责分解、督办上级部署的各项重点工作任务；负责与市指挥部综合协调组、区指挥部各专项工作组对接沟通、综合协调和日常事务工作；建立疫情防控工作报告制度，每周向区指挥部领导报告工作情况，紧急情况随时报告。公文办理，上级指挥部来文由指挥调度中心和区政府办机要室负责运转，各专项工作组负责具体承办，指挥调度中心按领导批示负责督办；各专项工作组上报指挥部的请示报告件，由调度中心统一接收登记，提出拟办意见后，按领导批示督促各组进行办理；涉及综合协调的请示报告由调度中心负责办理。公文起草，指挥部总指挥、各副总指挥讲话稿，以及以指挥部名义向上级指挥部和区委汇报的综合性文稿，指挥调度中心负责向各工作组和有关成员单位收集汇总相关资料，区政府办公室负责起草送审；以指挥部名义印发的文件和应急演练等各类工作方案、预案，由指挥部各专项工作组根据职能起草，经各组组长研究同意后，由指挥调度中心送审印发。以指挥部各工作组名义印发的文件，由相关成员单位起草，各工作组负责送审印发。会议组织，指挥部会议由指挥调度中心负责组织承办；会议纪要由承办会议部门负责起草送审。督促检查，按照上级和区指挥部领导要求，由指挥调度中心统筹，抽调相关工作组人员开展督查工作。数据统计，各专项工作组有关数据的收集、汇总、上报工作原有机制不变。根据工作要求，需要报送到市指挥部或区指挥部有关领导的由指挥调度中心统一汇总。值班值守，区指挥部24小时应急值守和紧急突发事件处置报告、沟通对接工作由区政府办和指挥调度中心负责。

青山区新型冠状病毒感染肺炎防控工作指挥部综合协调组全年发文383件，收文527件，累计编发简报235期，向市指挥部报送信息341条，组织召开指挥部会议25次，受理群众热线反映问题3773条。

【人员排查组】

工作职责：各街镇、社区（村）要建立新冠肺炎疫情防控工作组织体系，细化网格化管理，按照“五个一”要求，责任到人、联系到户，确保各项防控措切实落实、不留死角。鼓励社区居民参与防控活动。各街镇和物业中心要指导社区和物业企业在小区出入口设体温检测点，检测进入小区人员体温，并对进入的车辆进行登记排查。加强人员追踪。坚持网格排查和行业主管部门排查相结合，加强人员健康监测，摸排人员往来情况，重点追踪、督促境外返包头人员、全国中高风险地区返包头人员。各社区（村）按照面对面告知、一对一管理要求，监测其健康状况，发现异常情况及时报告并采取相应防控措施，防止疫情输入。实施医学观察，发挥街道（社区）干部、社区卫生服务机构医务人员和公安派出所“三位一体”的作用，形成工作合力，提高人员追踪的敏感性和精细化程度，做好密切接触者管理。发动社区网格员、社区卫生服务机构医生对确诊病例和疑似病例的密切接触者进行规范管理，配合疾控中心规范开展病例流行病学调查和密切接触者追踪管理，落实密切接触者居家医学观察措施，及时按程序启动排查、诊断、隔离治疗等程序。配合疾控中心社区卫生服务机构做好密切接触者医学观察，确保追踪管理和报告落实到位。完成指挥部交办的其他工作。

实行网格化管理、地毯式摸排。明确“一对一”“面对面”“人盯人”的管控措施。进一步强化所有小区疫情防控网格化管理，进一步提高社区网格员在开展疫情防控过程中的工作能力，确保各项疫情防控工作做实做细。

加强人员追踪。建立返包头人员“双报到、双管理”制度。向全区印发《关于疫情防控期间加强人员管理的公告》，要求外地返包头人员全部实行“社区+单位”双报到、双管理制度，一律严格落实居家隔离观察14天等措施，从源头上防范和阻断疫情传播渠道。建立四类人员管理台账和管理办法。将重点管控人员分为四类进行管理，做到每类人员“底数清、情况明”，做到“不漏一人、不落一户”。为确保各行业、各领域、各街（镇）规范有序开展疫情防控工作，下发《致居家隔离14天居民的一封信》《关于返程人员排查工作流程》，指导各社区开展人员排查工作。

建立“作战图”工作模式。为全面布局青山区疫情防控工作，人员排查组及时设计印制了青山区疫情防控作战图。该作战图将各街镇小区的分布、负责小区的社区网格员、片警和家庭医生、小区是否有物业、在疫情防控过程中封闭的小区入口以及各小区出入口设置监测点的位置均布置在地图上。通过作战图，可以直观地、全面地掌握青山区各街镇、各小区疫情防控的具体情况。

加强企业事业单位联防联控。印发《关于进一步加强驻区企业联防联控措施的紧急通知》，要求各驻区企业加强返包头人员的管理并每日报送台账。同时，印发《关于进一步加强区属各行业监管部门信息资源共享的通知》，各行业监管部门随时排查发现外来人员信息，第一时间推送至指挥部，区内人员纳入管理范围，区外人员及时函告居住地旗县区加强管控。

人员排查组认真贯彻落实市、区两级疫情防控指挥部的工作安排，逐步形成常态化人员排查机制，实现“零误差”精准上报数据。2020年进行全区整体摸排3轮，排查嘎查村21个、小区338个，住户数684297户次，人员数1323846人次。未发现疑似、确诊病例。

【医疗防控组】

主要职责：按照自治区、包头市统一安排，制订青山区新型冠状病毒感染肺炎疫情诊断救治工作方案；负责新型冠状病毒感染肺炎情况报告管理。协调定点医院做好救治工作，加强医院感染防控，做到防护结合。组建医疗救治预备队。规范做好发热门诊及二级以下医疗机构诊疗行为。组织辖区内基层医疗卫生机构工作人员参加新型冠状病毒感染肺炎病例发现与报告、流行病学调查、标本采集、院感防控、个人防护等内容的培训，提高防控和诊疗能力。发布公告，对辖区内来自武汉的人员进行警示，要求到社区卫生服务机构登记并实行居家医学观察14天。做好对疫情流行趋势的判断，指导医疗机构实施预检分诊，根据患者症状体征和流行病学史，引导病例至专门的发热门诊就诊。将新型冠状病毒感染肺炎确诊病例转诊至定点医院诊治收治，加强院内感染防控工作。收集报告疫情进展情况。组建专业流调及消杀人员预备队，做好防大疫处置工作。强化病例个案和聚集性病例的流行病学调查与处置，详细调查病例的感染来源，确定疫情波及范围，评估疫情影响及可能发展趋势，掌握病例发病至被隔离期间的接触人员，判定密切接触者。协助提供疫区处理所需技术，指导一般公共场所、交通工具、集体、单位落实以环境清洁和开窗通风为主的卫生措施，必要时进行适度的消毒处理。指导工作人员科学做好个人防护。完成指挥部交办的其他工作。

截至2020年12月4日，青山区无新冠肺炎确诊及疑似病例；累计管理密切接触者39人，解除隔离39人；累计管理密接的密接11人，解除集中隔离医学观察11人；集中隔离医学观察场所累计管理475人，解除隔离475人，参与居家隔离医学观察的医务人员425人，累计管理境外及中高风险地区返包头居家隔离医学观察8020人；累计开展各类重点地区返包头人员核酸检测2788人次、血清抗体检测382人。储备集中隔离医学观察房间1000间以上。累计消杀面积81.81万平方米；扎实开展各类“应检尽检”工作，累计检测冷链食品从业人员45人，农贸市场等重点行业人员60人，医疗机构医务人员7535人，农贸市场及冷链环境样本306份。共为基层医疗卫生机构下拨密切接触者管理工作补助22700元，为基层医疗卫生机构配备必要的消毒液197.5升、N95口罩1756只、KN95口罩309只、一次性口罩1953只，隔离衣309件。

2020年，举办新冠肺炎疫情防控和医疗救治工作部署暨培训会等新冠肺炎疫情防控各类培训共10次，制定印发《新型冠状病毒感染的肺炎防控工作方案》《青山区新型冠状病毒感染的肺炎防控应急预案（试行）》《新型冠状病毒感染的肺炎医疗救治工作方案》《集中隔离医学观察组织架构》《集中隔离医学观察工作流程》《集中隔离医学观察人员转运车辆工作流程》《集中隔离医学观察场所工作组职责》《集中隔离医学观察人员生活须知》《集中隔离医学观察场所人员值班表》《集中隔离医学观察场所消毒方法》等制度文件29件，组建中医医疗救治专家组，积极开展新冠肺炎疫情心理危机干预工作。设计印制《青山区新型冠状病毒肺炎防控手册》（1～3版）共26000余册。

为有序推进全区企业复工复产、学校顺利复学，举办了全区复工复产复学企业学校疫情防控培训会。组织卫生计生监督局和从社区卫生服务中心选派到学校的疫情防控指导员与即将复学年级的学校进行联系，开展疫情防控监督和指导，构筑起监督员、疫情防控指导员和学校疫情专管员“三位一体”的工作体系，为学校分批次复学提供防控技术保障。选派26名防疫人员参与由相关部门牵头组织的全区企事业单位复工复产疫情防控措施落实情况专项检查。派驻装备园区医务人员指导复工企业开展疫情防控工作，累计完成297人。自2月9日至8月初，对10个街镇的400多个小区、21个村的13个农贸市场，以及4个超市的疫情防控、环境卫生情况进行督导检查，下发督查通知26期，发现疫情防控和环境卫生问题630余项，已整改570余项。

制定《青山区新型冠状病毒疫苗紧急使用工作方案》，成立疫苗紧急使用工作领导小组；摸底统计重点接种人员22025人，其中驻区自治区、市级单位13801人，区本级8224人；确定17家接种门诊，培训接种人员78人；确定所有三级医院为疫苗接种异常反应人员医疗救治工作开辟绿色通道，并包片负责各接种点救治工作。

【后勤保障组】

工作职责：开通绿色通道，保障疫情防控资金及时拨付和物资设备采购。依据有关政策做好医保报销工作，协调做好转院病人备案管理工作。根据疫情防控需求提供各类物资设备的保障和储备。加强对各类农贸市场、海鲜市场等各类公共场所的管理和消杀工作；负责做好抗病毒药品及防护用品等行为的价格监管工作，严厉打击各类哄抬物价等行为。负责医疗垃圾、生活垃圾、厨余垃圾、建筑垃圾和垃圾处理设施的监督管理工作。多渠道调配防疫专业技术人员，充实到疫情防控一线。完成指挥部交办的其他工作。

物资保障。区工信和科技局充分挖掘一切有利信息，有效发挥一切可用资源，全力开拓一切供货渠道，先后联系到山东、河北等地医疗卫生企业和经销商，第一时间收集线索30多条、大小供货渠道20多条，为组织采购工作奠定了基础。疫情期间，先后采购并争取上级调拨一次性医用防护口罩63460只、医用外科口罩25500只、N95口罩1000只、医用防护服1140套、护目镜230副、红外线测温仪400个、医用手套400双、消杀用品7.64吨等物资，有力保障了一线防控人员需求。同时，发动区内外企业家、知名人士和社会各界，积极主动捐献物资，先后接受中国联通包头分公司、蒙牛乳业包头公司、星东方培训学校等捐赠口罩、消毒液、防护服等物资，有力支持了全区疫情防控工作。

在推进阶段，积极协调解决企业复工复产遇到的难题和口罩生产所需原材料问题，协助北重、北奔、供电等企业采购 KN95 口罩 45500 只，免费向企业发放消毒液 8 吨、一次性医用口罩 1.4 万只，解决了二电厂原材料库存紧张的问题。协助一机集团综企公司下属的星叶轻工制品公司在原有劳保口罩生产的基础上购进医用口罩、KN95 口罩专用生产线，提升生产能力、拓展产品品种、办理相关资质。

复工复产。根据驻区大企业涉及面广、职工数多、情况复杂的特点，区工信和科技局制定了《关于加强驻区工业企业疫情防控工作的实施方案》。3 月中旬，由主要领导带队，利用一周时间分别对各自领域共 44 户企业进行深入摸排，着重对节后复工复产、防疫防控情况和企业急需解决的突出问题进行调研了解。同时，向企业宣传疫情防控政策，指导企业制订复工复产方案和应急预案，切实履行本单位疫情防控主体责任，做到防控工作机制建立到位、人员信息排查到位、“单位 + 社区”双报到执行到位、厂内公共区域消杀到位、宿舍食堂重点区域管理到位共五个到位，确保生产生活平稳有序。

坚持做好联防联控，建立工业企业疫情防控专项工作制度，形成企业防疫防控专员日沟通机制，每日摸底汇总企业及项目开复工情况、在岗人员、隔离人员、返包头及复工人员等相关数据，更新《重点包联企业疫情防控工作台账》《各企业返包职工花名册》等，并通过自治区和包头市的工业企业管理系统上报规模以上工业企业复产情况，做到底数清晰、人员来向清楚、状况清楚。

在企业复产之际，制定了《关于青山区工业企业复工复产疫情防控工作的实施方案》，组织发放依据《包头市工业企业开复工十条规定》制定的《关于工业企业做好复工期间联防联控工作的通知》，确保企业严格按照通知要求达成复工复产条件。另外，定时监督抽查分散在各街镇的众多中小企业，并联合市场监督管理局对已复工复产的 17 户中小微食品加工企业进行现场查看，做到抗疫情、促开工两项重点工作同时推进。截至 3 月中旬，所有具备条件的工业企业全部实现开复工。

信息化保障工作。区工信和科技局积极发挥协调通信运营企业的资源优势，由移动公司为青山区免费安装“疫情视频会议应急指挥系统”，全程跟进调试并做好视频会议的网络应急保障。疫情期间，共处理网络故障 11 次，保证了“疫情视频会议系统”的稳定运行。组织协调移动、联通、电信、包头云计算中心等相关信息企业，依托大数据、云平台基础搭建了疫情防控社区人员和车辆的信息采集系统，应用信息化手段全力支持疫情防控工作。区疫情指挥部成立后，及时协调 OA 平台技术人员开通机构账号。协调联通公司和云计算中心，仅用 1 天时间开通了区公安分局的电子政务网络通道，并安装调试了区政务 OA 协同办公平台，为实现高效、顺畅的指挥调度，发挥了积极的作用。

【社会管控组】

2020 年 2 月 9 日，青山区新型冠状病毒感染肺炎防控工作指挥部印发《关于调整联防联控和社会稳定组名称和组长副组长的通知》（青防指发〔2020〕11 号），将联防联控和社会稳定组更名为社会管控组。

全面加强社会面管控工作。根据上级安排，按等级勤务执勤，科学调整社会面防控勤务，加强阳光大厦、万达、正翔、娜琳商圈等公共安全复杂场所及重点路段的巡逻防控，确保社会面安全。做好行业管理，2020 年 1—3 月疫情防控严密阶段，共关停娱乐场所 60 家、游戏厅 4 家、旅店 124 家、住宿洗浴 19 家；青山公安分局建立应急处突队对哄抬物价、扰乱医疗秩序等扰乱市场秩序的违反犯罪行为予以严厉打击，协助卫生防疫部门落实隔离观察强制措施，对拒不配合的依法采取强制措施。依法查处打击涉疫违法犯罪，坚持从重从快原则，全力维护社会稳定。全年共处理涉疫警情598起，处理涉疫治安案件 47 起，罚款 51 人，行政拘留 22 人，教育训诫 1 人；刑事案件 4 起，刑事拘留3人。组织派出所社区民警继续做好社区、辖区出租屋相关人员的精准管控工作。按照上级要求，管控措施精准到最小单元，对于涉疫人员第一时间与区指挥部做好对接工作，切实做好涉疫人员的动态管控工作。

重要通道人员车辆管理工作。青山交管大队全员上岗，在辖区民东高速路口设立检查点，24 小时坚守，配合相关部门盘查出城车辆及驾乘人员，进行逐一防疫筛查，最大限度减少疫情风险，共检查登记车辆 25438 台，人员 58361 人。

加强网络舆情管控。网安大队进一步强化网上巡控和舆情导控，及时发现、封堵和删除网上政治谣言，特别是针对疫情防控方面的有害信息，坚决切断境内向境外“喂料”、境外向境内“倒灌”渠道，坚守政治安全底线。持续开展 7×24 小时不间断巡查监测，切实加强线索的落地核查，对影响恶劣、涉及违法犯罪的闹事人员进行教育训诫和依法打击，累计舆情导控 167984 余次，处理有害信息 2459 条，落地查控 662 条。

人物同防，应检尽检。明确重点、人物同查。青山区市场监管局落实冷链食品行业场所环境及食品核酸检测工作。梳理汇总冷链食品经营单位名单，做好对重点场所环境样本、冷链进口食品核酸检测工作，确保应检尽检，无一遗漏。截至 2020 年年底，集中对 13 家农贸市场、1 家第三方冷库、19 家食品生产企业、33 家餐饮单位、84 家食品经营单位的相关食品及食品贮存设备、盛放容器、加工工具等环境进行涂抹样本核酸检测，共检测 639 批次（涉及食品检测 235 批次、环境样本检测 404 批次），结果全部为阴性。其中，对天津港涉事食品及环境样本检测 12 批次（高速包头服务区），结果均为阴性。加强冷链食品从业人员个人防护管理。各市场主体建立全体员工健康状况台账和风险接触信息报告制度、准备足够的防疫物资；从业人员全部实行健康通行码“绿码”上岗制；联合卫健部门对冷链食品从业人员进行核酸检测，做到冷链食品相关人员“一周一检”；安排冷链进口食品从业人员有序接种新冠疫苗。当年，完成环境涂抹样本核酸检测 639 批次，从业人员核酸检测 4203 人次，美团、饿了么骑手核酸检测 300 人次，结果全部为阴性；辖区冷链进口食品从业人员新冠疫苗接种已完成接种 461 人。突出重点领域，青山区市场监管局对原料为进口冷链食品的食品生产企业、经营进口冷链食品的农贸市场、食品销售单位、餐饮单位、第三方冷库进行全面检查，要求相关企业做好进货查验及索证索票，确保食品来源可追溯，排除境外冷链进口食品新冠病毒输入风险，严格查验上市销售进口冷链食品是否具备“三证一码”。严禁采购、使用来源不明、相关票据不全的进口冷链食品。严禁采购和制售野生动物及其制品。督促进口冷链食品经营户对接触人员和食品、包装进行核酸检测；督促餐饮单位重点把好人员健康、进货查验、食品加工以及餐饮具洗消等各关键关口，确保人员健康、防护规范、食品及原料来源可靠、生熟食品分类存放分类加工、餐具洗消规范到位。

做好消杀保洁工作。自防疫工作开展以来，千名环卫工人坚守在一线，做好道路、公厕、环卫设施等日常保洁同时，对沿街垃圾桶、果皮箱、公交站台等每日进行除菌消毒，对城区公共厕所等极易滋生和传播病菌的区域，使用消毒液进行喷洒、擦拭消毒，确保城区公共设施干净卫生。垃圾及时清运。防疫期间，提高垃圾收集清运频次，减少垃圾在居民生活区的积存和滞留时间，保证城区居民生活垃圾的“日产日清”。对小区生活垃圾进行特别清运无害化处理，同时对垃圾转运人员、驾驶员加强消毒杀菌及自我防护知识的培训。

【宣传引导与舆情应对组】

宣传引导与舆情应对组在疫情防控宣传中形成了“一核四驱双联动”的工作机制，即以习近平重要指示批示精神和指挥部指令为核心，线上宣传宣讲、线下宣传引导、舆情监测应对、文艺精品创作四驾马车齐驱，各级各类媒体统筹协调联动与舆情会商、研判、处置多方即时联动。以“一个核心”把好政治关，“四车齐驱”领跑舆论场，“双线联动”握牢主动权。

宣传引导方面。全年在《人民日报》、新华网等中央级媒体刊发稿件175篇（条），自治区、市级媒体刊发稿件3000余篇（条），“学习强国”平台刊发稿件191篇，经新华社采用的视频、文章总阅读量突破千万次，“学习强国”供稿量居全市前列。在抖音账号“青山人青山事”发布产品近700条，浏览量突破400万，在全市入驻抖音政务账号中数据大幅领先。《牢记！防控疫情十要诀》《内蒙古包头：家有小小红领巾为武汉加油》2篇登上“学习强国”全国主平台；《萌娃在家也抗疫》《“爱心包子”首赠青山社区疫情防控一线》2个视频被内蒙古新闻网、草原云平台采用；围绕包头市29名医护人员出征武汉，策划的新媒体产品《用青山声音，为中国加油》，在各平台推广，具有较大影响力。

社会面宣传方面。制作《青山区口罩文明倡议书》普通话、方言两个版本的广播、抗击疫情顺口溜，并在2个镇21个村、区内各企业等进行滚动播报。在全区174个线上微信理论学习群转发了各类融媒宣讲产品；积极把科普类融媒产品向北重、一机等驻区各大企业推送，扩大疫情常识全民科普覆盖面。累计通过宣传车、校园广播、大小喇叭、移动音箱播放疫情防控知识、复工复产安全注意事项等300万条次。各街镇、社区设立温馨提示牌共计1228块，张挂标语横幅1700余条，发放各类资料50余万份。疫情阻击战期间，利用600余块LED屏不间断滚动播放疫情防控及复工复产注意事项。

鼓励文艺创作。抗疫阻击战期间累计创作文艺作品346个，其中9个文艺精品在自治区级平台推广，119个优秀作品被包头市文联微信公众号采用。面向全区广泛征集抗疫主题文艺作品千余幅，其中203件文艺精品汇集为《风雨同舟 与爱同行——包头市青山区抗疫主题艺术作品集》，展示了广大文艺工作者、干部群众众志成城、共克时艰的炽热情怀和感人事迹。

强化舆情监测预警，及时回应社会关切。抗疫阻击战期间，进一步压实基层网络意识形态网格员责任，要求切实做到舆情全网全程全时段监看，每日及时、准确向疫情防控指挥部、市委宣传部报送属地舆情情况。在线监测到涉疫网络舆情83件，均做到第一时间上报，并组织协调相关部门召开舆情联席会商会议进行分析研判，全部妥善处置。向市委网信办报送网络舆情反馈9次，属地舆情态势平稳。

【督查问责组】

2月12日，根据《中共青山区委办公室 青山区人民政府办公室关于增设青山区应对新型冠状病毒感染肺炎疫情工作督查问责组调整疫情防控部分区级领导包联街镇的通知》，增设应对新冠病毒感染肺炎疫情工作督查问责组。

主要职责：督查贯彻落实习近平关于疫情防控重要讲话重要指示批示精神和中共中央、国务院决策部署，以及自治区党委、政府，市委、市政府和区委、区政府关于应对新型冠状病毒感染肺炎疫情防控工作要求情况。督查各级包联领导包联责任落实情况和各部门、各单位支持配合包联工作情况。督查网格化管理要求落实情况，包括网格化区域内疫情动态监测、排查、预警，对进入网格化区域的人员特别是外来人员的登记报告、消毒、体温检测等措施落实情况，对密切接触者所在的社区进行逐户逐人测量体温、核准情况，做到人对人核实、面对面告知、一对一管理，发现异常情况立即报告、及时处置等措施落实情况。督查各级加大舆情引导和政策宣传解读力度，完善信息通报制度，及时发布疫情信息和防控工作进展，广泛普及疫情防控知识，积极回应社会关切等情况。督查各级党组织和党员干部在疫情防控工作中担当作为、履职尽责、狠抓落实、充分发挥基层党组织战斗堡垒作用和党员先锋模范作用情况。对工作中发现的不落实、不担当、不作为等形式主义、官僚主义问题，特别是推诿扯皮、失职渎职、贻误战机和迟报、瞒报、漏报等行为，严肃追责问责。完成指挥部交办的其他事项。

新冠肺炎疫情防控期间，青山区纪委监委迅速成立 4 个监督执纪问责工作组，并与区委办、政府办、区委组织部联合组成 2 个督查问责小组，对全区 10 个街镇、20 余个部门单位疫情防控工作落实情况持续开展督查检查，共检查部门单位 142 次，检查乡镇街道 450 次、村和社区 889 次、居民小区 2212 次、交通站卡检查点 1429 次、药店超市宾馆商铺 708 次；发现问题 359 个，组织处理 6 人，给予党纪处分 1 人。

【复工复产工作组】

3 月 19 日，按照全市复工复产工作部署及实际工作需要，青山区新冠肺炎疫情防控指挥部印发《关于增设推进复工复产工作组的通知》（青防指发〔2020〕76 号），综合办公室设在区发改委，下设农牧业企业、工业企业和中小企业、服务业和外贸企业 3 个复工复产工作协调组，明确了各部门职责分工，并建立了长效工作机制，有序推进全区复工复产工作开展。复工复产组成立后，每日向青山区新冠肺炎疫情防控指挥部报送企业复工复产工作动态，累计报送动态 82 篇；向包头市复工复产组报送经验做法类信息 21 篇；累计处理复工复产相关投诉、咨询 17 件。

截至 2020 年 7 月底，青山区农牧业企业 9 户，已全部复工复产，复工复产率 100%。工业企业 584 户，复工复产 555 户，未复工复产 29 户，复工复产率为 95%，剔除其他因素未复工复产的 28 户，复工复产率为 99.8%。其中，规模以上工业企业 46 户，复工复产 45 户，复工复产率为 97.8%；中小企业 538 户，复工复产 510 户，未复二复产 28 户，复工复产率为 94.8%；服务业经营主体 5759 户，复工复产 5161 户，未复工复产 598 户，复工复产率为 89.6%。

（郝永旺　陈晓雪　供稿）

社会服务与管理

民族宗教事务

【概况】

青山区民族宗教事务局成立于1984年，是区人民政府职能部门，机构规格为正科级。2019年3月，在青山区统一部署下，青山区民族宗教事务局更名为青山区民族事务委员会（以下简称民委），加挂青山区蒙古语文工作委员会牌子。2020年，民委内设办公室、民族事务股。核定编制：行政5名、事业2名；科级领导职数2名（1正、1副）；有所属相当于股级事业单位的蒙汉文翻译中心，核定事业编制2名。

2020年，民委紧紧围绕“中华民族一家亲，同心共筑中国梦”这一目标，以开展“铸牢中华民族共同体意识”主题教育为契机，创新宣传活动载体，“一周两月”活动掀起各民族团结、互助、和谐新高潮；深入开展民族团结进步创建“八进”，不断铸牢中华民族共同体意识；推树民族团结进步示范典型；强化工作举措，民族事务治理能力和水平不断提高；有效规范整治普及蒙古语文工作，促进地区蒙古语文工作健康持续发展。

【民族】

2020年，青山区居住着37个民族的人口。其中，人口在1万人以上的有汉族、蒙古族；人口在1000人以上的有回族、满族；人口在100人以上的有朝鲜族、达斡尔族；人口在100人以下的有藏族、维吾尔族、彝族、壮族、布依族、侗族、白族、哈尼族、傣族、黎族、傈僳族、畲族、拉祜族、东乡族、纳西族、柯尔克孜族、土家族、仫佬族、羌族、锡伯族、乌孜别克族、俄罗斯族、鄂温克族、裕固族等。

【民族政策法规宣传】

2020年，民委按照包头市“民族政策宣传月”“民族蒙古语文法制宣传周”“民族团结进步活动月”的统一安排部署，5月，承办包头市“民族团结一家亲”艺术作品展暨青山区第十二个民族政策宣传月活动，采取线上手机抖音直播和线下实地参观的形式，广泛传承弘扬民族优秀文化。7月，开展青山区第十二个民族蒙古语文法制宣传周暨《中华人民共和国民法典》集中宣传活动。9月，围绕“民族团结助力脱贫攻坚，各族人民携手共进小康”主题，在青山区第37个民族团结进步活动月暨兴胜镇第二届农民丰收节期间，开展民族政策宣传，让现场观众在品尝美食的同时充分了解民族政策和体会丰收喜悦。10月，召开青山区深化少数民族流动人口管理服务推进会。确定工作目标，明确工作任务，印发了《青山区深入推进少数民族流动人口管理服务工作实施方案》。在市民大厅设立青山区少数民族流动人口服务站，在10个街道（镇）各设立1个少数民族流动人口管理服务试点社区，印制《青山区少数民族流动人口服务指南》。“一周两月”期间，组织全区各部门、单位开展“互联网+民族政策宣传”、“民族政策知识有奖答题”等你来挑战、民族团结抗疫先锋“身边的榜样”及民族政策专题讲座等多种形式的宣传教育活动。展出各类展板36块，张贴海报1500余张。发放宣传手提袋2000个、毛巾2000条、围裙1000个、课程表1000个、车辆提醒卡2000个、扇子2000个、各类宣传资料共计20000余份，举办民族政策专题讲座2次，慰问各民族困难家庭25户、各民族困难退役军人2户、各民族困难学生10人，共发放慰问金1.4万余元。

【少数民族事业发展】

2020年，民委落实民族助理员补助政策，共为70名社区（村）民族助理员发放补助12.6万元。探索城市民族工作进社区、进学校新模式，着力打造了城市民族工作示范社区自由路街道光辉爱里——少数民族服务基地和城市民族示范学校三星小学文化传承教育基地——石榴籽厅。围绕打造包头市民族示范社区、示范学校，弘扬优秀民族文化，积极争取少数民族发展资金，将民族团结、服务融入最基层并传承弘扬少数民族文化。积极争取包头市级少数民族发展资金，科学规划，突出重点，与青山区经济发展规划和民族工作相结合，及时补充项目，动态管理区级少数民族发展资金项目库，按照《青山区民族事务委员会少数民族发展资金项目报备实施管理工作流程（试行）》进行管理监督。10 月，召开青山区少数民族发展资金项目评审论证会，对 6 个申报项目进行评审论证。全年完成项目 3 个，新申报项目 4 个，储备 2 个，对运行项目及时跟进，实施进度月报和监督检查。

【清真食品管理】

2020 年，民委按照《包头市清真食品管理条例》相关要求，积极开展清真食品年报、审批及监督检查。组织各街道（镇）、社区（村）民族助理员对所辖范围内的清真食品商业网点（企业）开展拉网式工作检查和政策宣传，联合市场监督管理局开展清真食品“双随机一公开”监督检查，做到边摸底登记核对、边宣传民族政策、边检查整改落实。全面梳理民族事务权责清单，及时认领政务服务事项，规范审批流程，深化“放管服”改革。

【民族团结进步创建】

2020 年，民委以铸牢中华民族共同体意识为主线，以民族团结进步创建“八进”为载体，开展创建全国、内蒙古自治区、包头市民族团结进步示范区、示范单位活动。青山区被命名为“自治区民族团结进步示范区”，并作为旗县区示范代表在内蒙古自治区民族团结进步创建互联互学会议上进行交流发言。“万千石榴籽，同根共呼吸”——青山区创建自治区民族团结进步示范区经验材料被“学习强国”平台采用。开展民族团结进步教育基地创建工作，推荐包头军工文化广场和赵家营小学“五彩景嘎”民族团结进步教育基地参与申报。以创建“全国民族团结进步示范市”为契机，组织青山区各级各类创建示范单位对标自检自查，对 14 家民族团结“十进”精品示范点进行深入调研，积极筹划。组织民委各兼职委员单位，开展“民族团结一家亲”结对共建帮扶活动，改善各民族群众生产生活条件，促进民族团结。

按时完成中央对各地区贯彻落实习近平关于民族工作重要讲话指示批示精神和中共中央关于民族工作重大决策部署情况开展调研检查进行的自查自检各项工作，对青山区 50 多家单位的民族工作开展情况进行梳理规范，为青山区创建全国民族团结进步示范区奠定基础。

【蒙古语文】

2020 年，民委大力开展蒙古语言文字的推广使用。7 月，召开青山区社会市面蒙汉两种文字并用“规范年”部署会，组织开展美工制作企业摸底及蒙古语文政策培训。规范整治期间，共规范审核社会市面蒙汉用文 10000 余条。自由路街道所辖社区全部使用蒙汉文并用标识牌。全力做好市民大厅窗口社会市面蒙译，结合青山区机构改革，加大监督检查力度，在青山区范围内开展行政机关、事业单位社会市面蒙汉两种文字并用及青山区社会市面蒙汉两种文字并用治理整顿工作。完成青山区人民政府蒙古文政务网站相关内容蒙古语翻译审核 100 余篇。配合完成青山区“两会”、融媒青山行等大型会议活动翻译任务，翻译准确率 100%。

（王强　供稿）

人事劳动和社会保障

【概况】

青山区人力资源和社会保障局（以下简称区人社局）成立于 1984 年，是区人民政府工作部门，机构规格为正科级。2020 年，区人社局内设办公室、人力资源和人事人才管理股、事业单位和专业技术人员管理股、劳动关系和劳动保障股、就业社保和基金监督管理股 5 个股室。核定行政编制 8 名，核定科技领导职数 4 名（1 正，3 副）。有所属相当于副科级参照《中华人民共和国公务员法》管理的事业单位 2 个，分别为青山区劳动和社会保障监察大队和青山区社会保险中心，核定参照《中华人民共和国公务员法》管理的事业编制 37 名。有所属相当于股级事业单位 3 个，分别为青山区人力资源服务中心、青山区劳动人事争议仲裁院、青山区退休人员服务管理中心，核定事业单位编制 7 名。

2020 年，区人社局多举措提升人社服务水平，开展招才引智工作，进一步完善社会保障体系，切实保障劳动者合法权益，全力推进和谐劳动关系试验区创建工作，实现人社工作不断迈向更高台阶。区人社局被内蒙古自治区人社厅授予“2017—2019 年度优质服务窗口”“青山区基层党组织互联互动优秀单位”等称号。

人　事

【专业技术人员管理】

2020 年，青山区专业技术人员职称申报共计 549 人。其中，非教师系列专业技术人员职称申报 89 人(高级职称 17 人、中级职称 37 人、初级职称 35 人)；中小学教师系列职称申报 460 人（高级职称 91 人、中级职称 83 人、初级职称 286 人)。自主评审中级职称 80 人、初级职称 27 人。

【公开招聘和人才引进】

2020 年，区人社局赴教育部直属 6 所师范类院校外招优秀教师 38 名；组织 200 名中小学教师、10 名卫健系统和 24 名其他事业单位人员公开招考工作，最终招录 216 人。为 21 家驻区企业申请人才储备 241 人，新增 7 家企业建立青年见习基地，吸纳 339 人到基地就业见习。

【工作人员考核奖惩】

2020 年，区人社局依据《内蒙古自治区事业单位工作人员考核实施细则》《青山区关于加强工作人员管理的暂行办法》等文件，开展机关事业单位及协管单位 2019 年度考核工作，根据考核结果兑现工资正常晋升、年终一次性奖金、合同制聘用人员工龄补贴等待遇，年度考核评优人员为 60 人。其中，34 人月增资 200 元，对 26 名累计三次考核评优人员比照事业单位同类人员待遇兑现工资。

劳　动

【劳动保障监察】

2020 年，青山区劳动和社会保障监察大队共协调处置监察案件 406 件，涉及劳动者 1289 人，金额 1924.93 万元。其中，一般案件 217 件，涉及人员 337 人，金额 104.23 万元；农民工案件 189 件，涉及人员 952 人，金额 1820.70 万元。

【劳动争议仲裁】

2020 年，青山区劳动争议仲裁委员会共审结劳动仲裁案件 1045 件，为劳动者挽回经济损失 1253.35 万余元，案件数量和涉及金额均位列包头市第一。裁决 471 件(一裁终局 262 件，包含 2019 年未结案件 3 件)，调解 381 件，撤诉 16 件，不予受理 127 件，案外调解 49 件，未办结 1 件，结案率 99.88%，终结率 74.07%，调解率 61.56%，线上办案率 99.40%。追索劳动报酬案件 588 件，工伤保险待遇案件 21 件，不签订书面劳动合同案件 131 件，解除和终止劳动合同案件 42 件，确认劳动关系案件 17 件，其他劳动争议类案件 67 件，案件共涉及人员 993 人。充分发挥基层调解组织对劳动人事争议案件的调解作用，自 2019 年 12 月底成立包头装备制造园区劳动人事争议调解中心以来，依法开展劳动人事争议案件调解工作，为就近、及时处理好包头装备制造园区发生的劳动人事争议提供便利，构建和谐稳定的劳动关系。

青山区劳动人事争议仲裁院在依法公正及时处理案件和线上办案方面在内蒙古自治区排名第三，内蒙古自治区劳动人事争议仲裁委员会在全区人社系统对青山区劳动人事争议仲裁院工作进行通报表扬。

【退休审批】

2020年，区人社局为777人办理退休审批手续。其中，正常退休人员319人，特岗退休人员31人，病退人员8人，1998年参保的个体劳动者退休人员212人，1998年参保的企业退休人员85人，包头装备制造园区退休人员2人，被征地农牧民退休人员120人。认定视同缴费年限7人。补军龄认定视同缴费年限2人。

【工伤认定】

2020年，区人社局深入青山区各企业及建筑工地进行集中宣传、业务窗口发放工伤认定工作流程及条例、法规宣传册，提高群众法律、维权意识，及时受理企业及个人工伤认定申报材料，对符合要求的，赴事故现场进行实地调查核实，要求企业按期提供证据材料，询问双方证明人并制作调查笔录300余份。接待工伤认定方面来访、电话咨询共计200余人次。2020年全年共受理工伤认定申请160件，不予受理2件；认定工伤127件，非工伤4件。

【构建和谐劳动关系】

2020年，区人社局审批办理劳务派遣业务许可7件，民办职业培训学校设立审批业务1件，综合计算工时和不定时工作制审批18件，公布“红名单”（和谐劳动关系单位）49家。包头装备制造产业园区被认定为“内蒙古自治区模范劳动关系和谐工业园区”，是包头市9个工业园区中的唯一。辖区内包头阿特斯阳光能源科技有限公司被认定为“内蒙古自治区模范劳动关系和谐单位”，辖区内新增内蒙古自治区级和谐劳动关系单位51户，共达到131户，占包头市总量的67%。

【退休人员管理】

2020年，区人社局开展青山区养老保险待遇领取人员“属地化”认证与推广手机App认证，采集认证共计1.97万人。其中，辖区网点认证0.46万人，通过手机App认证1.51万人。协助异地退休职工进行生存认证35人。编号归档并录入退休人员电子档案337件，保存档案共计3221件。接收国有企业数字化档案移交28家，档案2839份。

社会保障

【社会保障】

截至2020年年底，青山区城镇职工养老保险参保60672人（包含企业退休人员12575人，事业单位退休人员4091人）。其中，企业（含灵活就业人员）养老保险在职人数36977人，机关事业养老保险在职人数7029人。1—12月征缴养老保险费36106万元（企业22957万元、机关事业13149万元），支出养老保险费64543万元（企业33431万元、机关事业31112万元）。城乡居民养老保险参保9119人（含退休2835人），收入443万元，支出养老保险金898万元。

【基本养老保险】

2020年，青山区在按时足额发放退休人员养老金待遇的同时，对符合条件的退休人员进行调待和补发，实现退休人员养老金“十六连涨”，第五次实现企业与机关事业单位退休人员养老金同步调整。调整惠及15977名退休人员。其中，企业退休人员12003人，人均增资128.9元／月；机关事业离退休人员3974人，人均增资204.75元／月，共计落实待遇6697.48万元。完成2525名城乡居民待遇调整，人均增资5元，提高到188元／月，共计落实待遇50180元。

【特殊人员政府代缴】

2020年，区人社局通过与民政、残联、卫计等部门数据比对后，下发至街道（镇）进行核查代缴。共计为737人代缴金额12.38万元，其中，低保211人，重残499人，计划生育特殊家庭25人，“五保”人员2人。对居住在青山区的异地建档立卡贫困人员代缴2人。

【落实企业减免缓降政策】

2020年疫情防控期间，区人社局深入落实阶段性减免社会保险费政策，惠及企业2162

家，为企业减负12901.15万元。其中，减半征收53家大型企业养老保险、失业保险、工伤保险的单位缴费部分91.51万元；免征2109家中小微企业养老保险、失业保险、工伤保险的单位缴费部分12809.64万元。执行工伤、失业保险降费率政策，减轻企业负担100万余元。

（李枭　供稿）

就业服务

【概况】

青山区就业局（以下简称区就业局）成立于1990年，是区人民政府直属参照《中华人民共和国公务员法》管理的事业单位，机构规格为副科级。2020年，区就业局内设办公室、综合股、培训股、项目股、就业股、失业股、职介股7个股室。核定参照《中华人民共和国公务员法》管理事业编制31名，核定副科级领导职数2名。

2020年，青山区城镇新增就业1.15万人，完成年度目标1万人的115%；城镇失业人员再就业6086人，完成年度目标2000人的308%；就业困难人员再就业2181人，完成年度目标2150人的102%；农牧民转移就业4015人，完成年度目标4000人的101%；保障“零就业家庭”动态清零；新增就业1.21万人，完成年度目标任务1.06万人的115%。城镇登记失业率稳定控制在3.88%。

【就业失业登记服务】

2020年，区就业局对法定劳动年龄内、有劳动能力且有就业要求的人员，办理就业失业登记业务并发放“就业失业登记证”。2020年全年审核、办理“就业失业登记证”4110册。指导服务青山区劳动保障事务所、镇工作站及区就业局相关业务科室进行内蒙古自治区人力资源管理信息系统（劳动就业核心业务经办子系统）数据录入工作，共录入数据7749条。

【就业困难人员认定及社保补贴发放】

2020年，区就业局为535名“三类人员”（社区民生志愿者，大学生公共服务岗位人员，就业困难人员公益性岗位人员）和176名新冠肺炎疫情期间临时公岗人员共争取上级岗位补贴资金1197.18万元。为就业困难人员争取社保补贴资金5704万元；认定“零就业家庭”1户，帮扶1户；确保每户至少一人实现稳定就业，保持“零就业家庭”户数动态清零。

【就业培训服务】

2020年，区就业局通过“互联网＋就业培训”管理信息平台，审批备案职业技能培训共25所学校41个专业314个班次，共计培训13603人。其中，城镇就业培训3608人，完成目标任务的106%；农村劳动力转移就业培训3317人，完成目标任务的130%；家庭服务业培训2394人，完成目标任务的120%；学徒制培训1174人；企业职工在岗提升培训3110人。

【创业担保贷款】

2020年，青山区创业担保贷款工作在保证创业担保贷款放得出、用得好、收得回的基础上，逐步提高贷款额度、简化办理流程、放宽担保条件。发放创业担保贷款7182万元，完成年度目标的110%；创业培训2193人，创业成功333人，带动就业1428人。

【创业孵化基地培育】

2020年，区就业局共建设、培育区属创业园孵化基地21个。其中，国家级1个，内蒙古自治区级4个，包头市级16个。占地面积141万平方米，列包头市首位。入驻商户1583户，线上线下带动就业3万人；扶持大学生创业559户，带动大学生就业2938人；发放创业担保贷款8667万元，完成年度目标的133%。

【以工代训】

2020年，区就业局实施“政策找人、补贴找企业”工作模式。全年为115家企业发放以工代训、援企稳岗补贴2176.8万元，惠及企业445家，职工3.9万人次；举办失业动态企业骨干人员培训班，200 余家企业代表参会，发放失业动态监测交通通信补贴 30.12 万元。

【援企稳岗】

2020 年，区就业局参保企业 2218 户，参保人数 24902 人，征缴金额 1062.4 万元；为 230 人报销医保，发放医保补贴金额共计 97.3 万元。为 310 家企业发放援企稳岗资金、返还缴纳失业保险共计 372.1 万元。在内蒙古自治区第一个开展企业职工技能提升培训，使“校企双制、工学一体”的培训模式全面推开。为企业返岗职工、返乡农民工、失业人员等开展各类培训 11512 人。为包头市互联网 + 创新创业产业园等 8 家创业园发放补贴 325.65 万元，发放创业担保贷款 7182 万元。举办招聘会 39 场，为 266 家企业发布用工信息 2.1 万条，达成就业意向 8000 余人。

（魏爽　供稿）

民　政

【概况】

青山区民政局（以下简称区民政局）成立于 1978 年 9 月，是区人民政府工作部门，机构规格为正科级。2020 年，区民政局内设基层政权和三社联动股、社会事务股、养老服务和儿童福利股、社会救助股、社会组织登记管理和地名股、财务股、办公室 7 个股室。有所属相当于股级事业单位 6 个，分别为青山区婚姻登记管理中心、青山区社会组织服务中心、青山区殡葬管理所、青山区最低生活保障中心、青山区城镇居民家庭经济状况核对中心、青山区社区管理服务中心。有干部职工 58 人，其中公务员 5 人、事业编制 23 人。

2020 年，区民政局和区委组织部联合打造委托弘仁社会工作服务中心第三方运营的青山区“党建 · 爱心公益汇”案例被中共中央网络安全和信息化委员会办公室评为 2019 网络公益年度创新项目；《党建引领“三网合一”联战“疫”》案例被中国社会治理研究会评为“全国城乡社区疫情防控优秀案例”；《小力量发挥大作用 疫情防控青山区楼栋志愿者在身边》案例被中国社会治理研究会评为“全国城乡社区疫情防控优秀案例”；包头市三社联动治理创新示范基地的社会组织脱贫攻坚工作获得阿里巴巴基金会“爸妈食堂”项目站点荣誉；青山区“党建 · 爱心公益汇”夜间工作者家人关爱项目获得内蒙古自治区党委组织部首届优秀志愿服务项目奖补大赛二等奖；青山区“党建 · 爱心公益汇”的困境儿童博爱关怀项目获内蒙古自治区红十字会系统首届互联网公益大赛十佳项目奖。

【社区治理成果】

2020 年，区民政局厘清职责，推进社区减负增效。为进一步推进“社区万能章”治理，联合发改、公安、司法、人社、卫健委等六部门联合印发《青山区关于改进和规范社区工作事项目录的实施方案》。下发《关于对社区事项准入目录重新梳理的征求意见函》，征求 32 个相关委办局对于《准入事项目录梳理表》的意见。汇总《青山区准入事项目录梳理表》，目录共计 15 个类别、42 个事项、217 个科目。对比原目录减少 47 个科目，新增 13 个科目。

打造“3 岗 18 级”薪酬体系，稳定社区工作者队伍。结合包头市出台的社区工作者职业体系建设文件精神，青山区制定印发《青山区社区工作者职业化薪酬体系套转实施方案》（青府办发〔2019〕18 号）、《青山区社区工作者管理实施细则（试行）》（青府办发〔2019〕19 号），建立社区工作者“3 岗 18 级”薪酬待遇保障体系，打造专业化、职业化、规范化的社区工作者队伍，夯实社区基层治理基础。

网格化管理，提升社区服务精细度。根据青山区住宅小区增加和农村社区合并的实际情况，每 400 户划分一个网格，每个网格配备 1 名网格员，共划分 529 个网格，配备 529 名网格员。截至 2020 年年底，青山区网格化管理服务覆盖率达100%。网格化疫情防控工作获得“全国城乡社区疫情防控优秀案例”荣誉。疫情期间，为街道（镇）及时补充社区网格员106名，缓解社区人员紧缺问题。

推进社区“两室”用房达标任务。通过新建、购买、置换、租赁、改扩建等方式，青山区社区“两室”用房平均面积增加到1070平方米，最大的社区“两室”用房面积单体达到3500平方米（万郡社区），42个社区达到800平方米以上，占比75%。

深化基层民主管理。强化村（居）民自治，推进农村社区服务标准化建设，印发《关于进一步做好青山区村规民约（居民公约）修订和完善工作的实施方案》，建立完善21个村、56个社区的村规民约、居民公约。青福镇银匠窑子村、昌福村、兴胜镇东大沟村获得内蒙古自治区优秀村规民约。推选春光社区、富达社区、哈达社区、文昌社区、幸福社区5家社区协商案例入选内蒙古自治区优秀社区协商案例。

【“三社联动”多元发展】

2020年，区民政局培育社会组织，多元融合参与。发挥包头市“三社联动”治理创新示范基地和青山区“党建•爱心公益汇”平台优势，吸纳集聚2099家“三社”组织、26000名实名注册党建公益爱心用户公益资源联动，完成总价值100万元的筹款筹物筹公益服务经费。支持“三社”组织多元发展参与地区党建引领网格化治理、城市社区熟人社会营造、农村社区乡村振兴、“老少乐园”居家养老多元服务供给、后疫情时代社会公共危机应急处突能力建设等热难点工作，实现215万人次志愿公益服务互动，推动全民公益和基层多元融合治理参与格局形成。

梯次人才结构，优化治理效能。包头市“三社联动”治理创新示范基地在各领域社会工作实务中，培育持证社工人才总数过600人，其中发展“草原英才”社会工作高层次人才创新团队6支、包头市“鹿城英才”中高级社会工作专家12名，充实呼包鄂“三社”省域治理百人专家智库。推行“智库内蒙融才 • 头雁”计划，发挥呼包鄂“三社”百人专家智库优势，内联省市“草原英才”和“鹿城英才”项目资金，外引北上广国家部委专家和武汉、青岛三社领军人物，做好全省域8个盟市旗县的社会工作启创营地建设，梯次人才结构技术支持属地治理效能优化，确保青山社工和社区治理经验模式输出和国家中西部地区头雁地位。

格内众帮众扶，推进闭环治理。用好青山区“党建 • 爱心公益汇”大小网格“众帮众扶”资源，重点执行“红色公益一小时”、腾讯99公益“助力边疆脱贫攻坚”、“你暖一城，我暖你家”、“困境儿童博爱救助”项目，呼应好54个大网格街社的治理需求和529个小网格居民的多样化、个性化服务需求，以项目的种子公益金撬动更多社会众筹资源的形式，实现“百万投入、千万产出”的公益资本放大，构筑广泛闭环治理资源支持网络。

【社会组织审批】

2020年，区民政局为切实加强对社会组织的管理，优化社会组织登记管理工作，推动青山区社会组织培育发展，出台《社会组织意识形态管理制度（试行）》，并对《青山区社会组织容缺预审登记管理暂行办法》进行补充，确保社会组织长效发展。全年完成41家社会组织登记和43家社会组织的注销、变更、换证工作。6月，完成200余家社会组织意识形态工作和年检培训工作。按照内蒙古自治区民政厅2020年年检工作采取网上办理和现场办理相结合的方式。应年检176家，未年检28家，已年检的社会组织合格率为100%，年检后经统计全区单独成立党支部的社会组织14家，党员105人。每年的年检情况通过网上公示，公开年检结果。

【公开募捐箱整治】

2020年，区民政局为有效规范青山区旧物回收箱公开募捐工作秩序，切实有效维护广大人民群众的权益，于6月29日联合包头市民政局及相关社会组织对青山区部分社区的旧物回收箱使用情况、摆放位置、投放数量、回收物品处理等情况进行“回头看”，未发现青山区辖区内存在非法旧物回收箱。青山区辖区内共设置合法旧物回收箱 571 个，后续投放 85 个，保障群众捐赠旧衣物的需要。

【地名普查】

2020 年，区民政局作为牵头单位与毗邻五区（昆都仑区、固阳县、稀土高新产业开发区、石拐区、九原区）完成界址点测绘及界址点位置标记工作。联合检查与毗邻旗县区界线走向、界桩实地位置、界桩及其他界址点标志物是否完好，界线两侧地物、地貌有无明显变化，进行实地逐段逐点对照检查，并做好检查记录，完成包头市第六轮行政区域界线联合检查工作。

【殡葬服务管理】

2020 年，区民政局针对暂时取消集中祭扫等群众性聚集活动要求，联合区属公墓和有关街道开展以“清明祭扫不聚集，网络祭扫最安全”为主题的殡葬知识与法规宣传 35 次，发放宣传单、倡议书共 13000 份。开展广泛宣传“云祭扫”等绿色文明祭扫方式，弘扬殡葬新风。录制有关文明祭扫、防火安全和包头市人民代表大会常务委员会《关于禁止燃放烟花爆竹、点放孔明灯、堆燃旺火和焚烧祭祀用品的决定》等内容的 4 段音频，组建流动宣传车辆在街头巷尾、商场、居民小区等人员密集区域进行宣传，让广大市民了解殡葬条例，有效保护群众的生命和健康安全。在清明节等重点祭祀节日期间牵头组织有关警力设立劝返点，强化巡逻管控，加强巡查，争取市民群众的理解和支持，助力营造文明健康的社会环境。

【流浪乞讨救助管理】

2020 年，区民政局发挥部门牵头指导、联动机制，把流浪乞讨人员的管理工作纳入城市管理“门前三包”责任制范畴，实现管理关口前移，落实首见责任。通过各街道（镇）摸排划定并开展重点监控区域和路段精细化管理工作，确保管理工作常态长效。联合包头市救助站开展协同推进文明城市创建整改提升工作与“寒冬送温暖”专项救助工作，开展街面巡查、救助、治理工作，经多方协调保障，助力一名 30 年身份来源不明人员温暖回家。

【“老少乐园”建设】

2020 年，青山区新建成 12 家社区日间照料中心并投入运营。分别建在富强路街道办事处锦林社区、富源社区，幸福路街道办事处阳光社区，自由路街道办事处光明社区、光辉社区、欧鹿社区、民主社区，万青路街道办事处青云社区，科学路街道办事处望园社区、迎一社区，青山路街道办事处都兰社区，兴胜镇松石社区。

【农村养老服务站建设】

2020 年，新建农村养老服务站 5 所。分别为青福镇赵家营村、昌福村 2 所农村养老服务站，兴胜镇顶独龙贵村、王老大村、兴胜窑村 3 所农村养老服务站，推动公共服务资源向农村养老服务倾斜。

【养老和儿童工作】

2020 年，区民政局共为 14498 名 80 岁以上老人发放高龄津贴 1670.88 万元（每人每月 100 元），其中百岁老人 11 名（每人每月 600 元）。对青山区留守儿童进行摸排，截至 2020 年年底，青山区无留守儿童；流浪乞讨、失学辍学等未成年人 1 人。对青山区有孤儿进行入户了解并更新全国儿童福利信息系统，对孤儿超龄但按政策应继续享受上学待遇的进行接续，对到龄儿童进行减员并停发。青山区有孤儿 3 人，事实无人抚养儿童 17 人，实现对青山区孤弃儿童养育基本情况动态掌握。每月按时发放 20 名孤儿养育金（每人每月 1700 元），全年共发放 32.1 万元，孤儿临时价格补贴 0.32 万元，为 3 名在校大学生发放福彩助学金 1.5

万元。

【最低生活保障与特困供养人员救助】

2020 年，区民政局提高低保和特困供养人员照料护理标准。1 月起低保标准每人每月提高 40 元，达到每人每月 750 元，对低保对象中的老年人、重度残疾人和重病患者等，按照不超过低保标准 30% 的比例提高补助水平。2020 年全年共计发放低保金 624.49 万元。1 月特困供养人员照料护理标准提高，完全丧失生活自理能力特困人员照料护理标准每人每月提高 13 元，达到每人每月 1144 元；部分丧失生活自理能力特困人员照料护理标准每人每月提高 5 元，达到每人每月 440 元。全年为特困供养人员发放生活补贴金、护理补贴金共计 167.4 万元。

持续推进社会救助综合改革工作。2020 年，针对低保、临时救助审批权限委托下放到镇和社区工作，开展审批流程专题培训并且落实审批权下放制度的指导及督查力度，针对发现的问题及时下发《社会救助督查整改通知书》。按民政部要求，适度扩大低保覆盖范围，对低收入家庭、重度残疾人参照“单人户”纳入低保。救助审批无纸化办公系统采购工作。投入 69 万元通过购买救助审批无纸化办公系统，并为基层配备相关设备，实现“信息多跑路，群众少跑腿”。

【临时救助】

2020 年，区民政局用心用情关心困难群众，统筹青山区 12 个委办局、10 个街道（镇）开展春节特困救助慰问工作，形成长效机制和规范流程，为 409 户发放春节临时救助金 295.61 万元。将街道（镇）预留临时救助资金补齐 1 万元，全面落实急难救助“先行救助”的救助措施。

【慈善事业】

2020 年，区民政局联合包头市慈善总会，为青山区 545 户困难家庭提供医疗救助现金共计 11 万元，让困难群众感受到青山救助工作的“温度”。

【婚姻登记】

2020 年，区民政局婚姻登记处共受理结婚登记 1936 对，离婚登记 1243 对，补领结婚登记 1494 对，补办离婚证 180 个，出具无婚姻登记记录证明 2 个，登记合格率 100%。婚姻登记处作为区民政局唯一的窗口服务部门，在新冠疫情发生以来，迅速反应、积极应对，科学调控、合理安排，采取“提前预约、科学调控、分时分段”的方式，按照来一对、办一对、走一对、消杀一次的要求，对进入登记场所的人员逐一登记往来信息、进行体温检测，坚持每天早、中、晚对登记大厅定时消毒。保证登记场所无人员聚集、滞留现象，登记工作开展有条不紊。

【婚姻家庭社会化服务】

2020 年，区民政局邀请婚姻家庭咨询师走进颁证厅，为 20 余对新人开展“一对一婚前教育小课堂”。以欧鹿社区为试点，实施婚姻家庭咨询师下沉社区开展咨询辅导制度。创新开展举办“邂逅幸福 · 缘定金秋”青山区第二届集体婚礼颁证仪式、“甜蜜鹿城、青春有约”青年交友联谊会、“甜蜜爱情，幸福婚姻”主题专场讲座等形式多样、内容丰富的婚恋教育活动。

【国有企业退休人员社会化管理工作】

2020 年，区民政局根据《包头市国有企业退休人员社会化管理工作方案》文件，出台《青山区国有企业退休人员社会化管理实施方案》《青山区国有企业退休人员社会化管理工作办法》等文件，明确“三步走”移交工作流程和相关部门工作职责。共收集 134 家企业的“两表三册”（《包头市国有企业退休人员社会化管理服务基本信息表》《包头市国有企业退休人员情况调查表》《包头市国有企业退休人员移交社区管理名册》《包头市国有企业退休人员社会化管理服务档案移交名册》《包头市国有企业退休人员党员组织关系移交管理名册》），将人员信息移交给街道（镇）、社区，由街道（镇）、社区对退休人员的基本信息进行核实，并向街道（镇）、社区印发《关于接收国有企业退休人员的通知》，明确接收原则和工作要求。同时，会同区委组织部、区人社局、区医疗保障局共同梳理退休人员的服务内容和工作流程，涉及养老服务、医保服务、人事档案管理、党员教育管理、基础服务共五类23项服务。

2020年，区民政局与134家国有企业签订移交协议，接收退休人员55625人，党员7430人，人事档案55228份。按照移交协议要求，三年过渡期内完成人事档案数字化扫描移交工作，纸质档案继续由企业代管。其中，接收中央企业52家，退休人员45402人，党员5811人，人事档案45136份；青山区企业41家，退休人员3973人，党员1028人，人事档案3901份；包头市属企业41家，退休人员6250人，党员591人，人事档案6191份。为最大化解决街道（镇）退休人员活动用房不足问题，与驻区一机集团、北重集团及北方联合电力有限责任公司包头第一热电厂等9家企业协调，共移交退休人员活动用房26处7724.19平方米。

【申报国家级婚俗改革试点】

2020年，区民政局按照2019年全国民政工作视频会议明确推进婚俗改革的方向，以及《民政部关于开展婚俗改革试点工作的指导意见》的总体要求，成功申报国家级婚俗改革试点，并迎接民政部、内蒙古自治区民政厅实地评估。为保障《中华人民共和国民法典》实施后婚姻登记工作的无缝衔接，组织开展了《中华人民共和国民法典》婚姻家庭编“学用结合”专题讲座、《中华人民共和国民法典》离婚冷静期主题讨论会。在四道沙河村开展“深入最美乡村，推进婚俗改革”系列活动之《中华人民共和国民法典》婚姻家庭编普法宣讲活动。

（杜娟　供稿）

青山区残疾人联合会

【概况】

青山区残疾人联合会（以下简称区残联）成立于1989年，是青山区委、区人民政府联系残疾人的群众团体。下设8个街道和2个镇残联、54个社区和21个村残协、5个专门协会。核定参照《中华人民共和国公务员法》管理的事业编制6名，事业编制1名。

2020年，区残联围绕“小康路上残疾人一个也不能少”的中心，以落实肢体残疾精准康复服务、无障碍改造服务、残疾人“温馨家园”建设三项民生好事实事项目为抓手，科学谋划、精准施策、改革创新，着力推进残疾人基本公共服务建设。截至2020年年底，青山区持第二代“残疾人证”残疾人共5611名，其中一、二级重度2353人，三、四级3258人；肢体残疾3393人、视力残疾546人、听力残疾538人、智力残疾489人、精神残疾426人、言语残疾60人、多重残疾426人。全年投入残疾人事业资金334万余元，为全体残疾人实现同步小康、共享经济社会发展成果提供强有力支持。

【青山区肢体残疾康复中心】

2020年，区残联投入90万元，以政府购买服务的形式，加强青山区肢体残疾康复中心建设，通过发放折页等方式开展宣传，提高知晓率，与青山区中医院沟通完善工作计划，制定肢体康复服务实施方案，全年为300名肢体残疾人提供有针对性的精准康复治疗，采用针灸、推拿、按摩、磁疗、艾灸等传统中医学治疗手段。

【残疾人家庭无障碍改造】

2020年，区残联拓展服务空间，规范项目流程，以专业化、个性化服务，落实无障碍改造工作，减少残疾人家庭生活及出行障碍。全年为102户残疾人家庭和10个街道（镇）的43个公共区域出入口实施无障碍改造，共计投入资金 85 万余元。此项安全、便捷的残疾人出行保障措施被包头市委改革办在包头市推广。

【残疾人“温馨家园”建设】

2020 年，区残联通过整合资源，依托社区，打造残疾人“温馨家园”，与“老少乐园”同步规划建设、规范运行。全年为科学路街道、富强路街道、万青路街道拨付专项资金 90 万元，随着 3 个“温馨家园”综合性服务平台的建成，青山区 8 个街道“温馨家园”全部投入运行，在为残疾人增加社区康复劳动、居家助残、技能培训等多元融合的服务供给上更进一步。

【青山区残疾人辅助性就业基地建设】

2020 年，区残联拨付专项补贴 23 万元，启动运营青山区首个辅助性就业基地——“包头市青山区蓝丝带联盟助残服务中心”，通过“党建 · 爱心公益汇”建立公益扶持，为特殊群体提供技能培养、技术扶持、项目建立等支持，努力推动自闭症、孤独症儿童融入社会，为智力、精神和重度残疾人及其陪护家人提供就业机会，实现特殊人群就业服务的跨越式进步。

【残疾人法律维权服务】

2020 年，区残联加强同公、检、法及司法行政机关之间的沟通，成立青山区残疾人法律救助工作站和维权服务中心，搭建专业平台，为残疾人提供法律援助、法律调解、各类法律咨询、诉求导诉等服务，把依法治区和残疾人维权工作落到实处。

【残联全面深化改革工作】

2020 年，区残联制定《青山区残疾人联合会改革方案》，成立全面深化改革工作领导小组，以加快推进残疾人小康进程为主线，抢抓残疾人优惠政策机遇，探索实践、锐意攻坚克难，持续突破瓶颈制约，着力健全长效机制，推动辖区残疾人事业发展，强化改革落地，在残疾人事业总体规划、基层组织建设、惠残工程建设、无障碍环境建设等方面取得了较大的进步。《青山区积极创新残联服务模式扎实推进无障碍改造全覆盖》在《包头市改革信息》上刊登。

【基层组织建设】

2020 年，区残联筑牢残疾人工作队伍基础，对 11 名残疾人专职委员进行年度工作考核，实行绩效评定；与全体专委签订劳动合同，统一缴纳社保基金。筑牢残疾人证发放管理工作基础，在包头市率先将残疾人证的申请发放下沉到社区（村）服务站办理。截至 2020 年年底，青山区持证残疾人 5611 人，换发证 1187 人，采取入户、视频等灵活方式为出行不便的残疾人开展鉴定 230 余次；为包头市社会福利院 264 名残疾人进行集中评定；为 47 名贫困、低保残疾人减免评定费 1.7 万元。筑牢信息数据基础，利用“社区网格化”管理模式对全区持证残疾人开展基础信息动态更新调查，精准掌握残疾人数据，入户率达 99.59%。

【残疾人精准康复服务】

2020 年，区残联以残疾儿童筛查为底数，为智力、肢体、孤独症、低视力残疾儿童 89 名提供康复服务，向儿童康复机构拨付精准康复服务经费 75.51 万元；完成白内障手术 3 例，向包头市残疾人联合会推送 6 名重度听力残疾儿童免费做人工耳蜗、发放辅助器具 370 余件；创新服务方式，通过政府购买服务项目投入资金 72240 元，为 344 名残疾人提供优质的体检服务，推进社区卫生中心精准康复服务；同时围绕“全国残疾预防日”开展宣传教育，让群众了解更多预防残疾的有效途径和方法。

【残疾人社会保障】

2020年，区残联在元旦、春节前对青山区214名贫困残疾人开展慰问，发放慰问金及慰问物资共计23.02万元；协助区民政局对2414名残疾人进行两项补贴资格认定；推进残疾人托养服务，按照“阳光家园计划”工作要求，结合托养机构工作情况，为7家托养机构发放托养补贴2.25万元；与区教育局积极协调残疾儿童入学工作，共同成立残疾儿童教育专家委员会，促进特殊教育事业平稳发展。为28名应届残疾人大学生及残疾人家庭子女大学生落实助学金6.25万元。

【残疾人就业服务】

2020年，区残联残保金征收工作正式入驻市民大厅，提供“一口式”受理、一站式服务。全年核定企业3200户，征收残保金1476万余元；为促进残疾人就业，包头市和青山区两级举办中西式面点、线上刮痧理疗、手工编织、盲人按摩、计算机操作、美甲等各类培训班9次，培训残疾人663名；发放就业创业资金20.9万元、“就业促进券”1776份；实现按比例安排残疾人就业261人。

（朱巧玲　供稿）

退役军人服务

【概况】

包头市青山区退役军人事务局（以下简称区退役局）成立于2019年3月，是区人民政府职能部门，机构规格为正科级。2020年，区退役局内设党政综合办公室、拥军优抚和权益维护股、移交安置管理股3个股室，核定行政编制5名，核定科级领导3名（1正，2副），有所属相当于股级事业单位的包头市青山区退役军人服务中心，核定事业编制8名。

2020年，区退役局坚持以习近平新时代中国特色社会主义思想为指导，全心全意为退役军人服务，奋力开创新时代退役军人工作新局面，青山区被命名为“双拥模范城（旗县、市区）”。

【拥军优属褒扬纪念】

2020年春节期间，青山区四大班子领导组成4个拥军慰问组，分别走访慰问优抚对象、退役军人。“八一”建军节前夕，青山区四大班子领导组成拥军慰问组，走访慰问优抚对象、退役军人等，代表区委、区政府和全区人民，向全体优抚对象、退役军人致以节日祝贺、诚挚慰问和崇高敬意。

2020年，区退役局严格按照标准社会化足额发放在乡复员军人、“三属”、伤残人员、带病回乡退伍军人、农村60岁以上退役士兵等优抚对象定期抚恤和生活补助，保障了优抚对象生活；为优抚对象报销住院医疗费用，发放优抚对象门诊补贴，保证现有医疗待遇不降低，给优抚对象医疗优惠和照顾，减轻优抚对象的负担。根据农牧民人均纯收入数据的变化，及时调整当年度的发放标准，保证义务兵家庭优待金足额及时发放。“八一”建军节前夕，为户籍在青山区的立功受奖现役军人家属兑现军功奖，营造“一人立功，全家光荣”的氛围。9月3日，中国人民抗日战争胜利75周年之际，走访慰问参加过抗日战争的老战士，送去慰问金和慰问品，弘扬抗战老战士们的英雄事迹，营造全社会尊崇军人的良好氛围。9月30日，是国家第七个烈士纪念日，走访慰问烈士家属，为烈属赵玉梅送去慰问金；在井坪公园举办烈士纪念日公祭活动，向革命烈士纪念碑敬献花篮，共同缅怀烈士功绩，弘扬烈士精神。10月，中国人民志愿军抗美援朝出国作战70周年纪念日期间，为参加过抗美援朝出国作战人员发放“中国人民志愿军抗美援朝出国作战70周年”纪念章，在全社会营造“铭记历史、崇尚英雄、珍爱和平、关爱功臣”的氛围。12月22日，双拥模范城（旗县、市区）命名大会召开，青山区被命名为“双拥模范城（旗县、市区）”，并代表包头市受表彰的5个旗县区参会领奖。

【移交安置和创业就业】

2020年，区退役局按时发放自主就业退役士兵2019年度地方经济补助，8月全部发放到位。为无军籍退休退职职工、复员干部，发放无军籍退休退职职工生活补助和复员干部生活补助；12月，联合区人社局对无军籍职工生活补助进行了调整及补发，补发2016年1月至

2020 年 12 月调整工资，各无军籍职工月工资平均增幅 22%。接收符合政府安排工作条件的退役士兵，12 月全部安置到位。接收部分退役军人社会保险接续申报材料，明确单位缴费部分由政府负担，个人缴费部分由个人负担。采集符合悬挂光荣牌人员的信息，悬挂光荣牌完成率 95.11%。10—11 月，对已接收档案的自主就业退役士兵，分两批次开展社会适应性培训，每期培训班为期 5 天。培训班设置法律普及、政策宣讲、职业规划、心理调适及辅导、面试技巧、简历包装、社会实践、企业参观及现场招聘、优秀退役军人代表宣讲等课程，并在培训班结业时开展满意度调查，反馈结果良好。探索就业创业促进“小平台”模式，组织退役军人招聘活动。退役军人服务体系全面建成，包括青山区级退役军人服务中心，街镇级退役军人服务站和社区（村）级退役军人服务站。按照“全国示范型退役军人服务中心、站创建标准”，对服务中心、街镇级站进行提档升级，全部达到“示范型”标准。

【思想政治和权益维护】

2020 年，区退役局本着全心全意为退役军人服务的思路，变来访为下访，进一步拉近与退役军人之间的距离，了解他们工作和生活中存在的实际困难，在政策范围内，积极为他们提供帮助。慰问困难退役军人，发放慰问金。

（苏宁　供稿）

精准扶贫

【扶贫情况】

2020 年是脱贫攻坚决战决胜收官之年，青山区各部门、各单位凝心聚力、攻坚克难，切实强化脱贫攻坚工作组织领导，持续完善动态识别机制，扎实开展兜底保障，形成脱贫攻坚强大合力，工作成果得到有效巩固。

【扶贫开发】

2020 年，青山区高度重视扶贫工作，将精准扶贫、精准脱贫作为重点工作，充分发挥扶贫开发领导小组、脱贫攻坚专项工作推进组的统筹协调作用，形成各司其职、各负其责、相互配合、协调推进的工作合力。统筹协调各部门资源开展精准扶贫，全面统筹整合青山区财政、民政、教育、人社、卫健、医保、残联、红十字会等部门救助政策资金，开展精准帮扶，扎实有序推进扶贫各项工作，增强帮扶精准性，汇聚了自上而下、综合施策的脱贫攻坚力量。

【动态识别扶贫救助】

2020 年，区农牧局严格执行国家现行标准和贫困人口识别程序，聚焦“两不愁三保障”，扎实开展贫困户识别再核查和农村常住农户情况排查工作，对具有青山区农村户籍的常住农户，严格落实每月一排查、半年一识别制度，精准识别，以镇为单位，逐村逐户入户摸排，在青山区范围内开展农户摸底排查工作，做到应纳尽纳，确保不漏一户、不落一人。经摸底排查，青山区未发现符合国家标准的贫困户和边缘户。依据扶贫救助办法，对因病致困农户逐户走访、摸底筛查，救助困难农户 50 户，发放救助金 27.72 万余元。

信　访

【概况】

青山区信访局（以下简称区信访局）成立于 1991 年，前身是青山区信访工作领导小组办公室，2010 年更名为青山区信访局，是区人民政府职能部门，机构规格为正科级。2020 年，区信访局内设办公室、综合股、来访和网信股、督查股 4 个股室，有所属事业单位 2 个，分别为相当于副科级事业单位的信访接待服务中心和相当于股级事业单位的机关事务管理中心。核定编制数 22 个。

2020 年，区信访局信访总量、非访量稳中有降，信访结构不断优化、信访秩序持续好转。

青山区信访工作年度考核排名位列包头市第一名，被包头市信联办考核评价为“优秀”等次。12 月，青山区被国家机关事务管理局、国家发展改革委和财政部授予国家级节约型公共机构示范单位荣誉称号。

【来信来访】

2020 年，青山区信访总量同比下降 36%。群众进京、赴内蒙古自治区、到包头市走访同比分别下降 66.7%、25.8%、62.3%；青山区信访接待服务中心共受理群众来访 256 批次 1809 人次，同比分别下降 36%、17.74%；受理群众来信 87 件，全部按期办结。

【案件分析】

2020 年，区信访局通过强化领导干部接访下访约访和包案机制，坚持以定点接访为基础，通过专题约访、包案下访、一线走访等形式，实现领导包案化解信访事项工作常态化。全年包案疑难复杂案件 367 件，主动约见、接待来访群众239批次756人次，实地走访、带案下访、现场办公，组织召开专题信访工作联席会议 40 余次，化解办结 311 件。

【制度改革】

2020 年，区信访局严格落实诉讼与信访分离制度，深入推进依法分类处理信访诉求，组织开展解读内蒙古自治区《依法分类处理信访诉求工作规则》专题培训，让群众知晓问题该“谁来办、怎么办”；引入律师参与信访工作，免费为信访群众解疑释惑，着力破解信访工作中信访不信法、信上不信下和蓄意非访、缠访闹访等问题。将 5 月定为“法治信访宣传月”，深入开展形式多样的法治信访宣传活动，引导群众树立学法、遵法、守法和依法信访理念，通过法定途径解决事关群众切身利益信访诉求 60 余件。严格按照“属地管理、分级负责，谁主管、谁负责”原则，及时受理，全程跟踪、一盯到底，提高办理的质量和效率，确保每一起信访矛盾达到案结、事了、人和，80% 以上的初访信访事项得到及时解决。全年共有 60 件信访问题被纳入“最多访一次”案件，并在规定时间内全部办结。

【案件化解】

2020 年，区信访局聚焦群众反映突出的难点、热点合理诉求，充分发挥信访联席会议机制在信访事项化解中的统筹协调、督导检查、推动落实作用。常态化开展领导干部接访下访包联化解信访事项工作，全年解决群众信访诉求 311 件。开展“解决信访问题年”和“集中治理重复信访、化解信访积案”等专项工作，推动解决涉及城乡建设、农村农业、劳动社保、民政、教育等与群众切身利益密切相关的信访诉求 314 件。

【“互联网 +”信访】

2020 年，区信访局开通网上信访、信访微信公众号和电话咨询热线，实现“数据多跑路、群众少跑腿”的目标，贯通群众信访诉求表达“最后一公里”。全年受理群众网上投诉 295 件，网上信访案件率 94.21%。网上信访“直通车”主渠道作用更加突显，网络信访好用、管用、愿意用的群众感受逐步呈现。建成青山区、镇两级视频接访系统，实现集内蒙古自治区、盟市、旗县（市、区）、乡镇于一体的视频信访系统，并接入国家视频信访系统。利用微信公众号开展法律政策、信访案例、办信办案流程等方面宣传，引导群众由“走访”向“网访”转变。全年共推送各类信息 54 期 220 条，累计阅读量 10 万余次。

（杨文裕　供稿）

政务服务

【概况】

青山区政务服务局（以下简称政务服务局）成立于 2019 年 3 月，是区人民政府工作部门，机构规格为正科级。2020 年，政务服务局内设综合股、改革推进股和效能监察股 3 个股室。

核定行政编制 5 名，核定科级领导职数 3 名（1 正，2 副）。有所属相当于正科级事业单位的青山区人民政府政务服务中心，核定事业编制 7 名，核定科级领导职数 3 名；有所属相当于股级事业单位的青山区政府采购中心，核定事业编制 4 名。

2020 年，政务服务局充分发挥“放管服”改革牵头抓总作用，梳理出青山区政务服务清单 5654 项，事项办理流程压缩 5%，申请材料压缩 8%，办理时限压缩 22%。推动“一窗口受理、一站式服务”，促进审批服务从“物理集中部门多窗”向“化学融合政府一窗”转变。2020 年被包头市总工会授予“五一女职工标兵岗”称号。

【市民大厅】

青山区市民大厅（以下简称市民大厅）成立于 2014 年 8 月，是包头市率先挂牌设立的面向地区企业和居民的综合性政务服务大厅。市民大厅地上建筑面积 1.28 万平方米，地下停车场面积 1.2 万平方米。地理空间是以劳动路为中线，环形分布在大连新型小区周边的 A、B、C、D 4 座两层办公楼宇。主要功能为窗口行政审批及便民服务、部门行政办公、群众文娱活动、医疗卫生、妇幼保健以及社会救助、法律援助。截至 2020 年年底，市民大厅进驻部门 25 家，进驻事项 286 项，共设置 146 个服务窗口。窗口工作人员 159 人，行政办公人员 219 人。近三年，市民大厅办件量年均 110 万件，是截至 2020 年年底包头市办件量（含包头市市民大厅）最大的市民大厅。日均接待人流量在 3000 人次，高峰期接待人流量在 5000 人次。主要业务板块分布为 A 座一层市场监管局商事登记服务专区，公安分局的出入境、户籍、车驾管服务专区，二层区民政局婚姻登记服务专区以及区卫计委妇幼保健门诊；B 座以文化文娱活动为主；C 座一层税务服务专区；D 座一层社保、医保服务专区。企业群众高频办理事项依次为税务登记、社保缴费、商事登记、婚姻登记、医保缴费、出入境护照办理、车驾管、身份证户籍事项。作为包头市最早挂牌成立的集中式办事服务大厅，无论是在事项进驻的集中度，还是进驻事项的关联度上已经基本满足企业和群众的办事需求 特别是近年来采取的一系列优化服务的举措，以及优越的地理位置、便利的交通条件，使得企业和群众对市民大厅的认可度不断增高。市民大厅先后获得“国家级政务服务标准化试点示范单位”“包头市创先争优先进基层党组织”“内蒙古自治区政务公开示范点”等荣誉称号。2020 年全年累计受理并办结政务服务事项 165395 件（通过网上办事平台处理办结 106025 件），代收费用 170740.15 万元。市民大厅在优化经济发展环境、方便人民群众、服务市场经济、深化“放管服”改革、提高行政效能、加强廉政建设等工作中发挥积极作用，有效发挥青山区综合政务服务平台的整体联动效能。

【推进“放管服”改革】

2020 年，政务服务局以精细化为标准，主动发力，窗口服务形成新亮点。为企业办事群众提供便利环境出真招。打造“商事登记服务专区”“企业开办专区”“项目投资服务专区”“公安服务专区”。建立帮办代办窗口。2020 年全年市民大厅为企业和群众提供帮办代办服务累计 356 件。网上全流程审批达 98%。为避免群众在开办过程多头跑，把税务登记、社保登记、就业服务、“无人律所”法律服务、银行开户、印章刻制、邮政快递集中到专区。工会的企业建会、职工互助参保两个事项进驻市民大厅，共办理企业建会事项 30 多件，实现群众在一个专区享受全程免费多项服务。在市民大厅 A 座设立母婴室，并配备饮水机、婴儿床、洗手池等设施。改造无障碍卫生间，设置无障碍洗手池，畅通无障碍进出通道。优化审批流程，按照“清单之外无审批、法无授权不可为”的原则梳理出青山区政务服务清单5654项，开展赋权街镇事项梳理，共61项可下放事项，汇总整理其余事项的不下放依据，并形成情况说明。开展“四减两优”事项精简梳理工作，事项办理流程压缩5%，申请材料压缩8%，办理时限压缩22%。通过优化办事环节、整合办事材料、全力推动业务整合和流程再造，编制形成青山区“一件事”目录清单55项。推动“一窗式”综合受理改革。按照“受审分离”的原则设置五类主题综合受理窗口。通过政府购买服务招录20名“一窗式”综合受理工作人员，推行“一窗口受理、一站式服务”，促进审批服务从“物理集中部门多窗”向“化学融合政府一窗”转变。

【优化营商环境】

2020年，政务服务局以精细化为理念，主动谋事，制度规范迈上新台阶。制定《青山区关于提升政务服务能力的措施》16项，从大厅指引、前台导办、办事指南到接待办事、办理流程实现标准化服务。建立首问负责、一次性告知、政务服务“好差评”、限时办结工作制度。开通网上评价和现场评价渠道，全年收到评价23240次，好评率100%。制定《青山区关于进一步加强政务服务窗口单位及工作人员管理的实施意见》，将考核评议结果和奖惩挂钩，通过定期或不定期的现场巡查、暗访抽查、视频监督、随机抽查等方式对窗口服务礼仪、办事流程操作、一次性告知等情况进行监督检查，实行每月通报。

【“互联网+”政务服务】

2020年，政务服务局以精细化为载体，主动作为，网上政务实现新突破。“一体化平台”建设出成效。青山区在一体化在线政务服务工作平台累计认领实施清单437项，已编制、发布424项。在提高在线服务成效度方面，青山区将依申请事项承诺时限在法定时限的基础上压缩比率为78.25%，最多跑一次事项比率99.76%。2020年，包头市一体化在线政务服务平台累计受理办件1954件，办结率100%。

【政府网站建设】

2020年，政务服务局规范运营政府门户网站。成立政务公开领导小组和蒙古文政务网站领导小组两个议事机构；设置个性化考核细则，强化检查指导；规范管理市民大厅机房，确保网络安全指标达标；完成政府网站和蒙文网站的域名、公安备案和IPV6的申请，实现政府网站安全规范运行，全年更新栏目信息5089条，发布蒙文政府信息515条。

【政务公开工作】

2020年，政务服务局做深做细政务公开内容建设。制定政府信息公开工作指南、公开流程、公开制度以及依申请公开受理机构、申请表格等内容要素；规范政府信息公开平台涉及单位部门的发布时间和公开内容；同步解读政府规范性文件14个；统筹推进12家单位部门开展问卷调查和在线访谈。全年公开重点领域和关键环节政府信息576条。细化梳理26个领域政务公开事项1126项，社区、村镇级事项882项，编制政务公开标准目录和动态调整制度。对青山区53家政府系统政务新媒体进行工作督查，清理整顿更新不及时和“僵尸”公众号6个。处理依申请公开4件，回复网络留言和热线咨询131条；开通市民大厅抖音账号，增设蒙古文微信信息，政务公开的能力和水平明显提升。

【政府采购工作】

青山区政府采购中心（以下简称采购中心）强化服务，推行包头市电子招标系统及各项采购政策，推进政府采购全流程电子化运作，最大限度地减少人为干扰。在政府采购组织形式和采购方式的确定上，严格依法办事，规范采购程序、完善操作规程，增加工作透明度，确保信息统计及时上传，准确反映政府采购工作开展情况。所有采购项目都在包头市政府采购网上公开公告，按照国家有关规定对中标单位进行公示，接受供应商质疑并调查回复，服务质量和公信力不断增强。全年完成区人民政府采购项目28宗，节约金额539.1万元，节约率8%，较2019年同比节约3.4%，协助其他部门完成采购项目40余件。

（刘淑君　供稿）

街道和镇

街　道

富强路街道

【概况】

青山区富强路街道办事处（以下简称富强路街道）成立于1958年，地处青山区西北部，东起赛音道，西至迎宾道，北接国道110线，南抵繁荣道，辖区面积4.12平方千米，下辖锦林社区、丰产社区、富润社区、富饶社区、富源社区、富达社区6个社区，总人口22303户49330人。2020年，富强路街道内设党政综合办公室、基层党的建设办公室、社会事务办公室、平安建设办公室、城市管理办公室5个党政机构和党群服务中心（挂便民服务中心、退役军人服务站、新时代文明实践所牌子）。富强路街道党工委下设6个社区党委，2家非公党组织，1个机关党支部，73个居民党支部，在册党员3457人。

2020年，富强路街道坚持“以人为本、服务优先、多方参与、共同治理、统筹兼顾”的工作理念，突出抓班子带队伍，注重打基础、立长远，进一步推动社会治理重心向基层下移，努力锻造一支精诚团结、作风过硬、真抓实干的干部队伍，做到初心如磐、使命在肩。

【社会综合治理】

2020年，富强路街道组织37名“夕阳红”小红帽巡逻队队员深入开展志愿工作。4月，该队伍被包头市文明办授予优秀志愿服务组织荣誉称号。发挥调委会、司法所、金牌调解室的作用，全年累计开展法律咨询等服务18次，调解各类矛盾520余起、各类案件381起，“金牌调解室”调解较大矛盾纠纷21起，营造和谐稳定的辖区环境。推进扫黑除恶专项斗争工作并实现常态化。组织开展依法取缔和打击“精神传销”有害培训专项行动、防范校园欺凌和暴力专项整治行动。严格做好社区服刑人员、刑满释放人员、邪教人员、涉毒人员的管理工作。高度重视对易肇事肇祸精神病患者的管理工作，为符合条件的3个监管人发放“以奖代补”资金共计10300元，联合辖区派出所共同将5名重度精神病患者送去就医。深入信访人员家中，耐心细致开展化解工作，第一时间完成中央巡视组交办的2起信访案件。对涉及双语事件的重点人员逐一排查，掌握实时动态，完成民族双语事件稳控工作。完善重大风险评估体系制度，严密关注涉军、涉众经济型案件，涉恐、涉暴、涉国家安全等领域的动态。

【民生服务】

2020年，富强路街道确保困难群体应保尽保。帮扶、救助低保、高龄、残疾、特别扶助等3688人，共发放各类救助金、补贴5331162.47元。常态化开展征兵宣传活动，完成征兵工作。对器材库物资进行清点整顿，及时补充防疫应急器材。统计上报辖区内适龄青年及退伍军人信息花名册，组织适龄青年进行网上兵役登记并发放兵役登记证；规范化建立退役军人服务站，完善服务标准和服务流程，悬挂光荣牌，发放退役军人伤残金、抚恤补助，发放现役士兵优待金及退役士兵退役补助金。为辖区内抗美援朝入朝作战的45名老兵发放抗美援朝70周年纪念章。

“老少乐园’建设工作。截至2020年年底，“老少乐园”锦林站、富达站、富源站都已建设完成并正式投入使用。其中，“老少乐园”富源站于12月完成建设，理疗、体检、健身、儿童乐园及书画室、阅览室全部对居民开放，老年食堂同步开始营业，满足老年人的需求。

2020年，富强路街道在富源社区打造以残疾人为服务对象的综合性活动和服务平台——残疾人“温馨家园”。通过政府招投标方式对原有建筑进行改造，于12月完成改造并正式对残疾人开放，为辖区残疾人提供医护康复、理疗养护等相关服务。

【劳动保障】

2020年，富强路街道打造便民服务平台，不断创新社会管理机制，优化办事流程，提高群众满意度，着力构建服务型、便捷型、创新型、成效型街道便民服务中心，通过“三提升、三打造”创建优质便民服务平台。街道党群服务中心充分发挥基层劳动保障平台作用，切实帮助辖区失业人员及特困人员走出困境。全年便民服务中心共办理“就业失业登记证”293人。进行就业困难人员申请审批，认定184人。2020年度就业困难人员享受养老保险补贴720人，补贴金额3025178元，享受医疗保险补贴462人，补贴金额1524316元；1—3季度新增10月批次53人，其中养老保险补贴53人，补贴金额219884元，医疗保险补贴29人，补贴金额98391元；4季度新增12月批次127人，其中养老保险补贴127人，补贴金额358534元，医疗保险补贴64人，补贴金额124320元；全年补贴总金额5350623元。为无养老金的城镇居民办理城镇居民养老保险投保18人，为低保、重残、计划生育特殊家庭投保80人。办理居民丧葬费12人。为个人缴费达到退休年龄办理退休14人。办理包头市城镇居民医疗保险集中缴费3195人。申请申报慢性病8人。办理失业金报销医疗保险补贴10人。办理申领失业救济金手续25人。录入九项实名制1106人。开展对企业、机关事业单位及城乡居民待遇领取人员资格认证1458人。便民服务中心按照青山区国有企业退休人员社会化管理领导小组工作部署，完成前期国有企业退休人员摸底，共涉及企业32家238人；后期共接到国有企业移交人员10927人，各社区已接收7685人。

【社区基础管理】

2020年，富强路街道增选408名楼栋长、1299名单元长，成为社区治理最大增量。服务居民微信群覆盖14479户，覆盖率86%，街道科级干部入群率100%。社区网格员利用手机E通实现随时随地采集更新居民信息、上报居民区难点问题，手机E通成为服务居民的好帮手，报送便民信息2109条，更新住户信息17万条。制定《富强路街道社工绩效考核发放办法（试行）》，实现管理精细化、分工明晰化、为民服务细微化、信息服务便捷化，切实提升辖区居民的满意度。设置全能服务岗位，建立统一受理登记，并对公共服务事项进行梳理、统计，制作富强路办事处公共服务工作手册、居民宣传折页。全面落实“首问负责、一次告知、延时服务、预约服务、全程代办服务和信息化服务”的服务制度，真正打通便民服务的“最后一公里”。为满足居民日常需求，富强路街道在富强路4号街坊社区管理服务站西扩建228平方米室内活动场所，用于社区文体团队、居民日常活动。

【社区建设】

2020年，富强路街道开展环境卫生整治工作，将“创城”工作与爱国卫生运动、防控新冠疫情和鼠疫等工作相结合，加大环境卫生整治力度，充分整合各类资源，将常态开展和集中行动相结合，筑牢社区环境卫生治理防线。联合执法35次，投入人力上万人次、车辆1490台，清理卫生死角、私搭乱建、乱堆乱放1.7万处，积雪、积冰697处，清理粉刷小广告109万处，修复路面683处317平方米，更换垃圾桶1588个，施划停车位4249个。对辖区内366个毒饵站投药39500克。

推进物业服务提档升级，沟通惠民水务公司，实现辖区直饮水全覆盖。完成富润小区、富强路3号小区等10个小区“三供一业”改造，同时对富强路3号税务院、富润园林新村和富强路教育楼进行老旧小区改造。完成绿苑豪庭小区业委会换届和物业公司到期更换工作。为提升物业服务水平，成立街道物业管理服务中心，完成青山路1号街坊小区业主委员会法人登记工作。

【文化活动】

富强路街道区域常年活跃着北重老年艺术

团、夕阳红老年艺术团、草原狼男模队、鹿之音合唱团、墨韵书画苑、激情飞扬舞蹈队等文体队伍20余支。2020年举办10余场文艺、文化演出，开展皮影戏传承人名家进社区、古韵驿站传承文化经典、舞动富饶等项目，广受群众欢迎。注重提升社区为老服务能力，引进社会组织与公益团体互相配合，增加老年人医疗服务、娱乐项目等功能。截至2020年年底，通过改建、新建、扩建、共建等方式，新增活动场地约2400平方米，投入使用居民社区食堂2处、"老少乐园"1处，残疾人温馨家园正在建设当中，打造妇儿之家6处、"一米阳光"活动室7处，配合青少年群体的需求增加课外辅导、心理咨询、科普拓展等功能，实现五分钟"组织生活圈""便民服务圈""文体活动圈"全覆盖。

2020年，富强路街道连续三年开展"寻找最美富强人"活动，挖掘居民典型、党员模范、和美家庭等典型人物或集体，用讲故事、讲事实、讲形象、讲情感、讲道理的方式弘扬社会主义核心价值观，截至年底，已推送人物150余期。以"我们的节日"为载体，线上以微信平台为依托，线下以新时代文明实践所（站）为阵地，在各个节日组织开展特色活动，如在清明节开通"网络祭奠"通道，倡导绿色祭祀；在读书节组织开展以音频文字相结合的"我为你读书"；在母亲节组织开展"妈妈，我想对您说"留言互动活动；成立乌兰牧骑小分队，深入社区及居民家中演出等等，营造辖区居民踊跃参与、积极交流的良好气氛，并通过对学习内容的转发、分享，助推宣传教育工作的全覆盖，有效提升辖区居民的精神文明水平。

【基层民主协商】

2020年，富强路街道征集居民意见建议诉求，通过入户走访、网络平台，共发放居民需求调查问卷3228份，收回3050份，召开民情恳谈会6场，参加人数189人，通过整合汇总共收集意见建议52条，涉及10个方面，建立责任清单台账。在各社区设立居民议事厅，由居委会、网格员、居民代表、相关职能部门共同议事，解决困难问题。解决加装电梯纠纷问题1件，"三供一业"改造纠纷12件，其他问题25件，为居民搭建民主参与社区治理的平台。

【服务品牌打造】

2020年，富强路街道富饶社区开展"为老服务"品牌打造。以"为老服务"为主轴，每月定期开展"为老理发"服务活动1次，多次进行义务上门理发；在党群服务中心打造"老友相伴，怡致生活"阵地，购买扑克、象棋等棋牌用品，腾退办公用房，为老年居民提供休闲娱乐场所；在传统节日来临前，开展各类文化暖夕阳活动，融洽社区邻里关系，丰富老年生活；联合社区医院开展社区老年人健康讲座系列活动，同时为社区患有慢性病的老人开展上门家庭护理培训；根据社区老年人分布情况进行试点改造，在楼梯转角处为社区老年人安装30把助老折叠椅，并设置为民服务标识，让老年人在上下楼时可方便放下折叠椅休息；为有需要的60岁以上老人制作爱心卡，内容有老人住址、紧急联系人电话等，发放到老人手中，确保老人走失时能及时联系到家属。通过"为老服务"品牌的打造，切实加强富饶社区的文化阵地建设、品牌建设，不断推进富饶社区文化的发展和繁荣。

富强路街道丰产社区以互联互动为民服务为主要工作内容，以社会基层治理为重点，打造文明和谐社区。党建引领互动促融合，作为联结辖区内各领域党组织轴心的社区党委，统筹各方力量，提升区域联动效应，构建区域化党建模式。以"创新工作思路，拓展品牌特色，完善服务功能"为工作主要目标，以"改进工作作风，转变服务方式，强化服务居民质量、增强居民满意度、提升居民生活环境质量"为抓手，以党建工作为龙头，以"慈孝爱老"文化为品牌，以"1平方米"幸福为老服务为特色，以小区"三供一业"改造、腾退办公用房为民项目为亮点，以“两型”（亲情型、改善型）社区创建为契机，以解决居民群众关心的热点和难点问题为落脚点，开创条块联动、组织联建、党员联管、活动联搞、资源共享的新形式，以高度的责任感和强烈的使命感，为居民提供高效、快捷的社区服务，为推进亲情文明和谐社区建设奠定基础。

富强路街道富润社区以居民需求为导向，抬高服务标杆，提升为民服务水平，让居民拥有更多的获得感、幸福感。推行首问责任服务制度。首问责任人职责范围内能够解决的事项即时办结，职责范围内不能够解决的事项，当面记录办事人的姓名、居住地址、联系电话及拟办事项、留言等内容，转交相关责任人。推行全程代办服务制度。对不便到社区管理服务站办事的老弱病残者，社区网格员负责上门审核服务对象提供的办件材料，并提供免费代理办理服务。推行信息化服务制度。通过微信群、电话、“富强 e 家亲”公众号等信息化手段宣传为民服务事项内容、流程和政府的惠民服务。做好网格民情日志，将居民诉求及时上传便民服务系统，实现网格员与居民一对一信息互通，需求和建议“一键上报”。推行一次性告知制度。居民咨询申办有关事项时，经办人必须一次性告知办事程序、办事时限和需要提交的全部材料以及不予办理的理由。不属于本职范围的，一次性告知对方负责承办的部门、电话。推行预约延时服务和预约上门服务制度。通过提前预约，指定专门服务窗口在周六、周日上午为预约居民提供便民服务，同时开展延时服务，下班时间对仍有群众等候而未办理的业务，主动延长受理服务时间，直到办完为止。本着实事求是、便民利民的原则，坚持把群众需求放在首位，以服务为使命，把群众当亲人，以“零距离”、全方位服务群众为目标，从根本上解决群众找人难、办事难，服务与群众需求时间“断档”、脱节等突出问题，实现对群众服务无缝对接，努力提升居民群众的满意度。

富强路街道锦林社区通过民情恳谈会、调查问卷等方式，征集居民意见建议，策划兵工佳苑小区社区“共享空间”打造项目。将社区党群服务中心门前约 1000 平方米的场地重新铺设面包砖，铺设 158 平方米人工草坪，设置户外棋牌桌椅 4 套、健身器材 7 件，安装儿童滑梯 1 套、摇摇马 3 个、户外乒乓球桌 2 个、羽毛球场 1 个，摆放花箱 11 个，种植花卉 300 余株，更换“三务”公开栏 1 块、流动书屋 1 个，为居民提供更干净、更安全、更舒适的活动空间。增设室内儿童游乐场 1 个、电视机 1 台、乒乓球桌 2 个，全部面向居民开放。政治生活馆变身红色电影放映厅、书画室等多功能活动室，并提供饮用水、雨伞、充电器等爱心资源，全面满足室内、室外居民需求，使活动室功能多起来、便民服务暖起来。结合“强国广场”项目将党建教育和“学习强国”基地由室内向室外延伸，使居民党员和大众群体在工作之余能够耳濡目染、潜移默化地接受优秀传统文化的熏陶和党建文化的洗礼。升级后的活动场地真正成了老年人休闲娱乐、年轻人健身运动、孩子们游戏玩耍的共享活动空间，形成人人享受成果的“共建共治共享”的社区治理新格局。

富强路街道富达社区为加强党建引领社区治理，把矛盾纠纷化解在基层，达到群防群治、全民参与，逐步形成共建共融共治共享。探索出了“党建 + 网格服务”“党建 + 全天候服务”“党建 + 真诚服务”模式。网格党建是社区治理、服务群众的基本依托和基础单元。富达社区共有党员 543 人，结合实际划分为 7 个网格党支部，以 7 个网格党支部形成治理阵地，在 3 个小区 211 个单元架起由网格党支部、物业管理、网格员、楼栋长、单元长组成的“连心桥”，系统地制订各党支部的工作学习计划，针对进入网格开展工作的情况经网格党支部梳理分类，逐级上报处理。社区党委采取理论与实践相结合的方式落实各项学习制度。全年共计召开党员大会 27 次、上党课 27 次，组织召开支委会 81 次、主题党日 81 次，安装党建网格治理示意图 4 块。

【安全生产】

2020 年，富强路街道对“九小场所”“三供一业”施工工地等 7 大重点区域组织安全生产排查 2544 处，发现安全隐患 146 处并全部整改，为老旧小区 67 个单元配备灭火器 268 个，为 25 户居民更换家中存在安全隐患的波纹管。为辖区内 5 个老旧小区免费安装电动自行车智能充电桩。发放用电、燃气等安全宣传资料 2700 余份，开展安全生产培训共计 12 次。对辖区内 20 余家小微机械加工类企业开展安全隐患检查，对发现的问题要求企业立即开展自身隐患整改。做到闭环管理，确保辖区内不发生各类安全生产火灾事故，确保安全形势持续稳定向好。针对液化气罐的违规使用和私自存储问题加大排查力度，排查液化气罐 199 处，与区应急管理局和富强路市场监督管理所对辖区内存在安全隐患的 6 个液化气瓶进行扣缴。

【纪检监察】

2020 年，富强路街道纪工委共开展党风廉政活动和警示教育活动 23 次。在“三务公开 +”平台上传公开信息 1412 条，下达整改通知书 53 份。开展专项督查 34 次，下达专项领域督查建议书 6 次。完成集体谈话 2 次，与新任职的社区干部开展谈话 2 次，主要领导、分管领导、社区书记按照“一岗双责”工作要求，与分管社区、股室开展廉政谈话 50 余次。处置问题线索 5 件，立案 2 件，上报问题线索 1 件。实施“富强路街道廉政文化大讲堂”活动项目，购置学习材料 80 余册、学习笔记 140 余本。开展“上访”变“下访”活动 2 次，街道纪检干部开展下访工作 3 人次，走访总量达 30 人次。对街道及 4 个社区“三务”公开栏张贴载体进行提档升级。在原有廉政文化基地的基础上，增设 10 米宣传墙 1 处，增设“学习强国”廉政学习小广场 1 个，全面落实对街道廉政宣传教育阵地建设工作，实现街道所辖 6 个社区廉政教育宣传阵地覆盖率 100%。同时，富强路街道纪工委在包头市 3 个“100 件优秀案例”评定中，被包头市纪委监委评为“先进集体二等奖”；街道纪工委两名办案人员被评为“优秀个人”。制定《富强路街道 2020 年“两个责任”目标责任书清单》，同时督促各社区结合实际情况建立《社区目标责任书清单》并按相关内容执行落实，确保街道社区“两个责任”工作上下同步并轨。建立“三清”“三督”“三抓”的工作方法，通过健全个人廉政档案和分工台账，强化政治监督、日常监督、专项监督，立足职责定位。以“七查”为抓手，做好基层“微腐败”现象的排查和预防工作。梳理廉政风险防控目录 38 项，排查风险点 78 个。对照制定《富强路街道政治监督重点台账》，认真开展政治监督工作，共对三大项 15 个小项开展监督。对街道纪检监察信访接待室进行提档升级，配备专人对信访接待室进行管理，进一步完善《富强路街道信访举报受理流程》《富强路街道信访接待制度》等相关制度。全年报送纪检监察信息 73 篇，发表 31 篇。

【疫情防控】

2020 年，富强路街道强化政治担当，全面战“疫”。1 月 23 日开始，富强路街道对疫情防控进行安排部署，每个网格严守岗位。超前谋划储备物资，成立防控工作领导小组，分工明确，责任到人，召开防控领导小组会议 20 余次。整合、封堵辖区内院落 42 个，出口 80 余处，整合后设立 38 个卡口监测点，规范卡口设置及工作流程，明确问询制度，签订岗位告知书，做好测温、登记、提醒工作，针对重点人员，建立三位一体（网格员、片警、医务人员）管控专班。共排查各类重点人员近 2000 人。

2020 年，富强路街道凝聚干群合力，全民战“疫”。建立了“街道—社区—网格—楼栋—居民”五级联防体系，做到无缝对接。发挥小区楼栋长、单元长、党支书、小红帽巡逻队等 382 名志愿者的作用，全方位地加大防控工作宣传力度，开展防控宣传45次，张贴各类宣传海报600余张，悬挂条幅500余条，发放张贴宣传单、温馨提示等2万余份，推送疫情防控相关内容400余条。为做好常态化疫情防控，加强秋冬季疫情防控工作，制定防疫演练方案，并于10月10日抽调丰产社区和富饶社区进行防疫演练，提高各社区应对突发传染病事件的应急能力，最大限度地减少传染病的危害，保障辖区内居民的生命安全。

（田媛　刘彩云　供稿）

幸福路街道

【概况】

青山区幸福路街道办事处（以下简称幸福路街道）成立于1966年，地处青山区中心地带，东起呼得木林大街，西至进步道，南至科学路，北抵文化路，面积2.14平方千米。下辖阳光社区、繁荣社区、幸福社区、赛音社区4个社区，辖区居民16270户3.166万人。2020年，幸福路街道内设党政综合办公室、基层党的建设办公室、城市管理办公室、平安建设办公室、社会事务办公室、纪工委（监察办公室）、党群服务中心7个股室。有机关工作人员30人、社工7人、居委会干部26人。

【社会综合治理】

2020年，幸福路街道对信访重点人员实行“三级稳控”制度，在重要敏感时段未发生越级上访事件；严格按照属地管理“谁主管、谁负责”的原则，在工作中结合实际，在政策和法律规定的范围内因案施策灵活运用多种方法，对中央巡视组移交信访案件6批15件全部化解，化解率100%。根据扫黑除恶专项斗争督导组反馈问题整改方案联合派出所、司法所全面摸排黑恶势力线索，对辖区内15名社区矫正人员实行动态管控。

2020年，幸福路街道召开依法治理工作全体会议2次，每季度组织街道中心组集中学习相关法规条例。通过每周四公证律师“开放日”“公证法律服务日”，推进公证法律进社区。面向群众开展国家安全教育日、崇尚科学拒绝毒品、安全知识、反邪教警示教育、宪法宣传周等宣传活动27场，展出展板31块，发放宣传单2000余份，播放LED屏标语23条。

【民生服务】

2020年，幸福路街道民生服务工作再上台阶，累计发放资金1212.2万元。其中，发放低保、春节救护及老龄、残疾人、“三无”人员补贴等累计8765人次，资金229.7万元；发放社保、医保及就业困难人员补贴等累计1728人，资金758.6万元；发放计生特扶补贴和困难人员慰问等累计350人，资金107.6万元。

2020年，幸福路街道扎实开展各项老年实事项目。依托“老少乐园”阳光站满足社区老年人的日间照料、医务护理、文娱康乐需求，以社区老年居民基本民生需求、老少同乐、省事省钱为服务目标，受到社区居民一致好评。在电建社区卫生服务中心打造“医康养”型的“老少乐园”，将老年人医疗、康复、养老融为一体，建设老年人日间托养中心及未成年人保护中心。以“云健康”“云康复”实现老年人居家康养和日常生活的照料。实现老有所依、老有所养、老有所乐的集社区活动室、老年食堂、日间照料、健康服务等于一体的社区“医康养”基地。

2020年，幸福路街道做好企业退休人员社会化管理服务工作。按照上级要求开展企业退休人员的移交和社会化管理服务工作，主动联系国有企业对辖区内企业退休人员和退休人员活动用房进行摸底，并提前预核退休人员社会化管理服务费用。共接收企业退休人员945人，协调企业移交活动用房3处共计1400平方米，用于企业退休人员活动场所。

【劳动保障】

2020年，幸福路街道城镇累计新增就业

1159人，城镇登记失业158人，城镇失业再就业培训146人；共办理139人新增就业困难人员认定，接续困难人员521人，累计办理发放“就业失业登记证”158册；办理城乡居民基本医疗保险3609人。城镇职工养老资格认证330人，办理慢性病16人，领取失业金期间报销医保13人。办理城乡居民养老保险25人，办理丧葬费7人，办理灵活就业退休18人。举行政策宣传活动2次，张贴工作通知20余次，发放各类宣传材料1600余份，咨询办理丧葬费、退保、领取失业金期间报销医保等工作40余人次，各项工作的办结率100%，满意率100%。

【社区基础管理】

2020年，幸福路街道围绕“113N”的工作体系，形成街道党工委统一领导、办事处协调指导下的“以社区党委为核心、居委会为主导、居民为主体、管理服务站为依托、社会组织及成员广泛参与为基础”的社区治理和服务创新新格局。以居民服务需求为目标，以社区网格化管理，精细化、亲情化服务抓手。以居民满意度为目标，打造高效快捷的“信息化一口式”服务平台。深化社工“一岗多能”网格化、专业化服务，提升服务效能，实现社区多元共治共建共享服务新局面，形成小事不出社区、大事不出街道的为民服务新模式。

2020年，幸福路街道深化网格入户及考核工作，加大综合信息采集系统、便民服务系统和“手机E通”的使用力度，及时上传居民户信息、社区问题，提升社区信息化管理。全年累计接受咨询和提供服务1700多人次，办理业务2071件。通过对街道社区涉及的公共服务事项和“四办”清单进行认真梳理和召开会议专题研究，形成专门清单表，共认领和梳理出需办理的公共服务事项43项、“四办”清单58项。同时，强化街道、社区“一把手”负责制和分管领导责任制工作机制，加强社区网格员一对一包网格的工作服务机制。落实居民、市容网格入户巡查工作常态化，将网格员日常考核、绩效落实与入户服务、网格巡查、问题解决、隐患排除、网格治理等结合起来，扎实做好社区工作。通过建设居民微信群，及时解决居民遇到的问题，进一步加强居民与网格员的沟通。

【社区建设】

2020年，幸福路街道组织社区共解决噪音和油烟扰民6起、污水堵溢28起，清理私搭乱建119起，清理占道经营20处，修复小区内路面1500平方米，清理小区和楼道乱堆乱放物、窗户栅栏杂物、建筑垃圾，修复路面坑洼合计1889处，清理“僵尸车”5辆，清理乱张贴广告1455处，清运垃圾254车，布置鼠药放置鼠盒100余处。完成配置590对可回收标识的垃圾桶。幸福路街道组织联合执法36次，私搭乱建问题得到全部解决。各社区内底店商户完成门前屋后“三包”责任书签订118份。

2020年，幸福路街道形成“有保洁、有治安、有维修、有宣传、有关爱”和管理监控智能化“五有一化”幸福特色物业服务。成立街道级红色物业服务中心和社区级物业服务中心并完成组织备案。辖区内96%的小区实现物业化管理，全面落实物业服务标准、信用评价、社区安全等目标，推进物业从“有人管”到“管得好”的转变。

【文化活动】

2020年，幸福路街道举办“志愿情 聚爱行 共创文明城”消夏文艺晚会，为2000多名居民献上文化大餐，并在现场对雷锋车队志愿者协会进行表彰，感谢他们在服务群众、公益志愿方面发挥的先锋模范及辐射带动作用。晚会现场，包头市青山区弘仁社会工作服务中心等公益组织，为立功退役老兵、困难老人等提供志愿服务。乌兰牧骑小分队多次进社区为群众带来文化盛宴。

【基层民主协商】

2020年，幸福路街道多样化选好协商议事会成员。各社区以社区网格员为核心，吸纳威望高、办事公道的老党员、老干部、居民代表等为成员，实现协商主体多元化。街道各社区集民智，把协商融入到网格中。以网格为核心，广泛收集民情民意，开展会议协商、专题议事、民情恳谈等活动，提升协商效果。多渠道做好议题收集工作。围绕基础环境整治、私搭乱建、破窗开店整治等中心工作和重点任务，开辟专题会议、问卷调查、入户走访等多种渠道收集议题，集聚众智、凝聚众力，最大限度地做到社情民意全掌控。多样化议事形式抓治理。各社区坚持“群众的事情群众提、群众定、群众办”，使决策和工作更好地顺乎民意、合乎实际。围绕小区治理重点、难点开展专题协商，收集意见建议上百条，堵疏结合抓破题，使问题得到有效解决。抓住矛盾纠纷、信访等基层治理中的重点难点问题，发挥网格员、单元长、楼栋长等治理力量的重要作用，运用经常性的协调和对话机制，提升协商治理整体成效。

【服务品牌打造】

2020 年，幸福路街道打好“区域共建发展牌”。结合“三项清单”形成党建项目 35 个，包头市房屋征收中心、哈达道小学等 8 家单位党组织帮扶 124 户困难居民家庭；包头市供电局配电带电作业中心、劳动公园等 6 家单位党组织为小区安装 50 余处楼栋地名牌、休闲座椅等公共设施，牵头汇聚区域力量对政府公共服务投入进行有益补充。全面深化网格化治理体系建设。建立党小组长、楼栋长、单元长“三长”居民微信群，制定“三长”定期议事、“三长”统一公示挂牌上岗、“三长”民主推荐和自愿轮值产生等制度，保障基层社会治理网格化管理有效运行。通过对辖区 1010 栋楼房、1293 家小商户、3 家幼儿园实施网格精细化排查，发现并整改安全隐患 2306 处，调处化解矛盾纠纷 207 起，解决居民反映诉求 1090 件，辖区安全稳定局面向好。解锁阵地服务关卡。经过 2 次大规模的整合腾退办公用房，社区党群服务中心办公面积仅占总面积的 6.08%；推行延时服务和暖心服务，使党群服务中心真正成为社区党员群众“易进入、可参与、能共享”的邻里中心和温馨家园。组建永盛成大厦、大福林公寓、天韵大厦、南市场 4 个小微企业和个体工商户联动服务微信群，邀请市场局、供电局、供热公司、派出所等 14 个职能部门加入其中，为小微企业、个体工商户提供政策咨询平台和绿色服务通道。关注民生保障。巩固扩展“不忘初心、牢记使命”主题教育成果，持续开展“开门纳谏”活动，解决群众迫切需求 30 余件。

【安全生产】

2020 年，幸福路街道基本形成全方位无死角的安全生产网格化全覆盖，街道、社区、网格员三级联动，按照“周自查、月排查、季互查、年通报”要求，建立安全生产隐患台账。在此基础上，集中开展有针对性的小区乱堆乱放、电动车管理、消防通道、燃气排查、农贸市场、车棚清理、学校周边食品安全等“专项行动”，取得显著效果。建立安全生产综合治理联合执法机制，联合区执法局、青山公安分局、派出所、市场监督管理所对社会影响面广、有倾向性的安全生产问题采取联合执法、集中整治等有力措施，形成齐抓共管的工作机制。组织召开安全生产工作会议 6 次，对辖区内重点区域的 17 家车棚、4 家浴池、3 家幼儿园、1 家烟花爆竹经销店与22家油漆专卖店进行深入排查18次，全年对辖区内的小商户进行安全隐患排查 2522 次，制作消防通道宣传海报 80 份，分批分类培训辖区内各部门、各单位 8 次，参培人员 300 余人次。建立由学校、商户、辖区单位代表组成的 30 人志愿者队伍，开展应急救援培训演练 4 次，实现区域防范常态化。

【思想政治建设】

2020 年，幸福路街道走访入户做通少数民族干部群众思想工作。做好辖区 9 处基督教以堂带点聚会点的登记建档工作；在赛音社区打造集少数民族文化交流、民族政策宣传等多功能于一体的“民族之家”，辐射服务周边少数民族群众 510 余人，弘扬“民族团结一家亲”的优良传统和价值理念，精心呵护“模范自治区”的崇高荣誉。

【制度化建设】

2020 年，幸福路街道坚持完善各项制度，以制度管人、以制度管事。在疫情发生的第一时间建立起“一体五轮驱动”的防控机制。在青山区首推“四到位”标准化流程式管理，形成街道—社区—网格三级防控管理体系，依托机制，疫情防控成果良好。同时，在推进 5 个“微实事”项目和 1 个滚动支持项目方面，制定项目进展情况月报表制度及项目推进会制度，以更高的要求推动为民服务项目“落地生根”。

（马志宇 供稿）

自由路街道

【概况】

青山区自由路街道办事处（以下简称自由路街道）成立于 1958 年，地处青山区东北部，东起青东路，西至呼得木林大街，南起建设路，北至敖根道，辖区面积 2.82 平方千米，下辖光明社区、学院社区、互助社区、文昌社区、民主社区、光辉社区、欧鹿社区 7 个社区，辖区居民 28634 户 73307 人。2020 年，自由路街道内设党政综合办公室、基层党的建设办公室、纪工委办公室（监察办公室）、社会事务办公室、城市管理办公室、平安建设办公室、党群服务中心 7 个股室。有机关工作人员 42 人，社工 35 人，居委会干部 56 人。自由路街道党工委所属建制性党组织 108 个，其中，机关党支部 1 个，社区党委 7 个（含 85 个党支部），社会组织党组织 2 个（含 11 个党支部），非公企业党组织 2 个。共有在册党员 3688 名。辖区内有包头师范学院、包头市财政局、包头市供电局、青山区人民法院等驻区单位 45 家。

2020 年，自由路街道被内蒙古自治区党委、内蒙古自治区人民政府评为第六届内蒙古自治区“人民满意的公务员集体”。自由路街道学院社区被包头市委宣传部评为“包头市理论宣讲先进集体”，荣获“包头市示范学习讲堂”称号，被包头市文明办评为“包头市文明社区”。自由路街道文昌社区被包头市文明办评为“2019 年度包头市学雷锋志愿服务优秀志愿服务社区”“包头市文明社区”。

【党风廉政建设】

2020 年，自由路街道加强党风廉政建设，创新制定“三务”公开事项清单目录四大类 175 项。完成纪检监察场所“五室”规范化建设，并配齐纪检监察“三专三兼三辅”工作人员，打造管用、够用、能用的工作团队。举办警示教育会、公共服务事项专题廉政检视会、廉政知识竞赛等 12 场次。纪工委对落实食品安全责任制情况、文明城市创建行动等工作进行精准监督，办理问题线索 8 件（立案 2 件），处理 2 人，下发纪律检查建议书 1 份，开展纪律作风检查 186 次，通报 3 次，谈话 4 人。

【基层民主协商】

2020 年，自由路街道调动多方力量协商议事。成立 19 个业主委员会，备案 24 个居民理事会，组建了一支 550 名楼栋长的队伍，建成“1+8+N”志愿服务队伍体系，总结提炼成 8 个民主协商案例成果。组织开展人大代表、政协委员调研 6 次，承担包头市政协协商与基层协商试点工作，完成自由路街道人大代表会商民生实事项目 5 个。发挥“青山民建之家”资源优势助力社区建设，开展民族宗教“一周两月”活动，召开加强和改进民族工作专题民主生活会，开展统战知识竞赛，举办 76 户企业参加的自由路街道商会联谊会。

【网格化治理】

2020 年，自由路街道织密多网联管治理体系。将各级党组织和各类党员融入 70 个城市治理网格，组建 131 个网格居民联系服务群。借助区便民服务平台，上报咨询问题 1697 个，解决涉及小区建设、居民生活问题1423条，开展联合执法94次，完成262件人民调解，数量均居青山区第一。协调解决健康新城小区21栋天然气安装、嘉利小区供电线路改造、佳禾公寓改造等多年疑难问题。将42个典型案例汇编成《城市家园党建引领网格化治理案例集》。

【疫情防控】

2020年，自由路街道多措并举打好疫情防控攻坚战。应急响应共同体“线上+线下”齐行动，做好应急物资储备、应急响应预案演练、疫情防控知识宣传，常态化织密筑牢防控网络。科学设置“出入口”、精密规划“作战图”，“五色户卡”精细管理、“五步六岗”党员联动，发动辖区单位、党员群众联防联控共同抗疫。“一卡五表”疫情防控工作做法被市长批示在包头市推广学习。

【城市管理】

2020年，自由路街道探索老旧小区物业管理新路径。树立事前协商沟通、施工过程监督、后续跟进管理的全周期理念，配合推进26个小区“三供一业”或老旧小区施工改造，拆除违建210处，在呼得木林大街14号街坊一次填埋392个菜窖。在内蒙古自治区率先推行党建引领“红色物业”模式，实现物业服务企业党的工作全覆盖。推出大小区带小小区、有物业带无物业、居委会带业委会工作模式，对23家物业服务企业进行每月一次联席议事、每半年一次考评打分、每年一次综合评议并评选一批“最美物业人”。

【综合治理】

2020年，自由路街道推进创建文明城市管理常态化。发放“自家人·一起创城”倡议书2.7万份，新设老旧小区门牌标识41个、楼栋号58个，定期更新维护宣传橱窗和广告张贴引导栏346块，设立网格便民服务窗1858个，夏季和冬季集中开展两次环境卫生综合治理行动，小区新施划停车位3093个，建成20个达标级、27个高标准微型消防站。

【公共服务】

2020年，自由路街道推进多项民生服务落到实处。做好固定资产上报及各类专项统计调查，普查登记人口37186户101700人。完成国有企业12000名退休人员和2050名退休党员管理接收工作，同步调整设置85个居民区党支部。贯彻落实民政、残联、红十字会、退役军人、就业社保等惠民利民政策，发放低保697户次643047元，发放高龄补贴8797人次2721300元，发放优抚金1436443.4元，组织征兵工作，发动民兵队伍开展应急攻坚活动7场。

（刘蕾　贺静　供稿）

万青路街道

【概况】

青山区万青路街道办事处（以下简称万青路街道）成立于1986年，东至赛汗塔拉生态园，南至友谊大街，西至民族东路，北邻钢铁大街，辖区面积11平方千米，下辖春光社区、草原社区、青云社区、振华社区、新型社区、育才社区、五一社区、富南社区8个社区，辖区居民32745户62356人。2020年，万青路街道内设党政综合办公室、基层党的建设办公室、社会事务办公室、城市管理办公室、平安建设办公室5个股室和党群服务中心（挂便民服务中心、退役军人服务站、新时代文明实践所牌子）。辖区学校有内蒙古科技大学附中、包头市第四十五中学，幸福南路小学教育联盟一分校、二分校、三分校，新世纪民族幼儿园、一分园。共有党支部60个，其中机关党支部1个、管理服务党支部7个、非公党支部12个、社会组织党支部3个、居民党支部37个，在册党员2242人。

2020年，万青路街道党工委坚持以党建引领带动基层治理能力提质增效，凝心聚力推动服务精细化、科学化、专业化水平不断升级，实现亮点纷呈、和谐共融的良好态势。面对“疫情”危机，敢于逆行而上，调动统筹各方资源，全力推进重点难点工作落实，推动疫情防控工作。面对“创城”重任，勇于担当尽责，全力以赴推动文明城市创建工作，集中辖区各方力量进行拉网式排查、全面式清理。面对“普查”工作，精益求精，全面开展第七次全国人口普查工作。6 月，万青路街道被中共青山区委员会、青山区人民政府评为青山区 2019 年度综合考核评价优秀集体。10 月，春光社区被评为青山区少数民族流动人口管理服务试点社区。

【社会综合治理】

2020 年，万青路街道通过加强和创新社会综合治理的根本宗旨，强化综合治理基础，办理中央巡视组移交信访事项 4 项，化解信访积案 1 件，协助配合宝鑫破产案件管理人召开第一次债权人会议，完成债权申报工作。对 249 名新福地购房业主的购房信息进行核实汇总统计，协调包头市供水有限责任公司、包头市供电局解决新福地项目恢复用水、住户办理居民用电手续问题，防范化解信访矛盾。联合区住建局、应急管理局、市场监督管理局和执法局执法三中队开展安全隐患排查和执法检查 23 次，消除公共安全隐患 40 余处，落实执法普法责任，提升社会治理水平。配合辖区派出所开展校园周边等重点区域的治安环境整治，加强辖区治安防范工作，开展防范校园欺凌和暴力专项整治行动，做好家庭矛盾纠纷排查化解工作、维护校园安全。

【民生服务】

2020 年，万青路街道加大民生救助兜底保障力度，不断扩大保障覆盖面。为辖区符合最低生活保障政策人员共发放最低生活保障金 420038 元、627 人次；特困人员津贴 44800 元、28 人次；租金补贴 6480 元、9 人次；春节特困救助金 40000 元、18 人次；重度残疾人护理补贴 216600 元、2163 人次；困难残疾人生活补贴 41200 元、412 人次；事实无人抚养儿童救助津贴 45050 元、24 人次；80 周岁以上老年人发放高龄津贴 1080600 元、3482 人次；独生子女费 29640 元、291 户（全家户 203 户，半家户 88 户）；独生子女家庭特别扶助金 423240 元、59 人；失独家庭一次性扶助金 645036 元、4 户 5 人；伤残家庭一次性扶助金 94067.75 元、2 户 3 人。上报青山区公租房 14 户，上报公共租赁补贴 9 户。

2020 年，万青路街道切实推动武装及退役军人事务工作规范化开展，整顿器材库物资，补充防疫应急器材。输送兵源，录入兵役登记系统，完成率 100%，为适龄青年进行网上兵役登记并发放兵役登记证。将辖区退役军人全部纳入网格管理服务，摸清退役军人底数、需求，规范化建立退役军人服务站，完善服务标准和服务流程，悬挂光荣牌，为辖区内抗美援朝出国作战的 11 名老兵发放抗美援朝出国作战 70 周年纪念章。

【劳动保障】

2020 年，万青路街道新办理就业失业登记证 152 人，劳动就业子系统录入城镇新增就业 855 人（失业人员新增就业 535 人，就业困难人员实现就业 315 人），为 12 名领取失业金期间的人员进行医保报销，审核认定就业困难人员 281 人，认定上岗公益性岗位人员 6 名，疫情防控临时公益性岗位招聘 16 人。2020 年全区就业状况调查，完成企业入户调查问卷 141 户，城镇灵活就业劳动者调查问卷 113 人，内蒙古自治区农村牧区转移就业劳动者调查问卷 41 份，在岗农民工调查问卷 87 份。参加市、区就业局组织的 2 次大型企业复工复产职业介绍网上专场招聘会，1 次见面招聘会。组织就业困难人员参加区就业局举办的网上职业指导和就业技能培训 2 次、面授 4 次。2020 年人力资源状况调查工作 7 个工作站进行基本情况汇总上报 30596 户共 60480 人，抽中 5 个社区，共完成 80 户 294 人的入户调查问卷的填写和数据录入。为 2020 年灵活就业人员续报的 631 人及新增的 231 人审核发放社保资金补贴

4998006 元。

2020 年，万青路街道办理城乡居民养老保险新参保 25 人，待遇申请 10 人，续保 37 人，重复参保及领取丧葬费退保 11 人，为低保家庭 11 人、计划生育家庭 2 人、重度残疾 50 人进行政府代缴，完成国有企业退休人员社会化管理工作前期筛查汇总上报（900 多人），接收国有企业 105 个企业退休人员 1225 人，完成全民参保数据核查 3037 人。

【社区基础管理】

2020 年，万青路街道加强网格化管理，注重社区网格员的业务指导与培训。举办“能力素质双提升培训班”，提升网格员的业务能力，加大对网格员入户信息采集系统使用的监管力度，全面考评网格员社区工作服务能力。对 72 个网格的 465 名楼栋长进行培训，推动楼栋长工作，发挥其在基层工作中的重要作用，加强楼栋长履行职责能力，提升楼栋长工作技能。建设“温馨家园”，以残疾人为服务对象，在草原社区“两室”用房打造综合性服务平台，并向低收入家庭开展托管；努力解决辖区老年人及青少年的集体性需求，运行青云社区老少乐园活动中心，开展配餐、健康指导等服务；振华小区一区 312 户居民充分发扬民主协商，建成“志愿爱里小院”，开展自我服务、自我管理，安装烟感器 100 余个、无障碍扶手 20 户、爱心椅 30 套，切实推动解决民生实事。

万青路街道青云社区青山区老少乐园青云站（万青路街道　供图）

【社区建设】

2020 年，万青路街道牵头协调各个相关部门，精心组织，周密部署，突出重点，狠抓落实，开展私搭乱建专项整治。全年共开展大规模专项整治工作 5 次，累计拆除违章建筑 100 多处、10000 平方米，辖区内无新增违章建筑。牵头联合区执法局规划中队、万青路市场监督管理所、辖区派出所，对辖区内私搭乱建，以及春光社区、振华社区、青云社区、新型社区呼得木林大街沿线的华美美容院、曲美家具、南国渔港、恒鹿家具城等后墙的违建进行集中清理，共出动社区工作人员 200 人次、执法人员 100 人次，拆除各类违章建筑 1 万多平方米，吸引社会资金 100 余万元，对破损路面进行硬化，4574 户居民的居住环境得到有效改善。协调青山供电局投入 80 余万元，梳理育才、青云小区空中外露线路，保障 1420 户居民用电安全。协调包头惠民水务实施“管道健康直饮水工程”，解决青建小区、信通小区、龙德佳苑 447 户居民多年的吃水问题。

2020 年，万青路街道加大卫生常态化管理力度，及时发现及时处理，并做好监管。整治辖区医院、养老机构、老旧小区、背街小巷等环境卫生，累计清理小广告、野广告 69630 处，粉刷墙体 40560 处，清理私搭乱建 197 处 2320 平方米，清运垃圾 715 车约 2837 吨，更换破损、陈旧宣传栏 103 块。把卫生工作列入议事日程，做到有规划、有措施、有行动、有效果，坚持以社区网格员为龙头，无缝覆盖各个社区，建立办事处领导包片、监管股室工作人员包社区的工作责任制。

【文化活动】

2020 年，万青路街道以综合文化服务中心为载体，融合党建、廉政及法治文化宣传，丰富文体工作内涵，组织开展满足居民群众需求的文化体育活动，营造健康文明和谐氛围。进行青山区体育场地调查工作，对辖区现有 70 个体育场地信息进行核实登记。开展新冠肺炎疫情防控代表性见证物征集和保存工作，收集为表现抗击疫情创作的书法手稿 30 幅。选派 2 支文体队伍参加 2020 年青山区全民健身日活动暨第七届广场舞大赛，分别获得二等奖、三等奖。举办青山区第三届社区艺术节万青路街道专场文艺晚会，被青山区文体旅游广电局评为青山区第三届社区艺术节展演活动“优秀组织奖”。

【基层民主协商】

2020年，万青路街道发挥居民代表大会、居民议事协商会议和社情民意建言会的作用，解决民生问题300余件，提高居民群众的自治化水平。在每个社区至少打造一例民主协商典型案例。召开物业工作联席会议，协调解决小区物业管理中出现的问题，先后打造永盛成和海顺物业市、区两级示范点，推动物业服务提质增效。

2020年，万青路街道人大工委组织人大代表支持防疫工作，建言献策，捐赠物品，做到为政府建言、为社区办事、为居民解难。加强人大代表之家建设，升级人大代表之家功能，提升人大代表之家服务能力，万青路街道及新型社区人大代表之家被包头市人大分别评定为五星、四星。民生实事项目人大代表会商票决，监督完成社区环境治理改造、直饮水安装等民生实事项目8个，涉及资金164万余元，惠及近1万户居民健康生活。

【安全生产】

2020 年，万青路街道安全宣传广泛覆盖，组织 7 个社区开展集中宣传活动 2 场、消防演练 14 次，张贴发放各类安全宣传资料 1000 余份，提高辖区单位和居民群众安全意识和火灾应急处置能力。安全隐患排查常态化，在辖区开展全面安全隐患排查的基础上，着重在居民区及“九小”场所开展消防及燃气安全隐患排查，共对 383 家商户排查 4 次，消除居民使用燃气隐患 146 户，协调区应急管理局、区市场监督管理局等职能部门对建筑工地、高层楼宇、酒店公寓、餐饮饭店等联合检查 24 次，涉及餐饮饭店等 150 余家，重点区域场所 60 余处，消除事故隐患。开展打通生命通道专项行动促安全，联合职能部门对辖区消防通道、设施开展执法检查，治理占用、堵塞、封闭消防车通道等问题。对辖区 67 个小区设置微型消防站、消防车通道标识标线和警示牌，解决二道湾平房区多年巷道占用严重、没有消防通道的问题，为居民群众打通生命通道。联合供电局、移动、联通、电信和广电 5 家单位对消防通道内线路净高不达标，网线、弱电线路低垂杂乱，阻碍消防车通行等情况进行治理，对春光小区五区、六区老旧小区消防通道口低垂线路进行梳理、捆绑，达到消防车进出高度，畅通消防通道。在草原社区左岸绿洲小区安装充电桩 10 个，解决公租房、廉租房住户电动车安全充电问题。

【服务品牌打造】

2020 年，万青路街道进一步推动党组织服务群众水平不断提升，以党建项目为抓手，以提高党建工作精细化、科学化水平为目标，共申报“微实事”为民服务项目 8 个和滚动项目 1 个，分别是万青路街道联合“万青窗”标准化便民服务大厅建设项目、振华社区“爱进家门”关怀救助项目、青云社区“情暖桑榆”社区为老服务项目、新型社区废弃“边角地”蝶变“新地标”项目、育才社区“365”天天安家建设项目、春光社区春光小院“变形记”项目、五一社区“花甲”学堂项目、草原社区“四叶草”社区托管项目和草原社区“我爱我家”家园自治项目（滚动）。在青山区项目评审中，草原社区“四叶草”社区托管项目被评为 A 类项目。

【制度建设】

2020 年，万青路街道推行“专题培训、工作指南和业务考核”党建责任落实“三项制度”，出台《万青路街道厉行节约反对浪费管理制度》《万青路办事处公务用车加油卡管理制度》《万青路街道公职人员出国（境）证照管理制度》《万青路街道扫黑除恶专项斗争工作保密制度》《万青路街道扫黑除恶专项斗争工作线索接报制度》。民族宗教工作方面形成安排、落实、考核的长效制度，认真落实宗教工作“三级管理、两级责任制”。

【疫情防控】

2020 年，万青路街道加强政治担当，全面构建疫情防控网。对疫情防控进行安排部署，全面实行网格化、地毯式管理。社区建立新型冠状病毒感染肺炎疫情防控工作组织体系，责任到人、联系到户，团结带领全体干部与 168 名下派机关干部、602 名在职党员成立 24 个临时党组织，设立 37 个小区监测点，辅助督促 75 个小区做好一线排查、随访、值守、宣传等工作，发放张贴宣传单、温馨提示，张贴各类宣传海报等 30000 余份。确保各项防控措施得到切实落实、不留死角。要求社区进出人员做好测温、登记、提醒工作。3 月，万青路街道五一社区、草原社区被青山区新型冠状病毒感染肺炎防控工作指挥部评为先进集体。4 月，万青路街道青云社区志愿服务队被青山区文明办评为优秀志愿服务集体。11 月，组织 80 余人开展新冠肺炎疫情防控应急处置演练。演练以现场追踪的方式进行，主要查看测量体温发现疑似患者、登记报告、转运、消毒隔离及密切接触人员自身防护、药械物资储备、设备维护、后勤保障等。通过此次实战演练，进一步规范应急事件的报告和处置流程，提高防控工作人员应对新冠肺炎的防范意识和应急水平。

（崔爱　供稿）

科学路街道

【概况】

青山区科学路街道办事处（以下简称科学路街道）成立于 1966 年，位于青山区的西部中段，地处包头市经济、文化、商业的中心地带。辖区东起幸福路，西至民族东路，南到钢铁大街，北至莫尼路，与昆都仑区接壤。下辖纺织社区、康乐社区、迎春社区、望园社区、雅园社区、迎宾一社区、迎宾二社区 7 个社区；2020 年，科学路街道内设党政综合办公室、基层党的建设办公室、社会事务办公室、城市管理办公室、平安建设办公室、党群服务中心 6 个股室，有干部职工 25 人。辖区内有机关、学校、企事业单位 77 家，商业网点 2000 余个，集贸市场 7 个，企业 1845 家。

2020 年，科学路街道坚持以习近平新时代中国特色社会主义思想为指导，以新时代党的基层建设统领全局，针对辖区商圈楼宇多、老旧小区多的实际，搭建新载体，探索新思路，狠抓基层社会治理和社区建设，形成基层党建以项目促特色、民生服务以效能强质量、社区建设以共建提水平、辖区治理以共管促发展的工作模式，推动辖区各项社会事业高质量发展。科学路街道获得青山区“抗击疫情三八红旗集体”称号。

【社会综合治理】

2020 年，科学路街道以党群服务中心为引领、平安建设为舵手，社会综合治理工作整合成多元化、网格化治理模式。包括非公企业综治中心建设；物业巡回法庭建设、辖区司法所建设达标；科学路街道综治中心整合完善，实现社会综合治理“一体化”，在正翔写字楼建设正翔国际楼宇非公综治中心和科学路党群非公综治中心。

2020 年，科学路街道联合应急、市场、金融、公安、消防、物业公司等相关部门建立联动机制，专门针对大型商住综合体开展综治工作，为业主、商户开展服务，弥补大型商住综合体内酒店及商圈楼宇在治理中的盲点。开展联合综治排查 55 起，处置安全隐患 300 余处，开展宣传 3 次，发放宣传单 2000 余份。在疫情期间发挥 24 小时视频监控设备的作用，排查外来人口进入小区及“三位一体”管控人员的居家隔离情况，同时配合区金融办对辖区内金融行业开展集中摸底排查及对楼宇内人员突然大量聚集情况的分析研判。矛盾调处 90 余件，法庭裁决案件 364 件，公证处公证 53 次。建立起以科学路街道综治中心为组织核心，以社区、商圈楼宇综治中心为执行主体，以各职能部门相互配合的“两级统筹 + 多方联动”共建共治共享综治工作体系。打造迎宾花园包头市级“消防平安示范小区”。在纺织小区和富强路七号街坊老旧小区安装烟感报警器 706 个，《居民消防安全公约》展板 420 块。为辖区居民消除隐患，提高居民的防范意识，稳步有序地推进提升平安建设公众满意度工作。

2020 年，科学路街道开展综合执法 62 次。拆除富强路 12 号街坊临建车棚、车库、底店；纺织小区、康乐小区、迎宾小区、迎宾花园小区违建 500 余处，共计 9253 平方米；出动安检人员 200 多次，清理违建物 100 多车。对 11 个老旧小区的地面、管网、房顶进行改造，老旧小区基础设施明显改善，为辖区居民建设舒适小区环境，提升小区居民的获得感、幸福感，为百姓的安居乐业提供一个安宁的环境。

【民生服务】

2020 年，科学路街道为 81 人发放包头市中医院的康复卡；为有辅具需求的残疾人发放各种辅具 46 个；为 6 户贫困残疾人家庭进行无障碍改造。依托残联的金秋助学，为 6 名困难残疾人子女及残疾人大学生发放救助金 1.2 万元，组织就业年龄段的残疾人参加适合他们的各种培训、救助，为重度残疾 309 人发放家庭就业券，发放重度残疾护理补贴 372 人，共计 42.16 万元。

2020 年，科学路街道全面落实惠民政策，办结行风热线、政府热线各类群众反馈问题 300 余件，更新住户信息 7500 条，召开物业联系会议 40 余次，协商解决物业纠纷矛盾 75 个。开展退伍军人信息采集登记并发放光荣牌。

2020 年，科学路街道织密民生“保障网”。根据居民需求，在各社区开设微信公众号，将民生保障相关政策及相关业务办理流程第一时间发布；梳理“四办”事项 51 项，其中公共服务事项 40 项、权力事项 11 项；社区直办事项 23 项、街道代办事项 28 项，在辖区内各社区公布，方便居民快速、高效办理所需事项。

【劳动保障】

2020 年，科学路街道核发低保金 86 户，共计 83.48 万元；发放高龄津贴 2292 人，共计 260.09 万元；发放临时救助 27 人，共计 12.1 万元。

【社区基础管理】

2020 年，科学路街道推进社区网格化管理，加大管理考评制度的执行力度，进一步健全完善《科学路街道网格考核细则》，提升网格管理效率。将热心居民、党员、楼栋长、辖区企业、物业等纳入网格，开展网格管理，切实加强网格力量。强化社区民主协商，街道、社区层面开展辖区内居民恳谈会 50 余次，收集意见建议 110 余条。通过认真汇总梳理，形成 2020 年民生实事项目征集，确定实施 6 个民生实事项目，截至 2020 年年底全部完成。其中，老旧小区“微改造”项目，为居民小区施划消防通道 33 处、安装地桩 2 处、施划小区停车位 90 个、更换小区破损污水井圈井盖 84 套、维修辖区部分破损路面 500 余处；“居民共享休闲活动设施建设”项目，为满足辖区内老年人户外活动需求，安装户外休闲椅 55 个、增设石桌石凳 11 套、增加广场健身活动设施 2 套；枯死树木修剪项目，为有效解决老旧小区树木遮光及枯死树木安全隐患问题，为居民修剪枯死树木共计 271 棵；“新时代文明实践健身广场”项目，为辖区老年人、残疾人提供康复理疗、健康咨询，同时结合户外乒乓球和羽毛球场改造，打造健康社区；打造“退役军人服务站”，推进退役军人服务体系建设，就近为退役军人提供信息采集、政策咨询、法律咨询、心理辅导、思想教育、党组织生活及创业就业指导等综合服务。

2020 年，科学路街道提高便民服务系统使用率，提升居民满意率。社区广泛收集居民的意见、建议、诉求、需求，将社区层面不能解决的事项经系统直接上报，务必保证事项上报的合理、及时、准确。全年上报便民服务信息系统 885 条。每周对各社区上报事项进行统计汇总，月中对上报事项存在问题集中进行上会研究，并每月对社区使用便民服务系统开展一次通报。便民系统解决社区内违法私搭乱建、树木修剪、电网线杂乱、房屋漏水等居民急需解决的问题共计 210 余件。

2020 年，科学路街道不断提升党管武装工作水平。研究制定《2020 年科学路街道党管武装工作实施方案》，细化量化党管武装任务目标、年度目标、考核办法，以高度的政治责任感和使命感开展武装工作。严格落实党政议军会议制度。坚持每季召开一次党政议军会议，专题研究制订武装全年计划和目标管理制度，完善党管武装、国防教育、民兵整组、民兵学习、民兵训练活动等工作。坚持工作落到实处。进一步加强基层武装建设，投入 30 万元重新打造“两室一库”，使其在原有基础上增添国防教育模块，将国防教育深入居民群众当中来，实现民兵阵地正规化、活动经常化、资料规范化管理，完成民兵预备役基层建设任务。

2020 年，科学路街道开展文明城市创建工作。做好辖区环境卫生常态化管理，开展包头市爱国卫生运动和文明城市创建活动，组织做好辖区内环境卫生综合整治。清理卫生共计出动 1814 人，投放鼠盒 372 个，修整路面 233 处，清理卫生死角和整治乱堆乱放共 1435 处，清理垃圾 452 车，清理小区广告 3575 处，清理私搭乱建 34 处，修剪枯树 120 棵。加大病媒生物防治和疾病防控宣传力度，对辖区卫生死角、垃圾桶等进行药物喷洒。

2020 年，科学路街道坚持疫情防控不放松，做好疫情防控相关工作。抓紧、抓实、抓细各项防控措施，完善常态化防控机制。做好辖区居民安全保障工作，加强宣传引导，提高居民自我防护意识，开展“敲门行动”、微信群转发通知、电话等工作，全面排查从中风险地区返回人员。

【社区建设】

2020 年，科学路街道提升物业覆盖水平。在富强路十五号街坊、富强路七号街坊、迎宾一小区南区、幸福路九号街坊外围等老旧小区推行“准物业”管理，引入物业公司，改变老旧小区难以引进物业公司现状。加强社区民主协商治理活力。做好佳兴院、迎宾花园、康乐西区业委会换届及九星豪庭、万达小区、二电家属院业委会成立相关工作。在正翔国际小区推行“红色物业”，成立物业党支部，组建居民理事会，为下一步成立公道正派的业委会打下基础。着力解决大华小区、金泰丽苑小区无物业办公用房问题，顺利引进市场化物业公司，受到居民好评。

2020 年，科学路街道提升社区治理水平。针对辖区老龄化实际，社区创新服务载体，构建以“老少乐园”纺织站、迎宾二站为核心，以纺织养老服务中心、纺织社区卫生服务中心、迎宾二社区卫生服务中心为依托的养老服务平台，通过“政府统筹 + 市场运作”，将医疗和养老资源有机结合起来，形成“1+1>2”的新型医养服务模式。迎宾一社区新建“老少乐园”1 处、“温馨家园”1 处，为老年人提供功能相对完备的活动场所。在康乐社区打造“医心一意”健康工作坊，为辖区老年人、残疾人提供康复理疗、健康咨询等服务。

2020 年，科学路街道加快推进“两室”建设。结合党群服务中心建设，对望园社区服务站“两室”用房重新规划设计，设置更多居民活动功能室，实现居民活动空间的最大化、办公区域最小化。同时，为进一步满足居民活动需求，将康乐社区一处车棚改造为居民活动室。截至 2020 年年底，已完成康乐社区新增“两室”用房 200 平方米，同时为纺织社区争取“两室”用房 823 平方米，为迎宾一社区争取“两室”

用房140平方米。

2020年，科学路街道加强老旧小区基础设施建设，对老旧住宅小区进行综合治理改造。进行老旧小区改造、“三供一业”改造，解决老旧小区居民迫切关心的水、电、暖、出行等问题，实现房屋居住安全、基础设施完善、环境整洁美好的治理改造目标。完成康乐社区北重院、迎宾一社区51～55栋、迎春社区富强路七号街坊34～36栋、迎宾二社区北重院，路面、路灯、门禁、门房、水、电、暖、屋顶防水、大门改造；康乐社区城建院、迎春社区自来水1栋、供电院，环保1、2栋，纺织社区富强路十九号街坊1～6栋、61～63栋，下水、路面硬化、防水、防盗门、监控、门禁改造。利用“三供一业”10%资金，对11个老旧小区的地面、管网、房顶进行改造，老旧小区基础设施明显改善。

【文化活动】

2020年，科学路街道文联疫情期间创作文艺作品10余件，其中，《万众一心，抗疫情齐上阵》被“学习强国”内蒙古平台采用。

3月，科学路街道被评为青山区“抗击疫情三八红旗集体”。6月，组织开展“周六一起走”健步行活动，提高全体干部职工的身体素质。8月，举办科学路街道2020年消夏文艺晚会。科学路街道妇联打造社区儿童之家6个。科学路街道工会联合会指导36家企业完成建会，核查辖区企业336家，吸收138家小型企业自愿加入街道联合工会。

【基层民主协商】

2020年，科学路街道向辖区人大代表、政协委员广泛征集辖区民生实事项目，组织辖区人大代表、政协委员积极调研，为辖区百姓发声。通过辖区人大代表的参与和监督，各项工作有据可循、有理可依，体现基层民主协商的重要性以及代表为辖区建设发挥的重要作用。

【服务品牌打造】

2020年，科学路街道结合辖区商圈楼宇各类新型业态多、新问题多的实际，投入资金20000元，安装视频监控，打造科学路街道正翔综治中心项目。该项目占地110余平方米，包括应急、市场、金融、公安、消防、滨海物业公司等相关部门建立联动机制，专门针对大型商住综合体开展综治工作，为业主、商户开展服务，成为包头市首家非公企业综治中心，弥补大型商住综合体内酒店及商圈楼宇在治理中的盲点。

2020年，科学路街道加强非公有制企业党建，发挥党建引领作用。帮助鹿城职业培训学校进行阵地建设，发展党员1名，并共同举办“疫往情深庆中秋，携手欢歌迎国庆”活动。为辖区百姓送温暖与关怀，以及7月1日为老党员发放学习资料包。提升企业品牌效应，增强党建品牌创建活动的实效性，优化企业环境，促进企业健康发展。

2020年，科学路街道为金谷农商银行提供图板设计、活动开展、党建指导、发展党员以及法律援助等，共同举办“专属亲子恐龙排队”“六一”儿童节主题活动、“父爱如山，感恩抗疫父亲”主题活动、“粽享端午·共庆七一”端午节暨庆祝建党99周年主题活动、“真的爱你”致敬最美逆行者母亲节主题活动、“同一座城·同一个梦”城市基层党建工作研讨会5个活动，实现优势互补、交流互动、共促发展。推动企业高质量发展，助力社会美好生活，展现出金融党建的风采。

2020年，科学路街道深入推进网格化党建，建立“3+1”网格党建联动机制，组建居民微信群160个，平均群成员覆盖率达70%。开展“最强党支部”建设，创建“最强党支部”5个。推进党建“微实事”项目10个，依托“三项清单”，生成区级、区域、街道、社区四级项目51个。其中，依托金融行业聚集的特有优势，实施“金融党建服务联盟”项目，探索金融行业服务实体经济新模式，优化企业营商环境，典型做法被包头市委组织部在包头市推广，并在包头市启动仪式上表态发言。科学路街道作为2020年区域轮值单位，开展“多元共治——党建引领商务楼宇治理新模式”党建项目，开展专题讲座20余场、楼宇专项检查及活动40余次，整合南部区域集团辖区楼宇党建资源。在兴业集团施工项目部建设“红色工地”，组织12名工地农民工子女开展“用爱筑巢，守护候鸟”小候鸟夏令营活动，兴业集团党委被内蒙古自治区评为“双强六好”非公党组织。

2020年，科学路街道民族统战工作持续推进。创建迎宾一社区民族团结进步示范单位。对青昆清真寺开展2次安全联合排查，发放民族团结宣传资料300余份，开展国家统编教材使用宣传20余次，深入学习党的民族理论政策10次，组织开展蒙古语言专题讲座1次。

【安全生产】

2020年，科学路街道深入抓好安全生产工作，扎牢街道社区安全“防护锁”。在疫情期间做好防疫工作的同时，做好安全隐患排查宣传工作；对人员密集场所及烟花爆竹经营点进行重点排查；联合消防、应急管理局、派出所对辖区大型商场酒店进行安全大排查；联合辖区住建局、燃气公司对底店商户进行安全大检查，尤其是燃气报警器使用、购气合同、送检记录、屋内堆积易燃物、私拉电线、灭火器过期等，共排查185户，发现隐患及问题58处，下达整改通知书58份，上报住建局燃管办；开展“安全生产月”“安全生产宣传咨询日”等活动，发放有关《中华人民共和国安全生产法》的书刊、图片、画册等资料800余份。组织开展及参加安全生产、消防、燃气专业知识等宣讲活动。制作安全生产宣传横幅、宣传画等300余份，在“安全生产月”活动期间，组织开展形式多样的宣传活动，通过安全宣讲、宣传条幅的方式，宣传安全生产法规，普及安全生产常识，各社区利用宣传栏张贴安全专题宣传画；做好安全生产周报表，每周及时准确上报安全生产周报表和网格员排查考核台账，全年共排查495处，发现各类隐患163处，已整改157处，限期整改6处，上报相关主管单位。

2020年，科学路街道紧抓消防安全工作，保障辖区安全。严格落实安全生产及消防目标管理责任制，层层签订责任书，打造迎宾花园包头市级“消防平安示范小区”，纺织小区和富强路七号街坊老旧小区安装烟感报警器706个，《居民消防安全公约》展板420块，在老旧小区的出入口施划消防车通道线83处，放置禁止停车警示牌83块，配备消防器材和制作提示牌235个。强化消防安全检查力度，对辖区小区的消防通道堵塞、主次干道、商场、加油站等重点行业和领域进行监督，对6个商务楼宇、2个商住公寓、3个早市、2个农贸市场深入开展检查、督查工作，落实整改措施65条。对居民区、高层进行重点排查，社区网格员在入户工作时，进行安全检查和安全常识手册发放与宣传，对在楼道内乱堆放阻碍消防通道的行为予以现场指导纠正，利用社区黑板报、小广播、宣传栏等宣传载体进行宣传，发放宣传手册500余份，宣传横幅70余条，开展消防演练9次，消防讲座11场，力争让家家户户认识到打通“生命通道”的重要性与必要性。实现2020年度“零事故”的工作目标。

【思想政治建设】

2020年，科学路街道狠抓思想政治建设，强化党建工作意识。定期在党工委会议、党建专题会议上研究部署街道党建工作近30次，履行好党建“第一责任人”职责；开展中心组学习、“三会一课”“党建直通车”“书记讲党课”等集中学习19次，带头学习习近平新时代中国特色社会主义思想、中共十九届五中全会精神、习近平关于民族工作的重要论述、习近平关于内蒙古工作重要讲话重要指示批示等重要内容，发放学习书籍400余本；邀请老干部宣讲团宣讲“党的十九届五中全会精神”专题辅导4场次。开展中心组学习12次，各社区开展学习讲堂60余次。加强“学习强国”“包头微学习”等线上学习，街道微信公众号转发学习文章561篇，提高广大干部的思想政治觉悟。

【制度建设】

2020年，科学路街道健全完善工作制度。贯彻执行有关法律、法规和方针、政策，研究制订街道计划并组织实施，对目标管理责任制的执行情况进行检查、考核、评比。提升保密、机构改革工作制度。根据实际制定《科学路街道保密工作实施方案》等各项制度。夯实党建工作基础，执行“三会一课”、主题党日活动、党员“十二分”制、民主生活会、组织生活会等党内组织生活制度；完善信息考核制度，根据实际情况及上级考核要求制定《科学路街道2020年度宣传信息工作考核办法》。规范信访接待工作制度。打造信访接待室，制定《信访举报工作制度》《信访举报工作保密制度》等信访工作相关规章制度。

（贺欣　供稿）

先锋道街道

【概况】

青山区先锋道街道办事处（以下简称先锋道街道）成立于1974年，地处青山区北部中段，东起呼得木林大街，西至赛音道，南邻文化路，北至国道110线，辖区面积5.95平方千米，下辖青园社区、哈达社区、北嘉社区、光荣社区4个社区，辖区居民16807户40375人。2020年，先锋道街道内设党政综合办公室、基层党建办公室、城市管理办公室、社会事务办公室、平安建设办公室5个股室。辖区内有非公企业300余家、个体工商户1万余户。

2020年，先锋道街道哈达社区被内蒙古自治区司法局、内蒙古自治区民政厅评选为内蒙古自治区民主法治示范嘎查村（社区）。

【社会综合治理】

2020年，先锋道街道物业管理服务中心，从安保、卫生、维修出发针对自管小区提升服务居民水平。引进景晟、福兴达2家物业公司，提升老旧小区管理水平。改善老旧小区居住环境，完成幸福路甲三号街坊485个小凉房的无偿拆除工作。配合完成幸福路一号街坊等9个小区“三供一业”改造任务和包头职业技术学院家属楼等2个老旧小区改造任务，小区硬件水平显著提升。

2020年，先锋道街道开展联合执法60余次，共整治公共安全隐患1042件，打通“生命通道”13处，拆除私搭乱建150余处，清理“僵尸车”7辆，清理楼道乱堆乱放3000余处。在幸福路甲三号街坊“三供一业”改造过程中，联合执法、公安、公证、供电等部门开展联合执法4次，为无条件拆除小凉房、“三供一业”改造如期进行保驾护航。针对信访问题在二阀门家属区实施下水改造、旱厕加固工程，联系“党建·爱心公益汇”、康宁精神康复中心为信访人提供精心治疗，2020年重大会议、节庆期间未发生非法信访事件。

【民生服务】

2020年，先锋道街道加大民生救助托底保障覆盖面，共办理新参保21人、续保48人、待遇申请5人、丧葬费11人，退保4人，特殊人群参保73人（低保户32人），一、二级重度残疾人41人。为困难居民和残疾人发放各类春节救助资金23.67万余元；发放低保金及临时性补贴75.11万元，廉租住房货币补贴1.33万元，高龄津贴15.26万元，重度残疾人护理补贴24.32万元，残疾人困难生活补贴4.96万元，特困供养金及护理补贴20.9万元，事实无人抚养儿童育养金1.02万元，低收入医疗救助资金1.06万元，残疾人及残疾家庭助学金1万元。

【劳动保障】

2020年，先锋道街道劳动保障事务所以“服务居民、服务社会”为宗旨，以“笑脸相迎、热情接待、规范登记、细心询问、耐心倾听、热心解答、善意倾听”为准则，开展“就业失业登记证”的审验发放、困难人员认定工作、灵活就业社会保险补贴服务、促进就业券申领工作，发放促进就业服务券102人。职业介绍、职业技能培训及领取失业金期间报销医保的工作。全年共办理“就业失业登记证”194册，灵活就业困难人员社保资金补贴共发放3000136元。其中，10月批次受社保补贴人员共447人，社保补贴资金发放额2720408元；12月批次受社保补贴人员共78人，社保补贴资金发放额279728元。组织辖区居民150人参加大型招聘会2次，为居民推荐合适的工作。为31位领取失业金期间的居民申报职工医保报销，公益性岗位托底安置就业困难人员。帮助3名就业困难的失业人员申请零就业家庭情况认定，安置就业困难人员。开展临时公益性岗位安置工作，聘用14名失业贫困人员为临时公益性岗位，工作内容为在各社区从事疫情防控和环境保洁服务工作。

【社区基础管理】

2020年，先锋道街道各社区按照“办公最小化、服务最大化”的原则，重新腾挪办公区，整合形成26个文化活动室。

【文化活动】

2020年，先锋道街道发挥方圆舞蹈队、金色哈达艺术团、大地歌舞团等11支社区文化队伍的作用，共开展文体类活动46场；成立以音乐协会、舞蹈协会、书画协会、文艺志愿者协会、蒙古手工艺协会5个协会组成的先锋道街道文学艺术界联合会，整合4个社区的文艺资源，推动文明实践队伍建设、阵地建设再升级。

【基层民主协商】

2020年，先锋道街道通过居民代表大会、居民议事协商会、“吐槽大会”、社区联席会和业主委员会，充分保障辖区内党员、群众参与权、知情权和表达权。有效连接青山区便民服务系统效能平台，全年向平台上传581件辖区事项。以社区网格为单位建立90个网格居民微信群，引导居民在线说事，并及时处置居民反映的各种问题。组织居民“吐槽大会”34场，解决呼得木林大街六号街坊直饮水、儿童沙坑等问题38个。

【服务品牌打造】

2020年，先锋道街道整合资源打造“先锋i党建”“先锋管家”平台，做强做亮网上正面宣传；组建51人的网络文明传播队伍及网评员队伍，全年完成网络评论指令148次，网络志愿传播指令115次。结合创城工作，推树“最美人物”31名，线上线下全方位传播正能量。

【安全生产】

2020年，先锋道街道为排除安全隐患，有效防范和坚决遏制各类安全事故的发生，严密监控安全重点部位和重大险源，多举措扎实开展人员密集场所安全生产大检查行动，确保群众的生命和财产安全。集中针对辖区内“九小”场所、企业、娜琳商圈、居民小区、人员密集场所等区域，以燃气安全、消防安全、食品药品安全、危险化学品安全、道路交通安全等重点行业领域安全为重点，全面深入地开展安全生产大检查。坚决做到检查全覆盖、全方位、无死角，遏制各类安全生产事故的发生。排查中发现的隐患登记在燃气安全台账、人员密集场所台账、“九小”场所台账中，对安全隐患排查整治工作做到动态实施和规范管理，加快推进街道安全生产监管，形成安全隐患检查、整改工作长效机制，减少安全生产事故发生。以“公共安全实训中心”为依托，开展公共安全宣讲、急救教学、实操实训和应急演练活动22场。以“安全生产月”为契机，开展安全隐患大排查16次，整改安全隐患265处。完成中央巡视组下达的信访任务。妥善解决国家统编教材使用工作相关事宜。

【思想政治建设】

2020年，先锋道街道在做好疫情防控工作的同时，主动加强网络平台对疫情防控的正面宣传引导，掌握主动权、打好舆论战，既主动回应人民群众关切，也弘扬众志成城、共克时艰的主旋律。通过互联网、微信、QQ 群等方式进行疫情预防宣传教育，分享防控的相关知识，提醒辖区居民尽量不要出门，注重个人卫生，不轻信和传播网络谣言，消除疑虑，科学应对，确保疫情防控期间意识形态工作落到实处，以正能量引领群众抵抗疫情，增强全体打赢疫情防控阻击战的信心，确保意识形态工作始终沿着正确的方向前进。全年累计报送意识形态工作相关信息材料 542 篇，在各级新闻单位发表稿件共计 136 篇。其中，在“学习强国”刊登《包头市青山区基层抗疫战记》《家有红领巾防疫宣传员》《疫情防控斗争中优秀共产党员先进事迹——梅兰》等优秀作品 6 篇，省级媒体 10 篇，市级媒体 51 篇，区级媒体 75 篇。

（闫少雄　供稿）

青山路街道

【概况】

青山区青山路街道办事处（以下简称青山路街道）成立于 1986 年，位于青山区东北部，西起呼得木林大街，东至赛汗路，南接敖根道，北临北新街，辖区面积 6.26 平方千米，下辖自一社区、民一社区、朝阳社区、北新社区、六合成社区、青五社区、都兰社区 7 个社区；辖区居民 27548 户 59214 人。2020 年，青山路街道内设党政综合办公室、党的基层建设办公室、纪工委办公室、城管建设办公室、社会事务监管办公室、平安建设办公室 6 个股室和青山路街道党群服务中心。有干部职工 124 名，党员 3630 名。

2020 年，青山路街道精心谋划全局、统筹调配力量，呈现出重点项目、基层党建、民生服务协调发展的良好态势，较好完成全年目标任务。青五社区获得青山区“二星级乌兰牧骑小分队”荣誉称号；六合成社区被包头市健康城市工作领导小组评为包头市健康细胞创建试点单位；都兰社区先后接待中央、自治区、市、区级各类参观、调研、检查 30 余次，很好地展示了青山区社区风貌。

【社会综合治理】

2020 年，青山路街道开展信访、人民调解、扫黑除恶、禁毒、防洪防汛等各项工作的排查和宣传工作。定期与社区矫正人员、刑释解教人员进行谈心谈话。全年接待法律咨询 3 人次，细化工作方案，结合社区网格化管理，深入开展涉黑涉恶线索大摸排，补齐工作短板，确保实现专项斗争的全面胜利。开展反邪教警示教育宣传活动，依托“综治宣传月”“全民国家安全教育日”等活动平台，开展反邪教宣传活动。配合辖区派出所做好吸毒人员的摸排工作和社区戒毒、社区康复工作，开展“6·26”国际禁毒日宣传活动，摆放展板 6 块，悬挂宣传横幅 3 条，发放宣传册 300 份，营造全民禁毒的社会氛围，使得居民自觉拒毒的能力进一步提高。做好防洪防汛工作，在强降雨来临前，及时召开专题会议，制订防汛预案，对辖区内的危房进行排查，完善各社区防洪防汛装备，加强防汛相关知识的宣传。汛期内严格落实 24 小时值班制度，保证防汛期间信息畅通，在第一时间内将水情、雨情、灾情准确上报，保障辖区居民生命财产安全。

【民生服务】

2020 年，青山路街道为 80 岁以上老人发放普惠制高龄津贴 2377 人次 2711000 元；死亡人员退还高龄津贴共计 83 人 17200 元；为 481 位老人办理“老年人优待证”。开展 2020 年度“红十字博爱送万家”活动，对辖区 98 户困难居民发放米、面、油救助物资；“红十字博爱一日捐”38 人，捐款 6400 元；“慈善一日捐”，捐款 2700 元。

2020 年，青山路街道发放城镇精简退老弱残职工救济资金 1 人；发放重点优抚对象抚恤金 4 人。

2020 年，青山路街道对部队表现好的优秀士兵和立功受奖的士兵进行奖励。“八一”建军节期间，区退役局对困难退伍军人和优抚对象等进行慰问。春节期间，区退役局对优抚对象和青五社区维和人员家属等进行慰问。为中国人民志愿军抗美援朝出国作战老兵 6 人发放“中国人民志愿军抗美援朝出国作战 70 周年”纪念章。

2020 年，青山路街道为辖区 73 户低保人员发放低保金 695 247 元，价格临时补贴 25916.31 元，电价补贴 4618.9 元，取暖补助 72000 元；为 8 名特困供养人员发放生活补贴 139200 元，护理补贴 32736 元，价格临时补贴 2093.85 元，取暖补贴 9600 元；为 1 人发放家庭医疗救助 7286 元；临时救助贫困家庭 50 人，发放救助金 80500 元。春节救助发放实物类米、面、油 4 户，困难家庭 17 户，共发放救助金 51439.68 元。为 318 名重度残疾人发放护理补贴 352400 元；为 54 名困难残疾人发放生活补贴 63400 元。前三季度为 9 户居民申请公共租赁住房租金补贴 8350 元，第四季度为 4 户居民申请公共租赁住房租金补贴 3000 元。

2020 年，青山路街道有已婚育龄妇女 8455 人，出生 302 人，为 148 人发放独生子女费 14940 元，为 111 人申报计划生育特殊家庭特别扶助金，为 13 人发放计划生育特殊家庭一次性扶助金 806295 元。

【劳动保障】

2020 年，青山路街道办理“就业失业登记证”共 238 人；领取失业金期间报销医保 9 人；居民养老保险缴费 24 人；为低保、重度残疾人员代缴城乡居民养老保险 93 人；办理城乡居民养老保险退保 25 人；办理医疗保险缴费 3346 人，1080900 元；就业困难人员认定 129 人；2020 年 1—4 季度新增灵活就业人员 129 人。2020 年度符合享受政府养老保险补贴 570 人，补贴 2249374 元；享受医疗保险补贴 315 人，补贴 956101 元，合计 3205475 元。完成包头市 2020 年人力资源和社会保障基本情况调查工作，共抽取调查 16 户 56 人参与调查；协助灵活就业缴费人员办理退休手续 10 人。做好全民参保工作，完成 2647 人参保调查工作。其中，联系不上 1137 人，已参保 1275 人，未参保 209 人（未参保人员中有意愿参保 88 人），死亡 26 人。

【社区基础管理】

2020 年，青山路街道以党建为引领，着力构建“143”网格化组织治理体系。通过“织密一张网格执行党小组‘红色网’，激活四种人员积分管理‘红细胞’，打通三条沟通反馈‘红路径’”的“143”网格化党建工作体系，打通社区党组织末梢神经，激发在职党员参与社区建设效能。建立 65 个网格执行党小组，54 个在职党员党支部。383 名楼栋长、870 名单元长、3 家派出所、4 家社区卫生服务及城市执法部门等 42 家单位参与到网格化治理中。制作 38 块社区网格化治理示意图，335 块楼栋网格公示栏，张贴到 7 个社区的所有出口和楼栋，开展民主协商议事会 30 余次，参与人数 200 余人，帮助解决问题 20 余个，解决基层服务人手不多、经费不足、“小马拉大车”等问题。

2020 年，青山路街道以科技为支撑，建立“123”信息化治理体系。推进“一网通办、一口受理、一台反馈”的“互联网 +”政务服务改革创新工作。通过便民服务系统收集民生需求 1500 余条，解决 430 条。建立便民服务两级网格微信群。所有网格员全部建立居民微信群（进群率 80%），充分利用微信群发布公告、收集意见、讨论问题，实现“网格化 + 微信群”模式，无缝衔接服务社区居民。打造综治数字化三级监控云中心。所有小区搭建高清监控摄像头，所有社区建立物业监控中心，成立综治监控中心，打造“小区—社区—街道”三级监控云网络，提升小区居民的安全感和幸福感。通过落实“两普双核”，即手工 + 电子表两遍校对、普查员 + 指导员两遍核查的工作机制，确保普查工作顺利推进。

【社区建设】

2020年，青山路街道协调各方力量助力"三供一业"改造工程完成，小区基础设施得到极大改善。联合执法整治私搭乱建及市容环境问题20处，清理乱堆乱放等1000余车，清理小广告万余处，同时加大文明城市创建的宣传力度、频度和广度，营造"人人创建、人人参与"氛围。在各社区全面开展工作，打通宣传群众、教育群众、关心群众、服务群众的"最后一公里"。青山路街道纪检办公室牵头开展常态化督查并通报，确保各项措施不折不扣落到实处、取得成效，实现事事有回应、件件必落实。朝阳社区打造全新党群服务中心，强化党群阵地建设。按照"办公最小化、服务最大化"的原则，紧密结合社区群众需求，合理整合办公区域，拓展服务区域和服务内容，推行延时服务、预约服务、电话和微信智慧服务，探索社会服务、错峰办理制度，提升服务居民效能。民一社区以"为民"为载体，将原共计81平方米的4处办公场所合并成2处共计38.8平方米的功能性办公室，对服务效能低、需求小的功能室进行功能融合，融入文艺舞蹈、曲艺排练、书法阅读、乒乓球练习等功能，拓展服务范围，最大化实现一室多用。12月，由包头市方兴智慧物业服务有限公司牵头打造青五社区"红色物业党群阵地"，设立形象墙、便民大厅、红管家展示区、议事调解室、党建成果展示区等区域，树立"自尊自信、爱岗敬业、服务业主"的理念，增强"红色物业"带动效应，发挥好党群阵地作用。

【文化活动】

2020年，青山路街道开展青山区第三届社区艺术节"你我携手同行，共建美好家园"消夏文艺晚会；各社区以居民群众身心需要为出发点，以社区党员、群众、青少年为载体，依托传统节庆、党员固定活动日等特殊日期，精心设计和组织开展各种群众喜闻乐见、便于参与的社区文体活动，如"涵养好家风 · 争当廉先锋"读书分享会、"中秋国庆喜相逢 · 红色物业谱新篇"联谊文艺演出、"我和祖国一起成长"参观军工文化广场等活动，提升社区文化生活品位和质量。都兰社区立足现有的基础条件，发挥社区的文化宣传阵地作用，社区党群服务中心内的党员志愿服务站、烘焙室、电子阅览室、图书馆等13个活动场所均实现项目化、经常化、社会化运作，每周开办各类课程、活动23节次，参与人数700余人次，活动场所利用率居青山区各社区之首，党建为民真正落到了实处。民一社区秉承"文化服务贴近群众"的理念，体现公益性、便利性、服务性的原则，针对居民的不同需求，设计打造内容丰富、健康有益的各类文体活动场地，功能配置齐全，满足居民在家门口就可以活动的心愿。

【基层民主协商】

2020年，青山路街道各社区组建协商议事委员会，按照"选题定事、召开会议、形成决议、落实反馈"四步议事流程，共收集议题200多个，开展各类民主协商会议70多次，将党组织领导下的"民主协商"融入"社区治理"中去。六合成社区组织辖区物业公司、小区楼栋长、居民定期开展协商议事会，就小区内的环境卫生、流浪狗等问题进行协商。自一社区居委会带领志愿者居民和楼栋长为居民调解矛盾纠纷共12次，参与定期召开协商议事会，协助社区居民完成自我管理、自我教育和自我服务的过程，利用居民之间的邻里关系进行矛盾调解，与居民一起亲身体验"调解员"的工作，拉近与居民之间的关系。青五社区老街坊议事厅多次召开民主协商会议，针对无物业管理小区引入物业管理事宜进行民主协商。北新社区创新的"12311"民主协商制度，坚持以问题为导向，扎实抓好工作落实，不断提升履职质效，共召开民主协商议事会7次，着重解决社区近10年来困扰平房区居民的自来水入户、集中供暖、平房道路硬化（规划）、24小时监控等问题，极大地缓解了楼房和平房居民间因道路、卫生、安全而造成的矛盾。都兰社区通过搭建协商平台、广开议题渠道、共商治理难题，在社区党委领导下，组建了协商议事委员会，下设“民情收集团”“民情议事团”“民情顾问团”“民情监督团”，进一步提高协商的公信力；召开民主协商议事会12次，经协商达成共识的议题，实施情况全程接受监督，确保协商成果落地生根；通过社区网格员“找题”，居民群众“出题”，相关部门“送题”等方式，广泛收集议题，协商解决了老旧小区改造、环境卫生治理、活动场所利用等议题，通过居民自治，群策群力，让更多居民参与到社区治理中来。

【服务品牌打造】

2020年，青山路街道协调辖区单位为朝阳社区、自一社区、六合成社区3个社区新增社区用房2000平方米，整合民一社区活动用房320平方米，引进社会组织投资150万元建设两处服务品牌，新增社区用房1200平方米，社区“两室”用房全面达标。打造两处共3200平方米的老少乐园，一处1000平方米的“医养康”服务中心，一处200平方米的残疾人辅助性就业基地，一处150平方米的健康小屋。

2020年，都兰社区“网红领袖”参与式社区治理项目，以网格执行党小组为主体，组建一支“网红领袖”队伍，利用社区网络电视和居民通讯员队伍的资源优势，搭建一个直播平台，以参与式治理、网络式治理和协商式治理的形式，创新社区基层民主治理模式，开展各类社区治理活动12次。

2020年，民一社区实施“折翼天使 • 星梦行”特殊群体社会能力提升党建为民服务项目，通过运营社会化、党建产业化、救助常态化、资金撬动力的“三化一力”标准提升帮扶服务效能，撬动社会资金36.13万元。截至2020年年底，安置5名特殊群体及家庭长期就业，实现造血“托管化”项目的社会化营商机制，成为青山区唯一“自立型”救助类的品牌产业。

2020年，青五社区创新项目品牌，倡导绿色生活。制定“巧工坊”弱势群体增能建设项目，扶持10个残疾弱势群体掌握葫芦挂件、头饰等手工艺品制作工艺，拓展订单、地摊、义卖3种销售渠道，1场“重塑自我”心理建设，让弱势群体在互帮互助中，提升自信心和对美好生活的向往，让更多社区居民了解和关爱弱势群体，实现社区融入的目标。

【安全生产】

2020年，青山路街道开展安全生产与消防工作。在辖区内开展打通“生命通道”专项治理行动，落实消防通道管理主体责任，集中整治违规占用消防通道23处，按要求在地面施划禁停黄线30处，悬挂禁停标识20处，清理违停车辆15辆，保障消防生命线畅通无阻；坚持进行每周一次的消防隐患排查并建立台账、每季度一次由主要领导带队开展安全生产检查工作。做好元旦、春节、全国和内蒙古自治区“两会”、“五一”劳动节等重大节假日或敏感时期的安全生产排查整治工作，严格落实值班制度，全年辖区未发生重特大安全生产责任事故。开展安全生产月宣传工作，进行多种形式的宣传8次，悬挂横幅20条，发放宣传单页500余份，举办安全生产讲座2场。为进一步加强管道天然气和液化气罐安全监管，在辖区范围开展液化气罐大排查、大整治工作，共检查燃气罐200余个，切实保障辖区群众生命财产安全及社会和谐稳定。

【思想政治建设】

2020年，青山路街道严格履行党建“第一责任人”职责，落实党工委议事规则和“三重一大”制度，组织召开党工委会议23次，中心组学习12次，带头讲党课11次，谈心谈话35次。严抓党风廉政建设，召开4次专题会议，开展监督检查157次，排查风险点128条。开展以理想信念教育、廉政教育、微视频大赛为主题的“三个一”活动。青山路街道获得包头市“3个100”优秀案例评选集体二等奖，2人被评为先进个人。深抓统战工作，筑牢民族共同体意识，共悬挂横幅37条，组织业务知识答题 180 份，发放宣传单 5000 余份，举办活动 14 场，慰问少数民族困难党员、群众 29 人，维护宗教事务的稳定。

2020 年，青山路街道开展融合开放式“主题党日”活动，作为区域集团的轮值单位，借助“共享”理念，探索灵活多样、丰富多彩的“主题党日连连看”项目，走“活”党建工作整合路子，让主题党日活动实现“优化升级”。借助“三项清单”、“双服务双报道”、21 个“微实事”项目、“党建 · 爱心公益汇”等平台，筹集社会资金 30 万余元，受益人数 1 万余人。

【制度建设】

疫情期间，青山路街道迅速响应、迅速部署、迅速落实，统筹调度 300 余名干部职工、组织动员 1000 余名党员志愿者投身抗疫工作，聚焦疫情防控“封门、守门、查人、管人”四个关键环节，采取以“四种方式”封住门、“三段进阶”守好门、“补齐三个短板”查到位、“五级防控”管住人的“4335”疫情防控工作法，并在青山区防控工作现场会观摩推广。形成《全面构建青山路街道市域社会治理现代化新格局》经验做法，在包头市县级领导社会治理学习交流会中作交流发言。

2020 年，青山路街道做好社区“两委”换届工作，严格按照文件要求推进，将社区“两委”班子选优配强，推动社区干部队伍走向职业化、年轻化、知识化道路。

【军事工作】

2020 年，青山路街道武装部建立一支 30 人的高素质应急分队。这支应急分队装备精良，训练有素，在遇到有急、难、险、重任务时，能够随时拉得出、用得上、见成效。这支队伍平时用于维护社会治安，参与城市文明卫生创建，使它真正起到应有的作用。组织民兵干部学习 4 次，采取多种形式进行国防教育，使广大民兵认识国防建设的重要性，积极参加社会稳定工作，树立应对各种突发事件就是自己的本职工作的观念，为社会稳定保驾护航发挥了应有的作用。青山路街道武装部按照《关于 2020 年青山区基层武装部达标建设实施方案》严抓落实，街道财政拨出 2 万元专项资金对武装部办公室、资料室、活动室、战备物资器材库进行升级改造，达到民兵阵地正规化、活动经常化、资料规范化。为辖区符合条件的退伍军人、现役军属安装“光荣牌”；春节前，对辖区烈士军属进行全面调查、摸底，及时解决他们在工作、生产、生活中遇到的困难。发动征兵宣传工作，每个社区张贴征兵宣传标语 10 条以上，社区服务站 LED 显示屏滚动播放征兵政策。要求网格员对每个居民楼院的适龄青年进行拉网式排查，查找出符合征兵条件的应征青年，并做好相应的排查记录，对有意愿且符合条件的应征青年做好家庭基本状况档案，对他们的入伍动机、思想情况作深入了解。

（杨静　供稿）

乌素图街道

【概况】

青山区乌素图街道办事处（以下简称乌素图街道）成立于 1963 年，地处青山区东北部，东起三道沙河，西至四道沙河，南起建设路，北至包环铁路，位于青山区城乡接合部；下辖利民社区、长征社区和建华社区 3 个社区；辖区居民 1.09 万户 2.09 万人。2020 年，乌素图街道内设党政综合办公室、基层党的建设办公室、社区事务办公室、城市管理办公室、平安建设办公室 5 个股室和 1 个党群服务中心，有机关工作人员 43 人、大学生实习基地 10 人，社工 5 人、居委会干部 25 人。辖区内有国企、军警、高校、机关、中小学、银行、“两新”组织七大类 34 个共建单位和部门。

【社会综合治理】

2020 年，乌素图街道依托成立的青山区首家家门口法律服务室，搭建多元化矛盾化解和法律服务平台，通过周五律师固定接待日、开设法律讲堂、法律“e”服务等为居民提供法律咨询、邻里家庭矛盾纠纷化解、法律援助、诉前调解等法律专业服务，开展矛盾纠纷化解462起，乌素图街道综治中心先后接待内蒙古自治区政法委、内蒙古自治区司法厅、包头市政法委的相关调研参观。疫情期间统筹中核北方、包头职业技术学院、包头轻工职业技术学院、乌素图治安分局建立四位一体联动管控机制，协同派出所、市场监管所、北郊大队建立社会面管控巡查小组，每日对人员密集场所及防控点进行不间断巡查。实施路长制网格式联合治理，开展执法下沉160余次，与区执法局联动拆除私搭乱建250余处，与区市场监管局联动巡查小饭桌、校园周边等重点场所150余户次，各社区配合北郊大队清理“僵尸车”4辆、施划停车位2600余个。

【民生服务】

2020年，乌素图街道为36户49名低保对象发放最低生活保障金及其他补贴金57.51万元；为25户困难家庭发放春节救助金5.65万元；为70户困难家庭发放红十字会物资救助；为辖区1004名80岁以上高龄老人发放高龄津贴109.46万元；为130名重度残疾人发放重残补贴13.74万元；为35名困难残疾人发放生活补贴金4.26万元；为13户存在住房困难的低保家庭发放租金补贴2.67万元；为10户住房困难家庭申办审批公共租赁住房申报手续；为辖区1名疑似精神病患者开展医前救助1次；为受疫情影响的1户低收入家庭发放卫生护理费1500元；为1名特困供养人员发放生活补贴9630元；为77位死亡退休人员办理停保业务；为19名伤残退休人员报销住院门诊药费7.2万元。

【劳动保障】

2020年，乌素图街道办理就业失业登记证71人；申报就业困难人员78人，社保补贴金额142.03万元；劳动就业核心业务经办子系统登记录入城镇新增就业人员865人；失业人员实现再就业290人，就业困难人员实现就业52人。为包头市领取养老保险待遇人员信息采集及资格认证249人；城乡居民慢性病申报8人；办理城乡居民养老保险退保2人；到龄申请待遇3人；办理城乡居民养老保险新参6人，续保4人；办理城乡居民养老保险重残、低保人员政府代缴49人；为5名商业公司在职人员缴纳医疗保险费2.13万元。

【社区基础管理】

2020年，乌素图街道通过精简办事流程、加强对“一口式”平台和各项电子办公平台督查、监管力度，有效提升社区工作效率。通过《网格员入户管理考核办法》，对网格员“一日双巡”、信息采集情况、社情民意收集情况进行监督管理。

【社区建设】

2020年，乌素图街道成立街道级物业服务中心，为老旧小区引进物业企业，覆盖利民、长征社区近8000户2万人。配备专项资金2万元，用于武装工作软硬件升级；打造25平方米武装器材装备库。投入10万余元，在春阳小区打造安防示范社区，安装摄像头65部，每个单元配备灭火器等消防设施；完成8个微型消防站建设和消防安全通道治理300余栋。防疫和创城等非常时期，动员居民党员和在职党员1000余名，入户、排查、宣传1万户2万人次、清理卫生死角5000余处，铲除小广告1万余处，清理楼道856个；倡议1566名党员捐款12.7万余元；联合党工委成员单位捐赠防疫物资价值5万余元。

【文化活动】

2020年，乌素图街道成立5支“乌兰牧骑小分队”，深入百姓院里进行小型演出。组织开展一年一度消夏文艺晚会。吸纳核之声合唱团、纳兰、紫云情、核舞人生艺术团等优秀文艺团体，成立街道文联以及音乐、舞蹈、书画3个文艺协会。以传统节日、教育活动为契机，开展群众喜闻乐见的文艺表演、棋牌比赛、军民联欢、知识讲座、书法绘画、剪纸手工、体育健身等文化体育活动68次，参与人数1890人。

11月5日，在利民社区活动室召开青山区乌素图街道文学艺术界联合会第一次代表大会（乌素图街道　供图）

【基层民主协商】

2020年，乌素图街道发挥社区监督委员会作用，健全内蒙古自治组织体系。拓展民主自治渠道，建立多样化意识形态传播阵地，广泛听取社情民意，解决辖区居民反映强烈的民生问题450余个。组建社会组织参与自治，发挥社会组织参与社区管理与服务、监督社区事务的积极作用。

【服务品牌打造】

2020年，乌素图街道根据居民需求，生成“家人车队”“转角遇到爱”“医食务优进家门”等多个“微实事”为民服务项目，获评社区党组织“微实事”项目A类1个、B类2个、C类1个、D类1个。开展活动40余次，为居民提供便民服务450余次，解决问题330余个。

【安全生产】

2020年，乌素图街道与辖区森林警察大队等驻区单位形成应急响应机制，协助社区响应处理突发事件3起。对辖区燃气安全使用、校园周边人员密集性场所、托管班、重点工地、“九小”场所等进行专项联合检查，开展安全隐患排查560余户次，整改排查隐患80余处。组织辖区“九小”场所、物业、居民开展应急演练3次，各类安全培训8次。

【思想政治建设】

2020年，乌素图街道不断深化“不忘初心、牢记使命”主题教育，严格落实《“三会一课”第一议题制》，组织学习研讨、观影观学、线上学习、送学上门等党员活动180余次。

【制度建设】

2020年，乌素图街道制定《乌素图街道工作纪律交叉互查制度》《乌素图街道纪工委监察办保密工作制度》《乌素图街道纪工委监察办档案管理制度》3项规章制度。

【人口普查】

2020年，乌素图街道完成第七次全国人口普查工作，上报17368户52507人。其中户籍人口15966人，两大院校21795人，出生171人，死亡153人。

（李萱　供稿）

镇

青福镇

【概况】

青福镇成立于1999年，位于青山区文化路与赛汗路交叉路口，东临奥林匹克公园，西至民族东路，南接友谊大街，北依大青山；下辖保利社区、万郡社区、银海社区3个社区和昌福村、赵家营村、赵家店村、银匠窑村、二海壕村、色气湾村6个村。辖区总人口80445人，其中农业人口35269人、非农业人口45176人，流动人口35292人。经2020年机构改革，青福镇内设党政综合办公室、基层党的建设办公室、纪检监察办、乡村振兴办公室、社会事务办公室、城市管理办公室、平安建设办公室、党群服务中心、综合行政执法局、综合保障和技术推广中心10个科室，有干部职工171人（含社区）。

2020年，青福镇坚持以习近平新时代中国特色社会主义思想为指导，坚持稳中求进、真抓实干的工作总基调，坚定践行新发展理念，砥砺奋进、攻坚克难，准确把握危中之机，防控、发展两手抓，在坚定不移地做好疫情防控工作的同时，有序推进各行各业复工复产，完成年度各项工作主要目标任务，在集体经济、特色产业、环境保护、城乡建设、社会事业、镇域稳定、人民生活等领域取得重大进展。青福镇获得“青山区第二届体育节新时代文明实践全民健身系列活动线上运动会三等奖”；青福镇被评为“2019 年度财务部门决算工作一等奖”；万郡社区被选为“青山区少数民族流动人口管理服务试点社区”；银海社区被选为“包头市健康细胞创建试点单位”；保利社区被评为“最美志愿服务社区”“优秀志愿服务社区”。

【农村产业】

2020 年，青福镇为推进农村产业项目的顺利实施，规范农村产业项目用地手续，委托包头市规划设计院编制色气湾村村庄规划。色气湾农产品交易中心项目、色气湾村乡村民俗文化体验基地等一些惠民工程、重点项目列入规划范围。截至 2020 年年底，编制工作已基本完成。色气湾农产品交易中心项目位于色气湾村，G6 高速包头出口西北，占地约 9.8 公顷，总投资 2.6 亿元。计划建设厂房、综合楼等约 13 栋，干货、粮油、调味、蔬菜、海产品等交易区和酒店都已封顶。银匠窑大健康经济园项目位于 G6 高速以北、银海路以东银匠窑旧村及周边区域，总占地面积约 26 公顷，截至 2020 年年底，154 栋主体已建成，基础配套设施尚未完善。

【重点项目】

方兴 · 山屿湖项目位于银海路以西，北郊防洪沟以北，规划二路以东，规划一路以南，由包头市中融置业有限公司投资。项目占地面积约 6.49 公顷，共建设 9 栋住宅楼及相关配套设施，约 25.2 万平方米，于 2020 年 8 月完成验收并正式交房。青山客运站项目占地面积约 4.45 公顷，建设面积共计约 14.9 万平方米（2 栋塔楼约 3.9 万平方米、裙房约 6 万平方米，地下停车场约 5 万平方米）。截至 2020 年年底，项目主体已完工，站前广场方案基本确定，正在办理施工许可证、房屋预售许可证等相关手续。赵家店棚户区改造项目两宗土地 2020 年 5 月完成出让，由恒大集团摘牌，项目更名为包头恒大学府。截至 2020 年年底，建设用地许可证、建设工程规划许可证、国有土地使用证、建筑工程施工许可证已办理完成，601 地块正在进行基础施工，602 地块正在进行地下室负一层施工。

【城乡治理】

2020 年，青福镇巡查严控市容环境秩序，依次清理银海路早市，铭峰家苑北侧、赵家店南侧早市流动商贩 700 余家；清理阳光上城及睿赢佳苑占道洗车点 300 余家；责令整改小区私搭乱建 20 余处，共处理违建督查 34 件；清理北部区路面和村内墙体小广告 1000 余处；出台下达《青福镇关于加强非清洁燃煤管控的实施方案》，发放《包头市人民政府关于燃煤散烧治理的通告》海报 1000 份，制作宣传条幅 200 条；开展两轮入户摸底工作，彻底摸清煤改电、煤改气、村民及企业存煤基数等相关数据，制订回收原煤方案；依法拆除辖区范围内 3 处卫片图斑，恢复土地原貌；整改完成樊文军炮库，恢复原养殖用途。

2020 年，青福镇完成对辖区内各主要河道镇、村两级河长人员调整。完成新一轮一河一策编制工作。开展“清四乱”，对老姑沟和二道坝沟河道垃圾开展清理整治，累计清理各类垃圾 2 万余立方米。落实包头市、青山区关于划定禁养区工作的有关要求，准确掌握辖区畜禽养殖情况，禁止新建和扩建规模化养殖场。上半年严控辖区内 3 家已建成养鸡场的养殖数量，监督和督促对养殖垃圾的清理和无害化处理工作，避免疫情发生。完成农牧业环节防鼠灭鼠工作，在色气湾村、二海壕村、银匠窑村设立鼠疫防疫区，并投放鼠药，严防鼠疫疫情。

【安全维稳】

重新调整扫黑除恶专项斗争工作领导小组，配齐配强综治队员等组织机构，制定《青福镇2020年扫黑除恶专项斗争重点任务分解》并下发至各村、社区及责任股室，逐项梳理、健全完善三年扫黑除恶专项斗争档卡印证资料。邀请律师举办青福镇机关干部带头学法暨宪法知识讲座和青福镇民族区域自治法治知识讲座，并开展青福镇2020年人民调解员培训工作。建设综治工作中心指挥调度室，将赵家营村、昌福村视频监控信号引入，逐步实现对突发案事件的实时监控、指挥处置。将信访远程接待室与上级信访接待部门进行联网，最大限度把矛盾解决在基层。将辖区内信访个体和群体稳控责任进行分解，责任到人，通过教育疏导、法律引导、开展网上信访宣传活动等方式，主动化解矛盾，完成中共十九届五中全会、全国“两会”期间稳控任务，未发生进京上访。妥善处理疫情期间各类信访案件8件，其中涉及疫情防控的信访案件1件；区信访联席办交办4件信访案件，截至2020年年底化解2件。

2020年，青福镇对辖区内开工复工企业进行全面防疫检查及安全生产检查，制定“六落实一清楚”企业复工要求清单，进行全面隐患排查，共查处各类隐患36处，进行了现场整改或限期整改。对辖区范围内起重机、吊装作业领域企业进行摸排，做好记录以及台账，要求企业充分利用在线培训系统、手机App等方式开展安全培训。对辖区内256家商户进行燃气安全隐患排查，发放《燃气安全隐患排查告知书》300多份，详细填写《燃气安全隐患排查台账》，后续检查中全部商户安装燃气报警器。

【民生保障】

2020年，青福镇积极开展卫计工作。做好疫情防控的常态化管理工作，协调配合各部门做好返包头人员的转送隔离、核酸检测、血清抗体检测等工作；严控全员人口数据库、流动人口数据库、药具发放数据库的信息录入和审核。截至2020年年底，共办理生育服务登记27人次，为84人办理家庭意外险；完成本年度农村家庭的奖励扶助申报、评议、复核工作，春节前为1户特扶家庭送去慰问品；以爱国卫生月活动为契机，在赵家营村阳光生态园开展消除白色垃圾、清理杂草及湖面卫生的义务劳动；强化鼠疫防控措施，配足配齐鼠盒鼠药，按时上报鼠疫防范工作进展情况，扎实开展鼠疫防控知识宣传活动及鼠疫知识知晓率调查。

2020年，青福镇推进各项社会民生事业。兑现城乡低保、特困人员、临时救助、残疾、老龄等救助金200多万元及各种生活保障物资130多份，切实保障困难群众的基本生活；对辖区村、社区开展农村留守儿童、留守妇女、留守老人摸底调查工作，经摸排没有“三留守”人员；开展“困境儿童、事实无人抚养儿童”排查工作，经过排查，有困境儿童3人；为800余人办理养老、医疗保险的收缴及个体缴费退休、灵活就业等服务；申报疫情期间内就业专员33人，用于各社区村就业工作；并拓宽就业渠道，依托青福镇青年人才创业孵化园，为辖区毕业大学生、退役军人等人群提供创业就业平台；完成村（社区）两级13个普查组织机构的建立，完成第七次全国人口普查工作，现住人口85428人，户籍人口27192人。

2020年，青福镇完善基础设施建设。赵家营村管网综合改造工程于5月复工，对“温度不达标”换热站新加一条供热主管线，补充主热源输出，新铺设供热管线550米，工程已竣工；完成赵家营村全村道路恢复工程，累计建设包括村内51条巷道、6条主路，共计约5.6万平方米的硬化改造；累计对赵家营村1006户表后线路进行安装施工，新建和安装箱式变电箱2台；完成赵家营村南壕养殖地集中取水点建设工作，安装总长14米的排水池，铺设室内供水管线35米、排水管线28米，安装水龙头23个，修砌深水井1个。总投资约9.55万元，另在养殖地主干道设立直饮水机1台。

2020 年，青福镇全面完成脱贫攻坚任务。脱贫攻坚累计入户排查2729户7530人。经村、镇两级研判，确认辖区农户均为一般农户，没有贫困户及贫困边缘户，相对困难农户 0 户，同比减少 4 户；完成大病救助和扶贫基金救助 20 户，发放救助金 4.05 万元；全面运行“青福镇农村人口经济状况数据库”，并得到中央、内蒙古自治区、包头市、青山区媒体的广泛宣传报道。

【文化产业】

2020 年，青福镇制定《青福镇党委理论学习中心组 2020 年度学习安排》，并将脱贫攻坚、《中国共产党宣传工作条例》、全国“两会”重要讲话精神、中共十九届五中全会等会议精神、《习近平谈治国理政（第三卷）》、乡村振兴战略等内容纳入计划；制定《青福镇信息员调训、轮训制度》，开展信息员轮训工作，每月从村、社区抽调 1 名信息员进行调训，针对信息宣传工作有针对性地帮带、培养；开展短视频制作培训、政务信息写作培训，提升信息宣传员综合素养；注册青福镇人民政府官方抖音账号，鼓励工作人员拍摄能够反映工作、内容富含正能量的短视频，用更加直观的方式进行宣传；对青福镇人民政府微信公众账号进行改版升级，增添 5 个全新版块，抓住“中国人民抗日战争暨世界反法西斯战争胜利 75 周年”“中国人民志愿军抗美援朝出国作战 70 周年”等时间节点，进行重点宣传，不断壮大主流思想舆论，把握正确舆论导向；高度重视信息报送审核工作，执行信息三级审核制度，明确镇信息员为一审、分管领导为二审、宣传委员为三审，确保信息内容积极向上；制定网络舆情应急预案，指派专人负责网络舆情案件的排查、联络、处理及反馈。

2020 年，青福镇推进文明城市创建，提升文明素养。培育和践行社会主义核心价值观，以文明村镇建设为抓手，深挖家风家训、孝老爱亲等民风民俗，结合各村制定的村规民约，组织“最美家庭”评选活动，评出“最美家庭”10 个；组织观看线上直播《扶贫政策一点通》、《北疆楷模发布会》、特别节目《平安行 · 2020》、爱国主义电影《八佰》；对各村、社区图书阅览室的开放管理、场馆维护、配套制度等进行规范，对图书进行了全面统计，完成“书香城市”资料报送任务；做好全国文明城市创建评选及迎检工作，设计制作大型展板及宣传栏 36 处、公益广告 900 余块，设计制作并发放创城宣传折页、致村民（居民）的一封信、书签、文明小册等宣传品 31936 份；制定《青福镇文明城市创建整改提升行动方案》及详细的责任分工；组织召开青福镇文明城市创建整改提升动员大会，制作、印发《青福镇文明城市创建整改提升指导手册》和《青福镇文明城市创建整改提升工作职责手册》420 本；制定青福镇文明城市创建整改提升工作包片责任表，收集整理各村、社区文明城市创建提升整改台账及问题清单。

2020 年，青福镇推动精神文明建设，丰富文化生活。组织开展“助力脱贫攻坚，歌舞魅力青福”赛汗塔拉专场演出、东达沟网络艺术节专场演出、“红色力量筑绿色之梦”赛汗塔拉健步行等惠民文体活动 40 余场；在线上广场舞大赛中，青福镇广场舞《爱在身旁》获一等奖；在包头市农牧民文艺会演中，青福镇原创作品京东大鼓《青福镇脱贫攻坚创辉煌》获三等奖；共征集“中国人民抗日战争暨世界反法西斯战争胜利 75 周年”“中国人民志愿军抗美援朝出国作战 70 周年”等线上文艺作品 80 余个，并在微信公众平台举办线上展览；完成第二次体育场地普查工作。

【疫情防控】

2020 年，青福镇面对突如其来的新冠肺炎疫情，迅速启动应急预案，成立疫情防控工作指挥部，探索运用“五五”工作法，筑牢疫情防控的“铜墙铁壁”。严格落实小区封闭政策，每个小区（村）只留一个出入口，辖区共设立检测站点42个；机关、村（社区）工作人员、辖区党员、物业、志愿者、区下派干部共计1614人，形成合力，携手抗疫，按照网格分工开展地毯式的询问排查、监测、宣传、消杀等工作；制定值守工作职责，要求工作人员严格按照“问、查、看、测、登”五步工作法开展防控工作；按照一户一卡原则发放辖区村（居）民通行卡，对出入人员进行二维码实名登记；成立巡查小组，对在岗履职、工作落实、问题整改等情况严格监督，确保防控工作24小时不松懈；自主研发《疫情防控动态管理系统》，涵盖1万余条人员信息，实现各类人员信息的“一秒查询、一键检索”；定期召开工作交流会议，研究借鉴其他地区疫情防控的优秀做法，不断完善各项防控措施。

（辛思思　供稿）

兴胜镇

【概况】

2008年，兴胜镇划归青山区管辖。北依大青山，南接国道110线，东临包白公路，西至青大线，镇域总面积185.55平方千米，总耕地面积1426公顷。下辖当铺村、永和窑村、四道沙河村、羊山窑村、宏庆德村、沙尔庆村（包括沙尔庆、花圪台2个自然村）、王应基村（包括王应基、东边墙、蛇令窑、福合当4个自然村）、后营子村、王老大村、顶独龙贵村、笸箩铺村、兴胜窑村、西边墙村、东达沟村（包括东达沟、城塔汗2个自然村）、二相公村、松石社区，共15个行政村、8个自然村、1个社区。辖区共登记人口57603人，其中现有人口49078人，户籍人口15991人。2020年，兴胜镇内设党政综合办公室、基层党的建设办公室、乡村振兴办公室、社会事务办公室、平安建设办公室、城市管理办公室6个办公室，有所属相当于副科级事业单位的党群服务中心、综合行政执法局、综合保障和技术推广中心。

2020年，兴胜镇从政治意识、组织建设、乡村振兴、营商环境、社会治理等方面做实做细、干好干优，确保各项工作高标准推进、高质量发展。12月，兴胜镇被包头市健康城市工作领导小组评为“包头市健康细胞创建试点单位”。

【美丽乡村建设】

2020年，兴胜镇以产业链条开创发展机遇。健全“一村三联两到位”规划发展机制，实现“第二个十万”发展目标。集体经济收入“百万元以上集体”达5个，各村平均收入达57.4万元，同比增长33.5%。集体经济组织规范运转，后营子、当铺村率先分红，为镇域经济发展领航助力。

2020年，兴胜镇以年度丰收节定格乡镇品位。设置福合当、东达沟、西边墙3处主会场，设计“野餐在村头”“迷你艺术节”等4个活动主题，线上线下同步直播，吸引游客2万余人，总销售额59万元，进一步根植丰收希望，凝聚党心民心。

2020年，兴胜镇以旅游线路增强经济底蕴。盘活东达山艺术区，接待青少年体验14批1600余人，接待调研参观20余次，接待散客近万人。二相公赵长城、大青山南坡生态文明教育示范基地等旅游点串连成线，沿山村葵花园约266.67公顷高标准农田增色添彩，大青山脚下的“半日旅游图”为乡村振兴注入新的活力。

大青山南坡生态文明教育示范基地（兴胜镇供图）

2020 年，兴胜镇以环境整治提升生态水平。完成户厕改造1045座，新建水冲公厕24座，完成西边墙等 4 村污水管网建设，当铺村、四道沙河村、永和窑村平房区实现全覆盖集中供暖，收官“三年人居环境整治”。配发垃圾清运车和统一服装，累计清理各类垃圾 9.4 万立方米。联合执法 50 余次，整治私搭乱建约 400 平方米，全面提升城乡精细化水平。健全禁燃区管控机制，完成天然气入户安装 1518 户，回收原煤 656.38 吨，常态化巡河以及防汛防火巡查 260 余次，打赢打好“蓝天、绿水、净土”保卫战。

2020 年，兴胜镇青大线（北绕城）征拆项目共签订土地征地协议 5 份，分别是当铺村约 1.01 公顷、王应基村（福合当村小组、东边墙村小组）约 0.09 公顷、羊山窑子村与管箩铺村争议地 0.5 公顷、二相公村约 4.67 公顷、沙尔庆村约 1.19 公顷，共计约 7.46 公顷；地上物完成涉及当铺村、王老大村、顶独龙贵村、兴胜窑村等村 9 处地上物征拆任务，征拆各项工作取得新成效。

【农牧业产业】

2020 年，兴胜镇按照“每月一排查、半年一识别”的工作要求，进行两次贫困户排查、识别工作，两次排查结果全部为无国家级贫困户、边缘户。3 户相对困难户分别于 3 月、9 月全部退出。开展扶贫大病救助及扶贫基金救助 2 次，累计扶贫大病救助 13 户，扶贫基金救助 10 户，发放救助款 15.54 余万元。玉米、大豆、马铃薯种植补贴共上报 479 户约 266.76 公顷，耕地地力保护补贴共上报 495 户约 349.24 公顷，两项惠农补贴共计发放 727761.6 元。

2020 年，兴胜镇 6 条河道的“一河一策”年度编制工作全部完成，组织开展镇级河长巡河 114 次，村级河长巡河 125 次，确保及时清理河道垃圾。

【社会综合治理】

2020 年，兴胜镇建立“三位一体”调解工作体系，就地化解矛盾 270 余件。联合驻镇司法所开展村、社区人民调解员培训会 2 次，培训 80 余人次。累计组织开展法治宣讲会 4 次，举办反邪教、依法治区宣讲活动 11 次，发放宣传折页 3000 余张，张贴海报 300 余张，悬挂横幅 400 余条。同时，继续深入开展扫黑除恶工作。

2020 年，兴胜镇划分村级区域网格 88 个，设立网格员 95 名、协管员 158 名；划分社区网格 12 个，网格员 30 名。制定治理细则，制作动画式宣传片，实现社会治理深入人心。同时，完成镇域摄像头建设，以及镇级综治中心建设，实现镇域监控“全覆盖”，推动市域治理现代化的发展。

【民生服务】

2020 年，兴胜镇核发低保金 34 户（51 人）43.22 万元；发放高龄津贴 742 人 22.35 万元；发放临时救助 47 人 7.5 万元；发放重度残疾护理补贴 1586 人 15.86 万元。为辖区 136 名重度残疾人申报家庭服务券，为 18 名残疾人送去春节慰问金 20000 元，确保将党和政府的温暖送到困难残疾人家庭中。

2020 年，兴胜镇对 8 户肢体贫困残疾人家庭进行无障碍改造，3 处辖区“一站式大厅”和公共区域出入口无障碍坡道完成改造。为稳步推进卫生健康工作，制作宣传展板 68 块，举办卫生健康类活动 15 场、义诊活动 11 场。

【劳动保障】

2020 年，兴胜镇申报新增就业困难人员 32 人，接续人员 21 人，发放就业困难人员社保补贴 22.13 万元。完成 969 人的城乡居民养老保险缴费，缴费金额 149 万元。

【“三务”公开】

2020 年，兴胜镇完成“三务”公开新旧系统替换改革工作。新系统使用后，梳理完成 2013—2020 年信息录入工作，共计发布信息 6000 余条。兴胜镇（包括辖区 15 个行政村、1 个社区）的“三务”公开信息均可通过查询机、微信公众号进行查询。

【综合执法】

2020年，兴胜镇成立综合行政执法局，加强日常巡查，组织开展农村违建专项整治行动30余次，下发限期整改通知20余份，拆除各类违建10处约400平方米；联合区执法局开展当铺主街私搭乱建、松石社区底商店外乱堆乱放等专项整治，拆除钢架棚20个、车库3个，清运店外杂物5车；联合兴胜市场管理所开展疫情期间海鲜产品专项检查、食品药品安全排查、公立学校（幼儿园）食品安全检查等重大活动6次，确保百姓“舌尖上的安全”。

在青山区各街道（镇）铁路周边安全隐患排查整治工作中，兴胜镇率先完成涉及12个路段、5千米的铁路周边安全隐患排查整治任务，拆除彩钢房顶、凉房约260平方米，加固各类民房、厂房约3800平方米。

【文化活动】

2020年，兴胜镇推动东达沟村创建为国家级文明村，文明村覆盖率93%。在原有5个示范讲堂基础上，新建2个高标准学习讲堂，组织开展各类宣讲110余次，不断推进学习讲堂建设。推选包头市级新时代文明实践试点村3个。在包头市级及以上媒体推送相关新闻126篇，其中《人民日报》头版头条对西边墙村“水冲厕所”项目进行报道。成立5支乌兰牧骑小分队，进行21次演出，丰富村民的精神生活。

【基层民主协商】

2020年5月，兴胜镇完成第十四届人民代表大会第四次会议，选举产生2名政府副镇长，票决产生8件民生实事项目，并围绕项目视察2次。

2020年，兴胜镇创新视察方式，组织开展线上视察、分组视察、集中视察和专项视察相结合的视察方式，共计开展视察活动51次，征集相关建议、意见24条。完成“四星级四道沙河代表之家”建设的工作任务，为全镇代表履职再创新高。

【安全生产】

2020年，兴胜镇出动人员39人，出动车辆19台，对86家复工复产企业进行疫情防控措施落实情况检查，并下发疫情防控承诺书86份，收回企业复工复产报备表86份，确保复工复产期间防疫工作到位，企业生产工作正常进行。

2020年，兴胜镇组织开展“安全生产活动月”“安全生产万里行”等活动3次，开展“安全生产专项整治三年行动”专项检查6次，组织出动人员3800余人次，全面排查检查辖区重点机械加工企业43家、建筑物165处，企业、个体2000余户次，开展安全专项整治检查509户次，处理安全隐患400余处，不断筑牢安全生产红线。

（张青　供稿）

统计资料

国民经济主要指标

2020年青山区国民经济主要指标一览表

表33

指标名称	完成情况
年末总人口（万人）	53.51
其中城镇（万人）	51.60
年平均人口（万人）	52.93
地区生产总值（亿元）	566.41
财政总收入（亿元）	40.37
财政总支出（亿元）	33.87
社会消费品零售总额（亿元）	263.91
城乡居民年末储蓄存款余额（亿元）	1169.28
城镇居民人均可支配收入（元）	54291
进出口总额（万美元）	12468
其中出口（万美元）	7582

社会经济主要指标人均水平

2020 年青山区社会经济主要指标人均水平一览表

表34

指标名称	完成情况
全区地区生产总值（元）	107011
财政总收入（元）	7628
其中一般公共预算收入（元）	4238
财政总支出（元）	6399
耕地面积（公顷）	0.005
粮食产量（千克）	2.41
蔬菜产量（千克）	3.18
猪牛羊肉产量（千克）	2.72
牛奶产量（千克）	12.9
发电量（千瓦时）	10612
工业用电量（千瓦时）	4132
粗钢（吨）	0.13
钢材（吨）	0.06
社会消费品零售总额（元）	49860
进出口总额（美元）	236
其中出口（美元）	143
千人拥有卫生技术人员（人）	12.67
千人拥有病床数（张）	9.55
城镇居民人均可支配收入（元）	54291
城镇居民人均消费性支出（元）	36606
城乡居民年末储蓄存款余额（元）	220911
城镇居民住宅建筑面积（平方米）	39.8

人民物质文化生活情况

2020年青山区人民物质文化生活情况一览表

表35

项目名称	指标内容	完成情况
就业	城镇登记失业率（%）	3.90
收入	城镇居民人均可支配收入（元）	54291
支出	城镇居民人均消费性支出（元）	36606
恩格尔系数（%）	城镇居民（%）	32.80
储蓄	城乡居民年末储蓄存款余额（亿元）	1169.28
住房面积（平方米）	城镇居民人均住房建筑面积（平方米）	39.8
文化	城镇每百户拥有彩色电视机（台）	115
	广播综合覆盖率（%）	100
	电视综合覆盖率（%）	100
教育	学龄儿童入学率（%）	100
卫生	拥有医疗机构床位数（张）	5055
	拥有卫生技术人员（人）	6704

附录

2020 年青山区获评包头市级以上先进集体名录

【内蒙古自治区旗县级融媒体中心建设先进单位】

青山区融媒体中心

【内蒙古自治区示范学习讲堂】

青山区驻楼单位共享学习讲堂

【内蒙古自治区优秀管理组】

青山区委讲师团

【内蒙古自治区优秀通讯站】

青山区委讲师团

【包头市五一劳动奖状】

包头市晶澳太阳能科技有限公司

【包头市工人先锋号】

青山区疾病预防控制中心检验科

【包头市学习型党组织示范单位】

青山区委宣传部

【包头市第九届精神文明建设“五个一工程”、第十一届文艺振兴组织工作奖】

青山区委宣传部

【包头市网评工作优秀集体】

青山区互联网舆情信息中心

2020 年青山区获评包头市级以上先进个人名录

【内蒙古自治区劳动模范】

王军霞　包头市青山区青福镇赵家营村

李祖平　包头昊天工业装备有限公司

李红菊　包头市青山区众伟建筑租赁站

李　华　包头市西贝餐饮

赵擎均　包头市青山区富强路街道富达社区

【内蒙古自治区优秀教师】

师冬香　内蒙古第一机械制造（集团）有限公司第一中学

黄　斌　包头市第五中学

【内蒙古自治区优秀德育工作者】

王华平　内蒙古北方重工业集团有限公司第一小学

【包头市五一劳动奖章】

黄光进　包头市鼎鑫源商业管理有限公司

李庆章　包头市第四十五中

【包头工匠】

陶永健　内蒙古库卡智能设备制造有限责任公司

耿海龙　内蒙古杉杉科技有限公司

【包头市优秀教师】

陈慧琴　内蒙古一机集团基础教育中心第三子弟小学

张晓英　内蒙古北方重工业集团有限公司第四中学

王　越　内蒙古第一机械制造（集团）有限公司第二中学

常　虹　内蒙古北方重工业集团有限公司第六小学

郑春敏　中国核工业集团公司二〇二厂中学

邹小兴　内蒙古第一机械制造（集团）有限公司第四中学

侯　鑫　包头市第四十五中学

刘　涛　内蒙古一机集团基础教育中心第七子弟小学

杜　玲　包头市青山区哈达道小学

侯思德　包头市第四十八中学

代丽娜　包头市第五中学

杜德鸿　内蒙古北方重工业集团有限公司第四小学

杨　静　内蒙古北方重工业集团有限公司第一小学

樊海燕　包头市第五十二中学

陈美美　包头市第三十六中学

朱双利　包头市青山区民族路小学

朱　茜　内蒙古北方重工业集团有限公司实验小学

张果蕾　内蒙古北方重工业集团有限公司第一中学
王晓芳　内蒙古北方重工业集团有限公司第四中学
王利花　包头市青山区赵家营小学
高　姗　内蒙古第一机械制造（集团）有限公司第二中学
刘晓宇　内蒙古一机集团基础教育中心第四子弟小学
董雅芸　内蒙古一机集团基础教育中心第二子弟小学
马隐琦　中国核工业集团公司二〇二厂中学
王海新　内蒙古第一机械制造（集团）有限公司第四中学
张美林　包头市第四十五中学
常月颖　包头市第四十五中学
王虹霞　包头市青山区哈达道小学
陆　轩　包头市第四十八中学
张秀芳　包头市第五中学
徐春秋　包头市青山区富强路小学
李　麒　内蒙古北方重工业集团有限公司第四小学
李卓伟　内蒙古一机集团基础教育中心第一子弟小学
刘　霞　包头市青山区少先路小学
姜景方　包头市青山区民族幼儿园
姜　姗　包头市青山区民族幼儿园
孔瑞英　包头市青山区民族幼儿园
岳　欣　包头市青山区文学道小学
张　磊　包头市松石学校
段　峥　内蒙古北方重工业集团有限公司第二中学
尹　财　包头市青山区三星小学
其木格　包头市青山区特殊教育学校
侯晓颖　包头市青山区幸福南路小学
刘顺利　内蒙古一机集团基础教育中心第五子弟小学
李一男　包头市第五十二中学
王晓璐　中国核工业集团公司二〇二厂中学
董晋芳　包头市第三十六中学
李海峰　包头市第四中学
韩丽莎　内蒙古北方重工业集团有限公司第五中学
李　敏　内蒙古第一机械制造（集团）有限公司第一中学
张　璐　内蒙古第一机械制造（集团）有限公司第一中学
张　宇　内蒙古第一机械制造（集团）有限公司第一中学
李国梁　内蒙古科技大学附属中学
姚　峰　内蒙古北方重工业集团有限公司第三中学
于　琴　内蒙古北方重工业集团有限公司第三中学
任瑞芬　内蒙古北方重工业集团有限公司第三中学
王晓燕　包头市青山区民族路小学
张　乐　包头市青山区光荣道小学
张　丽　包头市科技少年宫
周晓怡　包头市青少年发展中心

【优秀教育工作者】

王利明　包头市青山区幸福南路小学
尚　影　内蒙古北方重工业集团有限公司第一中学
张　靖　内蒙古北方重工业集团有限公司第二中学
贺　荣　包头市青山区教育局
任兴发　包头市第四中学
于全富　内蒙古第一机械制造（集团）有限公司第一中学
王　芳　内蒙古北方重工业集团有限公司第三中学
王震东　包头市青山区教育考试中心
冯　伟　包头市青山区教育局

【包头市优秀班主任】

冯玉霞　内蒙古北方重工业集团有限公司第一中学
王彩霞　内蒙古北方重工业集团有限公司第二中学
白瑞娜　内蒙古北方重工业集团有限公司第五中学
崔　翃　内蒙古第一机械制造（集团）有限公司第一中学
郭　薇　内蒙古科技大学附属中学
樊凌娜　内蒙古北方重工业集团有限公司第三中学
史　娜　内蒙古北方重工业集团有限公司实验小学
李　莉　内蒙古第一机械制造（集团）有限公司第二中学
王银霞　内蒙古一机集团基础教育中心第二子弟小学
冯晓元　包头市第五十二中学
刘　慧　包头市第三十六中学
徐文婷　包头市第四中学
杨　麟　内蒙古第一机械制造（集团）有限公司第一中学
马晓丽　内蒙古北方重工业集团有限公司第三中学
王晓梅　包头市青山区民族路小学

【包头市师德楷模】

寇晓艳　包头市第四中学
赵　岩　内蒙古北方重工业集团有限公司第一中学
曲颖琪　包头市青山区民族路小学

【包头市优秀德育工作者】

王俊杰　内蒙古北方重工业集团有限公司第四中学
姜　鹏　中国核工业集团公司二〇二厂中学
邓越群　包头市第四中学
田占银　内蒙古北方重工业集团有限公司第五中学
吕广秀　内蒙古科技大学附属中学

2020年中共青山区委部分文件目录

2020年中共青山区委部分文件目录一览表

表36

序号	文号	标题	印发日期
1	青党发1号	中共青山区委员会　青山区人民政府 关于成立青山区应对新型冠状病毒感染肺炎疫情工作领导小组的通知	2020年1月29日
2	青党发2号	中共青山区委员会 关于成立青山区第十六届人民代表大会第三次会议临时党组和各代表团临时党支部的通知	2020年4月17日
3	青党发3号	中共青山区委员会 关于成立政协青山区九届三次会议临时党组的通知	2020年4月17日

续表36

序号	文号	标题	印发日期
4	青党发4号	中共青山区委员会　青山区人民政府关于2019年全区科级领导班子和领导干部年度综合考核评价结果的通报	2020年6月18日
5	青党发5号	中共青山区委员会关于将青山区应急管理局党组改设党委的通知	2020年8月7日
6	青党发6号	中共青山区委员会关于印发《青山区政法队伍素质提升专项行动工作方案》的通知	2020年8月18日
7	青党发7号	中共青山区委员会　青山区人民政府关于印发《青山区优化营商环境行动方案》的通知	2020年9月27日
8	青党发8号	中共青山区委员会　青山区人民政府关于表彰全区教育系统先进集体和先进个人的决定	2020年9月27日
9	青党发9号	中共青山区委员会关于召开青山区委常委班子加强和改进民族工作专题民主生活会的请示	2020年11月10日
10	青党发10号	中共青山区委员会　青山区人民政府关于印发《青山区深入优化营商环境的若干措施》的通知	2020年12月3日

2020 年青山区人民政府部分文件目录

2020年青山区人民政府部分文件目录一览表

表37

序号	文号	标题	印发日期
1	青府发〔2020〕1 号	青山区人民政府 关于做好第七次全国人口普查工作的通知	2020 年 3 月 20 日
2	青府发〔2020〕8 号	青山区人民政府 关于印发《青山区关于加强非清洁燃煤管控的实施方案》的通知	2020 年 7 月 16 日
3	青府发〔2020〕9 号	青山区人民政府 关于调整区长、副区长、党组成员工作分工的通知	2020 年 9 月 2 日